Erziehung und Bildung in der Weltgesellschaft

Sabine Hornberg, Claudia Richter,
Carolin Rotter (Hrsg.)

Erziehung und Bildung in der Weltgesellschaft

Festschrift für Christel Adick

Waxmann 2013
Münster / New York / München / Berlin

Bibliografische Informationen der Deutschen Nationalbibliothek
Die Deutsche Nationalbibliothek verzeichnet diese Publikation in
der Deutschen Nationalbibliografie; detaillierte bibliografische
Daten sind im Internet über http://dnb.d-nb.de abrufbar.

ISBN 978-3-8309-2921-5

© Waxmann Verlag GmbH, Münster 2013

www.waxmann.com
info@waxmann.com

Umschlaggestaltung: Anne Breitenbach, Tübingen
Druck: Hubert & Co., Göttingen
Gedruckt auf alterungsbeständigem Papier, säurefrei gemäß ISO 9706

Printed in Germany

Alle Rechte vorbehalten. Nachdruck, auch auszugsweise, verboten.
Kein Teil dieses Werkes darf ohne schriftliche Genehmigung des Verlages
in irgendeiner Form reproduziert oder unter Verwendung elektronischer
Systeme verarbeitet, vervielfältigt oder verbreitet werden.

Inhalt

Sabine Hornberg, Claudia Richter & Carolin Rotter
Bildung und Erziehung in der Weltgesellschaft 7

Gregor Lang-Wojtasik
Die Weltgesellschaft und der Mensch im Sozialen Wandel
Differenzpädagogische Überlegungen im Horizont von Systemtheorie
und Philosophischer Anthropologie 13

Marianne Krüger-Potratz
Einheit in der Vielfalt?
Anmerkungen zur Bestimmung des ‚Gemeinsamen' in der Geschichte
der Vergleichenden Erziehungswissenschaft 35

Gita Steiner-Khamsi
The Case Study in Comparative Education from an International
Historical Perspective 51

Volker Lenhart & Helmut Wehr
Die deutsche Reformpädagogik im internationalen Diskurs 75

Bernd Overwien
Informelles Lernen – ein Begriff aus dem internationalen Kontext etabliert
sich in Deutschland 97

Claudia Richter
Schulleistungsvergleiche in Ländern des Südens am Beispiel von Lateinamerika 113

Sonja Steier
Internationalisierung der Hochschulbildung zwischen Europäisierung
und Globalisierung – Dimensionen, Akteure und Auslegungen 131

Carolin Rotter
Interkulturelle Schulentwicklung – Fortschreibung einer Differenzsetzung?....................151

Esther Hahm, Gülsen Sevdiren & Anne Weiler
Alterität im Kontext interkultureller und internationaler Bildungsarbeit.........................167

Ludger Pries
Grenzüberschreitende Wanderungen von Menschen und Wissen
Migration, sozial-kulturelle Vielfalt und Innovation im Ruhrgebiet................................191

Sabine Hornberg & Wilfried Bos
Der internationale Schüleraustausch im Horizont der Internationalisierung
von Erziehung und Bildung..209

Renate Nestvogel
Fremdenfeindlichkeit, Rassismus und Diskriminierung in Deutschland
aus der Sicht von Afrikanerinnen...223

Sena Yawo Akakpo-Numado
Die Ausbildung der Lehrkräfte in Togo 247

Ina Gankam Tambo & Manfred Liebel
Arbeit, Bildung und *Agency* von Kindern: Die Afrikanische Bewegung
arbeitender Kinder und Jugendlicher (AMWCY) 261

Verzeichnis der Autorinnen und Autoren...283

Sabine Hornberg, Claudia Richter & Carolin Rotter

Bildung und Erziehung in der Weltgesellschaft

Prozesse der Internationalisierung, Globalisierung und Transnationalisierung finden spätestens seit den 1990er Jahren nicht nur Eingang in Diskurse in den Sozialwissenschaften, sondern auch in die International und Interkulturell Vergleichende Erziehungswissenschaft. Christel Adick hat in diesem Kontext mit ihrer Arbeit einen bedeutsamen Beitrag zu diesen Diskursen geleistet, der mit dieser Festschrift gewürdigt werden soll.

Folgt man Christel Adick, dann können Fragen der Bildung und Erziehung nicht länger nur auf der Folie nationalstaatlicher Entwicklungen erörtert und bearbeitet werden, sondern müssen weltgesellschaftlichen Entwicklungen Rechnung tragen. Diese Perspektive hat sie bereits zu einem Zeitpunkt eingenommen, als in der deutschsprachigen komparatistischen Erziehungswissenschaft noch nationale Gesellschaften und ihre Bildungssysteme den zentralen Bezugsrahmen bildeten. Seither greift sie mit ihren Arbeiten Anforderungen an Bildung und Erziehung auf, die ihren Niederschlag in einem forcierten globalen Wettbewerb, in weltweit zunehmenden Wanderungsbewegungen von Menschen über nationale Grenzen hinweg und in Gesellschaften finden, die von Autochthonen und Zugewanderten gestaltet werden. Sie schlägt damit den Bogen von einer theoretisch geleiteten zu einer stets auch der Praxis von Bildung und Erziehung verpflichteten International und Interkulturell Vergleichenden Erziehungswissenschaft. Die damit von ihr gebauten Brücken zwischen den Subdisziplinen ‚Vergleichende Erziehungswissenschaft', ‚Interkulturelle Pädagogik' und ‚Bildung für nachhaltige Entwicklung' sind ein zentrales Leitmotiv ihrer Arbeit, die die hier zu ehrende Wissenschaftlerin begann, als die letztgenannte Subdisziplin noch unter der Überschrift ‚Bildungsforschung mit der Dritten Welt' firmierte. Die Gestaltung des in diesem Rahmen vollzogenen Wandels begleitet sie seither und befasst sich als eine der wenigen deutschsprachigen Erziehungswissenschaftlerinnen und Erziehungswissenschaftler stets auch mit Bildungsentwicklungen in Afrika (vgl. exemplarisch Adick, 1981, 2013).

Bildungssystemen und der seit gut 200 Jahren existierenden modernen Schule widmet Christel Adick ihre besondere Aufmerksamkeit. Als Subsysteme der Gesellschaft sind sie Internationalisierungs- und Globalisierungsanforderungen ausgesetzt, stehen diesen jedoch, so Christel Adick (1992, S. 133), nicht passiv gegenüber, sondern nutzen zu ihrer Gestaltung die „relative Autonomie des Bildungswesens" (ebd.). Denn: „Bildungssysteme setzen nicht einfach kommentarlos das um, was – egal ob auf nationaler Ebene oder vermittels internationaler Einflüsse – an sie herangetragen wird, sondern sie übersetzen dies in ihre pädagogische Eigenlogik" (Adick, 2008, S. 202). Weltweite isomorphe Entwicklungen im Bildungs- und Schulsystem thematisiert sie in diesem Zusammenhang ebenso in vielfachen Hinsichten wie davon abweichende Entwicklungen, und zwar mit Rekurs auf theoretische Bezüge, für die Christel Adick Anschlussmöglichkeiten für die Bearbeitung von erziehungswissenschaftlichen Arbeitsfeldern im Kontext von Prozessen der Internationalisierung, Globalisierung und Transnationalisierung aufgezeigt hat.

In der deutschsprachigen Vergleichenden Erziehungswissenschaft haben sich drei Begrifflichkeiten etabliert, unter denen weltweite Bildungsentwicklungen diskutiert werden: Mit dem ersten, hier interessierenden Begriff ‚Weltkultur' verbindet sich insbesondere der neo-institutionalistische *world polity*-Ansatz, wie er von den US-amerikanischen Stanforder Forscherinnen und Forschern um John W. Meyer in die Diskussion eingebracht und von Christel Adick aufgegriffen wird (vgl. exemplarisch Adick 1995, 2003, 2009). Meyer et al. postulieren mit Rekurs auf die Durchsetzung einer Weltkultur in modernen Gesellschaften die weltweite Entwicklung von isomorphen Strukturen und haben als empirischen Beleg dafür u.a. die globale Verbreitung von Schulsystemen in den letzten gut 200 Jahren angeführt. Der zweite und für die Arbeit von Christel Adick zentrale Begriff ‚Weltsystem' steht für die Referenztheorie, die sie in ihrer Habilitationsschrift herangezogen hat (Adick, 1992). Sie geht auf den US-amerikanischen Sozialwissenschaftler Immanuel Wallerstein zurück, der mit seinen Beiträgen bereits zu einem vergleichsweise frühen Zeitpunkt eine Weltperspektive eingenommen hat. Der dritte hier relevante Begriff ‚Weltgesellschaft' ist insbesondere in der Systemtheorie von Niklas Luhmann beheimatet und bildet seit seinem Aufkommen einen zentralen Referenzrahmen der deutschsprachigen Soziologie, aber auch in Teilen der Vergleichenden Erziehungswissenschaft (Adick, 2008, S. 165–175). Christel Adick verwendet in ihren Beiträgen die genannten drei Begriffe und rekurriert dabei insbesondere auf die theoretischen Ausführungen von Wallerstein und Meyer et al. In ihrer Habilitationsschrift ‚Die Universalisierung der modernen Schule' (1992) hat sie aufgezeigt, wie die Wallerstein'sche Weltsystemtheorie weiterentwickelt und für die erziehungswissenschaftliche Diskussion fruchtbar gemacht werden kann. Dafür verknüpft Christel Adick diesen Ansatz mit der Kapitaltheorie von Bourdieu und der Lerntheorie Piagets. Durch ihre theoretischen Ergänzungen, die zum einen auf die relative pädagogische Autonome von Bildungssystemen (Bourdieu) aufmerksam machen und zum anderen den Blick für individuelle und kollektive Lernprozesse (Piaget) öffnen, wird es möglich, weltweite Bildungsentwicklungen unter der Perspektive globaler Machtverhältnisse und externer Einflussnahmen auf nationale Bildungssysteme (Wallerstein) zu analysieren.

In diesem Zusammenhang mag es verwundern, dass der Titel der vorliegenden Festschrift „Erziehung und Bildung in der Weltgesellschaft" lautet, obgleich Christel Adick den von Wallerstein eingebrachten Begriff ‚Weltsystem' an prominenter Stelle in ihrer Arbeit heran gezogen hat, sodass es nahe läge, die vorliegende Festschrift unter dem Titel „Erziehung und Bildung im Weltsystem" zu fassen. Damit würde die Festschrift jedoch weder der Breite der vorliegenden Arbeiten von Christel Adick gerecht noch den hier versammelten Beiträgen.

An dem vorliegenden Sammelband haben Weggefährtinnen und Weggefährten sowie akademische Schülerinnen und Schüler von Christel Adick mitgewirkt. Die vorliegenden Aufsätze reflektieren das Anliegen, die Ideen und Schriften von Christel Adick und die

Eröffnet wird der Band mit einem Beitrag von *Gregor Lang-Wojtasik*, der danach fragt, was passiert, wenn sowohl die Weltgesellschaft als auch der Mensch theoretisch als unverfügbar in den Blick kommen. Vor dem Hintergrund systemtheoretischer und philosophisch-anthropologischer Diskussionen geht er der Frage nach, welche Konsequenzen sich daraus für erziehungswissenschaftliche Fragestellungen im Hinblick auf eine veränderte Bedeutung von Kultur für Sozialen Wandel ergeben.

Die folgenden vier Beiträge widmen sich aus unterschiedlichen Perspektiven Entwicklungen in der Geschichte der International und Interkulturell Vergleichenden Erziehungswissenschaft. *Marianne Krüger-Potratz* fokussiert die hiesige Disziplin und fragt nach dem ‚Gemeinsamen' in der Geschichte der Vergleichenden Erziehungswissenschaft und nach ihrer Rolle und Bedeutung als Teildisziplin im Kontext von Migration, Europäisierung und Globalisierung. Wird sie sich in Forschung und Lehre zu einer internationalen Erziehungswissenschaft entwickeln oder werden neue Fachgebiete entstehen, die in Konkurrenz zu ihr auftreten? Rekurriert Krüger-Potratz mit ihren Ausführungen insbesondere auf die deutschsprachige Diskussion, nimmt *Gita Steiner-Khamsi* in ihrem Beitrag „The Case Study in Comparative Education from an International Historical Perspective" Auswirkungen des Kalten Krieges auf die Vergleichende Erziehungswissenschaft in den Vereinigten Staaten von Amerika und Deutschland in den Fokus und geht am Beispiel der Süd-Süd-Kooperation der Frage nach, ob diese einen Ausweg aus der Dependenzfalle im Rahmen internationaler Kooperationen darstellt. Der Beitrag von *Volker Lenhart* und *Helmut Wehr* beschäftigt sich mit einer internationalen pädagogischen Bewegung: der Reformpädagogik, die in Westeuropa und Nordamerika schon vor 1900 in verschiedenen nationalen Kontexten entstand und eine Gegenreaktion auf die mit der Schulbildung als System für die Massen einhergehenden, von der internationalen Reformpädagogik diagnostizierten Defizite darstellt. In historischer Perspektive werden weltweit aufgekommene Ansätze skizziert, Vertreterinnen und Vertreter benannt sowie Austauschbeziehungen und wechselseitige Einflüsse herausgeschält. Einem im Kontext der Reformpädagogik und von einem ihrer prominentesten Vertreter geprägten Begriff widmet sich in seinem Beitrag auch *Bernd Overwien*, indem er die internationale Diskussion zum informellen Lernen von den Wurzeln des Begriffs bei John Dewey bis zu seiner Verwendung in internationalen Organisationen in den 1970er Jahren sowie als Untersuchungsgegenstand verschiedener Forschungsprojekte nachzeichnet. In den späten 1990er Jahren hat der Begriff auch in die deutschsprachige pädagogische Diskussion Einzug erhalten. In diesem Zusammenhang geht der Beitrag zum einen dem internationalen sowie europäischen Einfluss auf die Diskussion in Deutschland nach, zum anderen werden Befunde von Studien in zwei Anwendungsfeldern skizziert.

In ihrem Beitrag richtet *Claudia Richter* ihren Blick auf die Systemebene und geht der Frage nach, inwieweit lateinamerikanische Länder an internationalen Schulleistungsvergleichen teilnehmen und was mögliche Gründe für die geringe Teilnahme und ihr schlechtes Abschneiden sein können. Im Anschluss an einen Überblick über die aktuelle Situation fokussiert sie Evaluationsstudien im Bildungssektor am Beispiel ausgewählter lateinamerikanischer Länder und stellt die aktuelle Situation von Evaluationssystemen in Lateinamerika vor. Der Hintergrund für die genannte Fragestellung bildet die von Christel Adick vorgebrachte Kritik an internationalen Schulleistungsvergleichen, dass an ihnen bislang vorrangig westliche Industrieländer beteiligt waren und nur wenige Schwellen-

und Entwicklungsländer, was eine Verengung in der internationalen Diskussion zur Folge habe.

Im Mittelpunkt des Beitrags von *Sonja Steier* steht die Internationalisierung der Hochschulbildung, ein Thema, das mittlerweile nicht nur in der deutschen hochschulpolitischen Diskussion auf Aufmerksamkeit stößt, sondern auch in der erziehungswissenschaftlichen Diskussion. Die Autorin geht zum einen auf die unterschiedlichen Dimensionen der Internationalisierung in Form von Europäisierung und Globalisierung ein, zum anderen betrachtet sie die Akteure und deren Motive im Rahmen der Internationalisierungsprozesse und skizziert Veränderungen in der deutschen Hochschulbildung. Im Unterschied zu Sonja Steier richtet *Carolin Rotter* in ihrem Beitrag ihr Augenmerk auf die Schulentwicklung und geht der Frage nach, ob bzw. inwiefern innerhalb der aktuellen Diskussion um interkulturelle Schulentwicklung eine Fortschreibung von Differenzsetzungen stattfindet, wie sie auch aus migrationspädagogischer Perspektive der Interkulturellen Pädagogik vorgeworfen wird. Sie bearbeitet dieses Themenfeld vor dem Hintergrund verschiedener Ansätze zur interkulturellen Schulentwicklung und leitet abschließend Implikationen für die zukünftige Praxis von Schulentwicklung ab.

Esther Hahm, Gülsen Sevdiren und *Anne Weiler* beschäftigen sich mit dem Thema Alterität im Kontext interkultureller und internationaler Bildungsarbeit am Beispiel ausgewählter Bildungsorganisationen wie Goethe-Institute, Deutsche Auslandsschulen und Jugendverbände. Obwohl Alterität ein zentraler Begriff innerhalb der Vergleichenden Erziehungswissenschaft ist, herrscht dennoch kein Konsens über seine Verwendung. Häufig wird er als Synonym für Fremdheit oder Andersheit verwendet. Vor diesem Hintergrund diskutieren die Autorinnen in ihrem Beitrag zunächst den Begriff der Alterität und seine Bedeutung in der wissenschaftlichen Diskussion der Vergleichenden Erziehungswissenschaft, um anschließend der Frage nachzugehen, welches Verständnis die ausgewählten Bildungsorganisationen von Alterität haben.

Ludger Pries widmet sich in seinem Beitrag der Rolle von grenzüberschreitenden Wanderungen von Wissen und Wissenden für gesellschaftliche Innovationen am Beispiel des Ruhrgebiets. Mit Rekurs auf eine den Container-Nationalstaat überwindende Perspektive zeichnet er das Bild einer Region, in der historisch wie aktuell Migration, sozialkulturelle Vielfalt und Innovation unmittelbar miteinander verwoben sind. *Sabine Hornberg* und *Wilfried Bos* werfen Schlaglichter auf Formen des internationalen Austauschs und der internationalen Begegnung. Im Anschluss an einen knappen historischen Rückblick stellen sie Formen des internationalen Austauschs vor, benennen am Beispiel ausgewählter aktueller Programme damit intendierte Wirkungen auf Seiten der Teilnehmerinnen und Teilnehmer und berichten empirische Befunde dazu. Ihr Beitrag schließt mit einem Ausblick auf Forschungsdesiderata in diesem von der deutschsprachigen Internationalen und Interkulturell Vergleichenden Erziehungswissenschaft wenig bearbeiteten Feld.

Der Beitrag von *Renate Nestvogel* stellt in diesem Band eine Art ‚Brücke' zu den folgenden Beiträgen dar, die Bildungsentwicklungen in Afrika thematisieren. Die Autorin präsentiert einen Ausschnitt aus einem größeren Forschungsprojekt, in dessen Rahmen 2002 insgesamt 262 Afrikanerinnen zu ihren Erfahrungen mit Fremdenfeindlichkeit, Rassismus und Diskriminierung in Deutschland befragt wurden. Ausgehend von allgemeinen

Belastungen, dem Ausmaß erlebter Diskriminierung und den Lebensbereichen, in denen diese erfahren wird, berichtet sie Aussagen zu den Gefühlen, die Afrikanerinnen bei Diskriminierung empfinden, zu ihren Erfahrungen mit Unterstützung bzw. Nicht-Unterstützung in Diskriminierungssituationen und zu den Bewältigungsstrategien im Umgang mit Diskriminierung.

Die Lehrerbildung in Togo steht im Zentrum der Erörterung von *Sena Yawo Akakpo-Numado*. Auf der Grundlage einer Dokumentenanalyse und von Leitfadeninterviews werden die Ausbildungen von Lehrkräften für die Vor-, Primar- und Sekundarschule dargestellt und die Lehrersituation mit Blick auf die pädagogische Ausbildung betrachtet. Ziel des Beitrags ist es, die Schwierigkeiten und Widersprüche sowie die aktuellen Herausforderungen in der Ausbildungspolitik und -praxis von Lehrkräften in Togo herauszuarbeiten. Der vorliegende Sammelband schließt mit einen Beitrag von *Ina Gankam Tambo* und *Manfred Liebel*, die sich mit den Bewegungen arbeitender Kinder und Jugendlicher in Afrika beschäftigen, die in den 1990er Jahren insbesondere in westafrikanischen Ländern entstanden sind. Im Rahmen eines ersten Überblicks über dieses relativ neue soziale Phänomen stellen sie die wichtigsten Grundsätze der Bewegungen dar, erläutern ihr Verständnis von Arbeit und Bildung und zeigen, auf welche Weise die Bewegungen für Verbesserungen des Alltagslebens arbeitender Kinder und Jugendlicher kämpfen. Der Beitrag schließt mit einer Diskussion und der Frage, was die Bewegungen bisher erreicht haben und wo die Grenzen von Agency der in der Bewegung organisierten arbeitenden Kinder und Jugendlichen liegen.

Das Zustandekommen eines Sammelbandes impliziert mannigfaltige Kooperationen und Arbeitsschritte. Für die gute und fruchtbare Zusammenarbeit danken wir den hier versammelten Autorinnen und Autoren. Darüber hinaus gebührt ein besonders herzlicher Dank Heidi Kampmann, die seit vielen Jahren das Sekretariat von Christel Adick an der Ruhr-Universität Bochum führt und dessen „gute Seele" ist, sowie Gisela Wolter, Maria Giesemann und Anne Weiler, die kompetent und sorgsam aus einem Manuskript ein druckfähiges Buch entstehen lassen haben.

Literatur

Adick, C. (Hrsg.). (2013). *Regionale Bildungsentwicklung und nationale Schulsysteme in Afrika, Asien, Lateinamerika und Karibik* (Historisch vergleichende Sozialisations- und Bildungsforschung, Bd. 11). Münster: Waxmann.
Adick, C. (2009). World Polity – ein Forschungsprogramm und Theorierahmen zur Erklärung weltweiter Bildungsentwicklungen. In S. Koch & M. Schemmann (Hrsg.), *Neo-Institutionalismus in der Erziehungswissenschaft. Grundlegende Texte und empirische Studien* (S. 258–291). Wiesbaden: Verlag für Sozialwissenschaften.
Adick, C. (2008). *Vergleichende Erziehungswissenschaft. Eine Einführung*. Stuttgart: Kohlhammer.
Adick, C. (2003). Globale Trends weltweiter Schulentwicklung: Empirische Befunde und theoretische Erklärungen. *Zeitschrift für Erziehungswissenschaft, 6* (3), 173–187.

Adick, C. (1995). Internationalisierung von Schule und Schulforschung. In H.-G. Rolff (Hrsg.), *Zukunftsfelder von Schulforschung* (S. 157–180). Weinheim: Dt. Studien Verlag.

Adick, C. (Hrsg.). (1992). *Die Universalisierung der modernen Schule. Eine theoretische Problemskizze zur Erklärung der weltweiten Verbreitung der modernen Schule in den letzten 200 Jahren mit Fallstudien aus Westafrika* (Reihe: Internationale Gegenwart, Bd. 9). Paderborn: Schöningh.

Adick, C. (Hrsg.). (1981). *Bildung und Kolonialismus in Togo – Eine Studie zu den Entstehungszusammenhängen eines europäisch geprägten Bildungswesens in Afrika am Beispiel Togos 1850–1914* (Reihe DIPF: Studien zu Gesellschaft und Bildung, Bd. 6). Weinheim: Beltz.

Gregor Lang-Wojtasik
Die Weltgesellschaft und der Mensch im Sozialen Wandel
Differenzpädagogische Überlegungen im Horizont von Systemtheorie und Philosophischer Anthropologie

1. Problemstellung

Die Welt, in der wir leben, ist von Risiko und Unsicherheit geprägt. In der Anfang der 1970er Jahre publizierten Studie ‚Die Grenzen des Wachstums' wird auf die Grenzen exponentiellen Wachstums hingewiesen und werden Prognosen auf der Basis vorhandener Daten simuliert, wie sich die globale Gesellschaft in den Jahren bis ca. 2100 entwickeln würde. Dabei orientierten sich die Forschenden an fünf dynamischen und in Wechselbeziehung stehenden Trends: „der beschleunigten Industrialisierung; dem rapiden Bevölkerungswachstum; der weltweiten Unterernährung; der Ausbeutung der Rohstoffreserven und der Zerstörung des Lebensraumes" (Meadows et al., 1972, S. 15), die in der Spannung materieller Grundlagen und sozialer Gegebenheiten verortet wurden (ebd., S. 36). In dem vierzig Jahre später vorgelegten Bericht eines der Mitautoren der ‚Grenzen' (Randers, 2012) werden fünf zentrale Problembereiche in Auseinandersetzung mit Statements renommierter Kollegen und Kolleginnen beschrieben, mit denen die Welt bis 2052 konfrontiert sei. Diese stellen weitgehend eine radikale Zuspitzung dessen dar, was Anfang der 1970er Jahre angenommen wurde: veränderte Bedeutung des Kapitalismus für gesellschaftliche Entwicklung jenseits von Verschwendung und Überkonsumierung, verändertes Ökonomieverständnis jenseits lediglich wirtschaftlichen Wachstums, autoritärere und entscheidungsfähigere Demokratie, intergenerationeller Gleichheitskampf und zunehmender Klimawandel.

Betrachtet man diese Prognosen, so stehen weltweite Entwicklungsprozesse bevor, die kaum überschaubare, fundamentale Veränderungen in der Konstitution von Gesellschaft nach sich ziehen werden. Und: Die Informationen über den Zustand des Planeten und die Chancen gemeinsamen Überlebens liegen vor, wurden durch Bildungsprozesse in Wissen transformiert und als Bericht der Öffentlichkeit zugänglich gemacht. Trotzdem bewegen sich der Wandel der letzten Jahrzehnte und der prognostizierte Wandel in den kommenden vierzig Jahren in eine Richtung, die das Ende menschenwürdigen Zusammenlebens bedeuten kann. Bildungssoziologisch gipfelt die Diagnose somit in der Frage: Wenn alles bekannt ist und auf ein Desaster zuläuft, warum passiert so wenig?

Man könnte nun große Hoffnungen in das Erziehungssystem haben, das seit seinem Bestehen auf „pädagogischen Optimismus" (Luhmann, 1990, S. 193) setzt. Auch wenn dieser in der sich ausdifferenzierenden Moderne abnehmen mag; die Grundannahme pädagogischer Semantik bleibt, dass durch Erziehung die Gesellschaft verändert werden könnte, was bis heute als Theorieproblem der Erziehungswissenschaft bearbeitet wird (Treml, 1982/2006a; 2006b). Insbesondere der modernen Schule nationalstaatlicher Prägung wird unterstellt, sie könne über (Re)Produktion die Gesellschaft erhalten und weiterentwickeln, da der Mensch über Enkulturation und Sozialisation gesellschaftsfähig werde und durch seine Teilhabe an Gesellschaft zu Veränderung beitrage (Fend, 1980). Angesichts der beschriebenen globalen Szenarien und der geringen Veränderungen trotz Wissens ist die Skepsis angebracht, ob pädagogische Semantik ausreicht, um die gesellschaftstheoretischen als schultheoretische Herausforderungen beschreiben und der Hoffnung einer nachhaltigeren Gesellschaft durch Sozialen Wandel Rechnung tragen zu können.

Viele gesellschaftlich relevante Ereignisse finden mittlerweile jenseits nationalgesellschaftlicher Grenzziehungen in neuen Netzwerkstrukturen und damit assoziierter Semantik statt (Beck, 1986; 2008; Castells, 2002/2003). Menschengemachte Wagnisse werden zu riskanten Herausforderungen jenseits von Gefahren, und die anthropologisch begründete Suche nach Sicherheit erfordert Halt gebende Orientierungen – Begrenzung, legitimierbare Auswahl, Planbarkeit, Überschaubarkeit (Lang-Wojtasik, 2012b). Die Beschreibung sozialer Wandlungsprozesse angesichts der Globalisierung, also von Entwicklungen und Zusammenhängen auf Weltebene jenseits des Nationalstaats und angenommener Nationalgesellschaft(en) wird im erziehungswissenschaftlichen Diskurs aus verschiedenen theoretischen Perspektiven diskutiert (Seitz, 2002, 49ff.). Christel Adick hat sich den damit assoziierten Fragestellungen v.a. mit Bezug zur Weltsystemtheorie (Wallerstein, 1983), Weltkulturtheorie (Meyer, 2005) und der Transnationalisierungstheorie (Pries, 2008) genähert. Die Bearbeitung erziehungswissenschaftlicher Zusammenhänge aus der funktional-analytischen Perspektive einer Weltgesellschaft (Luhmann, 1971; 1997) gehörte nicht zu den favorisierten Strategien der Kollegin und ermöglichte leidenschaftliche Debatten auf verschiedenen Tagungen, v.a. im Rahmen der Sektion International und Interkulturell Vergleichende Erziehungswissenschaft in der Deutschen Gesellschaft für Erziehungswissenschaft (DGfE).

Themen einer Erziehungswissenschaft jenseits nationalstaatlicher Grenzziehungen waren bis in die 1980er Jahre v.a. Gegenstand der Vergleichenden Erziehungswissenschaft (Adick, 2008; Waterkamp, 2006). Darüber hinaus hat sich die Erziehungswissenschaft mit Grenzfragen „epochaltypischer Schlüsselprobleme" (Klafki, 1996, S. 43ff.) beschäftigt, insbesondere anhand querschnittlicher Ausdifferenzierungen ihrer Disziplin, die i.d.R. interdisziplinär verortet sind – Globales Lernen, Interkulturelle Pädagogik, Bildung für nachhaltige Entwicklung sowie Grundbildung in lebenslanger Perspektive (Lang-Wojtasik, 2012a).

Die folgenden Ausführungen zielen darauf ab, die Herausforderungen Sozialen Wandels funktional zu beschreiben, wenn sowohl die Weltgesellschaft als auch der Mensch theoretisch als unverfügbar¹ in den Blick kommen und darüber nachzudenken, was dies für erziehungswissenschaftliche Fragestellungen im Horizont einer veränderten Bedeutung von Kultur für Sozialen Wandel bedeutet. Vier *Fragen* sind vor dem Hintergrund systemtheoretischer und philosophisch-anthropologischer Offerten leitend: 1) Inwieweit stellt Sozialer Wandel eine theoretische Herausforderung dar? (Kap. 2) 2) Wie lässt sich die (Welt-)Gesellschaft im Sinne Niklas Luhmann's als Umwelt und System für Personen beschreiben? (Kap. 2.1) 3) Wie lässt sich der Mensch im Sinne Helmuth Plessner's als Körper-Leib in der Welt als Gemeinschaft mit anderen für Gesellschaft betrachten? (Kap. 2.2) 4) Welche Implikationen sind mit diesen Überlegungen für eine Pädagogik der Differenz im Horizont ‚epochaltypischer Schlüsselprobleme' verbunden (Kap. 3)?

2. Sozialer Wandel als gesellschaftstheoretische Herausforderung

Die Möglichkeit Sozialen Wandels als „[...] Allgemeine Bezeichnung für die in einem Zeitabschnitt erfolgten Veränderungen in einer Sozialstruktur" (Fuchs-Heinritz et al., 1995, S. 734) bezieht sich einerseits auf gesellschaftliche Strukturen, deren Veränderung beschrieben werden kann, und andererseits auf Menschen, deren Beteiligung als Personen für Veränderung in welcher Form auch immer angenommen wird. Im Folgenden wird der Versuch unternommen, die Funktionalität der Weltgesellschaft in Bezug zum Menschen als Person in ihrer Bedeutung für Sozialen Wandel aus den zwei metatheoretischen Perspektiven der Systemtheorie sensu Luhmann und der Philosophischen Anthropologie sensu Plessner zu beschreiben. Die Argumentationen beider Theorien erwachsen aus grenztheoretischen Perspektiven, die sich mit der Offenheit und Geschlossenheit Sinn generierender Systeme beschäftigen und nach den Bedingungen der Möglichkeit von Gesellschaft bzw. des Menschen fragen; die Systemtheorie Niklas Luhmanns basiert auf der Einheit der Differenz von System und Umwelt, die Philosophische Anthropologie² Helmuth Plessners beginnt mit der Einheit der Differenz von Körper und Leib des Menschen. Während Luhmann nach den Bedingungen der Möglichkeit von (Welt)Gesellschaft fragt, in der der Mensch als Person auf drei Systemebenen (sozial, psychisch, biologisch) beschrieben werden kann, interessiert sich Plessner für die Bedingung der Möglichkeit des

---

1 Mit der ‚Unverfügbarkeit' von Mensch und Weltgesellschaft wird auf die Theorieperspektiven Helmuth Plessners und Niklas Luhmanns Bezug genommen, um der alltagstheoretisch angenommenen Greifbarkeit beider Aspekte die metatheoretische Schwierigkeit konkreter Begreifbarkeit entgegenzusetzen. Beides wird im weiteren Verlauf weiter ausgeführt.

2 Mit der Philosophischen Anthropologie, die sich aus historischen, systematischen und biographischen Gründen nicht zu einer Denkschule entwickeln konnte (Fischer, 2009, S. 11–478), werden im engeren Sinne fünf Protagonisten verbunden; neben Helmuth Plessner sind dies Max Scheler (1928), Arnold Gehlen (1940), Erich Rothacker (1942/1948) und Adolf Portmann (1944).

Menschen in Gemeinschaft und Gesellschaft als einer kulturübergreifenden Perspektive auf Welt.[3]

Obwohl sich die theoretischen Ausgangsperspektiven von Luhmann und Plessner diametral entgegenstehen – Gesellschaft als deontologisierter Kommunikationszusammenhang vs. Mensch als anthropologische Tatsache –, treffen sich beide Positionen im Wissen um die Non-Linearität Sozialen Wandels. In phänomenologischer Tradition interessieren sie sich systematisch für die Bedingung der Möglichkeit von Sinn jenseits gesellschaftstheoretischer oder subjektorientierter Festlegungen und ermöglichen so einen Blick auf teleonome Strukturen zwischen Gesellschaft und Person (Luhmann) sowie Mensch und Gemeinschaft (Plessner), über die eine Anschlussfähigkeit von Mensch und Welt bzw. Person und Gesellschaft beschrieben werden kann. Der zentrale Unterschied beider Theorien ist die Frage von ontisch Gegebenem (bei Plessner der Mensch als Person im Referenzrahmen seiner selbst und in Gemeinschaft für Gesellschaft) und deskriptiv in den Blick Kommendem (bei Luhmann die Gesellschaft als Referenzrahmen für Personen und die damit zusammenhängenden Selbstbeobachtungen/-beschreibungen). Gemeinsam ist beiden das Interesse an der rekursiven Beschreibung autopoietischer, selbstreferentieller Systeme,[4] der Bezugnahme auf den Husserl'schen Sinnbegriff sowie der Liebe zu Paradoxien, die im Horizont einer funktionalen Analyse gesellschaftstheoretischer und anthropologischer Fragestellungen unabdingbar ist, wenn Nicht-Beschreibbares beschrieben werden soll.[5]

Nimmt man im Anschluss an Luhmann drei Systemreferenzen – sozial, psychisch, biologisch – zum Ausgangspunkt der Betrachtungen, so beginnt die funktionale Analyse in seinem Verständnis bei den sozialen Systemen, die systematisch zu den beiden anderen als Umwelt in Beziehung gesetzt werden können. Während das psychische System in seiner Relevanz für bildungssoziologische Fragen bearbeitet wird, ist das biologische System weitgehend ausgeblendet (Scheunpflug, 2006). Anders bei Plessner: Hier liegt der Ausgangspukt in biologischen und zoologischen Fragen, die eine Relevanz für psychische und soziale Zusammenhänge menschlicher Gemeinschaft haben, über die auch gesellschaftliche Fragen in den Blick kommen können (Fischer, 1995; Lindemann, 1995). Für die Bearbeitung der folgenden – erziehungswissenschaftlich motivierten – Fragestellungen sei darauf hingewiesen, dass sich Luhmann an verschiedenen Stellen explizit mit bildungssoziologischen Fragestellungen beschäftigt hat (v.a. Luhmann & Schorr, 1982;

---

3   Mit der Bezugnahme auf Philosophische Anthropologie sensu Plessner wird auch erhofft, einen zusätzlichen Weg der Inbeziehungssetzung von Erziehungswissenschaft und Biowissenschaften über evolutionstheoretische Zugänge Darwin'scher Prägung hinaus aufzutun (Scheunpflug, 2001a; 2001b; Treml, 2000; 2004).

4   Bei Luhmann explizit hervorgehoben durch die ‚autopoietische Wende' Mitte der 1980er Jahre (Luhmann, 1984). Im Falle Plessner's wird darauf hingewiesen, dass in der zweiten Hälfte der 1950er Jahre eine Weiterführung seiner Theorie unter dem Titel ‚Autopoiesis' geplant war (Fischer, 2009, S. 369).

5   Während die Systemtheorie sensu Luhmann in ihrer Grundanlage auf Weltgesellschaft abzielt, kann die Philosophische Anthropologie als bedeutsame Theorie zur Erklärung von Phänomenen und Zusammenhängen einer solchen begriffen werden, was Fischer (2009, S. 128f.) – zunächst mit Bezug zu Scheler, letztlich aber auf den gesamten Ansatz bezogen – hervorhebt.

1999; Luhmann, 2002), während dies bei Plessner nur für einen Aufsatz der Fall ist (Plessner, 1962/2003). Für beide gilt, dass in der Folge ihrer Theoriedisseminationen prominente Bezugnahmen auf erziehungswissenschaftliche und pädagogische Fragestellungen unternommen worden sind (stellvertretend für andere: Kubitza, 2005; Oberhaus, 2006; Scheunpflug, 2001b; Treml, 2000).

Bezogen auf rahmende Fragen nach der Beschreibbarkeit Sozialen Wandels in seiner Relevanz für erziehungswissenschaftliche Prozesse lässt sich für beide Perspektiven konstatieren, dass semantisch angenommene Kausalität gesellschaftstheoretisch am Technologieproblem der Erziehung (Luhmann) und philosophisch-anthropologisch an der verfügbaren Unverfügbarkeit des Menschen (Plessner) scheitert. Die Annahme, dass z.B. die Schule Heranwachsende für Gesellschaft (re)produziert, lässt sich vor diesem Hintergrund als gesellschaftstheoretisch-philosophisch stabiles pädagogisches Hoffnungsprogramm beschreiben, über das in Kultur und Gesellschaft eingeführt werden kann und so Sozialer Wandel als wahrscheinlich angesehen wird.

2.1 Weltgesellschaft und Person

Ausgangspunkt der folgenden gesellschaftstheoretischen Überlegungen ist das soziale System (Operationsmodus Kommunikation) im Gegensatz zum psychischen System (Operationsmodus Bewusstsein) und dem biologischen System (Operationsmodus körperlicher Zustand), die füreinander Umwelten sein können (Scheunpflug, 2006, S. 231). Beschäftigt man sich mit Sozialem Wandel sensu Luhmann, so geht es im Kern um das soziale System Gesellschaft, zu dem hinsichtlich der Bedingungen der Möglichkeit von Wandel das psychische System über latente strukturelle Kopplung und Interpenetration in Beziehung gesetzt werden kann.[6] Der Mensch funktioniert als psychisches System jenseits der Annahme einer „Trivialmaschine" (Luhmann, 1987, S. 65), was bei einer Betrachtung als sozialem System sowohl auf den Menschen als Person als auch auf das umfassende soziale System Gesellschaft beziehbar ist. Einfache Input-Output-Logiken sind ausgeschlossen.

Im zugrunde gelegten Systembegriff wird paradoxerweise von einer *geschlossenen Offenheit* ausgegangen; also autopoietische Geschlossenheit im Sinne der beschreibbaren selbstreferentiellen Prozessstruktur (Elemente und Bezüge) und Offenheit gegenüber Irritationen der je spezifischen Umwelt (Einheit der Differenz von System und Umwelt) (Luhmann, 1984, S. 57ff.; 1987). Dieses Verständnis wird auf Personen und die Gesellschaft als Ganzes bezogen, womit die spezifischen Strukturbildungen tiefenscharf in den Blick genommen werden können (Luhmann, 1997, S. 83). Gesellschaft als soziales System operiert konsequenterweise im Modus der vom ontischen Subjekt losgelösten Kommunikation als einem selektiven Dreischritt von Mitteilung, Information und Verstehen der Differenz der ersten beiden Aspekte (Luhmann, 1984, S. 191ff.). Kommunikation ist in diesem Verständnis durch „immanente [...] Unwahrscheinlichkeit" (Luhmann, 1997, S. 191) charakterisiert und vom Sprechakt als interpersonaler Mitteilungsabsicht und an-

---

6 Eine Beschäftigung mit der strukturellen Kopplung des sozialen und psychischen Systems mit dem biologischen System wird in der Luhmann'schen Theorie vernachlässigt (Scheunpflug, 2006).

genommener Verstehensmöglichkeit entkoppelt. Vielmehr sind „Kommunikationsmedien" durch die „operative Verwendung der Differenz von medialem Substrat und Form" gekennzeichnet (ebd., S. 195). Für sinngenerierende soziale Systeme kann die Selektion von Kommunikation über binäre Codes in den Blick genommen werden. Anders als etwa im Wirtschaftssystem (Haben/Nichthaben), Rechtssystem (rechtmäßig/unrechtmäßig), Politiksystem (Regierung/Opposition) oder Wissenschaftssystem (wahr/unwahr) fehlt dem Erziehungssystem gleichwohl ein Code im engeren Sinne, mit dem jenes in den Blick genommen werden könnte, was als Umwelt des sozialen Systems sinngenerierend selektiert wird und so Sozialen Wandel wahrscheinlich machen könnte. Das hat damit zu tun, dass es im Erziehungssystem v.a. darum geht, über Irritationen im sozialen System Veränderungen im psychischen System zu ermöglichen, das im Modus des Bewusstseins operiert. Das adressierte Medium des Erziehungssystems liegt nicht außerhalb des Menschen in Form der Person; es ist vielmehr Adressat und Beteiligter des Selektionsprozesses zugleich (Luhmann, 2002, S. 73). Für das Erziehungssystem der Gesellschaft ist damit die unter dem Begriff *Technologiedefizit* bekannt gewordene Herausforderung angesprochen, dass ein kausaler, Zweck-Mittel-bezogener und auf mindestens zwei Subjekte bezogener Durchgriff vom Bewusstsein des Lehrenden auf das Bewusstsein des Lernenden durch Erziehung zwar erhofft wird, jedoch als unwahrscheinlich eingeschätzt werden muss. Eine Inbeziehungsetzung von psychischem und sozialem System ist immer nur indirekt möglich, was mit verschiedenen Selektionsprozessen einhergeht (Luhmann & Schorr, 1982; 1999).

Mit Weltgesellschaft als umfassendem Gesellschaftsbegriff (Luhmann, 1984, S. 585) wird darauf verwiesen, dass sich angesichts der in der Moderne beginnenden zunehmenden funktionalen Ausdifferenzierung von Gesellschaft, die „zu einer strukturell bedingten (und damit im System unvermeidlichen) Überproduktion von Möglichkeiten" (Luhmann, 1971, S. 20) führt, die Beobachterperspektive verändert hat: „Der gegenwärtige Zustand der Weltgesellschaft läßt sich jedoch nicht mehr unter dem Gesichtspunkt eines ontisch wesensmäßigen oder hierarchischen Primats eines besonderen Teilsystems begreifen, sondern nur noch aus den Funktionen, Erfordernissen und Konsequenzen funktionaler Differenzierung selbst" (ebd., S. 27). Im generalisierten Problem- und Kommunikationszusammenhang der Weltgesellschaft verändert sich die funktionale Bedeutung von Nationalstaat und -gesellschaft und damit auch der Zusammenhang von Kultur und Gesellschaft im Welthorizont. Innerhalb des umfassendsten sozialen Systems mit eindeutigen Grenzen, das „alle Kommunikationen und nichts anderes in sich einschließt" (Luhmann, 1984, S. 557; auch Stichweh, 2000, S. 31), werden Nationalstaat und -gesellschaft zu regionalen Differenzierungen der Weltgesellschaft „als neuer Emergenzebene der Moderne" (Lang-Wojtasik, 2008, S. 52). Letztlich geht es darum, kommunikative Anschlussmöglichkeiten an den *Variationsreichtum der Weltgesellschaft* in den Blick zu nehmen, die in vier Sinndimensionen beschrieben werden können (im Folgenden: Lang-Wojtasik, 2008; 2011a; 2011b). Bei diesen Betrachtungen ist die Leitdifferenz Sicherheit und Unsicherheit rahmengebend, die sich als Konsequenz aus der Tatsache menschengemachten Risikos im Gegensatz zu gegebener Gefahr ergibt.

Wenn man die Weltgesellschaft bezüglich sinnhafter Schließung betrachtet, wird in *räumlich*er Perspektive sichtbar, dass sich die Bedeutung der Leitdifferenz von *Nah und Fern* verschiebt. V.a. Internet und Telefon bieten neue Formen der Kommunikation, mit denen eine *Entgrenzung* bisher sicher geglaubter Orientierungspunkte im Horizont der Nationalgesellschaft verbunden ist (Castells, 2002/2003). Dies geht einher mit Tendenzen der „Glokalisierung" (Robertson, 1998) für sinngebende Orientierungen, also parallelen Entwicklungen im globalen und lokalen Kontext, die nicht an einen spezifischen nationalstaatlichen Standpunkt gebunden und sich jenseits sicher geglaubter nationalgesellschaftlicher Grenzziehungen ereignen; etwa bezogen auf Transnationalisierungstendenzen in Ökonomie, Politik und Kultur. Die Öffnung von Nationalgesellschaften wird durch die eindeutige Grenzziehung der Weltgesellschaft begrenzt, in der alle verfügbare Kommunikation ihren Platz hat. Der veränderte Referenzrahmen einer Weltgesellschaft ermöglicht auch eine veränderte Bedeutung von *Kultur* im Verständnis generalisierter Funktionalität für Gesellschaft. Über einen so verstandenen Kulturbegriff ist es möglich, Gesellschaft multiperspektivisch zu beobachten und zu beschreiben. Die aus nationalgesellschaftlicher Perspektive wahrgenommene Entgrenzung und damit einhergehende Offenheit von Optionen eines sicher geglaubten Orientierungsrahmens wird im Horizont der Weltgesellschaft zum zentralen Charakteristikum der begrenzenden Weltgesellschaft mit eindeutiger Begrenzung – Entgrenzung wird so zur multiperspektivischen Begrenzung.

Sachlich werden die seit Jahrzehnten prognostizierten ‚Grenzen des Wachstums' (Meadows et al., 1972; Randers, 2012) immer sichtbarer, und damit wird es greifbarer, dass auch ein Überleben auf dem Planeten immer stärker in Frage gestellt ist. Hinzu kommt eine stetig steigende Informationsvielfalt (*Komplexität*), die eine immer umfassender werdende Optionenvielfalt bereithält. Angesichts dieses Befundes wird es immer schwieriger, sich begründet für oder gegen etwas zu entscheiden (*Kontingenz*), also sich in der Leitdifferenz von *Dies und Anderes* sicher zu orientieren. Um aus Informationen Wissen zu generieren, braucht es Selektionsofferten und ‚Kontingenzunterbrecher', um aus dem gegebenen Themenpool legitimierbar auswählen zu können. *Kultur* wird in diesem Verständnis zu einem „Vorrat möglicher Themen" als Vermittlungsinstanz zwischen Interaktion und Sprache (Luhmann, 1984, S. 224f.). Dabei ist für bildungstheoretische und allgemein-didaktische Betrachtungen hervorzuheben, dass im Moment der Generierung von Wissen auch die Bedeutung des Nichtwissens in den Blick kommt, das immer umfassender ist als das selektierte Wissen.

Mittlerweile ist eine Überwindung von nationalgesellschaftlich bedeutsamen *Zeit*zonen kommunikativ unproblematisch geworden (*Entzeitlichung*), womit neue Herausforderungen damit verbundener Erwartungshorizonte verbunden sind. Damit einher geht ein Trend zur *Beschleunigung* verfügbarer Zeit, was eine Veränderung der Relevanz von Wertorientierungen zwischen Modernität und Traditionalität etwa im intergenerationellen Kontext nach sich zieht und eine stärkere Verunsicherung der Legitimierbarkeit des Handelns im *Jetzt* für *zukünftige* (Nachher) Entwicklungen mit Bezug zur *Vergangenheit* (Vorher) bedeutet. Es kommt zu einer „Umstellung der Orientierungsgrundlagen von Erfahrungen auf Erwartungen" (Luhmann, 1997, S. 997f.). *Kultur* bekommt in diesem Zusammenhang eine Bedeutung als optionales „Gedächtnis der Gesellschaft" und „Filter von Vergessen/Erinnern" (ebd., S. 587f.), um geplant mit der zunehmend wahrnehmbareren Offenheit einschließend umgehen zu können und so Gewissheit trotz zunehmender Ungewissheit als Optionsvielfalt in den Blick zu bekommen.

In *sozial*er Perspektive geht es zentral um die Differenz von *Alter und Ego* sowie die Möglichkeit, die Kenntnis dieser Differenz in die Kommunikation einzubauen (Doppelte Kontingenz). Geht man davon aus, dass in der Weltgesellschaft als ausdifferenzierter Moderne das Erfordernis von Individualisierung angesichts des Freiheitspostulats immer mehr an Bedeutung gewinnt, so ist die parallele Zunahme von Pluralität eine parallele Entwicklung. Die damit angesprochene *gleichberechtigte Verschiedenheit* erschwert die eindeutige Zuordnung eines individuellen Standpunktes, in dem die multiplen Möglichkeiten von Alter berücksichtigt werden können. In der Konsequenz ermöglicht *individuelle Pluralisierung* eine neue Überschaubarkeit durch einen veränderten Umgang mit Vertrautheit und Fremdheit jenseits nationalkultureller Selbst- und Fremdzuschreibungen. Bedeutsamer als inter-kulturelle Überlegungen werden *trans-kulturelle* Bezüge (Welsch, 2012) und damit einhergehende *multiple Lebensentwürfe*, die sich im Kontext multiperspektivischer ethischer und moralischer Kontexte beschreiben lassen.

Als Zwischenfazit lässt sich für die Funktionalität von Weltgesellschaft und Kultur für Sozialen Wandel in Beziehung zur Beschreibung des Menschen als Person konstatieren: Kultur als generalisierter und multiperspektivischer Blick auf Weltgesellschaft (räumlich), als Themenpool (sachlich), als Gedächtnis und Filter von Entscheidung (zeitlich) sowie als Nationalgesellschaft überschreitender Bezug mit multiplen Lebensentwürfen (sozial). Diese vier Betrachtungsebenen können als Irritationen von Personen bedeutsam sein, wobei eine Veränderung hinsichtlich Sozialen Wandels insbesondere in pädagogischen Kontexten am direkten Durchgriff zwischen sozialem und psychischem System scheitert (Technologiedefizit).

Jenseits dieser gesellschaftstheoretisch anmoderierten Überlegungen, in denen es um die funktionale Beziehung von Person und (Welt-)Gesellschaft für Sozialen Wandel sowie Kultur geht, lässt sich auch anders herum nach der Funktionalität des empirischen Menschen in Beziehung zur Welt fragen. Dies wird im nächsten Schritt auf der Folie der Plessner'schen Theorie versucht.

2.2 Mensch und Welt

Am Anfang des Plessner'schen Theorems *exzentrischer Positionalität* – in Abgrenzung zur offenen Positionalität der Pflanze und der geschlossenen/zentrischen Positionalität des Tieres – steht die *räumliche* Frage nach der Differenz von Mensch und Welt; also die Betrachtung des Menschen als Körper-Leib in Gemeinschaft mit anderen für Gesellschaft. Es geht um die Bedingungen der Möglichkeit des Menschen als „Subjekt geistig-geschichtlicher Wirklichkeit, als sittliche Person von Verantwortungsbewußtsein […], die durch seine physische Stammesgeschichte und seine Stellung im Naturganzen bestimmt ist" (Plessner, 1928/2003, S. 40). Das zentrale Charakteristikum des Menschen ist, dass er nicht nur weiß, dass er ist und sich hat, sondern auch darüber nachdenken, aus sich selbst heraustreten und eine Distanz zu sich selbst herstellen kann (ebd., S. 363). Der Mensch ist

– im Gegensatz zu Pflanze und Tier – in der Lage, zu sich selbst ‚Ich' zu sagen und dies in Beziehung zu anderen in Gemeinschaft immer wieder neu zu justieren. In diesem Sinne wird er zur Person in Gesellschaft in dreifacher Positionalität – als Lebendiges in Körperlichkeit, als Innenleben oder Seele im Körper und als äußerer Beobachter dieser Tatsache (ebd., S. 365).

Ausgangspunkt ist der Mensch als biologisches Wesen mit einem *Körper* und einer innewohnenden Seele, der über eine *Psyche* verfügt, über die Bewusstsein generiert werden kann und über den Geist eine Relevanz der eigenen Wahrnehmung als *Leib* mit anderen bekommt (Plessner, 1928/2003, S. 377f.). Der *Homo absconditus*, also der „unergründliche Mensch, ist die ständig jeder theoretischen Feststellung sich entziehende Macht der Freiheit, die alle Fesseln sprengt [...]" (Plessner, 1956/2003, S. 134). Angesprochen ist die menschliche „Verborgenheit [...] [als] Nachtseite seiner Weltoffenheit" (Plessner, 1969; 2003, S. 359) für sich selbst und andere. Der so betrachtete Mensch verfügt über verschiedene Grenzregime bezüglich seiner Funktionalität in Welt, die sich als „Schranken" (ebd., S. 357) – also Begrenzungen durch Medien (Sprache, Sinnesmodalitäten, Denkformen etc.) – darbieten und reflexiv im „Abstand nehmen" zu sich selbst durchbrochen werden können (ebd., S. 359). Diese Besonderheit des Menschen kann auch in Gemeinschaft mit anderen betrachtet und als Gesellschaft bearbeitet werden. Die zentrale Grenze – auch als Hiatus (Plessner, 1928/2003, S. 179) oder Membran (ebd., S. 155, 436) bezeichnet – ist jene des Körper-Leibs (ebd., S. 367), also „Körper-Sein" und „Körper-Haben" (Plessner, 1941/2003, S. 374f.) als systematische Einheit einer Differenz, die einerseits abgrenzbar und andererseits fließende, diffundierende Einheit ist. Die Membran dient zur vermittelnden Inbeziehungsetzung des Körpers zu einem anderen Medium (Plessner, 1928/2003, S. 437).

Plessner unterscheidet *drei Welten*, in die der Mensch als Person ‚im Lebenskreis' gestellt ist und denen er sich aus den verschiedenen Perspektiven seines körperdinglichen Seins reflexiv vergewissern kann: Die körperliche *Innenwelt* als „Selbstsein in seiner Mitte" (Plessner 1928/2003, S. 366), die leibliche *Außenwelt* als „[...] Kontinuum der Leere oder der räumlich-zeitlichen Ausdehnung" (ebd., S. 366) und der Körper-Leib als „Doppelaspekt" (ebd., S. 367) dieser beiden in der *Mitwelt* als „die vom Menschen als Sphäre anderer Menschen erfaßte Form der eigenen Position" (ebd., S. 375). Die Abgrenzbarkeit dieser drei Welten ist analytischer Natur, und diese stellen sich als dynamische Grenzen im künstlichen Vollzug der Gesellschaft dar, die sich einer teleologischen Betrachtung entziehen. Sie sind dann wahrnehmbar, wenn der Mensch in seiner Positionalität exzentrisch aus sich heraustritt und über diese Grenzregime reflektieren kann. Dabei ist der Mensch als Person immer in dem Dilemma, sein Ich reflektorisch in den Blick nehmen und gleichzeitig über die beschriebenen Grenzziehungen nicht verfügen zu können (Fischer, 2009, S. 79).

Der gegebene Körper lässt sich in seiner Leiblichkeit im Kontext eines *kategorischen Konjunktivs* als rahmengebendem „Gesetz" menschlichen Seins mit sich selbst und anderen (Plessner, 1928/2003, S. 280) charakterisieren. Mit diesem Begriff wird auf die gegebene Tatsache des Vorstellbaren und Möglichen verwiesen, womit die Gesetztheit und Unersetzlichkeit des selbstreflexiven Menschen in Welt als mögliche Ersetzbarkeit, Austauschbarkeit und Äquivalenz in den Blick kommt (Plessner, 1968/2003, S. 339f.). Vor diesem Hintergrund wird Leben zum zentralen Selektionskriterium: „Leben ist Entwicklung, Übergang also von unentfalteten Potenzialen zu Aktualitäten, Einengung von Möglichkeiten, die ursprünglich da waren und unter Umständen hier und da noch Wirklichkeit werden könnten, wenn Eingriffe in den Organismus Regulationen verlangten: Leben ist Selektion" (Plessner, 1928/2003, S. 279). In diesem Horizont lassen sich drei *Anthropologische Grundgesetze* als A-priori-Beobachtungen benennen, in denen der Mensch „natürlich-künstlich, unmittelbar-vermittelt, verwurzelt-bodenlos" (Plessner, 1941/2003, S. 244) betrachtet werden kann.

Mit dem Begriff *Natürliche Künstlichkeit* kommt *sachlich* in den Blick, dass der natürliche Mensch als gesellschaftliche Person in seiner Körper-Leiblichkeit stets unfestgestellt bleibt und erst durch den Austausch mit *Kultur* zu dem werden kann, als dass er begriffen werden will. Bezieht man die Differenz von Natur und Kultur auf jene von Subjekt und Objekt, so entsteht eine Paradoxie des Verhältnisses von Mensch und Welt: Der Mensch kann dann sowohl als „Subjekt-Objekt der Natur" und „Subjekt-Objekt der Kultur" (Plessner, 1928/2003, S. 70) beschrieben werden: „naturgebunden und frei, gewachsen und gemacht, ursprünglich und künstlich zugleich" (ebd., S. 70f.). Ausgangspunkt für diese Erkenntnis ist das Wissen „der konstitutiven Heimatlosigkeit des menschlichen Wesens" (ebd., S. 383); der Mensch entwickelt ein Bewusstsein dafür, dass seine Körperlichkeit nur ein Aspekt seines Seins ist und die Tatsache des Leibes erst als Ergebnis eines reflexiven Prozesses mit sich und anderen betrachtet werden kann. Denn der Mensch muss „sich zu dem, was er schon ist, erst machen" (ebd.). In Abgrenzung zu anderen Lebewesen bleibt dabei immer ein Restschmerz in der Auseinandersetzung mit ihrer angenommenen Natürlichkeit (ebd., S. 384), die sie als handlungsfähig in ihrer Umwelt erscheinen lässt. Im Gegensatz dazu beobachtet sich der Mensch als ergänzungsbedürftig, was zum Ausgangspunkt der Entwicklung von Kultur wird. Diese kommt aus menschlicher Perspektive zunächst als ‚zweite Natur' in den Blick und stellt eine Bedingung der Möglichkeit für Aktivitäten dar, die auf Irreales gerichtet sind und eine Schaffung künstlicher Mittel erwartbar machen (ebd., S. 385). Im Gegensatz zum Tier kann der Mensch Gefundenes auch entdecken, d.h. das immanente Potenzial von Neuem als Innovation feststellen (ebd., S. 396).

Mit dem *Utopischen Standort* des Menschen ist *zeitlich* angedeutet, dass der Mensch sich als Person ausgehend von seinem körper-leiblichen Ort gedanklich an jeden anderen v.a. zeitlichen Betrachtungsstandpunkt versetzen, also Gedankengebäude trotz Unerreichbarkeit und -ausführbarkeit errichten kann und diese zum Ausgangspunkt weiteren Nachdenkens macht. Dies ist die Bedingung der Möglichkeit für eine Selbstbeschreibung im Horizont der *Nichtigkeit* von Welt, die exzentrisch positional gewendet eine *„Kultivierung"* nötig und wahrscheinlich macht (Plessner, 1928/2003, S. 419). In den Blick kommt das Wissen um die Vergänglichkeit des Menschen – angesichts begrenzter Lebenszeit – in der gegenwärtigen Welt zwischen Vergangenheit und Zukunft. Es geht um die Realisierung des Erreichten, das im Moment seiner Realisierung bereits überschritten ist und in dieser „Wurzellosigkeit" die Bedingung der Möglichkeit von „Weltgeschichte" als Realität verkörpert (ebd., S. 419). Dabei ist die Wahrnehmbarkeit von Kontingenz als „Horizont von Möglichkeiten des auch anders sein Könnens" (ebd., S. 421) grundlegend für das Selbstsein und die Existenz von Welt (ebd., S. 423). Um sich angesichts dessen Orientierung verschaffen zu können, ist der Mensch auf einen Halt jenseits des Aktuellen angewiesen, dass als Absolutes in den Blick kommt und die Möglichkeit der *Transzendenz* unterstellt. Der so sichtbar gemachte „Weltgrund" (ebd., S. 424) ist komplementär zur Exzentrizität des Menschen in seiner wurzel- und uferlosen Suche.

Schließlich ist der Mensch *sozial* durch *Vermittelte Unmittelbarkeit* charakterisiert, in der sich seine *Kulturalität* prozesshaft manifestiert. In dieser Paradoxie kommt die Einheit der Differenz von *Immanenz* und *Expressivität* in den Blick; der Mensch ist auf das beschränkt, was ihm angesichts eines Körper-Leibs eigen ist und gleichzeitig verfügt er über eine Ausdrucksfähigkeit, mit der die gegebenen Grenzen exzentrisch überschritten werden können. Dies ist der Ausgangspunkt, um die Mitwelt als erschließbar in Sozialität annehmen zu können. Dabei ist bedeutsam, dass der Mensch immer nur indirekt durch von ihm selbst losgelösten Resultaten seines Tuns mit Welt in Kontakt treten kann (ebd., S. 396). Es geht einerseits um künstlich geschaffene Medien oder Inhalte (Was) und andererseits um ihre Darbietung als Form (Wie) (ebd., S. 398), die als Einheit einer Differenz betrachtet werden können. Die Tatsache, dass der Mensch über die Differenz von Immanenz und Expressivität reflektieren kann, eröffnet den Horizont einer doppelten Distanz des körperleiblichen Menschen zu sich selbst und anderen. Der Mensch steht hinter sich, um mit sich selbst anderen in Gemeinschaft begegnen zu können. Die gegebene Immanenz kann als „unerläßliche Bedingung für seinen Kontakt mit der Wirklichkeit" (ebd., S. 407) und als Ausgangspunkt expressiver Überschreitung der gegebenen Grenze beobachtet werden. Sowohl im Kontakt mit sich selbst als auch mit anderen ist die Distanz von Körper und Leib als Einheit von Immanenz und Expressivität bedeutsam (ebd., S. 409). Die Grenze von Individuum und Gesellschaft wird demnach am sichtbarsten in den körperlichleiblichen Grenzreaktionen von Lachen und Weinen. Dies kann als „Verschränkungscharakter der menschlichen Innenwelt in eine Mitwelt" betrachtet werden (Schüßler, 2000, S. 179). Ausgangspunkt ist die Vorstellung, dass der Mensch als Körper über seinen Leib verschiedene gesellschaftliche Rollen als Masken ‚verkörpert', aus denen er heraustreten kann. Während Lachen und Weinen als kaum steuerbare Grenzreaktionen in den Blick kommen (Plessner, 1941/2003), ist das Lächeln ein steuerbarer Sonderfall, über den Kontaktaufnahme mit anderen als wahrscheinlich angenommen werden kann (Plessner, 1950/2003). Darüber hinaus lassen sich weitere Grenzreaktionen des menschlichen Körpers in der Begegnung mit sich selbst beschreiben, die als ‚organische Modale' charakterisiert sind und die den Menschen unkontrolliert in Besitz nehmen können (Plessner, 1923/2003, S. 267ff.) – auch mit anderen in Gemeinschaft (ebd., S. 288f.) und als Spieler mit seinem Körper-Leib und mit anderen (Plessner, 1967a/2003).

Mit den drei Grundgesetzen im Kontext des kategorischen Konjunktivs als rahmengebendem Gesetz wird die *verfügbare Unverfügbarkeit* beschrieben; also die Unverfügbarkeit des Menschen, die jedem Menschen als Person in Beziehung zur Welt verfügbar ist. 1) Der *natürliche Mensch* braucht als Person *Kultur* als etwas künstlich Geschaffenes, um Gesellschaft wahrscheinlich zu machen. Er muss sich mit weltbezogenen Themen beschäftigen, die er selbst herstellt oder die er von anderen hergestellt in ihrer Relevanz betrachtet. 2) Er ist auf einen *Standort zwischen Nichtigkeit und Transzendenz* angewiesen, der ihn zur Person macht und der als Irrealis nicht festgelegt sein und somit in der Gegenwart nur utopisch in den Blick kommen kann, um *Kultivierung* zu ermöglichen. Diese stellt eine Basis dar, um nach Orientierung im Fluss der Zeit Ausschau halten und sich begründet für oder gegen etwas entscheiden zu können. 3) In der Begegnung mit sich selbst und anderen ist *Kulturalität* möglich, die sich in der Spannung von Immanenz und Expressivität sowie Immanenz-Expressivität mit anderen ereignet.

Die Auseinandersetzung des Menschen mit Welt bezieht sich zunächst auf lokale, regionale und nationale Kontexte. Diese können als Umwelt des Systems Person beschrieben werden. Aus heutiger Perspektive ist zu fragen, inwieweit diese anthropologische Perspektive für eine Betrachtung von Gesellschaft als Weltgesellschaft bedeutsam sein kann. Zwar hat Plessner keine explizite Weltgesellschafstheorie vorgelegt, ihm war gleichwohl durchaus bewusst, dass ein eingeschränktes Nationendenken „Im Zeitalter der atomaren Erstverwertung, der interkontinentalen Raketen und der beginnenden Eroberung des Weltraums [...]" kaum funktional sein kann, und es deuten sich bereits hier De-Nationalisierungstendenzen an: „[...] Fragen nationaler Politik innerhalb räumlicher Distanzen, die von einem Düsenflugzeug in wenigen Minuten überwunden werden, [scheinen] obsolet geworden zu sein" (Plessner, 1935/1959/2003, S. 33). Charakteristisch für die Prognose des Menschen in der ausgehenden Moderne ist die generalisierte ‚Haltlosigkeit' angesichts einer Neupositionierung und -justierung der Metatheorie für anthropologisches Denken (ebd., S. 162ff.). Vor diesem Hintergrund kann es als reizvoll eingeschätzt werden, seine Gedanken über Deutschland als ‚Verspätete[r] Nation'[7] (Plessner, 1935/1959/ 2003) und zum ‚Perspektivenwechsel' (Plessner, 1953/2003) als grundlegender Bedingung der Möglichkeit von Gesellschaft als Gemeinschaft mit anderen zum Ausgangspunkt diesbezüglicher Gedanken zu machen. Bedeutsam ist dabei der historisch-systematische Blick auf die Besonderheiten Deutschlands im europäischen Kontext ab dem Übergang vom 19. ins 20. Jh., in denen der Zusammenhang von Macht und menschlicher Moral für die ‚Grenzen der Gemeinschaft' differenziert betrachtet wird (Plessner, 1924/2003; 1931/2003).

Mit dem Dilemma-Begriff ‚Verspätete Nation' lassen sich Internationalisierungsdebatten im Horizont der Nationalstaatsidee der ausgehenden Moderne neu denken. Denn National- und Staatsbewusstsein können auch getrennt voneinander betrachtet werden und müssen es mit großer Wahrscheinlichkeit auch im Hinblick auf eine europäische Einigung und Verständigung. Das hieße, nüchtern zur Kenntnis zu nehmen, dass Staats- und Sprachvolk in der deutschen Geschichte nie deckungsgleich waren (Plessner, 1967b, S. 302) und konsequenterweise Kultur- und Staatsnation systematisch voneinander getrennt werden müssten, um der Geschichte konstruktiv Rechnung tragen zu können (ebd., S. 309).

Die Perspektive eines Blicks von außen auf das Eigene erwächst aus der intensiven Plessner'schen Migrationserfahrung. Die Welt ‚Mit anderen Augen' (Plessner, 1953/2003) sehen zu können und zu wollen, ist eine zentrale Voraussetzung, um distanziert auf das

---

7   So der Titel des 1959 in zweiter Auflage erschienenen Buches ‚Das Schicksal deutschen Geistes im Ausgang seiner bürgerlichen Epoche' von 1935.

blicken zu können, was bis dahin als Normalfall eingeschätzt wird (Milieus, Traditionen, Konventionen etc.). Es geht darum, die Betrachtung des Vertrauten aus seiner vertrauten Zone loszulösen und durch Entfremdung einen neuen Blick auf Gegebenes zu entwickeln (ebd., S. 93ff.). Hilfreich bei der Betrachtung ist die Körper-Leib-Differenz, weil damit eine systematische Betrachtung des Menschseins und der reflektierten menschlichen Welt mit anderen möglich ist, die über „materielle Symbolträger" (ebd., S. 96) vermittelt wird. Der damit anmoderierte generalisierte Perspektivenwechsel einer funktional tragfähigen Theorie in der Weltgesellschaft ermöglicht eine Neubestimmung von Theorie – inkl. der Kant'schen Theorien, die als „Ausdruck einer geschichtlichen und ethnischen Standortgebundenheit" interpretiert werden können (Plessner, 1935/1959/2003, S. 151).

Lässt man sich auf beide Aspekte ein – Trennung von Kultur- und Staatsnation als zwei Referenzoptionen sowie Perspektivenwechsel als exzentrisch-positionale Körper-Leib-Distanz zu sich selbst und anderen (räumlich) – eröffnen sich erweiterte Möglichkeiten einer Betrachtung der Funktionalität von Gemeinschaft und (Welt-)Gesellschaft. Kultur (als sachlicher Gegensatz zu Natur), Kultivierung (als zeitlicher Standort zwischen Nichtigkeit und Transzendenz) und Kulturalität (als sozialer Spannung von Immanenz und Expressivität) werden in diesem Blick zu generalisierten Bedingungen der Möglichkeit von Gesellschaft mit pluralen Weltzu-/be-/schreibungen.

Der Mensch kann in diesem Verständnis eine Triebkraft für Sozialen Wandel erzeugen, der weder kausal noch determiniert ist, wobei der Mensch in Freiheit gedacht werden muss, also auch anders denken und handeln kann (ebd., S. 185ff.).

3. Pädagogik der Differenz im Horizont epochaltypischer Schlüsselprobleme

Was bedeuten die Ausführungen für erziehungswissenschaftliche Debatten? Hier werden Überlegungen einer differenzorientierten Pädagogik (Lang-Wojtasik, 2010; 2012a) ausgehend von vier epochaltypischen pädagogischen Diskursfeldern in *Auseinandersetzung mit Kultur* als einem Referenzhorizont weltgesellschaftlicher Relevanz skizziert.

Mitte der 1980er Jahre beschreibt Wolfgang Klafki sein Konzept der Allgemeinbildung auf der Basis der drei personalen Grundfähigkeiten Selbstbestimmungs-, Mitbestimmungs- und Solidaritätsfähigkeit, in deren Zentrum ‚epochaltypische Schlüsselprobleme' stünden. Diese sind querschnittsorientierte thematische Zeitdiagnosen Sozialen Wandels im Spannungsfeld von Bildung und Gesellschaft – v.a. Frieden, Umwelt, Ungleichheit, global umspannende Kommunikationsmöglichkeiten (Klafki, 1996, S. 43–81). Aus heutiger Perspektive und vor dem Hintergrund der eingangs erwähnten ‚Grenzen des Wachstums' kann es zeitdiagnostisch hilfreich sein, die Millennium-Entwicklungsziele der Vereinten Nationen als Herausforderung für die Reformulierung und Weiterentwicklung epochaltypischer Querschnittsherausforderungen in den Blick zu nehmen (Lang-Wojtasik & Pfeiffer-Blattner, 2012). Im globalen Kontext sind vier zentrale Themenfelder angesprochen: Frieden, Sicherheit und Abrüstung; Entwicklung und Armutsbekämpfung; Schutz der gemeinsamen Umwelt; Menschenrechte, Demokratie und gute Regierungsführung (BMZ, 2010). Darüber hinaus erscheint es gewinnbringend, die so weiter entwickelten thematischen Felder an bis dato vorgelegten erziehungswissenschaftlichen Überlegungen anzulehnen, mit denen eine Argumentation im Horizont der Weltgesellschaft epochaltypisch-querschnittlich möglich ist und die hier nur skizziert werden können (im Folgenden: Lang-Wojtasik, 2011b; Lang-Wojtasik & Klemm, 2012): *Globales Lernen* beschäftigt sich mit den Herausforderungen der Globalisierung für das menschliche Lernen und die Gestaltbarkeit einer gerechten und nachhaltigen Weltgesellschaft – bezogen auf den Umgang mit (Nicht)Wissen, (Un)Gewissheit sowie Vertrautheit und Fremdheit. *Interkulturelle Pädagogik* thematisiert im Kern Herausforderungen des Andersseins im Kontext angenommener Normalität aufgrund von Migration, Nation, Sprache, Ethnie, Entwicklungsstand und Privilegiertheit. *Bildung für nachhaltige Entwicklung* fokussiert Herausforderungen intra- und intergenerationeller Gerechtigkeit und Zukunftsfähigkeit jenseits einer beschleunigten Welt im dynamisch verbundenen Horizont von Ökonomie, Ökologie, Sozialem und Partizipation. Schließlich ist es der *Grundbildungsdiskurs in lebenslanger Perspektive*, der spätestens seit den Weltbildungskonferenzen von Jomtien (1990) und Dakar (2000) auf der internationalen Agenda steht. Darin geht es angesichts des zunehmenden Individualisierungserfordernisses der ausgehenden Moderne um einen universalisierten und gerechten Zugang zu Bildung für alle jenseits diskriminierender Faktoren wie Alter, Wohlstand, Geschlecht, Migrationsstatus usw., die Nachhaltigkeit der Bildungsmöglichkeiten in lebenslanger Perspektive sowie eine Balance von Lernbedürfnisorientierung und Weltkanon.

Die beschriebenen erziehungswissenschaftlichen Diskursfelder leben in der Spannung theoriegeleiteter Bestandsaufnahmen und Optionen der Handlungsfähigkeit als semantischem Referenzhorizont, über die Sozialer Wandel erhofft wird, um Gesellschaft als veränderbar einzuschätzen oder zu verändern. Damit ist die Schwierigkeit angedeutet, die sich generell für pädagogische und didaktische Arrangements erziehungswissenschaftlich in den Blick nehmen lässt; alltagstheoretisch formuliert: Wie kriege ich das, was zur ‚Rettung der Welt' auf der Hand zu liegen scheint, in die Köpfe von Menschen; wissend, dass sich sowohl Gesellschaft als auch der Mensch einer Festlegung entziehen? Metatheoretisch gewendet heißt das: Welche Offerten lassen sich vor dem Hintergrund der Ausführungen zu Luhmanns Technologiedefizit der Erziehung und Plessners verfügbarer Unverfügbarkeit im Horizont der Weltgesellschaft für den Komplex epochaltypischer Schlüsselprobleme in ihrer Relevanz für pädagogische Fragestellungen formulieren?

Um mit diesen Fragen umzugehen, wird im Folgenden systematisch von zwei Verständnissen des Begriffs *Reflexivität* als ‚Rückwendung auf sich selbst' ausgegangen. Einerseits als Beschreibung des Zusammenhanges von Person und Weltgesellschaft und den damit assoziierten Anschlussmöglichkeiten an Variationsreichtum im Sinne einer „Selbstbezüglichkeit von Systemoperationen" und andererseits als „(kritische) Reflexion von Systemprozessen und ihrer Legitimität und Effizienz" (Fuchs, 2007, S. 14) des Menschen in seiner Beziehung zur Welt. Die beiden skizzierten Metatheorien können so in ihrem unterschiedlichen Zugang zur Problemstellung und in ihrer Brückenfähigkeit zur Beschreibung Sozialen Wandels im pädagogischen und didaktischen Prozess gewürdigt werden. Für beide Verständnisse ist bedeutsam, dass es um eine Betrachtung jenseits des konkret Fassbaren geht. In den Blick kommen funktionale Bezüge und damit verbundene Zusammenhänge, mit denen das Phänomenale als denkbar charakterisiert wird. Um die Bedingungen der Möglichkeit Sozialen Wandels beschreiben zu können, geht es einerseits um die Bedeutung exzentrischer Positionalität der Körper-Leib-Differenz; also *Selbstreflexion* als anthropologischem Begriff zur Markierung funktionaler Zusammenhänge zwischen Mensch und Welt. Andererseits geht es um die Einheit der Differenz von System und Umwelt; also *Selbstreferentialität* als gesellschaftstheoretischem Begriff zur Beschreibung von Funktionalität zwischen Gesellschaft und Person.

Bezieht man dies auf differenzpädagogische Fragestellungen, so kommen Überlegungen gesellschaftlicher Inklusion in den Blick, die über pädagogisch relevante Funktionalität beobachtbar sind. *Selbstreferentiell* kann eine generalisierte Inklusion in funktionale Teilsysteme betrachtet werden, die v.a. über das Erziehungssystem beschreibbar ist und grundsätzlich für alle Personen als denkbar angenommen wird. Prominent ist hier die Schule als eine Ausdifferenzierung des Erziehungssystems, die sich funktional bewährt hat (Lang-Wojtasik, 2008). Gleichzeitig ist von funktional äquivalenten Möglichkeiten auszugehen, die sich als non-formale Bildungsangebote und informelle Lernofferten darstellen (Overwien, 2012). *Selbstreflexiv* geht es um die Funktion des Menschen in Welt, der über seine Positionalität als Körper-Leib exzentrisch nachdenken und unverfügbare Anschlussoptionen an seine jeweilige pädagogische Umwelt in den Blick nehmen kann, über die soziale Wandlungsprozesse erhofft werden (Fischer, 1995, S. 272ff.; Kubitza, 2005, S. 44ff.).

Vor dem Hintergrund beider Theoriestränge macht es Sinn, die pädagogische Zielsetzung auf ein *reflektiertes Differenzlernen* zu fokussieren (im Folgenden: Lang-Wojtasik, 2011b, S. 248ff.), mit dem ein bildungstheoretisch anschlussfähiger Kompetenzerwerb in der Trias von Selbst-, Sach- und Sozialkompetenz (Roth, 1976, S. 180f.) möglich wird, der die Bedingung der Möglichkeit Sozialen Wandels gesellschaftstheoretisch und philosophisch-anthropologisch als relevant betrachtet. Kompetenz umfasst in diesem Sinne „Selbstorganisationsdispositionen […] menschlicher Individuen zu reflexivem, kreativem Problemlösungshandeln in […] selektiv bedeutsamen Situationen" (Erpenbeck & Rosenstiel, 2007, S. XI). Bezogen auf differenzpädagogische Überlegungen kommen so selbstreferentiell die System-Umwelt-bezogenen Möglichkeiten weltgesellschaftlicher Anschlussfähigkeit sowie selbstreflexiv die exzentrische Positionalität in der Welt mit anderen für pädagogische und didaktische Überlegungen in den Blick.

Räumlich bietet eine *begrenzte glokale Abstraktion* einen angenommenen Referenzhorizont, in dem eine selbstreferentielle Beschreibung von Bezügen sowohl zu Globalisierung als auch Lokalisierung denkbar ist, über die eine momentbezogene Reduktion von Optionen wahrscheinlich wird. Die so angenommene generalisierte Funktionalität und Multiperspektivität von Kultur schafft Optionen für selbstreflexive Prozesse, in denen sich der Mensch in multilokalen Lebenswelten angesichts gegebener Möglichkeiten orientierend (exzentrisch positional) verorten kann. Denkbar wird dies in der Auseinandersetzung mit Virtualität und Konkretion im Kontext neuer Medien oder globalen Lernpartnerschaften im Rahmen von Austauschprogrammen jenseits räumlicher und zeitlicher Begrenzung im Hier und Jetzt anhand ausgewählter Themen und sozialer Kontakte.

Sachlich bietet Kultur als ein angenommener Themenpool Chancen für variantenreiche Anschlussmöglichkeiten, um angesichts der hohen Komplexität gegebener Informationen begründet auswählen und so Kontingenz als unterbrechbar annehmen zu können. Die natürliche Künstlichkeit des Menschen als Einheit der Differenz von Kultur und Natur (reflektierte Körper-Leib-Differenz) wird anthropologisch zu einer analytischen Option, bei der die Weltgesellschaft in *exemplarischer Interkulturalität* als reduziert begreifbar angenommen werden und der Mensch in Welt durch (materielle) Manifestationen seine Multiperspektivität mit sich und anderen begreifen kann. Als didaktisch hilfreich sind hier eine gezielte Auseinandersetzung mit Widersprüchen sowie ein reflektierter Perspektivenwechsel einzuschätzen; bezogen auf Weltgesellschaft denkbar in Begegnungen mit Fairem Handel in Weltläden oder in konstruktiven Umgangsformen mit Orientierungen, die als Leit- oder Minderheitenkultur bedeutsam für interpersonale Kommunikationen und Konflikte sein können.

Kommt Kultur *zeitlich* als ein gesellschaftliches Gedächtnis in den Blick, über das ‚gefilterte' Entscheidungen in ihrer Relevanz für die Anschlussfähigkeit an Weltgesellschaft beschrieben werden, so lässt sich anthropologisch nach den Bedingungen der Möglichkeit einer temporären Verortung des Menschen fragen. Philosophisch-anthropologisch betrachtete Kulturalisierung charakterisiert den utopischen Standort des Menschen zwischen Nichtigkeit und Transzendenz. Ob selbstreferentiell oder selbstreflexiv; entscheidend scheint die Frage nach den begründeten Optionen *nachhaltiger Orientierung* in Wandel und Beschleunigung zu sein, die parallele Bezugspunkte zwischen Vergangenheit und Zukunft anbieten, über die eine rahmengebende Kontinuität annehmbar wird. Hilfreich dazu sind intergenerationelle Momentaufnahmen im Hier und Jetzt – also reflektierte Begegnungen zwischen Menschen verschiedener Altersgruppen –, um vielfältige zeitliche Bezüge in ihrer Relevanz für Werte, Normen und Ziele als anschlussfähig begreifen zu können. Der gegebene utopische Standort des Menschen wird so zu einer herausragenden Reflexionschance, um sich mit der stetig erneuernden Unübersichtlichkeit einer variationsreichen Weltgesellschaft didaktisch arrangieren zu können.

Schließlich stellt die zunehmend wahrnehmbare individuelle Pluralisierung als Charakteristikum der Weltgesellschaft in *sozial*er Perspektive eine Herausforderung für einen national geprägten Kulturbegriff dar. Löst man diesen weltgesellschaftlich aus seiner mononationalen Perspektive, ist von transkulturellen Bezügen und multiplen Lebensentwürfen auszugehen. Um die darin liegenden Chancen pädagogisch und didaktisch würdigen zu können, stellt *kooperative Pluralität* eine gangbare Option dar, in der Verschiedenheit und Vielfalt als Normalfall sowie das gleichberechtigte Anderssein als Grundlage von Gesellschaft angesehen werden. Um dies umsetzen zu können, ist der Umgang mit der vermittelten Unmittelbarkeit des Menschen im Fokus; also inwieweit die reflektierte Körper-Leib-Differenz zwischen Immanenz und Expressivität in Balance gehalten und gebracht werden kann. Bedeutsam sind hier aufrichtige Wertschätzung und Empathie für das Individuum in seiner Ganzheit und als Teil eines variablen Kollektivs. Um dies zu realisieren, erscheinen konstruktive Formen der Kommunikation und des Umganges mit Konflikten als zukunftsorientierte Wegweiser.

Die Weltgesellschaft und der Mensch im Sozialen Wandel

	Weltgesellschaft und Person (Luhmann)	Funktionalität der Weltgesellschaft und Kultur für Wandel	Mensch und Welt	Verfügbare Unverfügbarkeit u. Funktionalität von Kultur für Wandel	Pädagogik und Didaktik der Differenz: Reflexives Differenzlernen	
		Systemtheorie sensu N. Luhmann	Philosophische Anthropologie sensu H. Plessner			
Räumlich	Nah + Fern — Entgrenzung des Nationalstaats/-gesellschaft als regionaler Differenzierung und Glokalisierung	Begrenzung durch Entgrenzung — Generalisierte Funktionalität und Multiperspektivität von Kultur	Exzentrische Positionalität des Körper-Leibs und Kategorischer Konjunktiv	Kultur und Gemeinschaft/Gesellschaft	Selbstreferentialität — Begrenzte glokale Abstraktion	Selbstreflexion — Multilokale Lebensweltorientierung
Sachlich	Dies + Anderes — Komplexität und Kontingenz	Legitimierbare Auswahl durch Selektionsofferten und Kontingenzunterbrecher — Kultur als Themenpool	Natürliche Künstlichkeit	Kultur und Natur	Exemplarische Interkulturalität	(Materielle) Manifestationen in Multiperspektivität
Zeitlich	Vorher + Nachher — Entzeitlichung und Beschleunigung	Planbarkeit geschlossener Offenheit — Kultur als gesellschaftliches Gedächtnis und Filter der Entscheidung	Utopischer Standort zwischen Nichtigkeit und Transzendenz	Kultivierung	Nachhaltige Orientierung durch Momentaufnahmen im Jetzt	Intergenerationelle Momentaufnahmen im Jetzt
Sozial	Alter + Ego — Individualisierung und Pluralisierung	Überschaubarkeit durch individuelle Pluralisierung — Transkulturelle Bezüge und multiple Lebensentwürfe	Vermittelte Unmittelbarkeit zwischen Immanenz und Expressivität	Kulturalität	Kooperative Pluralität	Wertschätzung und Empathie des Individuums im Kollektiv

Tab.: Die Weltgesellschaft und der Mensch im Sozialen Wandel (eigene Darstellung)

4. Zusammenfassung und Perspektiven

Ausgehend von der Diagnose einer riskanten und unübersichtlichen Welt(gesellschaft) wurde im vorliegenden Aufsatz nach den generellen Theorieherausforderungen zur Beschreibung des Sozialen Wandels gefragt. Vor dem Hintergrund systemtheoretischer (Luhmann) und philosophisch-anthropologischer (Plessner) Überlegungen wurde die Schwierigkeit herausgearbeitet, Person und Weltgesellschaft sowie Mensch und Welt verfügbar aufeinander beziehen zu können (siehe Tabelle). Um beide Theorien als Metaperspektiven für differenzpädagogische Fragestellungen vorbereiten zu können, wurden sie entlang von vier Sinndimensionen (räumlich, sachlich, zeitlich, sozial) in den Blick genommen. Systemtheoretisch lässt sich der Bezug von Weltgesellschaft und Person in der Spannung von Entgrenzung und Glokalisierung, Komplexität und Kontingenz, Entzeitlichung und Beschleunigung sowie Individualisierung und Pluralisierung beschreiben. Philosophisch-anthropologisch kommt der Zusammenhang von Mensch und Welt ausgehend von der exzentrischen Positionalität des Körper-Leibs und dem Kategorischen Konjunktiv des Seins als natürliche Künstlichkeit, utopischer Standort (Nichtigkeit und Transzendenz) sowie vermittelte Unmittelbarkeit (Immanenz und Expressivität) in den Blick. Ausgehend von diesen metatheoretischen Perspektiven wurde die angebotene Semantik des Kulturbegriffs bei Luhmann und Plessner in ihrer funktionalen Relevanz für Pädagogik herausgearbeitet – systemtheoretisch als generalisierte Funktionalität und Multiperspektivität von Kultur, Themenpool, gesellschaftliches Gedächtnis und Filter der Entscheidung sowie transkulturelle Bezüge und multiple Lebensentwürfe; philosophisch-anthropologisch als Kultur und Gemeinschaft/Gesellschaft, Kultur und Natur, Kultivierung sowie Kulturalität.

Im Ergebnis wird die pädagogische Perspektive eines *Reflexiven Differenzlernens* sichtbar, das einerseits als gesellschaftstheoretische Selbstreferentialität (begrenzte glokale Abstraktion, exemplarische Interkulturalität, nachhaltige Orientierung durch Momentaufnahmen im Jetzt und kooperative Pluralität) und andererseits als philosophisch-anthropologische Selbstreflexion (multilokale Lebensweltorientierung, [materielle] Manifestationen in Multiperspektivität, intergenerationelle Momentaufnahmen im Jetzt sowie Wertschätzung und Empathie) in den Blick kommt.

Prognosen für den Erfolg pädagogischer und didaktischer Bemühungen sind ähnlich den eingangs skizzierten Diagnosen riskant. Gleichzeitig wird deutlich, dass sich über die parallele Betrachtung der Funktionalität Sozialen Wandels im Horizont weltgesellschaftlicher Herausforderungen aus einer systemtheoretischen und einer philosophisch-anthropologischen Perspektive alternative Optionen eines Umgangs mit pädagogischen Hoffnungsprogrammen ergeben, ohne die pädagogisches Handeln unmöglich ist.

Folgt man den vorgelegten Überlegungen, öffnen sich beschreibende Wege der Selbstreferentialität von Gesellschaft und Person sowie Selbstreflexion für Menschen und ihre Gestaltungsfähigkeit in Welt bezüglich epochaltypischer Querschnittsherausforderungen in pädagogischer und didaktischer Relevanz. Metatheoretisch bedeutsam ist dabei, dass die beiden Referenztheorien parallel gedacht werden müssen und lediglich funktionalsystematisch aufeinander bezogen werden können.

Literatur

Adick, C. (2008). *Vergleichende Erziehungswissenschaft*. Eine Einführung. Stuttgart: Kohlhammer.

Beck, U. (1986). *Risikogesellschaft*. Auf dem Weg in eine andere Moderne. Frankfurt a.M.: Suhrkamp.

Beck, U. (2008). *Weltrisikogesellschaft*. Frankfurt a.M.: Suhrkamp.

BMZ–Bundesministerium für wirtschaftliche Zusammenarbeit und Entwicklung (2010). *Internationale Ziele*; verfügbar unter: www.bmz.de/de/was_wir_machen/ziele/hintergrund/ziele/millenniumsziele/index.html [12.11.2010].

Castells, M. (2002/2003). *Das Informationszeitalter*. Opladen: Leske + Budrich.

Erpenbeck, J. & Rosenstiel, L. v. (Hrsg.). (2007). *Handbuch Kompetenzmessung*. Erkennen, verstehen und bewerten von Kompetenzen in der betrieblichen, pädagogischen und psychologischen Praxis. Stuttgart: Schäffer-Poeschel.

Fend, H. (1980). *Theorie der Schule*. München/Wien/Baltimore: Urban & Schwarzenberg.

Fischer, J. (1995). Philosophische Anthropologie. Zur Rekonstruktion ihrer diagnostischen Kraft. In J. Friedrich & B. Westermann (Hrsg.), *Unter offenem Horizont*. Anthropologie nach H. Plessner. Mit einem Geleitwort von D. Goldschmidt (S. 249–280). Frankfurt a.M.: Peter Lang.

Fischer, J. (2009). *Philosophische Anthropologie*. Eine Denkrichtung des 20. Jahrhunderts (2. Aufl.). Freiburg/München: Karl Alber.

Fuchs, S. (2007). *Weltgesellschaft und Modernisierung* – Eine Skizze der Dynamik des Formwandels des Systems internationaler Beziehungen. Berlin: Wissenschaftszentrum Berlin für Sozialforschung.

Fuchs-Heinritz, W., Lautmann, R., Rammstedt, O. & Wienold, H. (Hrsg.). (1995). *Lexikon zur Soziologie* (3. Aufl.). Opladen: Westdeutscher Verlag.

Gehlen, A. (1940). *Der Mensch*. Seine Natur und seine Stellung in der Welt. Berlin: Junker und Dünnhaupt.

Klafki, W. (1996). *Neue Studien zur Bildungstheorie und Didaktik*. Zeitgemäße Allgemeinbildung und kritisch-konstruktive Didaktik (5. Aufl.). Weinheim/Basel: Beltz.

Kubitza, Th. (2005). *Identität – Verkörperung – Bildung*. Pädagogische Perspektiven der Philosophischen Anthropologie Helmuth Plessners. Bielefeld: transcript.

Lang-Wojtasik, G. (2008). *Schule in der Weltgesellschaft*. Herausforderungen und Perspektiven einer Schultheorie jenseits der Moderne. Weinheim/München: Juventa.

Lang-Wojtasik, G. (2010). „Wir sollten mehr über die Kulturen der Ausländerkinder erfahren…". Differenz als Theorieangebot für die Pädagogik. In R. Elm, I. Juchler, J. Lackmann & S. Peetz (Hrsg.), *Grenzlinien*. Interkulturalität und Globalisierung: Fragen an die Sozial- und Geisteswissenschaften (S. 136–157). Schwalbach/Ts.: Wochenschau.

Lang-Wojtasik, G. (2011a). Heterogenität, Inklusion und Differenz(ierung) als schultheoretische und allgemeindidaktische Herausforderungen – historisch-systematische Überlegungen. In G. Lang-Wojtasik & R. Schieferdecker (Hrsg.), *Weltgesellschaft – Demokratie – Schule* (S. 89–108). Münster/Ulm: Klemm & Oelschläger.

Lang-Wojtasik, G. (2011b). Interkulturelles Lernen in einer globalisierten Gesellschaft. Differenzpädagogische Anregungen am Beginn des 21. Jahrhunderts. In M. Ruep (Hrsg.), *Bildungspolitische Trends und Perspektiven* (S. 237–257). Baltmannsweiler: Schneider/Zürich: Pestalozzianum.

Lang-Wojtasik, G. (2012a). Pädagogik der Differenz. In: G. Lang-Wojtasik & U. Klemm (Hrsg.): *Handlexikon Globales Lernen* (S. 205–209). Münster/Ulm: Klemm & Oelschläger.

Lang-Wojtasik, G. (2012b). Risiko und Weltgesellschaft. In G. Lang-Wojtasik & U. Klemm (Hrsg.), *Handlexikon Globales Lernen* (S. 216–218). Münster/Ulm: Klemm & Oelschläger.

Lang-Wojtasik, G. & Klemm, U. (Hrsg.). (2012). *Handlexikon Globales Lernen*. Münster/Ulm: Klemm & Oelschläger.

Lang-Wojtasik, G. & Pfeiffer-Blattner, U. (2012). Millenium-Entwicklungsziele und Epochaltypische Schlüsselprobleme. In G. Lang-Wojtasik & U. Klemm (Hrsg.), *Handlexikon Globales Lernen* (S. 185–188). Münster/Ulm: Klemm & Oelschläger.

Lindemann, G. (1995). Die Verschränkung von Körper und Leib als theoretische Grundlage einer Soziologie des Körpers und leiblicher Erfahrungen. In J. Friedrich & B. Westermann (Hrsg.), *Unter offenem Horizont. Anthropologie nach H. Plessner. Mit einem Geleitwort von D. Goldschmidt* (S. 133–139). Frankfurt a.M.: Peter Lang.

Luhmann, N. (1971). Die Weltgesellschaft. In *Archiv für Rechts- und Sozialphilosophie, 57*, 1–35.

Luhmann, N. (1984). *Soziale Systeme*. Grundriß einer allgemeinen Theorie. Frankfurt a.M.: Suhrkamp.

Luhmann, N. (1987). Die Autopoiesis des Bewußtseins. In N. Luhmann, *Soziologische Aufklärung 6. Die Soziologie und der Mensch* (S. 55–108). Wiesbaden: VS 2005 (2. Aufl.).

Luhmann, N. (1990). *Ökologische Kommunikation*. Kann die moderne Gesellschaft sich auf ökologische Gefährdungen einstellen? (3. Aufl.). Opladen: Westdeutscher Verlag.

Luhmann, N. (1997). *Die Gesellschaft der Gesellschaft*. Frankfurt a.M.: Suhrkamp.

Luhmann, N. (2002). *Das Erziehungssystem der Gesellschaft* (hrsg. v. D. Lenzen). Frankfurt a.M.: Suhrkamp.

Luhmann, N. & Schorr, K. E. (1982). Das Technologieproblem der Erziehung und die Pädagogik. In N. Luhmann & K. E. Schorr (Hrsg.), *Zwischen Technologie und Selbstreferenz: Fragen an die Pädagogik* (S. 11–40). Frankfurt a.M.: Suhrkamp.

Luhmann, N. & Schorr, K. E. (1999). *Reflexionsprobleme im Erziehungssystem* (2. Aufl.). Frankfurt a.M.: Suhrkamp.

Meadows, D., Zahn, E. & Milling, P. (1972). *Die Grenzen des Wachstums*. Bericht des Club of Rome zur Lage der Menschheit. Stuttgart: Deutsche Verlags-Anstalt.

Meyer, J. W. (2005). *Weltkultur*. Wie die westlichen Prinzipien die Welt durchdringen (hg. v. G. Krücken). Frankfurt a.M.: Suhrkamp.

Oberhaus, L. (2006). *Musik als Vollzug von Leiblichkeit*. Zur phänomenologischen Analyse von Leiblichkeit in musikpädagogischer Absicht. Essen: Die Blaue Eule.

Overwien, B. (2012). Lernen (in-)formell und Bildung (non-)formal. In G. Lang-Wojtasik & U. Klemm (Hrsg.), *Handlexikon Globales Lernen* (S. 173–175). Münster/Ulm: Klemm & Oelschläger.

Plessner, H. (1923/2003): Die Einheit der Sinne. Grundlinien einer Ästhesiologie des Geistes. In: Plessner, H.: *Anthropologie der Sinne. GS III* (S. 7–315). Frankfurt a.M.: Suhrkamp.

Plessner, H. (1924/2003). Grenzen der Gemeinschaft. Eine Kritik des sozialen Radikalismus. In H. Plessner, *Macht und menschliche Natur*. GS V (S. 7–133). Frankfurt a.M.: Suhrkamp.

Plessner, H. (1928/2003). *Die Stufen des Organischen und der Mensch*. Einleitung in die philosophische Anthropologie. GS IV. Frankfurt a.M.: Suhrkamp.

Plessner, H. (1931/2003). Macht und menschliche Natur. Ein Versuch zur Anthropologie der geschichtlichen Weltansicht. In H. Plessner, *Macht und menschliche Natur*. GS V (S. 134–234). Frankfurt a.M.: Suhrkamp.

Plessner, H. (1935/1959/2003). Die verspätete Nation. Über die politische Verführbarkeit bürgerlichen Geistes. In H. Plessner, *Die Verführbarkeit des bürgerlichen Geistes*. GS VI (S. 11–223). Frankfurt a.M.: Suhrkamp.

Plessner, H. (1941/2003). Lachen und Weinen. Eine Untersuchung der Grenzen menschlichen Verhaltens. In H. Plessner, *Ausdruck und menschliche Natur*. GS VII (S. 201–387). Frankfurt a.M.: Suhrkamp.

Plessner, H. (1950/2003). Das Lächeln. In H. Plessner, *Ausdruck und menschliche Natur*. GS VII (S. 419–434). Frankfurt a.M.: Suhrkamp.

Plessner, H. (1953/2003): Mit anderen Augen. In H. Plessner, *Conditio humana*. GS VIII (S. 88–104). Frankfurt a.M.: Suhrkamp.

Plessner, H. (1956/2003). Über einige Motive der Philosophischen Anthropologie. In H. Plessner, *Conditio humana*. GS VIII (S. 117–135). Frankfurt a.M.: Suhrkamp.

Plessner, H. (1962/2003): Universität und Erwachsenenbildung. In H. Plessner, *Schriften zur Soziologie und Sozialphilosophie*. GS X (S. 250–264). Frankfurt a.M.: Suhrkamp.

Plessner, H. (1967a/2003). Der Mensch im Spiel. In H. Plessner, *Conditio humana*. GS VIII (S. 307–313). Frankfurt a.M.: Suhrkamp.

Plessner, H. (1967b/2003). Wie muß der deutsche Nation-Begriff heute aussehen? In H. Plessner, *Die Verführbarkeit des bürgerlichen Geistes*. GS VI (S. 295–310). Frankfurt a.M.: Suhrkamp.

Plessner, H. (1968/2003). Der kategorische Konjunktiv. Ein Versuch über die Leidenschaft. In H. Plessner, *Conditio humana*. GS VIII (S. 338–352). Frankfurt a.M.: Suhrkamp.

Plessner, H. (1969/2003). Homo absconditus. In H. Plessner, *Conditio humana*. GS VIII (S. 353–366). Frankfurt a.M.: Suhrkamp.

Portmann, A. (1944). *Biologische Fragmente zu einer Lehre vom Menschen*. Basel: Benno Schwabe & Co.

Pries, L. (2008). *Die Transnationalisierung der sozialen Welt*. Sozialräume jenseits von Nationalgesellschaften. Frankfurt a.M.: Suhrkamp.

Randers, J. (2012). *2052. A Global Forecast for the Next Forty Years*. A Report to the Club of Rome commemorating the 40th anniversary of The Limits to Growth. Vermont: Chelsea Green Publishing White River Junction.

Robertson, R. (1998). Glokalisierung: Homogenität und Heterogenität in Raum und Zeit. In U. Beck (Hrsg.), *Perspektiven der Weltgesellschaft* (S. 192–220). Frankfurt a.M.: Suhrkamp.

Rothacker, E. (1942/1948). *Probleme der Kulturanthropologie*. Bonn: Bouvier; zunächst: In N. Hartmann (1942), *Systematische Philosophie* (S. 55–198). Stuttgart/Berlin: Kohlhammer.

Roth, H. (1976). *Pädagogische Anthropologie*. Bd. 2: Entwicklung und Erziehung. Grundlagen einer Entwicklungspädagogik. Hannover: Hermann Schroedel (2. Aufl.).

Scheler, M. (1928/1988). *Die Stellung des Menschen im Kosmos* (11. Aufl.). Bonn: Bouvier.

Scheunpflug, A. (2001a). *Biologische Grundlagen des Lernens*. Berlin: Cornelsen Scriptor.

Scheunpflug, A. (2001b). *Evolutionäre Didaktik*. Unterricht aus system- und evolutionstheoretischer Perspektive. Weinheim/Basel: Beltz.

Scheunpflug, A. (2006). Biologische und soziale Evolution. Erziehung und die Entwicklung biologischer, psychischer und sozialer Systeme. In Y. Ehrenspeck & D. Lenzen (Hrsg.), *Beobachtungen des Erziehungssystems* (S. 230–249). Wiesbaden: VS.

Schüßler, K. (2000). *Helmuth Plessner*. Eine intellektuelle Biographie. Berlin/Wien: Philo.

Seitz, K. (2002): *Bildung in der Weltgesellschaft*. Gesellschaftstheoretische Grundlagen Globalen Lernens. Frankfurt a.M.: Brandes & Apsel.

Stichweh, R. (2000). *Die Weltgesellschaft*. Soziologische Analysen. Frankfurt a.M.: Suhrkamp.

Treml, A. K. (2000). *Allgemeine Pädagogik*. Grundlagen, Handlungsfelder und Perspektiven der Erziehung. Stuttgart u. a.: Kohlhammer.

Treml, A. K. (2004). *Evolutionäre Pädagogik*. Eine Einführung. Stuttgart: Kohlhammer.

Treml, A. K. (1982/2006a). Kann durch Erziehung die Gesellschaft verändert werden? Antrittsvorlesung an der Universität Tübingen am 14.1.1982. *Zeitschrift für internationale Bildungsforschung und Entwicklungspädagogik, 29* (1/2), 2–10.

Treml, A. K. (2006b). Kann durch Erziehung die Gesellschaft verändert werden? Eine ideengeschichtliche und biographische Zwischenbilanz. *Zeitschrift für internationale Bildungsforschung und Entwicklungspädagogik, 29* (1/2), 19–25.

Wallerstein, I. (1983). Klassenanalyse und Weltsystemanalyse. In R. Kreckel (Hrsg.), *Soziale Ungleichheiten* (S. 301–320). Göttingen: Schwartz.

Waterkamp, D. (2006). *Vergleichende Erziehungswissenschaft*. Ein Lehrbuch. Münster/New York/München/Berlin: Waxmann.

Welsch, W. (2012). Transkulturalität und Bildung. In G. Lang-Wojtasik & U. Klemm (Hrsg.), *Handlexikon Globales Lernen* (S. 227–230). Münster/Ulm: Klemm & Oelschläger.

Marianne Krüger-Potratz

Einheit in der Vielfalt?
Anmerkungen zur Bestimmung des ‚Gemeinsamen' in der Geschichte der Vergleichenden Erziehungswissenschaft

Christel Adick hat ihre wissenschaftliche Karriere in den 1970er Jahren begonnen, zu einer Zeit, in der die Vergleichende Erziehungswissenschaft sich „in einem Prozeß rapiden quantitativen Wachstums (befand), in dem ihr neue, auch qualitativ andere Aufgaben" zugewachsen sind „als jene, vor die sich die ‚Gründergeneration' gestellt sah. Diese neuen Aufgaben ergaben sich vor allem aus der international gewachsenen Bedeutung von Bildung und Erziehung und der damit zusammenhängenden Veränderung der Stellung des Bildungswesens in den einzelnen Gesellschaften sowie im Rahmen der verschiedenen Ansätze zu überstaatlicher Integration" (Krüger, 1975, S. 21). Dieser Zuwachs an neuen Aufgaben hat in Deutschland jedoch nicht zu einem Ausbau der Vergleichenden Erziehungswissenschaft (VE) im Sinne einer stärkeren *institutionellen* Präsenz in den Hochschulen und zu einer neuen Konturierung der Vergleichenden Erziehungswissenschaft geführt. Es schien eher so, als verlöre die VE, die sich in den 1950er und 1960er Jahren in Anknüpfung an Entwicklungen in der Weimarer Republik in einigen Universitäten und Pädagogischen Hochschulen gerade erst wieder etabliert hatte (vgl. Stübig, 1997; Schneider, 1961; Hilker, 1962), an Bedeutung und Profil. Nicht nur, dass auch sie der in der zweiten Hälfte der 1970er Jahre beginnende allgemeine Abbau von Stellen an den Hochschulen traf, sondern zum einen schien sich die so genannte ‚neue Ostpolitik' institutionell schwächend auszuwirken[1], zum anderen zeichnete sich ab, dass die neue Wahrnehmung der Folgen der Migration für Bildung und Erziehung und die pädagogischen Reaktionen auf die Entkolonisierung bzw. die ‚Eine-Welt-Bewegung' zu einer Ausdifferenzierung der Vergleichenden Erziehungswissenschaft bzw. zu Parallelentwicklungen und scheinbaren ‚disziplinären Konkurrenzen' im neuen Aufgabenfeld führten.

Christel Adick hat die hier angedeuteten Entwicklungen in der Vergleichenden Erziehungswissenschaft seit den 1970er Jahren miterlebt und durch ihre wissenschaftliche Arbeit in verschiedenen Bereichen der International und Interkulturell Vergleichenden Er-

---

1 Hier ist zu beachten, dass sich im Zuge des besonderen Interesses für das Ost-West-Verhältnis in der bundesrepublikanischen VE nach dem Zweiten Weltkrieg unter der Bezeichnung „Ostkunde" eine Spezialisierung herausgebildet hatte, die von ihren Kritikern als „Ausdruck eines ressentimentgeladenen Nationalismus" gewertet wurde, während ihre Vertreter sie (u.a. mit Verweis auf einen Beschluss der KMK vom Dezember 1956) als „Voraussetzung für ein Verständnis der östlichen Völker und Kulturen und für ein neues Verhältnis zu ihnen, das wir Deutschen nach all den Verwirrungen und Katastrophen gewinnen müssen", definierten (Lemberg, 1964, S. 7).

ziehungswissenschaft aktiv mitgestaltet. In ihren Publikationen hat sie die jeweiligen theoretischen, methodologischen wie gegenstandsbezogenen Kontroversen kritisch beschrieben und reflektiert und sich gegen ‚disziplininterne Konkurrenzen' ausgesprochen, u.a. in ihrer Einführung in die Vergleichende Erziehungswissenschaft von 2008 oder jüngst, 2012, in ihrem Artikel „Vergleichende Erziehungswissenschaft" in „Klinkhardts Lexikon Erziehungswissenschaft"[2].

1. Krise und Profil

Die hier angedeuteten Entwicklungen waren in den 1970er und frühen 1980er Jahren Gegenstand intensiv und zeitweise kontrovers geführter Debatten, vielfach als ‚Krise der VE' oder als ‚Selbstverständnisdiskussion' der Vergleichenden Erziehungswissenschaft bezeichnet. Dabei wurde die ‚Krise' vor allem als eine methodologische Krise gesehen (vgl. auch kritisch Busch u.a. [Hrsg.], 1974), nicht aber als eine durch die neuen Herausforderungen im Gegenstandsfeld ausgelöste Krise, aufgrund derer die Rolle, die die Vergleichende Erziehungswissenschaft im Aufbau der nationalen Bildungssysteme und in der Herausbildung der nationalen Pädagogik gespielt hat(te), *grundsätzlich* infrage gestellt würde.

Die Diskussionen über Methodik des Vergleichs, Gegenstand, Zielsetzungen und Profil der Vergleichenden Erziehungswissenschaft sind heute keineswegs beendet. Nicht zuletzt haben die internationalen Schulleistungsstudien die Diskussion über den internationalen Vergleich unter neuen (bildungs-)politischen Bedingungen und den neuen methodisch-technologischen Möglichkeiten neu entfacht. In neuer Schärfe stellt sich die Frage, welche Rolle und Bedeutung der VE als erziehungswissenschaftlicher Teildisziplin angesichts der (politischen) Bestrebungen zukommt, Bildung europaförderlich und europafähig zu gestalten, ‚adäquat' auf die Folgen der sich vervielfältigenden Migrationsbewegungen zu reagieren und generell – in Reaktion auf die Globalisierung – Forschung wie Lehre zu internationalisieren. [Wächst] ihr – wie Christel Adick (2012, S. 369) schreibt – ein „erweitertes Gegenstandsfeld [...] zu, das die Anfänge nationaler Bildungsvergleiche weit überschreitet", *oder* kommt es im Zuge der ‚Bearbeitung' des erweiterten Gegenstandsfeldes zur Ausbildung neuer Fachgebiete sozusagen neben der bzw. in Konkurrenz zur Vergleichenden Erziehungswissenschaft, *oder* internationalisiert sich die Erziehungswissenschaft insgesamt, sodass man – langfristig gesehen – davon sprechen könnte, dass die Vergleichende Erziehungswissenschaft, wie auch andere, mit jeweils spezifischen Aspekten der Internationalisierung befasste Fachgebiete (z.B. Interkulturelle Pädagogik, Menschenrechtsbildung oder Globales Lernen) in einer ‚internationalisierten' Erziehungs-

---

2 Auf eine Nennung der hier angesprochenen Arbeiten von Christel Adick und weitere ihrer Publikationen wird an dieser Stelle verzichtet, da dem Band ein Gesamtverzeichnis ihrer Schriften beigefügt ist. Wie – sicher auch unterschiedlich – andere Autorinnen und Autoren diese Entwicklungen beschrieben haben, lässt sich den Einführungen von Waterkamp (2006) und Allemann-Ghionda (2004), dem Essay von Nóvoa (1995) oder auch verschiedenen Beiträgen aus den von Kodron u.a. (1997) bzw. Schriewer (2007) herausgegebenen Sammelbänden entnehmen.

wissenschaft aufgehoben sein wird? Letzteres würde allerdings erfordern, dass sich die Erziehungswissenschaft – in allen ihren Teildisziplinen – mit ihrer disziplinären und politisch-ideologischen Geschichte auseinandersetzt, um im Bewusstsein dieser Geschichte das Verhältnis von Differenz, Gleichheit und Pluralität neu zu bestimmen. In diesem Sinne könnte man António Nóvoa interpretieren, wenn er schreibt: „Nous avons trop de cette science, qui s'est voulue synonyme du progrès, qui a cru être ‚la fin de l'Histoire'. Maintenant nous avons besoin d'une autre science: une science qui ne prenne pas ses assises dans l'*excès du même*, mais dans l'*acceptation de l'autre*; une science qui ne revendique pas l'explication *singulière,* mais qui se reconnaît dans la *pluralité des sens*; une science qui comprend les *limites* de son interprétation" (Nóvoa, 1995, S. 42; Hervorh. im Orig.).

2. Vergleichende Erziehungswissenschaft – Internationalisierung der Erziehungswissenschaft?

Noch ist eine derartige Bewusstwerdung allenfalls in Ansätzen zu beobachten. Derzeit geht der Druck in der Erziehungswissenschaft allgemein wie auch in der Vergleichenden Erziehungswissenschaft eher in die Richtung der politischen Nützlichkeit, in Richtung einer „Éducation comparée plus utile, plus pragmatique, plus proche de la décision politique (...) qui réduit les chercheurs au rôle de ‚conseiller du prince'"[3] (Nóvoa, 1995, S. 42f.). Daher dürfte es noch zu früh sein, sich darauf zu verlassen, dass die gegenwärtig zu beobachtenden Anfänge einer Internationalisierung der Erziehungswissenschaft die bisherigen fachlichen internationalen bzw. interkulturellen Spezialisierungen überflüssig machen könnten. Dies zeigt sich, wenn auch dem Anlass entsprechend in professionspolitischer Engführung, in der Argumentation der Arbeitsgruppe, die für das Präsidium des Erziehungswissenschaftlichen Fakultätentags ein Diskussionspapier erstellt hat, das als Grundlage für die in Kooperation mit weiteren professionspolitisch zuständigen Gremien angestrebte Erarbeitung eines „ersten Strukturplans über das erforderliche Ausmaß sowie die sprachlich-kulturelle Orientierung der erziehungswissenschaftlichen Komparatistik" gedacht ist, der dann den Hochschulleitungen, den Bundesländern und der Bundesregierung vorgelegt werden soll (Arbeitsgruppe EWFT, 2012, S. 4). Die Arbeitsgruppe sieht dringenden Handlungsbedarf für einen institutionellen Ausbau der Vergleichenden Erziehungswissenschaft, damit „in der föderal strukturierten Forschungslandschaft Deutschlands eine weltgesellschaftlich orientierte Komparatistik erhalten und gegebenenfalls auch verstärkt werden" könne (ebd., S. 2). Derzeit fehle es an Expertinnen und Experten, die sich in Kenntnis der jeweiligen historischen und politischen Entwicklungen mit Bildungspolitik und Pädagogik in einem Land, einer Ländergruppe oder einer Region befassten und aufgrund ihrer Sprach- und Regionalkenntnisse auch Zugang zu den bildungspolitischen und fachwissenschaftlichen Diskursen im jeweiligen Land bzw. in der

---

3   Nóvoa nimmt hier eine Formulierung von J. Baechler (1991) auf.

jeweiligen Region hätten. Wichtig sei zudem eine Erweiterung der bisherigen „Sprachraumorientierung" (ebd., S. 2).

In der Tat lassen die bisher zu beobachtenden verschiedenen Ansätze der Internationalisierung der Erziehungswissenschaft den Verzicht auf ein spezielles Lehr- und Forschungsgebiet, wie es die Vergleichende Erziehungswissenschaft darstellt, nicht zu. Wohl aber wirken auch sie auf das Aufgabengebiet und die Bestimmung des Profils der Vergleichenden Erziehungswissenschaft zurück. Drei Formen der Internationalisierung sind derzeit erkennbar: Zum einen hat die Zahl der internationalen Kontakte in allen Bereichen der Erziehungswissenschaft, z.B. im Rahmen von Tagungen oder Austauschen, deutlich zugenommen. Die Fachgesellschaften haben sich auf europäischer wie auf Weltebene grenzüberschreitend vernetzt. Vielfach handelt es sich jedoch um eine ‚weiße Internationalisierung im Medium des Englischen'. Gleichzeitig haben die neuen Kommunikationstechnologien die Möglichkeiten der Recherche und damit auch den möglichen Rezeptionsfluss dramatisch verändert und die Türen der großen (National-)Bibliotheken für virtuelle Nutzer geöffnet. Aussagen darüber, ob und wie sich dies auf Forschung und Lehre inhaltlich bzw. in Gestalt einer Perspektiverweiterung auswirkt, lassen sich jedoch bisher kaum treffen. Da die Kontakte und die internationale Zusammenarbeit zumeist im Medium des Englischen stattfinden, steht zu vermuten, dass zwar Eindrücke hinsichtlich Ähnlichkeiten und Unterschieden in Bezug auf die gemeinsam interessierenden Fragen von Bildung und Erziehung gewonnen werden (können), aber kaum eine vertiefte Beschäftigung einschließlich einer kritischen Auseinandersetzung mit der „pluralité des sens" (Nóvoa, 1995, S. 42). Vielfach dürfte es sich eher um eine durch eine sich internationalisierende Terminologie oder durch internationale strukturierende Glossare induzierte ‚konstruierte Internationalisierung' handeln.

Deutlich anders stellt sich der zweite Strang der Internationalisierung dar. Hier geht es um die Rezeption von Forschungsansätzen, Diskursen und Theorien. Hier kann besser nachvollzogen werden, ob und wie sich die Rezeption auf die ‚nationalen Diskurse' auswirkt, welche Perspektiven daraus entstehen, welche Missverständnisse der Unkenntnis der historisch-politischen Kontexte von Forschungsansätzen oder Theorien geschuldet sind bzw. welchem Wandel diese bei der Einbettung in die nationalen bzw. regionalen Diskurse unterliegen. Nur selten wird auch hier der Entstehungskontext dieser Diskurse systematisch in die Rezeption und Reflexion einbezogen und ausgehend davon hinreichend geprüft, wie sich der Ansatz zu den Diskussionen, Problemdefinitionen und Entwicklungen im ‚eigenen' Land verhält. Außerdem bleiben aufgrund fehlender Sprachkenntnisse und entsprechender regionaler Expertise ganze Regionen ausgeschlossen, sodass man auch hier eher von einer ‚Internationalisierung im Medium des Englischen' sprechen müsste. Für eine wirklich kontextbezogene Reflexion müssten weitere Regionen und Sprachräume und somit auch weitere Sprachen einbezogen werden. Denn bei der Nutzung ein- und desselben Sprachpatterns besteht die Gefahr, dass dies zu einer Nivellierung der – sich auch in Sprache, Bezeichnungen etc. ausdrückenden – institutionellen und konzeptionellen Besonderheiten führt, und damit auch die Gefahr der Ausblendung der auch im Bildungsbereich sichtbar werdenden Machtstrukturen. Gerade diese aber müssten in der Rezeptionspraxis ebenfalls Gegenstand der Reflexion sein.

Eine dritte Form der Internationalisierung ist jene internationale Forschungskooperation, wie sie von den international agierenden Organisationen, wie z.B. der OECD, initiiert und koordiniert wird. Hier scheint die Internationalität der (Bildungs-)Forschung vom Ansatz und von den Institutionalisierungen her unmittelbar gegeben: die Kooperation in international zusammengesetzten Gruppen bezogen auf ein ‚Gemeinsames' mit dem Ziel der Verbesserung der ‚Bildung für alle'. Doch diese internationale Kooperation ist eher eine Zusammenführung nationaler Expertise um abzuklären, dass die für den Vergleich der Länder gewählten Aufgaben und Standardsetzungen mit der nationalen Situation vereinbar sind. Man könnte meinen, dass mit dieser Konstruktion sich eine international-vergleichende Forschung etabliert hat, die – zumindest dem Programm nach – in Anerkennung des ‚Anderen im Kontexte eines gemeinsam gesetzten Allgemeinen' geschieht, insofern z.B. die Testaufgaben der großen internationalen Leistungsvergleiche durch ein dem nationalen Zusammenhang enthobenes Konsortium bestimmt und mehrfach überprüft werden. Doch realiter geschieht dies nicht in Anerkennung der – bei aller Gemeinsamkeit des *Modells moderne Schule* (Adick, 1992) – doch sehr differenten Umsetzung desselben im jeweiligen historisch-politischen, ökonomischen und gesellschaftlichen Kontext, sondern in der ‚normierenden Einigung' auf das, was in der Sprache der Mathematik, der (kleinste) gemeinsame Nenner heißt, um von dort aus die weiteren Anforderungen festzulegen. Es handelt sich eher um eine ‚Internationalisierung von oben' durch Standardisierung und Hierarchisierung, besser noch: Es ist eine neue strukturelle Nationalisierung, eine Supra-Nationalisierung[4].

Um von einer Internationalisierung der Erziehungswissenschaft sprechen zu können, die herausgebildete Spezialisierungen wie die Vergleichende Erziehungswissenschaft oder die Interkulturelle Bildung letztlich in sich aufnähme, müsste sie – bei aller Unterschiedlichkeit der Ansätze – in allen ihren Bereichen zu dem beitragen, was Nóvoa für die Vergleichende Erziehungswissenschaft fordert. Sie müsste sich zu einer Wissenschaft entwickeln, die auf das Verstehen des Anderen und der Bedeutungen, die er seinem Handeln, seiner (Re-)Konstruktion von Welt beimisst, ausgerichtet ist, zu einem „moyen de comprendre l'autre, surtout l'autre qui est très différent et qui regarde le monde avec d'autres raisons et d'autres sentiments. C'est pourquoi je répète que la comparaison en éducation est une histoire de sens, et non pas un rangement systématisé de faits: les sens que les différentes communautés donnent à leurs actions et qui leur permettent de construire et de reconstruire le monde" (Nóvoa, 1995, S. 41; siehe auch Novoa & Yariv-Mashal, o.D.).

3. Das als gemeinsam Gesetzte

Im Folgenden soll an einigen wenigen Beispielen aus der Geschichte der Vergleichenden Erziehungswissenschaft der Frage nach dem *als gemeinsam Gesetzten* und der damit verbundenen Sicht auf ‚den Anderen' bzw. ‚das Fremde' nachgegangen werden. Mit dem Wort ‚Anmerkungen' im Titel ist schon angedeutet, dass es nicht um einen systematischen

---

4 Hier übernehme ich einen Vorschlag von Jürgen Helmchen im Zusammenhang mit der Diskussion über die Schulleistungsstudien, November 2012.

Zugang zur Geschichte der Vergleichenden Erziehungswissenschaft geht. Deutlich werden soll, in welcher Tradition die Vergleichende Erziehungswissenschaft als die für das Verhältnis ‚eigen-fremd' zuständige erziehungswissenschaftliche Teildisziplin steht bzw. aus welcher ‚nationalen Geschichte' auch sie sich lösen muss, wenn sie Antworten auf die Herausforderungen finden will, die sich angesichts der mit der europäischen Integration und der Globalisierung verbundenen widersprüchlichen Prozesse für Bildung und Erziehung stellen. Die Anmerkungen zum ‚Gemeinsamen' beziehen sich vorwiegend auf den Raum Deutschland und dies mit Bezug auf drei Beispiele:
– Leitidee: Bildung für alle
– Der allgemeine Geist
– Die christlichen, abendländischen Werte

Die weitgehende Beschränkung auf den Raum Deutschland bzw. auf die Bundesrepublik Deutschland erfolgt aus zwei Gründen: Schon ein kurzer Blick in die Nachbarländer, z.B. nach Frankreich, England, in die USA oder nach Russland (bzw. zuvor in die Sowjetunion[5]) lässt erkennen, dass es bei allen Gemeinsamkeiten und grenzüberschreitenden Diskussionen und Kooperationen auch deutliche Unterschiede in der disziplinären Entwicklung, den Diskursen bzw. Diskursverläufen und in den Perspektiven hinsichtlich der Aufgaben und Gegenstandsbestimmung in der Geschichte der Vergleichenden Erziehungswissenschaft gibt, die hier nicht abgebildet werden können. War z.B. für die Entwicklung der Vergleichenden Erziehungswissenschaft nach dem Zweiten Weltkrieg in der Bundesrepublik Deutschland wie in der Deutschen Demokratischen Republik der Ost-West-Konflikt ein zentrales Moment, so waren es für Frankreich, England oder die Niederlande eher die mit der Dekolonisation verbundenen Herausforderungen. Weitere Unterschiede zeigen sich hinsichtlich der Absteckung des Gegenstandsfeldes und damit auch in der Beurteilung von Stand und Perspektiven der Vergleichenden Erziehungswissenschaft. So bezieht sich Wolfgang Mitter skeptisch auf die Feststellung seines amerikanischen Kollegen, Stephen Heynemann, der 1997 in einer Rede als Präsident der nordamerikanischen *Comparative and International Education Society*[6] konstatiert hatte, dass die Vergleichende Erziehungswissenschaft „niemals in einem besseren Zustand" gewesen

---

5 Publikationen zur Entwicklung und zum Stand der Vergleichenden Erziehungswissenschaft in verschiedenen Ländern bzw. international liegen bisher nicht vor bzw. in Form einzelner Darstellungen zu jeweils einem Land, wie z.B. in Leclercq (Hrsg.) 1999 oder als Versuch, internationale Diskursverläufe zu (re-)konstruieren, vgl. Nóvoa (1995). Doch auch die interessante Kartographie der „communautés discursives de l'Éducation Comparée", die Nóvoa erstellt hat (1995, Kap. II), beruht – verständlicherweise – auf einer Auswahl von Publikationen und damit auch von Diskursen, die ihm sprachlich zugänglich sind, in diesem Fall von Publikationen, die in Portugiesisch, Spanisch, Französisch und Englisch verfasst sind. Mit diesem – insgesamt schon recht breiten – Spektrum werden Diskussionsräume (spanisch- und portugiesischsprachige) berücksichtigt, die sonst weniger beachtet werden, während andere – z.B. aus dem slawischsprachigen Raum, aus Japan usw. – nicht Beachtung finden bzw. – wie hier im Fall der Beiträge aus Deutschland – nur, insofern sie in englischer Sprache vorliegen und somit sozusagen für den internationalen Diskurs schon aufbereitet sind.

6 1993 hatte S. Heyneman in seiner Rede von der Krise der Vergleichenden Erziehungswissenschaft gesprochen, siehe von Kopp, 2010, S. 9.

sei: „business is booming" (siehe Mitter, 2009, S. 19). Heynemann belegt seine Einschätzung mit dem Verweis auf die steigende Zahl internationaler Kongresse in allen Bereichen der Erziehungswissenschaft, auf die *large scale assessment*-Studien und die mit ihnen international gestiegene politische Aufmerksamkeit für Bildung und Erziehung. Mitter hingegen misst den aus seiner Sicht nicht exzellenten Zustand der VE eher an dem, was man als ihr ‚eigenes Profil im Zeichen der Globalisierung' bezeichnen könnte, so wie auch die schon zitierte Autorengruppe des EWFT. Hier kommen eindeutig zwei unterschiedliche disziplinkulturelle und -politische Traditionen zum Ausdruck[7].

3.1 Leitidee: ‚Bildung für alle'

Das erste Beispiel stammt aus den Anfängen der Vergleichenden Erziehungswissenschaft. Ende des 18., Anfang des 19. Jahrhunderts beginnt der Auf- und Ausbau des Modells ‚nationale Schule' als eines speziellen (weitgehend) staatlich organisierten Lern- und Erziehungsraums. Sie entsteht in einem internationalen, insbesondere europäischen Kontext und hat seitdem – als Modell – weltweit Verbreitung gefunden. Die Ergebnisse nationaler wie internationaler Studien sowie die aktuellen Reformdebatten über ‚inklusive Bildung'[8] zeigen jedoch, dass das Versprechen ‚Bildung für alle' bis heute nur bedingt eingelöst ist. Bei allen Reformansätzen zeigt sich, wie schwer es ist, die historisch herausgebildeten Strukturen der Ausgrenzung und Segregation aufzulösen. Bildungsungleichheit bleibt ein Kennzeichen auch des modernen Bildungssystems, ganz abgesehen davon, dass – trotz aller Bemühungen – es Weltregionen gibt, in denen nicht einmal die Grundbildung für alle angeboten werden kann bzw. angeboten wird[9].

‚Bildung für alle' – in Beachtung der Verschiedenheit[10] – war auch die Leitidee des 1817 von Marc-Antoine Jullien veröffentlichten Konzepts[11] für eine empirische, internati-

---

7 Dass es in allen diesen Fragen und Positionsbestimmungen auch in der ‚deutschen Diskussion' unterschiedliche Sichtweisen, Länderinteressen und Positionsbestimmungen gegeben hat und gibt, muss nicht extra betont werden.

8 Inklusive Bildung meint Bildung unter Berücksichtigung aller Merkmale, die zur Unterscheidung bzw. zur Legitimierung von Aus- und Eingrenzung herangezogen werden können: Herkunft (Sozialstatus, Staatsangehörigkeit, Ethnizität), körperbezogene Merkmale (Geschlecht, Gesundheit, sexuelle Orientierung, Alter, Hautfarbe), ferner Sprache, Religion/Weltanschauung. Inklusion, nur bezogen auf den gemeinsamen Unterricht behinderter und nicht behinderter Kinder, stellt eine Verkürzung des Ansatzes dar.

9 Siehe „Education for all", das Programm der UNESCO. Verfügbar unter: http://www.unesco.de/bildung_fuer_alle.html [10.10.2012].

10 Die entscheidende Frage ist nicht, ob, sondern wie die ‚unterschiedliche Verschiedenheit' der Individuen beachtet wird und wie dies in die Strukturen von Bildung und Erziehung sozusagen eingeschrieben wird; Jullien ist kein Vorläufer einer inklusiven Schule.

11 Julliens Schrift „Esquisse et vues préliminaires d'un ouvrage sur l'éducation comparée" wird inzwischen vielfach als Beginn der Vergleichenden Erziehungswissenschaft gewertet. Dabei wird zum einen nicht zur Kenntnis genommen, dass es zuvor und zeitgenössisch einige weitere Schriften mit ähnlichen Vorschlägen gab (siehe Hilker, 1962). Vor allem aber wird nicht hinreichend beachtet, dass Julliens *Vorschlag* für eine „éducation comparée" nicht die Etablierung einer speziel-

onal vergleichende pädagogische Forschung in den europäischen Staaten. Nach den bitteren Erfahrungen mit Revolution und Krieg, so Jullien, hätten viele europäische Staaten quasi instinktiv begonnen, pädagogische Reformen anzustoßen. Diesen Prozess gelte es, wissenschaftlich anzuleiten und zu begleiten: „La réforme et l'amélioration de l'éducation, véritable base de l'édifice social, première source des habitudes et des opinions, qui excercent sur la vie entière une puissante influence, sont un besoin généralement senti, comme par instinct, en Europe" (Jullien, 1817, S. 7). Hierfür präsentiert Jullien einen – erst vorläufig ausgearbeiteten – Katalog mit mehreren hundert Fragen, der erkennen lässt, dass er eine Reform anstrebte, in der die individuelle Verschiedenheit von Menschen Berücksichtigung finden sollte. Bildung sollten alle erhalten, jeder bzw. jede in der seiner Besonderheit angemessenen Weise, aber in institutionell und strukturell unterschiedlichen Bildungsgängen in einem für alle geltenden (nationalen) Rahmen. In dieser Perspektive beziehen sich die Fragen nach „faits" und „observations" auf das Anderssein als Besonderheit *und* Trennendes: auf den Sozialstatus, das Geschlecht, das Alter, die physische und psychische Gesundheit, auf die Religions- resp. bzw. Konfessionszugehörigkeit.

Die Frage der sprachlichen Vielfalt wird hingegen kaum thematisiert, allerdings kann man aus Julliens Darstellung schließen, dass er den sprachlichen Homogenisierungsbestrebungen der Französischen Revolution und der nationalstaatlichen Logik verhaftet war: Er hätte, so könnte man aus den Ausführungen von Jürgen Trabant zu „Sprache und Revolution" schließen, sicherlich dem Mitglied des Nationalkonvents Bertrand Barère zugestimmt, der die Minderheitensprachen als „instruments de dommage et d'erreur" gesehen hat und ebenso dem Grammatiker und Gründer der Zeitschrift „Journal de langue françoise" François-Urbain Domergue, der die Republik als „une et indivisible dans son territoire, dans son système politique" charakterisiert und betont hat, dass sie daher auch „une et indivisible dans son langage" sein müsse (zit. nach Trabant, 2003, 3.1). Denn dass Sprachenvielfalt für Jullien die Vielfalt der ‚*nationalen* Sprachen' ist, zeigen die Gründe, die er anführt, wenn er die Schweiz wegen ihrer „grande variété de climats, de langages, de religions (...)" als erstes und sehr geeignetes Untersuchungsgebiet vorschlägt (ebd., S. 195/15). „Variété de langages" bezieht sich auf das Nebeneinander der territorial getrennten (Amts-)Sprachen und mit „variété (...) de religions" sind die christlichen Konfessionen gemeint. Der gesamte Fragenkatalog enthält keine Fragen, die erkennen lassen, dass er auch Daten zu den Minderheitensprachen[12] und zu anderen, nicht christlichen Religionen erheben wollte.

---

len Teildisziplin der Erziehungswissenschaft (Pädagogik) zum Ziel hatte, sondern als Vergleichende sollte die Pädagogik insgesamt sich zu einer Wissenschaft entwickeln: „(...) afin que l'éducation devienne une science à peu près positive, au lieu d'être abandonnée aux vues étroites et bornées, aux caprices et à l'arbitraire de ceux qui la dirigent, et d'être détournée de la ligne directe qu'elle doit suivre, soit par les préjugés d'une routine aveugle, soit par l'esprit de système et d'innovation" (Jullien, 1817, S. 13). Die „Esquisse" könnte man daher eher als frühen Versuch einer ‚evidenzbasierten Schulentwicklungsforschung' als Grundlage für eine Erziehungswissenschaft ansehen.

12 Einzig in Frage B 6 (éducation intellectuelle), Nr. 123, Unterpunkt 2 heißt es mit Blick auf die Relevanz, die den Fächern in Bezug auf die „vie pratique" zugeordnet wird: „L'usage rendu fami-

‚Bildung für alle' in Anerkennung der individuellen Verschiedenheit als die gemeinsame Leitidee für die Bildungsreformen in Europa bedeutet für Jullien (und nicht nur für ihn) Besonderung nach Bildungsgängen, aber gemeinsam im Medium der Nationalsprache und gegründet auf einer Werteerziehung, die auf der richtig verstandenen christlichen Religion in kluger Verbindung mit den Werten der staatlichen (republikanischen) Erziehung[13] aufbaut:

> „C'est par le retour à la religion et à la morale, comprises dans leur véritable sens, et appliquées à la conduite de la vie; c'est par une réforme sagement combinée, introduite dans l'éducation publique, et sans laquelle la réforme des moeurs et celle du caractère individuel et national seraient impossibles, qu'on peut retremper les hommes, faire excercer une réaction salutaire de la génération qui s'élève sur la génération qui existe, prévenir enfin de nouveaux troubles et des calamités sans cesse renaissantes. Il est temps de donner à la prospérité des nations et à la politique les bases larges, solides et nécessaires de la religion et de la morale" (Jullien, 1817, S. 6f.).

Die Vergleichende Erziehungswissenschaft soll mit dem Ziel ‚Bildung für alle' auf der Grundlage christlicher wie republikanischer Werte die Daten und Fakten bereitstellen, die die europäischen Staaten in einer allen nutzbringenden Konkurrenz um die beste Bildung dienen können: ‚nutzbringende Konkurrenz', da für Jullien feststeht, dass das Wohlergehen der einen Staaten von dem der anderen abhängt: „La concurrence devient utile à ceux même qui croiraient d'abord y voir un obstacle à leurs intérêts. Une politique judicieuse, libérale, éclairée découvre dans le développement et dans la prospérité des autres nations un moyen de prospérité pour son propre pays" (ebd., S. 9).

3.2 Der allgemeine Geist

Die von Jullien angestrebte systematische und an einem Ort zentralisierte Sammlung von „faits" und „observations" ist in dieser Form nicht realisiert worden. Stattdessen erfolgt das Sammeln von Fakten, Dokumenten und Eindrücken durch zahlreiche ‚pädagogische Reisende', die – wie z.B. Friedrich Wilhelm Thiersch 1838 mit Blick auf seine in den 1830er Jahren durchgeführten Schulvisitationsreisen in verschiedene deutsche Staaten sowie nach Holland, Frankreich und Belgien schreibt – „durch vergleichende Darstellung unserer und fremder Schulen bestimmte Einsichten in das uns Eigene oder Fehlende (…) gewinnen" (Thiersch, 1838, zit. nach Hilker, 1962, S. 29). Diese auslandspädagogischen Reisen erfolgen vielfach im offiziellen Auftrag, im Interesse und aus den Mitteln eines Staates. Sie waren daher weniger der ‚nutzbringenden Konkurrenz' im Sinne Julliens verpflichtet, sondern es handelte sich eher um Fortschritts-Abmessungen, bestimmt vom

---

lier de la *langue maternelle ou nationale* et de quelques langues modernes" (Jullien, 1817, S. 53; Hervorh. M. K.-P.).
13 Hier ist zu beachten, dass Julien seine „Esquisse" nach den napoleonischen Kriegen und dem Wiener Kongress verfasst hat; zuvor hätte er der Religion sicherlich nicht diese Stellung zugedacht.

Konkurrenzdenken zum Wohl der eigenen Nation bzw. um Studien, angelegt als Legitimation der jeweils eigenen Maßnahmen und Ideen.

Aber auch diesen auslandspädagogischen Einzelstudien lag – wenn auch nicht immer explizit gemacht – der Gedanke von etwas Gemeinsamem zugrunde. Der schon zitierte Thiersch, der in den 1830er Jahren mehrfach solche pädagogischen Auslandsreisen im Auftrag des bayerischen Königs unternommen hat, spricht von dem Gemeinsamen als der „Einheit in der Vielfalt", eine Einheit, die über die nationalen Egoismen hinausweise. Er betont zunächst, dass er seine Berichte „nicht in irgendeiner Absicht zu verletzen oder zu meistern geschrieben (habe), sondern allein um zu nutzen". Denn – so seine Begründung unter Bezug auf das Gemeinsame – er habe stets nach der „innigsten Überzeugung" gehandelt, „daß hinter der nationalen Farbe und dem einheimischen Charakter, welchen die Erziehung tragen muß, damit sie deutsch und bayerisch[14] bei uns, französisch in Frankreich, englisch in England werde, sich ein allgemeiner Geist, ein Inbegriff allgemeiner Grundsätze, Bedingungen und Kräfte verbirgt, aus welchem wie aus der allgemeinen Wurzel der Saft in die einzelnen Zweige des Unterrichts eintritt, in welche die europäische Menschheit den großen allgemeinen Stamm ihrer Bildung ausgebildet hat" (Thiersch, 1838, Bd. II, S. 386). In dieser Perspektive will er mit seinen Arbeiten dazu beitragen, dass „sich auf dem Gebiete der Bildung die europäischen Nationen im tiefsten Wesen als *Eine* erkennen; aber damit sie dieses können, müssen sie sich vor allem jede ihrer besonderen Natur, ihrer Sitten, ihrer eigenen Gestalt bewußt werden. Erst wenn dieses geschehen, werden sie imstande seyn, sich und ihr Wesen von dem Zufälligen zu trennen und sich in einer höheren Einheit als Glieder eines Ganzen zu erkennen, dessen Größe eben in der Mannigfaltigkeit der zur Einheit vermittelten Charactere besteht und das Bild der sichtbaren Natur auf dem Gebiete der Intelligenz wiederbringt" (Thiersch, 1838, Bd. II, S. 387; Hervorh. im Orig.)[15].

Thiersch definiert das Gemeinsame *vor* allem Nationalen, als Voraussetzung für die Verschiedenheit und damit auch für die Vergleichbarkeit: als „Wurzel", die den gemeinsamen „Stamm der Bildung" wie auch die ‚nationalen Zweige der Bildung' ernährt bzw. – in einem etwas anderen Bild – als gemeinsames „Wesen", das dem Nationalen innewohne. Auf die von Thiersch formulierte Denkfigur trifft man – in verschiedenen Varianten und in gleichen wie auch anderen Bildern – in vielen Texten zur Vergleichenden Erziehungswissenschaft bis weit in das 20. Jahrhundert und z.T. bis in die Gegenwart, u.a. auch in

---

14 Die Reisen Thierschs erfolgten im Auftrag des bayerischen Königs; seit 1826 war Thiersch Professor an der Münchner Universität, ab 1848 auch Präsident der Bayerischen Akademie der Wissenschaften. Ausgewiesen war er für diese Aufgabe nicht zuletzt auch durch seine verschiedenen Studienaufenthalte im Ausland, u.a. in Frankreich und Griechenland.

15 Thiersch ist allerdings skeptisch, was die Anerkennung des Gemeinsamen angeht; er setzt aber auf ‚Annäherung durch Verständnis'. In der Fortsetzung des oben Zitierten heißt es: „Allerdings stehen einer solchen Verständigung überall sehr tiefliegende Hindernisse entgegen, und sie werden sich auch nie ganz besiegen lassen, solange die Völker sich als selbständig in eigenen Sitten und Bestrebungen fühlen; aber sie lassen sich ermäßigen, wo Verständniß für das Hauptsächliche möglich wird" (Thiersch, 1838, Bd. II, S. 387).

den nationalen europabezogenen Diskursen[16] oder auch in Teilen der Interkulturellen Pädagogik.

Zusammenfassen könnte man diese Denkfigur in der Formel ‚Einheit in der Vielfalt im Durchgang durch das Eigene und unter Bewahrung des Eigenen im Verständnis für das Andere'. Die innere Mannigfaltigkeit des ‚Eigenen' wird hierbei allerdings ausgeblendet bzw. der nationalen Gemeinsamkeit untergeordnet. Noch deutlicher wird dies z.B. in einem Beschluss der Allgemeinen Deutschen Lehrerversammlung 1853 im Anschluss an einen Vortrag von Adolph Diesterweg über den „Nationalcharakter der Deutschen und die daraus für die deutsche Nationalerziehung sich ergebenden Bestimmungen". Die Versammlung spricht sich „a) für die Festhaltung der individuell-entwickelnd-erziehenden Menschenbildung (nach den vorzugsweise von Pestalozzi aufgestellten Grundsätzen)" aus (...), „b) für die Beobachtung der Verschiedenheiten und Eigentümlichkeiten der einzelnen Stämme und Völkerschaften[17] der Nation, c) für die Unterordnung der Verschiedenheiten unter die Einheit der Nation," und erklärt „die individuell-nationale-menschliche, freie Entwicklung für das Prinzip der deutschen Pädagogik" (Rissmann, 1908, S. 74).

3.3 Die christlichen, abendländischen Werte

Die Idee der Gemeinsamkeit in den Wertvorstellungen – sei es unter Verweis auf die gemeinsamen kulturellen Wurzeln der europäischen Staaten und ihrer Herkunft aus dem ‚christlichen Abendland' oder auch bezogen auf die ‚Menschheit' findet sich in weiteren Texten der Vergleichenden Erziehungswissenschaft und der mit ihr verbundenen Friedenspädagogik, wie sie in Reaktion auf den Ersten und auf den Zweiten Weltkrieg entstanden sind. Das Spannungsverhältnis national-europäisch bzw. national-international wird als im Christlichen aufgehoben angesehen. Für Eberhard, den Verfasser des 1930 erschienenen Buches „Welterziehungsbewegung. Kräfte und Gegenkräfte in der Völkerpädagogik", steht die „Menschheit als der große Einheitsgedanke Gottes hinter der national gegliederten Völkerwelt und findet ihren Gehalt und ihre Darstellung an der Fülle der Völkerindividualitäten" (Eberhard, 1931, Sp. 971).[18] Friedrich Schneider bezieht sich – aus katholischer Sicht – vor allem auf das ‚christlich Gemeinsame' in der europäischen, abendländischen Tradition. Von dieser Position aus kritisiert er z.B. die weltanschauliche Abstinenz der internationalen Organisationen und Institutionen im Feld der Vergleichenden Erziehungswissenschaft, deren Vertreter meinten, dass eine internationale Zusammenarbeit nur durch „völlige weltanschauliche Zurückhaltung" möglich sei (Schneider, 1956/1963, S. 75; siehe auch Schneider 1961, S. 166-171). Schneider ist davon überzeugt, dass der „religiöse Faktor" nicht hinreichend beachtet würde, sei es aus falsch

---

16 Vgl. z.B. Nida-Rümlin & Weidenfeld (2007) und in kritischer Perspektive Helmchen (2011).
17 Völkerschaften dürfte sich auf die sprachlichen und ethnischen Minderheiten beziehen.
18 Das Zitat ist nicht dem Buch, sondern dem Artikel „Völkerversöhnung" entnommen, den Otto Eberhard für das „Pädagogische Lexikon" von H. Schwartz verfasst hat. Das Lemma „Völkerversöhnung" korrespondiert mit dem in der Reichsverfassung von 1919 der Schule zugeordneten Erziehungs- und Bildungsauftrag der „Erziehung im Geiste des deutschen Volkstums und der Völkerversöhnung".

verstandener „Rücksicht auf die Anhänger anderer Weltanschauungen" oder einem „falschen positivistischen Wissenschaftsbegriff". Religion sei – im Zusammenspiel mit anderen Faktoren – ein wichtiger, manchmal auch hemmender, Gestaltungsfaktor im Bereich der Bildung. Religiöse resp. konfessionelle Unterschiede in einem Land könnten sich produktiv wie auch reformhemmend auswirken, auch zeige sich, dass „gleiche Religion bei verschiedenen Völkern (...) auch weitgehende Übereinstimmung in ihrem pädagogischen Sektor" begründe (Schneider, 1961, S. 170; 171). Hierfür ist Europa ein Beispiel, historisch wie auch zukünftig, denn ungeachtet der konfessionellen Unterschiede ist „eine kulturelle Neugestaltung Europas im prägnanten Sinne (...) gar nicht durchführbar ohne die christliche Neugestaltung, und der Versuch einer christlichen Neugestaltung Europas wird, wenn er erfolgreich ist, auch eine kulturelle Neugestaltung mit Notwendigkeit im Gefolge haben" (Schneider, 1956/1963, S. 73). In diesem Sinne komme „denjenigen Vertretern der ‚Vergleichenden Erziehungswissenschaft', die für eine europäische Integration, für ein vereintes Europa, eintreten, das zur Voraussetzung eine europäische Erziehung hat", die Aufgabe zu, „durch Vergleich der Bildungsziele und -methoden und -organisationen das ihnen allen [den (west)europäischen Staaten] Gemeinsame (...zu) finden und unter Wahrung der völkischen Eigenart ein Leitbild europäischer Erziehung" herauszuarbeiten und dazu beizutragen, „‚to extend the values of Western culture everywhere'" (Schneider, 1961, S. 108). Letzteres – so lässt es sich interpretieren, ist zugleich eine Abgrenzung gegen weltanschauliche Neutralität, auch im Sinne eines Unterscheidungsmerkmals gegenüber dem atheistischen und kommunistischen Osten[19].

Der Bezug auf die „westlichen Werte" als das ‚Gemeinsame' bzw. der Ost-West-Gegensatz bestimmte zwar bis in die 1980er Jahre die vergleichend-erziehungswissenschaftliche Forschung in der Bundesrepublik, doch spätestens ab der zweiten Hälfte der 1960er Jahre ging es nicht mehr darum, den ‚Osten' prinzipiell aus dem ‚Europäisch-Gemeinsamen' auszuschließen, sondern die wissenschaftliche Aufgabe der Vergleichenden Erziehungswissenschaft ins Zentrum zu rücken, ganz abgesehen davon, dass die Position, die politisch als „Wandel durch Annäherung"[20] bezeichnet wurde, sich auch auf die Vergleichende Erziehungswissenschaft ausgewirkt hat (vgl. Helmchen, 1979). „Wir spüren heute", schreibt 1969 Oskar Anweiler,

> „daß die aus der Nachkriegssituation geborene weltpolitische Zweiteilung – Ostblock und westliche Gemeinschaft, ‚sozialistisches Lager' und ‚freie Welt' – immer problematischer wird, daß neue Konstellationen möglich sind und das sogar auf ideologischem Gebiet, das sich den realen Wandlungen nur langsam anpaßt, neue Gruppierungen und Fronten entstehen. In den Bereichen von Schule, Bildung und Erziehung bestand diese Trennung, wenn man genauer hinsieht, niemals in voller Schärfe. Wir in Deutschland neigen aufgrund der Spaltung unseres Landes und seiner Auseinanderentwicklung auch auf schulischem Gebiet

---

19 Diese starke Ablehnung weltanschaulicher Neutralität bzw. die starke Einbindung der Vergleichenden Erziehungswissenschaft in einen christlichen Kontext dürfte sich auch (nicht allein) aus den Erfahrungen der Spaltung Deutschlands und Europas in Ost und West sowie aus den Erfahrungen aus der Zeit des Nationalsozialismus erklären.
20 Eine Formulierung, die Egon Bahr (Pressesprecher von Willy Brandt) erstmals 1963 im Rahmen eines Vortrags als Grundlage für eine neue, nicht mehr allein auf Konfrontation ausgerichtete Ostpolitik eingeführt hat.

leicht dazu, eine ‚einheitliche' westliche Pädagogik gleichsam zu erfinden, um sie dann einer kommunistischen, die allerdings eine feste ideologische Grundlage hat, entgegenzustellen. Dabei übersehen wir nicht nur die vielfältigen geistigen Fäden, die zwischen der kommunistischen Bildungs- und Erziehungsauffassung zu ähnlich lautenden pädagogischen Aussagen des amerikanischen Pragmatismus hinüberlaufen, wir vergessen auch die gemeinsame Abkunft aus der Aufklärung, (...)" (Anweiler, 1969, S. 7).

4. ‚Bildung für alle' als Recht auf Bildung

Mit der eingangs angesprochenen Ausdifferenzierung der Vergleichenden Erziehungswissenschaft ab den 1970er Jahren in der Bundesrepublik Deutschland, d.h. mit der Herausbildung der ‚Bildungsforschung mit der Dritten Welt' (zunächst als ‚Dritte Welt Pädagogik') und der ‚Interkulturellen Pädagogik' (zunächst als ‚Ausländerpädagogik') und den ihnen zuzuordnenden Konzepten ‚Globales Lernen' und ‚Menschenrechtsbildung' ist ‚Bildung für alle' – nun als Recht auf Bildung – die Leitidee, das Gemeinsame in einem deutlich anderen politischen, ökonomischen und technologischen Kontext: als Recht auf Bildung aufgrund des Menschseins, weltweit und unabhängig von sozialer, regionaler Herkunft, Geschlecht, Gesundheit, Ethnizität, Alter, sexueller Orientierung, Staatsangehörigkeit, Sprache und Weltanschauung. Mit den Menschenrechten ist zugleich die Anerkennung der ‚unterschiedlichen Verschiedenheit' der Menschen als Teil des Gemeinsam-Gesetzten angesprochen: Verschiedenheit als Merkmal von Individualität. Beides ist mit der Idee der nationalstaatlichen Bildung und des ‚Bildungswettlaufs' zwischen Staaten und Weltregionen letztlich nicht vereinbar, auch wenn die aktuell hoch im Kurs stehenden internationalen Schulleistungs-Vergleichsstudien dies nahezulegen scheinen.

Die Ausdifferenzierung der VE infolge der Migration und Globalisierung bloß als eine Erweiterung des Gegenstandsfeldes der Vergleichenden Erziehungswissenschaft zu sehen, trifft nicht die eigentlichen Herausforderungen. Es geht nicht um eine Neu-Absteckung des Gegenstandsfeldes, das ohnehin beständig in der Diskussion ist, es geht auch nicht um die Frage, ob Interkulturelle Pädagogik, Menschenrechtsbildung oder Globales Lernen eigenständige Fachgebiete neben der VE sind oder spezielle Ausformungen derselben, sondern es geht um die Neubestimmung der Sicht auf das Gegenstandsfeld, um einen Paradigmenwechsel, und um die damit verbundenen Aufgaben und Zielsetzungen international vergleichend-erziehungswissenschaftlicher Forschung. Das Gemeinsame durch Ausgrenzung zu bestimmen, wie im Fall der zuvor genannten Beispiele, hat den Blick eingeengt und die Aufmerksamkeit auf das Fremde, den Anderen als Konkurrenz konzentriert statt auf die Aufgabe, das Verhältnis von Differenz, Gleichheit und Pluralität so zu gestalten, dass man – um die oben zitierte Formulierung von Jullien in einem erweiterten Sinne aufzunehmen – in der Entwicklung und im Wohlergehen des Anderen – der anderen Menschen wie auch der anderen Länder und Weltregionen – eine Voraussetzung zum eigenen Wohlergehen bzw. zum Wohlergehen des eigenen Landes bzw. der eigenen Weltregion sieht (vgl. Jullien, 1817, S. 9).

Dies kann nur erfolgreich sein, wenn die Erziehungswissenschaft – und nicht nur die Vergleichende Erziehungswissenschaft – von der Pluralität als Normalität ausgeht und sich aus der nationalstaatlich verengten Tradition eines als oppositionell und hierarchisch bestimmten Verhältnisses von ‚fremd und eigen' löst und Internationalisierung nicht mit ‚Supra-Nationalisierung' gleichgesetzt wird, wie dies in verschiedenen Studien der internationalen Bildungsforschung geschieht. Hinweise, in welche Richtung die – sicherlich sehr langfristig anzusetzende – Entwicklung gehen sollte, finden sich zum einen im Weltbildungsbericht der UNESCO zu Bildung im 21. Jahrhundert (UNESCO, 1997). Die Autorengruppe plädiert für eine enge internationale Zusammenarbeit im Sinne der „nutzbringenden Konkurrenz" von Jullien, und sie hat vier wesentliche Ziele als Antwort auf die Bildungsbedürfnisse des 21. Jahrhunderts formuliert: „Lernen, zusammenzuleben; Lernen, Wissen zu erwerben; Lernen zu handeln; Lernen für das Leben". „Lernen, zusammenzuleben". Die dafür nötige Bildung zu erwerben, bedeutet aktuell immer noch, die „Grundbildung für alle" zu sichern[21] und dies in Verbindung mit Konzepten, die Muster des Zusammenlebens vermitteln, die es erlauben, „derselbe und der andere zu bleiben", sich selbst als Anderer zu erkennen und so zu lernen, „als andere(r) mit anderen" zu leben (Kristeva, 1990, S. 211). Hierfür bedarf es neuer politischer, rechtlicher und kultureller Formen. Diese zu entwickeln ist Aufgabe der Erziehungswissenschaft insgesamt, also auch der Vergleichenden Erziehungswissenschaft und der mit ihr eng verbundenen „disziplinären Partner" wie der Interkulturellen Pädagogik, der Menschenrechtsbildung und dem Bereich „Globales Lernen".

Literatur

Adick, C. (2012). Vergleichende Erziehungswissenschaft (VE). K.-P. Horn, H. Kemnitz, W. Marotzki & U. Sandfuchs (Hrsg.), *Klinkhardts Lexikon Erziehungswissenschaft* (Bd. 3, S. 367ff.). Bad Heilbrunn: Klinkhardt.
Adick, C. (2008). *Vergleichende Erziehungswissenschaft: Eine Einführung* (Urban Taschenbücher). Stuttgart: Kohlhammer.
Adick, C. (1992). *Die Universalisierung der modernen Schule*. Paderborn: Schöningh.
Allemann-Ghionda, C. (2004). *Einführung in die Vergleichende Erziehungswissenschaft* (= Beltz Studium). Weinheim: Beltz.
Anweiler, O. (1969). Bildungswettstreit zwischen West und Ost – Schlagwort und Realität. In H. Roth & A. Blumenthal (Hrsg.), *Schule zwischen Ost und West* (= *Grundlegende Aufsätze aus der Zeitschrift „Die Deutsche Schule"*, Bd. 8, S. 5–15). Hannover: Schroedel.
Arbeitsgruppe EWFT (2012). Arbeitsgruppe des Präsidiums (Hörner, W., Jobst, S. & Nieke, W.). *Zukunft der International Vergleichenden Erziehungswissenschaft*. Erziehungswissenschaftlicher Fakultätentag [EWFT], 15. Juni 2012. Verfügbar unter: http://www.ewft.de/files/Zukunft%20der%20Komparatistik%20-%20Stellungnahme%20des%20EWFT-a.pdf [20.10.2012].
Baechler, J. (1991). Sociologie historique de l'Europe. *Revue européenne des sciences sociales* 29 (90), 5–17.

---

21 Vgl. hierzu die Berichte und Statistiken der UNESCO zu Education for all: Verfügbar unter: http://www.unesco.org.

Bahr, E. (1963). *Wandel durch Annäherung. Egon Bahr am 15. Juli 1963 in der Evangelischen Akademie Tutzingen.* Verfügbar unter: http://www.fes.de/archiv/adsd_neu/inhalt/stichwort/tutzinger_rede.pdf [17.3.2012].

Bildung für alle/Education for All. Aktionsprogramm der UNESCO. Verfügbar unter: http://www.unesco.de/bildung_fuer_alle.html [21.11.2012].

Busch, F.-W., Busch, A., Krüger, B. & Krüger-Potratz, M. (Hrsg.). (1974). *Vergleichende Erziehungswissenschaft. Texte zur Methodologiediskussion.* München: UTB.

Eberhard, O. (1931). Völkerversöhnung. In H. Schwartz (Hrsg.), *Pädagogisches Lexikon.* (Bd. 4, Sp. 970–973). Bielefeld u. a.: Velhagen & Klasing.

Helmchen, J. (2011). *European Education und die Bildung – ein kritischer Blick auf Konzepte und Reformen.* In V. Domović, S. Gehrmann, M. Krüger-Potratz & A. Petravić (Hrsg.), *Europäische Bildung. Konzepte und Perspektiven aus fünf Ländern* (S. 23–42). Münster: Waxmann.

Helmchen, J. (1979). Ostpädagogik und geisteswissenschaftliche Bildungsphilosophie. Ein Versuch über Theodor Litts „Wissenschaft und Menschenbildung im Lichte des West-Ost-Gegensatzes". In F.-W. Busch (Hrsg.), *Schritte ... Beiträge und Studien zur Vergleichenden Erziehungswissenschaft und zur Lehrerbildung* (S. 107–136). Oldenburg: Eigenverlag.

Hilker, F. (1962). *Vergleichende Pädagogik: Eine Einführung in ihre Geschichte, Theorie und Praxis.* München: Hueber.

Jullien, M.-A. (1817). *Esquisse et vues préliminaires d'un ouvrage sur l'Éducation Comparée. Entrepris d'abord pour les vingt-deux cantons de la Suisse et pour quelques parties de l'Allemagne; susceptible d'être exécuté plus tard, d'après le même plan, pour tous les États d'Europe; et Modèle de tables comparatives d'observations, à l'usage des hommes qui, voulant se rendre compte de la situation actuelle de l'éducation et de l'instruction publique dans les différents pays d'Europe, seront disposés à concourir au travail d'ensemble dont on expose ici le plan et le but.* Paris: L. Colas.

KMK (1956). Ständige Konferenz der Kultusminister der Länder der Bundesrepublik Deutschland: *Empfehlungen zur Ostkunde* vom 13.12.1956.

Kodron, C., Kopp, B. von, Lauterbach, U., Schäfer, U. & Schmidt, G. (Hrsg.). (1997). *Vergleichende Erziehungswissenschaft. Herausforderung – Vermittlung – Praxis. Festschrift für Wolfgang Mitter zum 70. Geburtstag* (2 Bände). Köln: Böhlau.

Kopp, B. von (2010). Do we need Comparative Education in a globalised world? *Orbis Scholae 4* (2), S. 7–20. Verfügbar unter: http://www.orbisscholae.cz/archiv/2010/2010_2_01.pdf [12.11.2012].

Kristeva, J. (1990). *Fremde sind wir uns selbst.* Frankfurt a.M.: Suhrkamp.

Krüger, B. (1975). *Vergleichende Erziehungswissenschaft – eine gegenstandstheoretische Arbeit.* Münster: Diss. Pädagogische Hochschule Westfalen-Lippe, Abt. Münster.

Leclercq, J.-M. (Hrsg.). (1999). *L'éducation comparée: mondialisation et spécificités francophones.* Paris: CIEP.

Lemberg, E. (1964). *Ostkunde. Grundsätzliches und Kritisches zu einer deutschen Bildungsaufgabe.* Hannover-Linden: Jaeger.

Mitter, W. (2009). Vergleichende Erziehungswissenschaft und Bildungspolitik: Missverständnisse, Möglichkeiten und Perspektiven. In S. Hornberg, I. Dirim, G. Lang-Wojtasik & P. Mecheril, *Beschreiben – Verstehen – Interpretieren. Stand und Perspektiven Inter-*

national und Interkulturell Vergleichender Erziehungswissenschaft in Deutschland (S. 19–38). Münster: Waxmann.

Nida-Rümlin, J. & Weidenfeld, W. (Hrsg.). (2007). *Europäische Identität.* Baden-Baden: Nomos.

Nóvoa, A. (1995). Modèles d'analyse en Éducation Comparée: le champ et la carte. *Les Sciences de l'Éducation – Pour l'Ère Nouvelle, 2–3*, 9–61. Verfügbar unter: http://repositorio.ul.pt/bitstream/10451/676/1/21197_0755-9593_9-61.pdf [12.10.2012].

Nóvoa, A. & Yariv-Mashal, T. (o. D.). *Comparative Research in Education: A mode of Governance or a historical journey?* Verfügbar unter: http://repositorio.ul.pt/bitstream/10451/680/1/21185_0305-0068_423-438.pdf [12.10.2012].

Rissmann, R. (1908). *Geschichte des Deutschen Lehrervereins.* Leipzig: Klinkhardt.

Schneider, F. (1961). *Vergleichende Erziehungswissenschaft. Geschichte, Forschung, Lehre* (Vergleichende Erziehungswissenschaft und Pädagogik des Auslands, Bd. 1). Heidelberg: Quelle & Meyer.

Schneider, F. (1956/1963). Der Beitrag der Vergleichenden Erziehungswissenschaft zur künftigen Neugestaltung Europas (1956). In T. Rutt (Hrsg.), *Ausgewählte pädagogische Abhandlungen* (S. 68–77). Paderborn: Schöningh.

Schriewer, J. (Hrsg.). (2007). *Weltkultur und kulturelle Bedeutungswelten – Zur Globalisierung von Bildungsdiskursen* (Eigene und fremde Welten, 2). Frankfurt a.M.: Campus.

Stübig, H. (1997). Die Wiederbegründung der Vergleichenden Erziehungswissenschaft in Westdeutschland nach dem Zweiten Weltkrieg – Friedrich Schneider und Franz Hilker. *Bildung und Erziehung, 50*, 467–480.

Thiersch, F. (1838). *Ueber den gegenwärtigen Zustand des öffentlichen Unterrichts in den westlichen Staaten von Deutschland, in Holland, Frankreich und Belgien. Zweiter Theil: Holland, Frankreich und Belgien enthaltend.* Stuttgart, Tübingen: Cotta'sche Buchhandlung.

Trabant, J. (2003). Sprache und Revolution. *Linguistik online, 13* (1). Verfügbar unter: http://www.linguistik-online.de/13_01/trabant.html [10.10.2012].

UNESCO (1997). *Lernfähigkeit: Unser verborgener Reichtum. UNESCO Bericht zur Bildung für das 21. Jahrhundert.* Hrsg. von der Deutschen UNESCO-Kommission. Neuwied u.a.: Luchterhand.

Waterkamp, D. (2006). *Vergleichende Erziehungswissenschaft. Ein Lehrbuch.* Münster: Waxmann.

Gita Steiner-Khamsi

The Case Study in Comparative Education from an International Historical Perspective

Christel Adick's list of contributions to the field of comparative education is long. I address in this Festschrift two signposts of her work that greatly resonate with comparative education research across the Atlantic: first, her focus on developing countries and second, her use of the single case study as a legitimate method of inquiry in comparative education. Different from many other scholars in continental Europe, she does not reduce comparative education to a method but rather repositions it as a perspective that enables us to examine modernization, globalization and the world systems at national and local levels. Her landmark study on education and colonialism in Togo (Adick, 1981) epitomizes the two features of her work: a single case study on educational development that is interpreted from a world system perspective.

I build in this chapter on two of my earlier publications (Steiner-Khamsi, 2006, 2009). In the first study, I investigate the impact of the Cold War on the academic field of comparative education in the United States and in Germany (Steiner-Khamsi, 2006). The second study deals with South-South cooperation and investigates the research question as to whether South-South cooperation is the way out of the dependency trap in international cooperation (Steiner-Khamsi, 2009).

The first study demonstrates the significance of the Cold War (in particular, the period 1957–1983) for introducing a paradigm shift in comparative education in the United States and in the German Democratic Republic (GDR). Both superpowers, the United States and USSR, generously funded research and teaching in language and area studies. As part of this cultural shift, the focus in comparative education shifted from the study of industrialized countries to research on developing countries. Moreover, the paradigm shift had important methodological repercussions: in line with the cultural turn in all the social sciences, greater attention was directed toward contextual comparison and case study research. In comparative education, the comparative education research communities of the United States and the GDR clearly experienced such a cultural, area studies, or development turn in the late 1950s and early 1960s. The academic fascination with developing countries reflects the race between the two superpowers over the patronage of „non-aligned" or „neutralist" countries in the Third World. I concluded my earlier study with the observation that U.S. comparative education underwent a development turn fifty years ago that radically transformed the field. The paradigm shift is reflected in the name change of our professional association in 1961: from Comparative Education Society (CES) to Comparative and International Education Society (CIES).¹ For the past fifty years, comparative and international education in the United States has been known for producing many single case studies as well as studies on developing countries. However, the development turn is – with the exception of Adick's work – remarkably absent in German comparative education. In fact, there is a tendency in Germany to see Dritte Welt Pädagogik („Education in the Third World") as separate from comparative education rather than as an integral part.

The two different trajectories of the field lend themselves for reflection on the histories of comparative education: whereas comparative education in the United States expanded its focus in ways that also included single case studies in developing countries, the majority of scholars in comparative education in Germany and continental Europe – with the notable exception of Christel Adick and her associates – see the method of comparison (in fact, more narrowly: cross-national comparison) as the sine qua non condition of comparative research. For them, the method constitutes more than any other aspect the defining characteristics of comparative education. For this reason, Jürgen Schriewer and his former students from Humboldt University, for example, see themselves akin to scholars in other comparative social science disciplines such as comparative history, comparative sociology, or comparative political science. Adick's intellectual project is different: her interest and academic curiosity centers around area and development studies and, in general, educational research from an international comparative perspective. For example, in her textbook on comparative education, she devotes a chapter to „methodological nationalism and culturalism" to problematize the narrow focus on nation-states as units of analysis of traditional comparative education (Adick, 2008, chapter 6).² In this regard, Adick's work shares many similarities with the academic field of comparative and international education in the United States.

Historical contexts are relevant for understanding a scholar's preoccupation with particular themes, interpretive frameworks, and methods. Over the course of her illustrious academic career, Christel Adick experienced five historical periods that revamped the field of comparative education: the end of colonialism in the 1960s, the end of the Cold War in the 1980s, the first international agreement on educational reform priorities in developing countries in 1990 (Education for All), the rise of the World Bank and OECD as the global players in international educational development, and the spread of indicators, mid-term targets and benchmarks as tools for planning and accountability as reflected, among others, in the Paris Declaration on Aid Effectiveness of 2005.

Similar to many scholars in comparative and international education in the United States, Adick is closely involved in educational reforms that are supported by UNESCO and other international organizations. Inevitably, she must deal with critics who present international cooperation as a form of neo-colonialism that merely propels a transfer of educational reform models from the global North to the global South thereby perpetuating

---

[1] The name change from of the U.S. professional association „Comparative Education Society" (CES) to „Comparative and International Education Society" (CIES) in 1969 confirmed the development turn which had taken place a decade earlier.

[2] The chapter is entitled: *Der methodologische Nationalismus und Kulturalismus – das Ende der Vergleichenden Erziehungswissenschaft?* (Adick, 2008, p. 184ff.).

dependency and inequality. Non surprisingly, one of the periodically recurring themes in our field is therefore South-South cooperation and the demand for strengthening regional collaboration. The question thus becomes: is South-South cooperation the solution?

In my tribute to Adick's accomplishments, I reflect in the following on historical periods and debates that shaped the field of comparative education both in the United States and in Germany. Her work clearly reflects the development turn and, as a corollary, the interest in culture and contextual comparison. It is her merit to have systematically propelled case study methodology as a legitimate method of comparative education.

The Creation of the Third World

The wave of decolonization in Africa and other parts of the world was in large part complete by the end of the 1960s. The worries of the two superpowers were many: With whom do these newly emerging countries trade, with whom do they side in international conflicts, and for whom do they vote in the newly established multilateral organizations of the United Nations? It was a concern, but also a great opportunity to expand ones' influence in the so-called neutralist or non-aligned countries. It was a matter of greatest importance to the superpowers that the governments and people in these newly established nation-states, most of them impoverished from centuries of exploitation, make up their minds and choose their allies. After all, both communism and capitalism were global projects. According to Marxism-Leninism, socialism is merely an interim stage to the eventual achievement of communism. Communism, in turn, rests on the condition that every country in the world commit itself to the socialist path of development. Similarly, capitalism's survival depends, on the constant expansion of markets, continuously increasing the number of consumers, along with access to cheap labor and raw material enabling low production costs and greater individual profit.

Which were the target countries of the two superpowers? Where did they attempt to secure their influence? An analysis of funding patterns provides a glimpse into the political and strategic interests that the United States and former Soviet Union were pursuing during the Cold War. The so-called Greenbook, periodically compiled by USAID (United States Agency for International Development) for the U.S. Congress, is a valuable source for analyzing funding priorities and target countries of the U.S. government. The Greenbook presents figures on U.S. overseas loans and grants, listed under three categories: economic assistance (USAID grants and loans, Food for Peace, Peace Corps, etc.), military assistance (Military Assistance Program, International Military Education and Training Program, etc.), and other U.S. government loans (export-import bank loans, direct loans, etc.).[3] Judging from the statistical information (USAID, 2001), the Middle East has

---

3   It deserves special mention that the most recent, 2004 Greenbook on U.S. overseas loans and grants, compiled by USAID, blurs the line between military and economic assistance. Expenditures previously listed under military assistance are now listed under economic assistance, accounting for a $1.4 billion shift from military to economic assistance in fiscal year 2003 (USAID, 2004, p. v).

constituted the highest priority for the U.S. government. Israel was by far the largest recipient, followed by Egypt. Israel received $81 billion since its creation, and Egypt has received $53 billion since the early 1970s. Another country regarded as a high priority was South Vietnam. During its short existence it received $24 billion in the form of U.S. grants and loans. In contrast, the entire sub-Saharan African continent has only received only $31 billion between 1945–2001 (Westad, 2005, p. 156).

Alberto Alesina and David Dollar (2000) take their analysis of statistical information on loans and grants a step further, and present a multivariate analysis of donor strategy which considers trade openness, democracy, civil liberties, colonial status, direct foreign investment, initial income, and population of the target countries. Their analyses are not restricted to U.S. government loans and grants, but rather include all donors from market economies. They find that former colonial empires (in particular, Portugal, United Kingdom, France, Australia, Belgium) spend more than half of their external aid on their former colonies. From 1970 to 1994 Portugal channeled 97% of its aid to its former colonies. In comparison, the United Kingdom allocated 78%, France 57%, Australia 56%, and Belgium 54% of their external funding to former colonies. Another variable, being a „U.N. friend", also proved important for donors' selection of target countries. The variable measures whether the target country has voted in line with the donor at U.N. conferences. This variable accounts for the Japanese funding pattern in the post-Cold War period. In the past decade, Japan directed funds to poor countries in return for a vote on admitting Japan as additional member of the U.N. Security Council. Although Alesina and Dollar's regression analyses cover all capitalist donors, their findings confirm the trend reported earlier for the U.S. government. Of all the donor strategies that capitalist countries employed to select target countries, political and economic interests in the Middle East, in particular access to a region with oil reserves, have overshadowed other considerations.

The authors (Alesina and Dollar, 2000, p. 40) also calculate the likelihood of a country receiving aid from capitalist countries if relevant variables, such as, initial income of the country or population size, are held constant. Their findings illustrate the high funding priority of the United States and its allies in the Middle East. All other factors kept constant, Egypt received 481 percent more and the value for Israel is basically off the scale. According to Alesina and Dollar's regression analysis, Israel should receive – based on the indicators used for other aid recipient countries – virtually no aid. Instead it receives $400 per capita from its closest allies (U.S.A., Germany, Italy, Austria, Netherlands). The two features that are least important for receiving aid are „being relatively open" (towards international trade) and „being relatively democratic" (index from Freedom House on a scale of 1–7). These findings reflect the preference of the U.S. government to either fund dictatorships that were undemocratic and isolationist, but yet open to trade with the U.S.A., or governments such as Guatemala, Argentina, Iran, Syria, Iraq, etc., that were intimately courted by the communist competitor. With the withdrawal of the United States from UNESCO (1984–2002) and the U.S. government's investment in and control of the World Bank, the selective funding of educational reforms became a potent educational policy and intervention tool applied to Third World countries. The loans and grants of the World Bank rewarded like-minded regimes for preserving their free market economies despite the attraction that communist aid had to offer, particularly in the educational sector.

The World Bank and International Monetary Fund were to market economies what the Council for Mutual Economic Assistance (CMEA) was to socialist countries: a conglomeration of countries that served to maintain the stability of the international currency (dollars versus rubles), enable international trade, and contribute to economic growth of its poorest member states. Even though the economic objectives of these disparate international financial institutions were similar, their models of development varied considerably. Westad juxtaposes the two different models of development succinctly:

> One [development model], symbolized by the United States, promised intensive urban-based growth in both the private and the public sectors, the import of advanced consumer products and the latest technology through joining a global capitalist market, and an alliance with the world's most powerful state. The other, that of the Soviet world, offered politically induced growth through a centralized plan and mass mobilization, with an emphasis on heavy industry, massive infrastructural projects, and the collectivization of agriculture, independent of international markets (Westad, 2005, p. 92).

The two different conceptions of development had great repercussions for educational development in the Third World. The U.S. model emphasized economic growth, decentralization, decrease of public expenditures, and privatization, whereas the Soviet model focused on human capacity building, centralization, increase of public expenditures and collectivization. As expected, the Soviet emphasis on human capacity building was more beneficial to educational development in poor countries. By the end of the Cold War, most socialist countries achieved universal access to education and had much higher literacy rates than those Third World countries that were aligned with capitalist donors (see Steiner-Khamsi and Stolpe, 2006). Both superpowers, however, struggled with their reputation in the Third World. The U.S. model was reminiscent of capitalist exploitation during the colonial period. The Soviet model remedied the shortcomings of the capitalist model by emphasizing social justice and equality, but it suffered from its reputation for exporting second-rate products and technology to poor countries.

The first testing ground for Soviet aid was the Peoples Republic of China. As part of the Sino-Soviet Friendship Treaty, the Soviet Union established a large aid program that equaled 7 percent of the Soviet national income for the period 1953–1960 (Westad, 2005). As with other Soviet interventions, the expectation was to help establish the Soviet brand of state socialism in countries that received aid. In an attempt to intervene more effectively in the Far East (China, North Korea, North Vietnam), the Institute of Oriental Studies of the Academy of Sciences was established in Moscow. In 1960 an institute for the study of Africa was added. A year later, in 1961, Soviet knowledge of the Third World was further expanded with the establishment of an additional institute of the Academy of Sciences devoted to the study of Latin America (Westad, 2005). The declared strategy of Soviet aid was to support national communist parties in different parts of the world in their anti-imperialist struggle against the United States and its allies. With this rhetoric, aid was given to any country that had a nucleus of a communist party intent on overthrowing the government. For example, substantial military, economic, and humanitarian assistance from the Soviet Union, as well as from Cuba and the GDR, were channeled into the Eritrean People's Liberation Front, African National Congress (operating from outside of Apartheid South Africa), the Movimento das Forças Armadas in Angola, the Mouvement National Congolais, and numerous revolutionary groups in other African countries and continents.

Historical facts matter a great deal in this type of research. It is important to bear in mind that the configuration of allies changed continuously over the thirty-year period of the Cold War. For example, the principle of superpower equality [détente] lasted from 1968 to 1975. Established by U.S. President Richard Nixon and Soviet leader Leonid Brezhnev after the defeat of American forces in Vietnam, détente constituted mutual recognition that each superpower (U.S.A. and U.S.S.R.) could intervene in domestic affairs of other countries. Aid, technical assistance, or educational development work were discovered as effective tools of political intervention. The superpower détente was severely resented by China which, for years, had objected to U.S. foreign policy more rigorously than the Soviet Union. Acknowledgement of a peaceful co-existence between the two superpowers, a plan the Soviet Union had pursued since the 1950s, signaled for Mao a betrayal and de-facto suspension of the world communist project. The Soviet Union, in turn, was convinced that China aimed to replace the Soviet Union as the international communist superpower. Situating itself as a flagship socialist country that, with its Great Leap Forward, overcame illiteracy, poverty and underdevelopment, China considered itself a leading example for other poor countries. The fallout with the U.S.S.R in the early 1960s led to Mao's peculiar Three-World Theory that situated China in the center of the South from where the anti-imperialist struggles against the richer nations was to be orchestrated.[4] Thus in the 1960s, the Third World was exposed to several spheres of influence: the United States and its allies, the Soviet Union and its allies, and China. The communist parties in Vietnam and Indonesia closely collaborated with China, and perhaps the most visible international involvement of Chinese experts was the construction of the railway linking Zambia to the Tanzanian coast.

The international race over the patronage of the South became an issue of survival for the United States and the Soviet Union. In both world-systems, competition over non-aligned nations was treated as a priority and government funding was made available for all kinds of institutions, including higher education. Universities in the United States and in the Soviet Union experienced a boom in area and development studies in the late 1950s and early 1960s. Similarly, socialist governments invested in the establishment of research and teaching institutions for Third-World studies. For both world-systems, the study of

---

4 Mao formulated his Three-World Theory in 1964 (see Westad, 2005, p. 162ff.). His world-systems theory placed the U.S.A. and the Soviet Union as hegemonic superpowers within the First World. The other industrialized nations that depended economically on the two superpowers constituted the Second World. Finally, China and the poor countries of the South made up a Third World. By means of revolution against the two superpowers, the countries of the Third World would eventually become the center of international development and power.

languages and cultures of non-aligned countries was just the first step towards operating in these countries as technical assistants, and ultimately securing international trade and political support. Not surprisingly, comparative education – both in the West and in the East – greatly benefited from this infusion of government funds during the period of the Cold War.

The Third World in U.S. Comparative Education

In the United States, Congress passed the National Defense Education Act (NDEA) in 1958 to improve the quality of education (especially in math, sciences, and foreign language instruction), and increase access to postsecondary and higher education by means of student loans and scholarships. A total of ten areas („titles") were listed as eligible for federal funding. In higher education these new areas were Title II (student loans), Title IV (national defense fellowships), and language and areas studies development (Title VI). These funding priorities were initiated in 1958 and are, at a much lower level of funding, available to this date.[5] Announced one year after the launch of Sputnik and presented as a national „educational emergency"[6] (NDEA, 1958: section 101), the NDEA actively promoted the study of languages and regions, including those deemed critical to the U.S. during the Cold War. The following excerpt illustrates the tone of panic evident in the Act:

> The Congress thereby finds and declares that the security of the Nation requires the fullest development of the mental resources and technical skills of its young men and women. ... To meet the present educational emergency requires additional effort at all levels of government. It is therefore the purpose of this Act to provide substantial assistant [...] in order to insure trained manpower of sufficient quality and quantity to meet the national defense needs of the United States (NDEA, 1958, section 101).

A review of the NDEA budget for 1963 illustrates the preoccupation with socialist countries. The top-ranking foreign languages in the early 1960s were Chinese and Russian. More precisely, 16% of the budget for Modern Foreign Language Graduate Fellowships was spent for Chinese and 13% for Russian, followed by Arabic (11%), Japanese (10%), Spanish (10%) and other languages (Office of Education, 1963: Figure 20). The U.S.-

---

5   In 2005, 60 universities were eligible to administer Foreign Language and Area Studies (Title VI) fellowships. The budget for 2005 fiscal year was $28.2 million and 926 year-long fellowships and 635 summer fellowships were funded. The Title VI international education programs remained the largest source of federal funding in which education is explicitly tied with national and global security. It is followed by the Homeland Security fellowship (created in 2003) which disbursed $15 million, and the National Security Education Program with a budget of $8 million in 2005 (Glenn, 2005).
6   The interview with U.S. Senator McClure, the initiator of the NDEA Act in Senate, provides very interesting background information on why the launch of Sputnik was seen as an opportunity to request government funding for higher education (McClure, 1983).

Soviet cultural exchange agreement of 1958 made it possible to take a peek behind the Iron Curtain in the form of organized study visits or tours. The interest in Soviet and East European languages and studies dropped drastically in the 1970s when government funding for foreign language and area studies dwindled. The number of doctorates earned in Soviet and East European Studies at American universities, for example, was at a peak in the decade 1970–1979 (3,598 doctorates), but then dropped by 60% in the period 1980–1987 (Atkinson, 1988).

Although the rhetoric for establishing NDEA was clearly embedded in the language of the Cold War, a great number of foreign language and area studies – regardless of whether they were in socialist countries or not – benefited from the infusion of government funds. In 1958, the U.S. Commissioner of Education designated 83 languages as critically needed, and identified six of them for first priority in development: Arabic, Chinese, Hindi-Urdu, Japanese, Portuguese, and Russian (Spanish was added in 1996, after the announcement of the U.S.-Latin American Alliance for Progress). By the end of 1962, four years after the implementation of NDEA, 56 of the 83 „critical languages" received federal support and 53 centers for area and language studies in higher education were established.

The boost in federal support for higher education generated very attractive incentives to establish area studies as well as development studies in education and the social sciences. For example, at my own university – Columbia University – the School of International and Public Affairs (SIPA), established in 1946, was able to build seven regional institutes in the period 1946–1962. The graduate school of education of Columbia University (Teachers College), in turn, embarked on „a decade of development" in 1957 and pursued a systematic plan to infuse international education in all programs taught at Teachers College (Butts, 1966).[7] The success was limited and only lasted as long as funding from the U.S. government and philanthropies (especially Ford Foundation) was available. Instead of internationalizing existing graduate programs of education at Teachers College, a separate degree program (International Educational Development) was created, and added to the already existing program in Comparative and International Education. Ironically, the coexistence of two international programs at Teachers College (Comparative and International Education, International Educational Development) should not be interpreted as an asset, but rather the expression of a failed attempt to internationalize Teachers College graduate programs in education. Nevertheless, the original plan to internationalize an entire graduate school of education is indicative of the political priorities in the 1950s and 1960s.[8] Also, other experiments lasted only as long as external funding was made available, such as, for example, a three-year program leading to a Master of International Affairs

---

7 In 1957, the Board of Trustees of Teachers College identified four tasks that would help to mainstream international education among the faculty and students of all degree programs at Teachers College (Butts, 1966, p. 3ff.).
8 The strategy of making funds available for faculty members that are willing to mainstream new initiatives is very common in U.S. academe. Apart from the internationalization of U.S. higher education in the 1960s, funds were later made available for multiculturalization (1980s and 1990s), or for a greater integration of technology and distance learning in teaching (past ten years).

and Doctor of Education (joint degree of SIPA and Teachers College), or a program in Education and African Studies, offered jointly by Teachers College and the Columbia University Institute of African Studies, and a program in Education and Latin American Studies, offered jointly with the Institute of Latin American Studies. Students acquired a two-year certificate of the respective regional institutes of SIPA, as well as an Ed.D. degree at Teachers College. The plan was to cover the entire world, that is, to establish joint degrees between Teachers College and all of the seven regional institutes of SIPA. However, federal funding for language and area studies and for technical assistance in Third World countries was drastically reduced during the Vietnam War. At Teachers College, the numerous initiatives and experiments of the Institute of International Studies could be sustained for another eight years with funding from the Ford Foundation (1965–1970), but were put to rest as soon as external funding dried up.[9] The Vietnam War not only diverted federal funding from the education sector to the army, but also created the image of the ugly American abroad. Freeman Butt summarizes the negative portrayal of U.S. technical assistance and its negative impact on international education as follows:

> The air of disenchantment surrounded other aspects of American foreign policy, notably, of course the Vietnam War. By association, American educational influence came under attack in some nations as „academic colonialism" (Butts, 1968, p. 1).

The U.S. Peace Corps, founded three years after NDEA, had the mission to first understand, and then influence the hearts and minds of people abroad. Ultimately, the NDEA also moved into this arena. In the same year, 1961, Congress passed the Foreign Assistance Act. U.S. foreign assistance was reorganized in ways that distinguished between military and non-military aid. As part of the Act's mandate, the U.S. Agency for International Development (USAID) was created to administer economic assistance programs.

Even though „the decade of development" lasted in most American universities for just ten years, it entirely transformed the field of U.S. comparative and international education. Before the heyday of language and area studies, U.S. comparative and international education research was exclusively Eurocentric, with a few exceptions in the form of „applied research" (projects) in developing countries. The proportion changed radically in the 1960s: With the exception of Soviet education, there was virtually no funding made available to study education in Europe. Most funding, and consequently the research focus, was directed towards educational development in the Third World. What has remained a constant in U.S. comparative and international education is the tool of single-country studies as the main method of inquiry dominating comparative education since its inception as an academic field.

---

9 The Institute of International Studies received a major grant ($750,000) from the Ford Foundation for the period 1965–1970, and a three-year extension (1970–1973) with a smaller grant of $90,000 (Butts, 1973).

The Third World in Comparative Education of the GDR

The development turn also occurred in Marxist-Leninist comparative education in the late 1950s, but then, since the 1990s, the focus on developing countries has almost completely disappeared with the dissolution or reconstitution, respectively, of former socialist comparative education societies. The objective had been to support the anti-imperialist struggle in the Third World. The Academy of Pedagogical Sciences of the U.S.S.R. opened a section on comparative education in 1966 (Sokolowa, 1966). According to Malkowa, the comparative education section of the Academy was well staffed: Already by 1970, 35 full-time scholars worked in collaboration with economists, philosophers, historians, and anthropologists (Malkowa, 1970; see also Sokolowa, 1966).

The academies of pedagogical sciences in other socialist countries followed suit.[10] Typically, the comparative education sections comprised three research divisions: education in socialist countries, education in capitalist countries, and education in developing countries.

A notable exception was comparative education in the GDR (German Democratic Republic) which, from the onset, included a fourth division dealing exclusively with education in the FRG (Federal Republic of Germany; see Busch, 1983; Kienitz, 1994). In fact, the Bureau for the German Question (Büro für gesamtdeutsche Fragen) in East Berlin preceded the establishment of a comparative educational research unit. The Bureau was already opened in 1954, that is, two years before the other three divisions were integrated into a new unit under the name „foreign education" (Auslandspädagogik). In 1974 finally, the GDR Academy of Pedagogical Sciences established a section on comparative education studies. The label „foreign education" was replaced with a name that was more commonly used in other socialist countries: comparative education.

The fact that comparison with West German education preceded comparative studies of education in socialist, capitalist, and developing countries, is not incidental. In discussing the impact of the Cold War on GDR comparative educational research one needs to keep in mind that in East Germany the neighboring FRG was perceived as the greatest anti-communist threat. Officially, the impetus for creating the GDR Bureau for the German Question was to maintain links to West German researchers and to reflect on the common German heritage in education (Busch 1983). The original, officially stated objective of German-German collaboration did not materialize and, on the contrary, both sides made great efforts to identify fundamental differences between East and West German education in an attempt to create and preserve a distance between the two systems (Anweiler, 1990; see John, 1998). When the wall went up in 1961 to prevent further mass

---

10 The GDR Academy of Pedagogical Sciences was established in 1970. Several research units previously hosted in the German Educational Central Institute (Deutsches Pädagogisches Zentralinstitut) were moved into the newly-founded Academy of Pedagogical Sciences. Admission of a research unit into the Academy of Pedagogical Sciences was prestigious; it meant the scientific recognition of the discipline or research field. The GDR Academy of Pedagogical Sciences recognized comparative education in 1974 as a legitimate science, and established the Section Comparative Education within the Academy.

emigration to West Germany, the cautious encounter between the two systems transformed into open hostility. After 1961, the GDR Bureau for the German Question was charged with the task of vilifying the FRG educational system. The Bureau ceaselessly criticized FRG educational researchers for disseminating anti-communist propaganda, for their vicious concealment of German colonial policy, and for being subservient to the imperialist educational policy of the FRG.

During the Cold War, the narrow focus on education in the other Germany was also discernible in FRG comparative education. After the end of World War II until 1990, the bulk of government funding for comparative education in the FRG was earmarked for studies on education in East Germany, Central and Eastern Europe, and the Soviet Union. Several comparative education research units, notably the ones at the German Institute for International Educational Research in Frankfurt a.M. and at the University of Bochum, West Germany, produced – under the directorship of renowned comparative education researchers Wolfgang Mitter (Frankfurt a.M.) and Oskar Anweiler (Bochum) – numerous studies on education in European socialist countries. Christel Adick, also at the University of Bochum, discontinued the earlier focus on socialist countries in Central and Eastern Europe but preserved the strong emphasis on contextual comparison and single case study methodology.

The GDR journal Vergleichende Pädagogik regularly reported on educational developments in other countries. It listed the reports in the four sections (education in socialist countries, education in capitalist countries, education in FRG, education in developing countries) mentioned above. The headlines, listed in the following table for two issues of the 1977 volume, capture the normative feature of comparative studies: the accounts of educational developments in capitalist countries and in the FRG evoke images of a fundamental crisis, the reports on developments in socialist countries document progress, and the ones on (non-aligned) developing countries, finally, imply an urgent appeal for socialist aid (see table 1).

The GDR journal of comparative education was published in a shorter version in 1960 and had, at 3,000 copies per issue, a vast circulation (John, 1998, p. 105). The journal was expanded in 1965 and issued four times a year. Beginning with the first issue of Vergleichende Pädagogik, the journal distinguished between the four groups of countries. Over the four decades of the journal's existence, several synonyms surfaced. For example, „education in fraternal states" was used interchangeably with „education in socialist countries," „imperialist countries" was a synonym for „capitalist countries," and correspondingly, „anti-imperialist countries" meant „developing countries." Approximately half of the reports and articles published in the journal were on educational development in socialist countries, in particular on education in the Soviet Union.[11] The strategic plan 1961–1965 for comparative education, issued by the Ministry of Education of the GDR, demanded such disproportional attention to Soviet education:

---

11   Busch (1983, p. 135) found in her content analysis of the journal *Vergleichende Pädagogik* that from the 269 articles and reports, published in the period 1965–1981, 127 were written on educational developments in socialist countries, 49 dealt with capitalist countries, 66 with the FRG, and 27 with developing countries.

Socialist countries, led by the Soviet Union: The numerous experiences should be evaluated and used for the development of a socialist school in the GDR and for our propagandist initiatives in West Germany. (cited in John, 1998, p. 57; emphasis in original)

Table 1 provides a comparison of articles published in the two journals in 1977.

	Vergleichende Pädagogik 13 (3), 1977	*Vergleichende Pädagogik* 13 (4), 1977
Socialist Countries	– Multilateral Cooperation of Educational Researchers – GDR: Conference of Educational Experts from Socialist Countries – GDR: Apprenticeship for Each School Graduate – USSR: Labor Education in Middle School – USSR: People's Education in the Kyrgyz Republic – USSR: Successful Results of People's Education in Azerbaijan – People's Republic of Poland: New Curriculum Reform Drafts Are Being Discussed – Mongolian People's Republic: More Schools Until 1980 – Socialist Republic of Vietnam: Training of Subject Teachers	– Closer Cooperation of „Comparative Education" with Journals of Fraternal States – USSR: 60 Years October Revolution – USSR: Importance of Labor Education – USSR: 80,000 Foreigners Complete Vocational and Higher Education – Teacher Education in Vietnam – Iraq: Emphasis on Compulsory Education – People's Republic of Yemen: School Reform Has Been Initiated – India: Soviet Textbooks in Indian Universities – Afghanistan: Educational Reform
Capitalist Countries	– Great Britain: The Quality of the Educational System Continues to Decrease	– Great Britain: Female Teachers Are Discriminated Against
FRG (West Germany)	– FRG: The Imposition of Ideological Manipulations in History Education – FRG: Child Labor Increases	– FRG: Children of Immigrants without Any Perspective – FRG: Educational Misery Deepens
Developing Countries	– Mexico: Demands for Better Education	– Bolivia: Illiteracy

Table 1: The Four Sections of the GDR Journal Vergleichende Pädagogik

The educational interest in developing countries experienced a boost in 1971 when the GDR was admitted as the 131st member state to UNESCO. As with other socialist states, the GDR defined its UNESCO mandate as two-fold: First, to demonstrate the inextricable link between politics, economics and educational development. Developing countries that are committed to combating illiteracy need to first abolish exploitative structures that these countries have inherited from their colonial past. The prospects for eradicating illiteracy and securing universal access to education depend on whether revolutionary forces succeed in disempowering the ruling class in developing countries that hindered in the past, and continue to prevent in the present, equal access and outcomes in education. Thus, the fight against illiteracy needs to go hand in hand with an anti-imperialist, communist struggle against the ruling class which identifies with, and executes orders on behalf of, Northern countries, in particular the United States. The first mandate implied the need to document and make public the experiences from former developing countries, such as for example the Central Asian Soviet Republics that have successfully combated illiteracy soon after they chose the socialist path of development. Second, to challenge the monopoly over the project of world peace which the imperialist members of the United Nations tended to appropriate. In response to the claim of ownership over the project of world peace made by the NATO member states, and by the United States in particular, the Soviet Union emphasized its active role as one of the founding members of the United Nations, and highlighted the friendly ties it entertained with „the progressive states of Asia, Africa and Latin America" (Vavilov, Matveyev & Oleandrov, 1974, p. 18) to advance world peace. For Marxist-Leninists, communism was the only guarantor of world peace and international security, and the Soviet contribution consisted in networking progressive or socialist forces in different corners of the world so that these forces could resist colonialist and neo-colonialist exploitation. The „progressive policy in present-day conditions", which the Soviet Union attempted to strengthen, was rather narrowly defined in that it only included governments either already committed to, or seriously interested in, the socialist path of development (ibid., 1974, p. 19).

The unhappy Marxist-Leninist encounter with progressive forces in market economies deserves a special note. Progressive scholars, public intellectuals, or politicians in the West that advocated social justice or equity without calling for a revolution were seen as the real (class) enemy. It made their cause only more despicable if they referred to Marx or Engels to substantiate their appeal for non-revolutionary social changes. In fact, these progressives in education, ranging from John Dewey and his followers to Ivan Illich or Paulo Freire, were regarded as great a threat to communism as blatant fascist, imperialist or anti-communist demagogues who naively defended bourgeois ideology. A popular fallacy progressives in the West were advancing was belief in „reforms" and, by implication, an acknowledgement that class-based societies are fixable (Multilateraler Expertenrat, 1984). The term „reform", advanced by Marxist or Neo-Marxist intellectuals in the West, carried negative connotations in the East. After all, the educational systems of capitalist societies are beyond repair or reform. In addition, Marxist-Leninists in the East were quick to point out that in a class society a reform, fundamental or incremental for that matter, is only admitted if it corresponds with the economic interests of the ruling class.

The widespread disregard for a bourgeois ideology wrapped in progressive rhetoric cannot be overstated. Accusations of „pseudo-progressive" analyses were directed against any scholar who dared to write empathetically about Soviet education. For example, in one of the most widely read Marxist-Leninist books on education in capitalist countries, Chorolski (1986) criticizes Robert Tabachnik and Thomas S. Popkewitz for reducing comparison to the educational sector rather than recognizing that the main distinction between socialist and bourgeois education lies with the differences in the economic and political foundation of the two systems. Precisely because bourgeois or pseudo-progressive comparative education researchers are, according to Chorolski (1986), so narrow or biased in their methodology, publications on socialist education [such as the ones by Tabachnik and Popkewitz] risk encouraging the reader to either selectively borrow from, or completely disregard the socialist experience in education.

Skepticism against progressive forces in non-socialist countries is also mirrored in the arguments with which the GDR expert for multilateral organizations, Dr. Ilse Gerth, criticizes the progressive tendencies within UNESCO. In internal documents to her superiors at the Academy of Pedagogical Sciences, Gerth regularly reported on the outcomes of UNESCO meetings and also re-iterated what the correct Marxist-Leninist reactions to UNESCO programs and resolutions should be. Perhaps the most graphic illustration of Marxist-Leninist review style is the edited booklet on the 18th General Assembly Meeting of UNESCO (Gerth, 1975). The editor selects controversial topics that were discussed at the 18th General Assembly Meeting and has response essays prepared on four topics. The headings of the four topics read as follows:
- The theory of the „world educational crisis"
- The bourgeois conception of life-long learning
- The terminology and feature of „innovation" in educational planning and activities
- The bourgeois position on „immigrant workers"

(Gerth 1975, p. 3)

The editor, Ilse Gerth, starts out by summarizing the UNESCO position on a controversial topic, then examines and compares the topic in the customary three groups of countries (capitalist countries, socialist countries, developing countries), and finally wraps up the correct Marxist-Leninist response to the UNESCO position. To highlight the section with the correct response, she consistently entitles the third sections „what there is to say?" (was ist dazu zu sagen?). Beyond differences in review style, Marxist-Leninist comparative researchers presented convincing arguments against the universal usage of UNESCO constructs. For example, the concept of „world educational crisis" (see Coombs, 1967) was sharply criticized. What bothered them most was the fact that U.S. president Lyndon B. Johnson supported work in this area (Gerth, 1975). In her review of the UNESCO document 19 C/4 (Program of UNESCO for 1977–1982), Gerth dismantles the world educational crisis as a bourgeois construct and requests that the imperialist member states basically speak or write for themselves (Gerth, 1976a). After all, there wasn't any educational crisis in socialist countries. On the contrary, socialist countries already had superior education in place, because socialism shielded the educational sector from the types of crises the capitalist countries at the time were typically exposed. Another vehemently attacked UNESCO term was the concept of permanent or lifelong education. Marxist-Leninist educational researchers (Széchy, 1986; Gerth, 1975) resented the selective borrowing of a concept that was saturated with socialist conceptions of education. The concept of lifelong learning is quintessentially socialist. Not only should socialist systems be credited for having successfully implemented the notion of lifelong learning, but also it must be acknowledged that high-quality lifelong learning requires a political, economic, and social environment – such as socialist – in which lifelong learning is truly valued. Gerth (1975, p. 42) writes,

> Only the socialist educational system, which includes pre-school, school, after-school as well as all stages of post-secondary education, provides the necessary foundation for lifelong learning of high socialist quality. The socialist society implements the teachings of the founders of Marxism-Leninism in practice by conceptualizing learning as a lifelong process.

Research on multilaterals and, in particular, on the U.N. system has only begun to reflect on the Cold War era. With easier access to archival material in both world-systems, past accounts of important historical events are in need of re-examination. As mentioned in previous publications (Steiner-Khamsi & Stolpe 2006, p. 78ff.; Steiner-Khamsi & deJong-Lambert, 2006, p. 89), the role of socialist countries in leading, for example, the 1974 UNESCO Revolution has not been sufficiently investigated. Although Phillip Jones (1988, 2005) and Karen Mundy (1999) report in some detail on the demand for a new international economic order that was put forward during the 18th meeting of the General Assembly in 1974, they tend to reduce the Revolution to a shift in power relations between First and Third World countries. A singular event, the election of Amadou Mahtar M'Bow from a Third World country (Senegal) to Secretary General in 1974, has attracted too much attention for explaining why the United States, the United Kingdom, and Singapore left the organization a decade later. Other events during the 1974 meetings of the General Assembly that hint at the politicization of the organization, such as the UNESCO resolution against the Chilean military junta or against the Israeli occupation of Arab territories, deserve equal consideration. As Gerth, GDR comparative education researcher and government representative for multilateral organizations, noted in her report on 30 years of UNESCO, the 18th General Assembly Meeting was a breakthrough for socialist countries (Gerth, 1976b). The majority of member states finally recognized, after years of insistence by the first three socialist members (USSR, Ukraine, Belarus) „the need to understand the political dimension of educational issues" (ibid., 1976b, p. 356). The victory of the socialist position over U.S. perspectives, defeated during the 18th General Assembly Meeting, is amply documented in GDR comparative education.

Comparison: Quo Vadis?

In the Comparative Education Society of the GDR there was a fascinating intellectual debate on the objectives and methods of comparative research in education. Precisely because comparative education – along with all other bourgeois academic fields – had to be reinvented in order to survive, there was a flurry of academic debate over how to redefine it in terms of Marxism-Leninism.

The debates were initiated by Werner Kienitz, professor of comparative education and deputy editor-in-chief of the journal Vergleichende Pädagogik. An outstanding and devoted researcher with great integrity, Kienitz highlighted, for example, the fundamental difference between a bourgeois research paradigm that purports to be „value-free" and detached from any practical implications, as opposed to a Marxist scientific approach that is transformational, that is, useful for the revolutionary project of establishing a just and equitable society (Kienitz & Mehnert, 1966, p. 233). This first essay on the objectives and tasks of a Marxist comparative education was released in 1966 (ibid., 1966). The journal Vergleichende Pädagogik published, between 1972 and 1975, a total of 11 articles in debate format, including not only contributions of East German scholars, but also authors from the Soviet Union and other socialist countries. Over the same period, the controversies over how to redefine (bourgeois) comparative education in terms of Marxism-Leninism led to lively discussions at the annual meetings of the Comparative Education Society in the GDR and other socialist countries. The 1975 annual meeting in Leipzig sealed the intriguing discussion with a summary and official statement on the method of comparison. At center stage of the academic debate was the question of whether comparison should be universally applied, given that capitalist school systems are, from the Marxist-Leninist perspective, at a lower stage of development (Kienitz, 1972). The debate is documented in the journal Vergleichende Pädagogik, and the two exponents of the debate were the editor-in-chief Hans-Georg Hofmann (against comparison) and the deputy editor-in-chief Werner Kienitz (for comparison).

Hans-Georg Hofmann (1975) argued that comparison should be exclusively applied to „intra-system" comparison, that is, for comparison with other socialist countries and particularly with the Soviet Union, acknowledged as having attained the highest level on the socialist path of development. The argument was made that developments in capitalist educational systems should be observed and reported, but not compared. The anti-comparison position gained ardent support from Ilse Gerth (1973), in charge of international relations at the Academy of Pedagogical Sciences of the GDR. Subsequently, in line with positions held by the communist party, these opponents of cross-national comparison obtained a stamp of approval by the Comparative Education Society of the GDR. At their annual meeting, held in Leipzig, the debates over the past decade were reiterated and Kienitz' initial suggestion to compare educational systems in both East and West was officially dismissed (Kienitz, 1972). Hofmann (1975) summarized the distinctions between bourgeois and socialist comparative education discussed at the past few annual meetings, and concluded that Marxist-Leninist comparative education should abstain from comparison across political systems.

Starting in 1975, GDR researchers refrained from using the term „comparative education" for inter-system or cross-national comparison, and instead resorted to the term „Auslandspädagogik" (foreign education). At the same time, they ceased to engage in country-comparison and instead developed one-country studies, that is, extensive documentation of educational systems in capitalist countries with the sole purpose of documenting how far capitalist educational systems lagged behind socialist ones. The method of comparison was only applied to comparable educational systems, that is, to Soviet education and socialist educational systems. In contrast, educational developments in capitalist countries, in West Germany, and in developing countries, was amply documented but never compared to education in East Germany.

In the political „West", the phase of critical self-reflection has yet to be initiated in U.S. comparative and international education. In 2006, the U.S. Comparative and Education Society (CIES) and its journal Comparative Education Review (CER) celebrated their 50th anniversaries. What was conspicuously missing from the commemoration was reflection on paradigm shifts in the field of comparative education, in particular on the Cold War period in U.S. comparative education. In the discussions on the formative years of CIES and CER the Cold War is ignored in historical accounts to the extent that one wonders whether a serious taboo is involved. Could it be that the race of the two superpowers over patronage in developing countries, the patronizing role of international educational development, and the Cold-War agenda in development studies, are seen as embarrassing details in the history of comparative education, which preferably should be overlooked?

The Cold War triggered the development and area studies turn that U.S. comparative education experienced in the 1960s. The development turn has not only had consequences for the selection of target countries of research, averting attention from high-income countries and directing attention to low-income countries, but also huge methodological repercussions. Since the National Defense National Education Act (1958) and the Title VI Foreign Language and Area Studies fellowships, there are incentives to focus on one country only. Given their kinship with historians, most comparative education researchers have always seen themselves as area specialists, focusing on the history of education in a „foreign country." However, despite their area or context specialty, they did compare. Their analysis was embedded in contextual comparison.

South-South, North-South-South, or Standardized International Cooperation?

Very much like „globalization", South-South cooperation means different things to different individuals and institutions that, moreover, continuously update or adapt their definition of the term to new political, social and economic realities. Skeptics are quick in pointing out that the idea of South-South cooperation is not new, but rather dates back to the post-colonial period of the Cold War, or, as I would like to suggest, also existed in colonial times. One might argue that side by side with over-controlling core countries, there always existed a close collaboration between countries that were exploited and deemed peripheral.

South-South cooperation has resonated with the conventional donors, at least rhetorically, for one particular reason: aid has become standardized. The means governments in the global South use to achieve the standards or targets established by the North have become secondary. The new logic of the conventional donors consists of rigorous enforcement of international benchmarks for development, along with verbal acknowledgment of national ownership over reforms which help achieve internationally established standards.

From the first international agreement, Education for All (1990), to the EFA-Fast Track Initiative (2002), which prescribes how educational systems must be reformed to achieve universal primary completion by 2015, governments receiving ODA loans or grants have had less room to maneuver. Since the direction, content or reform „package" is predetermined by international agreements, latecomers in development are encouraged to learn from, cooperate with, or adopt „best practices" from early adopters situated in the global South. Benchmark-oriented reforms are coercive in terms of content and the timeline of reform. At the same time, the international donors are discrete when it comes to choosing appropriate strategies for achieving benchmarks. However, constant monitoring and evaluation is a feature of this new donor logic because it enables international donors to stay involved. Despite the assurance of national ownership, the establishment of annual targets enables international donors to keep governments in line if the donors find that the governments did a poor job in implementing reforms.

Donors have set up knowledge banks as an elaborate apparatus for developing country-specific benchmarks. In the education sector, the World Bank has taken the lead in developing and drawing upon its knowledge bank to influence national reforms. In an era of evidence-based educational policy research and policy-making, knowledge banks constitute more sophisticated versions of databanks. These include data on the educational, economic, and social development of a country, and comprise a package of reform ideas or „best practices" that have already been tested in other ODA recipient countries. Most grant proposals to multilateral organizations refer to a crisis, outlined with an abundance of statistical information, followed by ideas on how to remedy said crisis through the adoption of „best practices" such as EMIS (Education Management Information System), pro capita financing, outcomes-based education, standardized student assessment, and a host of other traveling reforms funded by multilateral organizations.

Educational statistics provide the foundation for the standardized approach to assessing development needs and targeting aid outcomes. Unsurprisingly, in recent years every international organization, including international non-governmental organizations, has established its own databank with indices that measure regress or progress in categories such as children's rights and economic stability in the areas where they intervene. Indices, ranging from 0 to 1, or from 0 to 100, enable cross-national comparison and the construction of league tables. Naming, shaming and ranking have become powerful tools to generate or alleviate reform pressure. At the same time, UNESCO's resurgence in the international arena can be to some extent attributed to its regained capacity for collecting and analyzing data or monitoring progress towards Millennium Development Goals such as in the annually released Global Monitoring Reports.

The 2015 benchmarks of the EFA FTI Indicative Framework (Bruns, Mingat & Rakotomalala, 2003, p. 73) address three areas: service delivery, system expansion, and system financing. For example, one benchmark determines that the average annual teacher salary should be 3.5 times the annual per capita GDP by the year 2015. Another benchmark requires that the student-teacher ratio should be 40:1. According to the World Bank, these benchmarks have been determined on the basis of empirical evidence. First, researchers at the World Bank examined 155 developing countries and identified sixty-nine top-performing educational systems with regard to universal primary education completion rates. These sixty-nine countries were deemed to be „on track", because they either already have, or are likely to achieve universal basic education by the year 2015. Second, researchers focused their analyses on the sixty-nine countries and asked what they „did right" in the areas of service delivery, system expansion, and system financing (Bruns et al., 2003, p. 58).

The study of knowledge banks as a new education policy tool is an emerging field in international and comparative education. Phillip Jones (2004) explains in detail the various stages of policy development at the World Bank, identifying the most recent as the era when the Bank envisioned itself both as an education policy lender and as a loan provider. Other scholars have also investigated the transformation of multilaterals, in particular the World Bank, into knowledge banks (see also Klees, Samoff & Stromquist, 2012). However they sometimes restrict their analyses to technology and knowledge transfer, i.e. the Global Gateway (King, 2002, 2005), or to the World Bank's Knowledge for Development (K4D) and Knowledge Assessment Methodology (KAM). It might be more accurate to see the proliferation of global databanks and knowledge banks as a consequence of the standardization of aid.

The emphasis on knowledge banks, in particular on the EFA-Fast Track Initiative, has served to illustrate that lesson-drawing or South-South transfer is nowadays mainstreamed in the operations of international donors. The countries that the World Bank identified as „off track" and „seriously off track" with regard to universal primary completion are supposed to learn from other poor countries that are „on track" (Bruns et al., 2003; EFA-FTI Secretariat, 2007). In this case the „best practices" of on-track countries are inscribed in the Indicative Framework of EFA-FTI. Ministries of education are supposed to bring their education sector plans in line with these „best practices" of well-performing systems, that is, how much they spend on primary education, what they pay their teachers, how big their class sizes are, what their repetition rates are, and a few other indicators. There is a surge of knowledge banks that include both statistical information on indicators as well as a portfolio of „best practices." The World Bank and other multilateral organizations are not alone in establishing such banks. In the wake of evidence-based policy-making, each and every major international organization resorts to their own data and „best practices" for areas that matter to them.

South-South or East-East transfer occurs, but from where did the benchmarks, targets, and interventions emanate? In most cases we deal with a North-South-South transfer or West-East-East transfer, whereby donors in the North or West, respectively, have designed a standardized reform or intervention package for the global South. Nevertheless it is striking that international organizations increasingly endorse South-South transfer or, to frame it differently, encourage lesson-drawing from other countries that already successfully implemented externally financed reforms. International donors have also endorsed, at least rhetorically, South-South cooperation. Different from South-South transfer, South-South cooperation includes, aside from transferring „best practices" from one poor country to the next, also technical assistance by consultants, regional meetings and joint planning among policy-makers, and educational exchange among countries of the South.

As with transfer, cooperation among the individuals and institutions in the South reflect a changed aid environment. It is an environment that has become increasingly standardized, prescriptive and coercive for national governments. The new emphasis is on benchmarks, standards, and targets. How governments in the South achieve these benchmarks, established in the North, is secondary. In fact, „national ownership" has become the new buzz of the new millennium, and how governments choose to implement reforms in line with the internationally set targets is left, to some extent, up to them. In this new era of evidence-based policy-making and standardized aid, South-South cooperation can be seen as a vehicle to accelerate the accomplishment of development targets, established by the North. Perhaps we need to curb our enthusiasm for this revitalized concept in development and acknowledge instead that South-South cooperation is part and parcel of standardized aid, designed, funded and monitored by the North. The „Cartel of Good Intentions" (Easterly, 2002) has strengthened and expanded its global governance and is now granting some leeway to ODA-recipient governments in the South; but only to achieve the standardized targets, determined in the North, in a more efficient and, if possible, in a more cost-effective manner.

Adick's lifelong commitment to comparative education and educational reform in developing countries spans over several decades. Today, we are at an interesting crossroads in comparative and international education and a more inclusive definition of the field is very much needed; one that accomodates scholars that do cross-national comparison (e.g., OECD and IEA type studies) as well as single country case study researchers, scholars that focus on OECD countries as well as scholars that primarly work in developing countries, and scholars who associate themselves with comparative methodologies as well as scholars who see themselves as educational researchers with an international comparative outlook. Adick's distinguished scholarship has greatly advanced studies on case study methodology, developing countries, and educational reform from an international comparative perspective. Equally important is her unwavering support for international cooperation with aid-recipient countries, in particular in Africa but also in other parts of the world.

References

Adick, C. (1981). *Bildung und Kolonialismus in Togo* – Eine Studie zu den Entstehungszusammenhängen eines europäisch geprägten Bildungswesens in Afrika am Beispiel Togos 1850–1914 (Reihe DIPF: Studien zu Gesellschaft und Bildung, Bd. 6). Weinheim: Beltz.

Adick, C. (2008). *Vergleichende Erziehungswissenschaft: eine Einführung.* Stuttgart: Kohlhammer.

Alesina, A. & Dollar, D. (2000). Who Gives Foreign Aid to Whom and Why? *Journal of Economic Growth*, 5 (1), 33–63.

Anweiler, O. (Hrsg.). (1990). *Stand und Perspektiven der erziehungswissenschaftlichen Forschung in der Bundesrepublik Deutschland und in der Deutschen Demokratischen Republik.* Bochum: Arbeitsstelle für vergleichende Bildungsforschung.

Atkinson, D. (1988). Soviet and East European Studies in the United States. *Slavic Review, 47* (3), 397–413.

Bruns, B., Mingat, A. & Rakotomalala, R. (2003). *Achieving universal primary education by 2015. A chance for every child.* Washington, D.C.: World Bank.

Busch, A. (1983). *Die vergleichende Pädagogik in der DDR.* München: Johannes Berchmans Verlag.

Butts, R.F. (1966). *International Studies at Teachers College. Annual Report for the Year Ending June 30, 1966.* New York: Teachers College, Columbia University.

Butts, R.F. (1968). *International Studies at Teachers College. Annual Report 1967–1968.* New York: Teachers College, Columbia University.

Butts, R.F. (1973). *International Studies at Teachers College. Annual Report 1972–1973.* New York: Teachers College, Columbia University.

Chorolski, W.S. (1986). Zu einigen methodologischen Aspekten der bürgerlichen vergleichenden Pädagogik. In S. Malkowa, H.-G. Hofmann & B. Wulfson, *Die Bildungspolitik kapitalistischer Staaten* (pp. 125–134, original in Russian, published in 1983). Berlin: Volk und Wissen Volkseigener Verlag.

Coombs, P.H. (1967). *The World Educational Crisis – a Systems Analysis.* Paris: UNESCO, International Institute for Educational Planning.

Easterly, W. (2002). The Cartel of Good Intentions. *Foreign Policy, July/August 2002,* 40–49.

Gerth, I. (1973). Hat die Vergleichende Pädagogik als Teildisziplin der pädagogischen Wissenschaft eine Berechtigung, oder gibt es nur interdisziplinäre Forschung zur Schulpolitik und Pädagogik im Ausland? *Vergleichende Pädagogik, 9* (3), 286–391.

Gerth, I. (1975). *Zur 18. Generalkonferenz der UNESCO.* Berlin: Akademie der Pädagogischen Wissenschaften der DDR, Arbeitsstelle für Auslandspädagogik.

Gerth, I. (1976a). *Inhaltliche Analyse und Einschätzung des Entwurfs des UNESCO-Dokuments 19 C/4 (Programm der UNESCO 1977–1982) Bereich Bildung.* Berlin: Bibliothek für bildungsgeschichtliche Forschung, Archiv, APW 15360, AfA, LID/HR – 3.339.

Gerth, I. (1976b). Dreißig Jahre UNESCO. *Vergleichende Pädagogik, 12* (3), 353–362.

Glenn, D. (2005). Cloak and Classroom. Many social scientists say a new government program will turn fieldwork abroad into spying. Can secrecy coexist with academic openness? *Chronicle of Higher Education, 51* (29), A14.

Hofmann, H.-G. (1975). Schlusswort der Leipziger Tagung. In W. Billerbeck, Methodologische Fragen der Auseinandersetzung mit der bürgerlichen Schulpolitik und Pädagogik – ein Bericht von einer Tagung in Leipzig. *Vergleichende Pädagogik, 11* (4), 411–431.

Hofmann, H.-G. (1989). Tendenzen der internationalen Bildungsentwicklung. *Vergleichende Pädagogik, 25* (4), 365–371.

John, B. (1998). *Ideologie und Pädagogik: Zur Geschichte der Vergleichenden Pädagogik in der DDR.* Köln: Böhlau Verlag.

Jones, P. W. (1988). *International Politics for Third World Education: UNESCO, Literacy and Development.* New York: Routledge.

Jones, P. W. & Coleman, D. (2005). *The United Nations and Education. Multilateralism, Development and Globalization.* London and New York: Routledge Falmer.

Kienitz, W. (1972). Einige theoretische Fragen der Entwicklung der Vergleichenden Pädagogik als Wissenschaftsdisziplin (Ein Diskussionsbeitrag). *Vergleichende Pädagogik, 8* (4), 368–390.

Kienitz, W. (1994). Existenzprobleme, Merkmale, Leistungen und Fehlleistungen einer vergleichenden Pädagogik in der DDR – ein ziemlich persönlicher Zwischenreport. In E. Cloer & R. Wernstedt (Hrsg.), *Pädagogik der DDR. Eröffnung einer notwendingen Bilanzierung* (pp. 170–189). Weinheim: Deutscher Studienverlag.

Kienitz, W. & Mehnert, W. (1966). Über Gegenstand und Aufgaben der marxistischen *Vergleichenden Pädagogik. Vergleichende Pädagogik,* 2 (3), 227–244.

King, K. (2002). Banking on knowledge: the new knowledge projects of the World Bank. *Compare, 32* (3), 312–326.

King, K. (2005). Knowledge-based aid: a new way of networking or a new North-South Divide? In D. Stone & S. Maxwell (eds.), *Global Knowledge Networks and International Development. Bridges across Boundaries* (pp. 72–88). London and New York, Routledge.

Klees, S., Samoff, J. & Stromquist, N. (2012). *The World Bank and Education. Critiques and Alternatives.* Rotterdam: Sense.

Malkowa, S. A. (1970). Über die Aufgaben der Abteilung Auslandspädagogik in der Akademie der Pädagogischen Wissenschaften der UdSSR. *Vergleichende Pädagogik, 6* (2), 137–140.

McClure, J. A. (1983). *The National Defense Education Act, Interview # 4, Friday, 28 January 1983.* Senate Historical Office Oral History Project. Verfügbar unter: http://www.senate.gov/history [25 June 2006].

Multilateraler Expertenrat (1984). *Auseinandersetzung zu Grundfragen der bürgerlichen Schule und Pädagogik. Bilanz der Forschungen des multilateralen Expertenrates „Kampf gegen die bürgerliche Ideologie in Schulpolitik und Pädagogik kapitalistischer Länder" von 1974–1983 zur Unterstützung der Lehreraus- und -weiterbildung.* Berlin: Akademie der Pädagogischen Wissenschaften der DDR, Arbeitsstelle für Auslandspädagogik.

Mundy, K. (1999). Educational Mulilateralism in a Changing World Order: UNESCO and the Limits of the Possible. *International Journal of Educational Development, 19* (1), 27–52.

National Commission on Excellence in Education (1983). *A Nation at Risk: The Imperative for Educational Reform.* Washington, D.C.: The Commission.

NDEA (National Defense Education Act) (1958). *Public Law 85–864 85th Congress, H.R. 13247, September 2, 1958.* Washington, D.C.: Congress of the United States.

Office of Education (1963). *Report on the National Defense Education Act. Fiscal Year 1963. Washington*, D.C.: U.S. Department of Health, Education, and Welfare, Office of Education.

Senate of the United States (2006). *New National Defense Education Act of 2006.* Session of the Senate of the United States, 13 June 2006. Verfügbar unter: http://www.govtrack.us/congress [2 July 2006].

Sokolowa, M. (1966). Die Forschungsvorhaben des Staatlichen Pädagogischen Instituts W. I. Lenin zur Vergleichenden Pädagogik und ihre Thematik. *Vergleichende Pädagogik, 2* (3), 247–257.

Steiner-Khamsi, G. (2006). The Development Turn in Comparative Education. *European Education, 38* (3), 19–47.

Steiner-Khamsi, G. (2009). Conclusion: A Way Out from the Dependency Trap in Educational Development? In L. Chisholm & G. Steiner-Khamsi, *South-South Cooperation in Education and Development* (pp. 241–258). New York: Teachers College Press and HSRC.

Steiner-Khamsi, G. & de Jong-Lambert, W. (2006). The International Race over the Patronage of the South: Comparative and International Education in Eastern Europe and the United States. *Current Issues in Comparative Education, 8* (2), 84–94.

Steiner-Khamsi, G. & Stolpe, I. (2006). *Educational Import. Local Encounters with Global Forces in Mongolia*. New York: Palgrave Macmillan.

Széchy, E. (1986). Bürgerliche Konzeptionen der permanenten Bildung [Bourgeois conceptions of permanent education]. In S. Malkowa, H.-G. Hofmann & B. Wulfson, *Die Bildungspolitik kapitalistischer Staaten* (pp. 94–106, original in Russian, published in 1983). Berlin: Volk und Wissen Volkseigener Verlag, 1986.

USAID (2001). *U.S. Overseas Loans and Grants and Assistance from International Organization. Obligations and Loan Authorizations July 1, 1945 – September 30, 2001*. Silver Spring, MD: USAID Development Experience Clearinghouse.

USAID (2004). *U.S. Overseas Loans and Grants. Obligations and Loan Authorizations July 1, 1945 – September 30*, 2004. Silver Spring, MD: USAID Development Experience Clearinghouse.

Vavilov, A., Matvezev, I. & Oleandrov, V. (1974). *The Soviet View of the United Nations*. Moscow: Novosti Press Agency Publishing House.

Westad, O. A. (2005). *The Global Cold War. Third World Interventions and the Making of Our Times*. New York: Cambridge University Press.

Volker Lenhart & Helmut Wehr

Die deutsche Reformpädagogik im internationalen Diskurs

1. Reformpädagogik – Begriff

Die Reformpädagogik (*new education, progressive education, éducation nouvelle, reformatorskaja pedagogika*) war von Anfang an eine internationale Bewegung, die in Westeuropa und Nordamerika schon vor 1900 in verschiedenen nationalen Kontexten entstand (vgl. Adick, 2008, S. 113–116). Von den Bezeichnungen ist die der *new education* am ältesten. Unter dem Begriff tauchen die Hauptstichworte der späteren Bewegung 1882 in einem Artikel von Andrew S. Draper, einem Bezirksschulrat von Cleveland/Ohio auf. Der von Dewey als Vater der *progressive education* bezeichnete Francis W. Parker übernimmt den *new education*-Begriff für den Kontext der Primarschule 1883, und Dewey selbst verwendet ihn erstmals 1898 und entfaltet ihn – nachzulesen in seinen *middle works* – später weiter. Reddie nennt seine Schule in Abbotsholme „The New School" und von seiner und den unmittelbar folgenden englischen „new schools" werden in England die Theorie und Praxis einer *new education* abgeleitet. Der Sprachgebrauch ist dann 1921 auf dem Gründungskongress der New Education Fellowship kanonisiert (Knoll, 2011; Holmes, 1995, S. 51–69).

In den USA findet sich der Begriff *progressive education* wohl erstmals in einer Übersetzung einer französischen Studie der Schweizer Förderin der Mädchenbildung, Albertine Necker de Saussure, mit dem Titel „L'Éducation progressive, ou, étude du cours de la vie" (1836), in der der erste Titelbestandteil mit „progressive education" (1839) wiedergegeben wurde. Das hat mit der später so bezeichneten Bewegung noch wenig zu tun. Die lässt unter dem Terminus der beste Kenner und klassische Historiker der amerikanischen Reformpädagogik, Lawrence Cremin, mit einer Artikelserie von Joseph Mayer Rice in der Zeitschrift *Forum* 1892 beginnen. In Deweys pädagogischem Hauptwerk „Democracy and Education" 1916 gibt es prominent ein Kapitel „Education as Conservative and Progressive". Der Terminus war eingeführt (Cremin, 1961; Dewey, 1966).

Éducation nouvelle ist offenbar eine Übernahme aus dem Englischen, die sich bei der Gründung der französischen Sektion der Fellowship „Groupe Français d´Éducation Nouvelle" 1922 bereits fest etabliert hatte (Zimmermann, 1994, S. 412).

Reformpädagogik als Epochenstichwort ist im Deutschen eine Konstruktion des Kreises um Herman Nohl (Tenorth, 1994, S. 585–604). Vor 1914 kommt das Wort in Zusammenhängen vor, wie dem Reformgymnasium mit lateinlosem Unterbau, um dann im Kontext von Nohls Zusammenschau der „pädagogischen Bewegung in Deutschland" zum Standardbegriff zu werden. In dem Buch selbst kommt das Wort freilich nur einmal vor, aber das Nohl-Pallatsche Handbuch verzeichnet den Begriff im Register mit dem Verweis auf „Pädagogische Bewegung" und listet unter letzterer mehrere Einträge (Nohl & Pallat, 1933, S. 46). Ungeklärt ist, inwieweit andere lebensweltliche Reformbewegungen unmittelbar vor und nach dem Ersten Weltkrieg die Lebensreform, die Kostreform, die Kleidungsreform bei der Wortbildung Pate gestanden haben.

Reformatorskaja pedagogika wird in der heutigen russischen Erziehungswissenschaft durchaus für die klassische Reformpädagogik verwendet (möglicherweise eine Übernahme aus dem Deutschen). Der zeitgenössische Sprachgebrauch bevorzugte freilich für das eigene Land Pädagogik der „svobodnoe vospitanie", der freien Erziehung (Anweiler, 1994, S.127–138; Baumann, 1974).

2. Internationale Ursprünge und Verbreitung

Die Reformpädagogik kann als Reaktion auf die entscheidende Bildungstatsache des 19. Jahrhunderts angesehen werden, nämlich dass mit der Durchsetzung der Schulpflicht zumindest die Grundbildung für alle realisiert war. Schulbildung als System für die Massen institutionalisiert zeigte ihre Defizite, und Reformpädagogik wollte diesen Schwächen begegnen. Reformpädagogik ist so eine Bemühung im bereits verfestigten Schulsystem, während vorhergehende Strömungen, wie besonders der Herbartianismus, eher den Systemaufbau begleiteten.

In Großbritannien begann die Reformpädagogik mit den „new schools", wie Abbotsholme, gegründet 1889 von Cecil Reddie, Bedales, gegründet 1893 von John H. Badley, der King Alfred's School, die 1898 von einer Elterninitiative in Nordwest-London eingerichtet wurde. Eine Generation später begründete Alexander S. Neill, ein früherer Lehrer an King Alfred's, der mit der kindorientierten Erziehung im selbstverwalteten „Little Commonwealth" von Homer Lane in Kontakt gekommen war und seine praktischen Erfahrungen in psychoanalytischer Theorie fundiert hatte, die Schule „Summerhill" als ein Experiment antiautoritärer Erziehung. Die englische *new education* stützt sich auf Kulturkritiker wie Thomas Carlyle und John Ruskin, die eine strikt liberalistische Politik und Wirtschaft attackierten; sie hat religiös-pädagogische Vorbilder, wie die Quäkerschulen. Der englische Sozialismus der viktorianischen Epoche hatte viele christlich-religiöse Elemente, die sich in der *new education* wiederfinden. Die Anfänge mit den *new schools* lehnen sich in der Form an die (gerade nicht allgemein öffentlichen) *public schools* an, wollen aber modernere Ziele und Inhalte verfolgen. Sie sind Schulen für eine bürgerliche Schicht, die sich die hohen Schulgebühren leisten kann. Eine neue Elitebildung (wie in Deutschland bei der Schulgründung Kurt Hahns) ist angedacht.

In den skandinavischen Ländern publizierte die schwedische Lehrerin und Schriftstellerin Ellen Key im Jahr 1900 mit „Das Jahrhundert des Kindes" ein programmatisches Pamphlet der Reformpädagogik.

Die progressive education in den USA ist verbunden mit den praktischen und theoretischen Aktivitäten von Wissenschaftlern und Erziehern, wie dem Lehrerbildner der Columbia Universität William H. Kilpatrick mit seiner berühmten Projektmethode, dem Bezirksschulrat von Winnetka, Illinois, Carlton Washburne, der die Schulen seines Distrikts nach reformpädagogischen Grundsätzen umgestaltete, dem Psychologen der Harvard Universität William James, der zugleich ein pragmatistischer Philosoph war, Helen Parkhurst, die mit ihrem Dalton Plan ein institutionalisiertes Modell individualisierten Lernens entwickelte, Jane Addams, die mit der Gründung des Gemeindezentrums Hull House in Chicago progressive Prinzipien in die Sozialarbeit einführte, und vor allem John Dewey, der die progressive Bildung solide in der pragmatistischen Philosophie verankerte. Insgesamt versucht die progressive Erziehung in den USA, die mit der massiven Zuwanderung in der Volksbildung einhergehenden Probleme zu lösen, die Schule zugleich auf die rapide Industrialisierung einzustellen und dabei eine demokratische Kultur und Gemeinschaft zu fördern.

Im französischsprachigen Westeuropa sind Schlüsselfiguren der *éducation nouvelle* der französische Lehrer Célestin Freinet als der Wegbereiter der „école moderne" mit ihren Werkstätten und der „Druckerpresse in der Schule", der schweizerische Mitbegründer des Genfer Internationalen Erziehungsbüros Adolph Ferrière mit seiner „école active", in der in einer Art Vorwegnahme der späteren Portfoliomethode die Kinder ihre eigenen Lernbücher als Ergebnisse ihres Lernprozesses anfertigen sollen, der belgische Arzt Ovide Décroly, der in seiner Reformschule „L'Eremitage" in Brüssel u.a. die Bedeutung der natürlichen Umwelt als Anlass für kindliches Entdeckungslernen betonte. Die französischsprachige Reformpädagogik ist in der Schweiz und Belgien liberal. In Frankreich selbst stand sie in besonderer Beziehung zu den Organisationen der Lehrerschaft und war beim frühen Freinet dezidiert proletarisch-sozialistisch.

Die prominenteste Repräsentantin der Reformpädagogik in Italien („educazione nuova", „attivismo") ist die Ärztin und Vorschulerzieherin Maria Montessori, die mit ihren didaktischen Materialien die Idee des selbstbestimmten Lernens in die frühkindliche Erziehung einbrachte. In Griechenland wurden nicht nur im Rahmen der Auseinandersetzung um die Varianten des modernen Griechisch als Schulsprache besonders durch den Lehrerbildner Alexander Delmousos reformpädagogische Ideen unter der Lehrerschaft verbreitet. Der polnische Arzt und Waisenhauserzieher Janusz Korczak besiegelte seine Auffassung von der Würde des Kindes, indem er die ihm anvertrauten jüdischen Kinder in den Holocaust begleitete.

Mit der liberalistischen Schule, die Graf Lev Tolstoi schon vor Aufhebung der Leibeigenschaft auf seinem Gut Jasnaja Poljana für Bauernkinder errichtete, hat die Reformpädagogik in Russland einen den Systemaufbauprozess begleitenden Vorläufer. Um die 1907 gegründete Zeitschrift „Freie Erziehung" sammelte sich der Kreis der liberaldemokratischen russischen Reformpädagogen, mit den beiden prominenten Figuren des Zeitschriftenherausgebers Ivan Ivanovitsch Gorbunov-Posadov und dem theoretischen und praktischen Pädagogen Konstantin Nikolajewitsch Ventcel, der in seinen Schriften nicht nur die „Befreiung der schöpferischen Kräfte des Kindes" und die Idee einer „freien geistigen Gemeinschaft" zwischen Erziehern und Erzogenen vortrug, die zugleich eine auf Harmonie bedachte Gesellschaft initiieren sollte, sondern der 1906 in Moskau auch ein „Haus des freien Kindes" gründete. Die russische Reformpädagogik stand vor der Aufgabe, den Aufbau des Bildungssystems in einem Land, in dem um 1900 nur ein Viertel der Bevölkerung alphabetisiert war, mit voran zu bringen, zugleich aber freiheitliche Ideen und Praktiken in die etablierte zaristische Schule einzuführen. Stanislav T. Schatzki, der die anglo-amerikanische Idee der *settlements* schon vor der Sowjetrevolution in Sommerlager für Kinder übertragen hatte, baute die Brücke zwischen reformpädagogischen und marxistischen Ideen in der Bildung der frühen Sowjetunion. Der Hauptvertreter der Bemühung, Reformpädagogik in eine marxistisch-leninistische Perspektive einzubinden, war Pawel Petrowitsch Blonski mit seinem Programm der polytechnischen Produktionsschule. Bei der Realisierung dieser Bestrebungen in der tatsächlichen Bildungspolitik war Lenins Ehefrau Nadeshda Krupskaja sehr einflussreich, die die Einheitsarbeitsschule geplant hatte.

Die japanische Pädagogik übernahm nach der Meiji-Revolution 1872 in rascher Folge Anstöße aus dem Westen, darunter auch reformpädagogische, um den Umbau der Feudalismus ähnlichen Gesellschaft in eine international konkurrenzfähige Industriegesellschaft zu befördern. Viele Anstöße wurden kurz nach ihrer Einführung wieder verworfen. Für die progressive Pädagogik kristallisierte sich dann aber doch ein Kern adaptierter Ideen heraus, den theoretische Vordenker wie Tomeri Tanimoto und Kanjiro Higuchi propagierten: Schülerzentriertheit nicht Lehrerzentrierung, Lernen ist wichtiger als Unterweisung, individuelle Bildung hat den Vorrang vor kollektiv-einheitlicher Bildung, Projektvorgehen ist wichtiger als vorschreibendes Lernen, schöpferisches Denken hat Vorrang vor dem auf Gehorsam gerichteten Denken, aktives Lernen ist vorrangig vor rezeptivem Lernen. Die Ideen wurden später in Experimentalschulen institutionalisiert. Reformpädagogik stand meist im Gegensatz zur offiziellen Bildungspolitik und wurde mit ihrem stärker individualisierenden, gleichwohl sozial verantwortlichen Ansatz eine Gegenkraft gegen den nationalistischen Imperialismus, der Japan in den Zweiten Weltkrieg führte.

Brasilien ist ein gutes Beispiel für die Einpassung der Reformpädagogik in den lateinamerikanischen Kontext. Die „drei Kardinäle" Lourenço Filho, der sich um eine psychologisch fundierte Unterrichtstheorie bemühte, Fernando de Azevedo, der eine Strukturreform des brasilianischen Bildungssystems verfolgte, und Anisio Teixeira, der reformpädagogischen Progressivismus gegen die konservative katholische Bildungstheorie des Landes durchzusetzen versuchte, waren die führenden Persönlichkeiten. Später vermengten sich die reformpädagogischen Anstöße mit Elementen der „educaçao popular".

Auf dem afrikanischen Kontinent war ein die Mehrheit der Heranwachsenden einschließendes Schulsystem in den zwanziger Jahren des 20. Jahrhunderts noch nicht entwickelt. Folglich finden sich nur wenige Spuren der Reformpädagogik in den Bildungsaktivitäten der afrikanischen Länder. Die Phelps-Stokes-Kommission, die 1919 die Bildungssituation in den britischen Territorien Afrikas untersuchte, empfahl eine praktische Orientierung der Grundbildung. Die in der Schule gelernten Fähigkeiten sollten unmittelbar im Familien- und Gemeindeleben anwendbar sein. Die Schulfarmen und Schulwerkstätten, wie sie von verschiedenen Missionsgesellschaften eingerichtet wurden, verbanden Primarschulbildung für Kinder und Alphabetisierungsanstrengungen für Erwachsene mit handwerklicher und landwirtschaftlicher Ausbildung. In Kenia gab es 1925 einen Versuch, Lehrer zugleich als Entwicklungshelfer für die Gemeinde auszubilden. Nicht unterschlagen werden soll, dass es später neben diesen aus dem Norden übertragenen Ansätzen auch eine eigenständige Reformpädagogik aus dem Süden gibt, deren bekanntester Vertreter sicher Paulo Freire ist. Auf dem australischen Kontinent war die Reformpädagogik zwar nicht die Hauptströmung, aber Lehrerbildner wie G. S. Browne von der Universität Melbourne machten ihre Studierenden mit der Projektmethode, dem Dalton-Plan oder auch der Bildungsphilosophie Deweys vertraut. Eine quantitative Kontentanalyse erziehungswissenschaftlicher Zeitschriften (Schriewer, 1998) ergab, dass um 1930 die Reformpädagogik in der Tat zur führenden Bildungssemantik weltweit geworden war (nach Lenhart, 2001, S. 12177–12181 unter Einbeziehung der Artikel in Röhrs & Lenhart, 1994).

3. Periodisierung

Gewiss gibt es auch im internationalen Feld eine Vorgeschichte der Reformpädagogik und eine Reformpädagogik vor der Reformpädagogik. Die erstere ist mehr theoretisch orientiert und zeichnet sich dadurch aus, dass – neben der Anknüpfung an Klassiker – an unmittelbar vorausgehende Wissenschaftsentwicklungen angeschlossen wird. In Bezug auf den Rückgriff auf deutsche Tradition wird etwa von Stanley Hall, dem Entwicklungspsychologen und Vertreter der amerikanischen Reformpädagogik berichtet, dass er nach seiner Harvard-Promotion in Psychologie bei den „Titanen der deutschen Wissenschaft" (Cremin, 1961) Helmholtz in Physik, Ludwig in Physiologie und Wundt in Psychologie studiert habe. Auch die Kinderpsychologie Wilhelm Thierry Prayers hat er rezipiert. Dewey nimmt in „Democracy and Education" nicht nur auf deutsche Klassiker wie Kant, Hegel, Herbart und Froebel Bezug, sondern auch auf den neukantianischen Philosophen Wilhelm Windelband hinsichtlich des bei ihm angelegten Verständnisses der Verbindung von „science to education" (Dewey, 1966, S. 281). Maria Montessori bezieht sich mehrfach auf die Psychologen Gustav Theodor Fechner und Wilhelm Wundt (Fuchs, 2003, S. 49). Reformpädagogik vor der Reformpädagogik kann man Schulreformbemühungen seit dem zweiten Drittel des 19. Jahrhunderts nennen, in den USA etwa die Anstrengung zur Durchsetzung flächendeckender Schulbildung durch Personen wie Horace Mann, in Deutschland die Auseinandersetzung um die verschiedenen Formen des Gymnasiums. Vom Herbartianismus führt in den USA wie in Deutschland eine Verbindungslinie zur Reformpädagogik. Dennoch ist es nicht unberechtigt, von der Reformpädagogik auch international als einem Epochenbegriff zu sprechen. Die ersten Reformvertreter waren sich bewusst, etwas Neues zu schaffen, sie und ihre unmittelbaren Nachfolger sahen sich zunehmend als Beteiligte einer internationalen Aktivität, und erst recht die internationale pädagogische Geschichtsschreibung hat die Epochenbezeichnung etabliert.

Auch international ist es sinnvoll, die politischen Zäsuren und Umbrüche zur Phasierung der Reformpädagogik zu verwenden. Mit dem Ersten Weltkrieg ging das „lange" 19. Jahrhundert. zu Ende. In seinen letzten Jahrzehnten hatte die frühe Reformpädagogik bereits die Defizite des etablierten Bildungssystems bearbeitet (erste Phase). Nach dem Ende des Ersten Weltkriegs war die Reformpädagogik aus individuellen und lokalen Initiativen in landesweite Bewegungen und – trotz der Spaltungen, die der Krieg verursacht hatte – zu einem internationalen Netzwerk herangewachsen. Die Gründung der US-amerikanischen Progressive Education Association 1919 und der internationalen New (später World) Education Fellowship 1921 markieren den Beginn dieser neuen Phase. Der Übergang zur Hauptepoche der Reformpädagogik ist in Ländern mit politischer Kontinuität wie Großbritannien und den USA, der Schweiz und Italien weniger deutlich spürbar, in Ländern mit revolutionärer Umwälzung wie Deutschland oder Russland/Sowjetunion eindeutig zu markieren. Es ergeben sich je unterschiedliche im Ganzen aber eher günstige politisch konditionierte Rahmenbedingungen für die Entfaltung der Reformpädagogik (zweite Phase). Die dreißiger Jahre, die in die Zeit des Zweiten Weltkriegs münden, markieren die nächste Zäsur. Im nationalsozialistischen Deutschland wird Reformpädagogik gewaltsam aufgelöst oder zur (manchmal auch freiwilligen) Anpassung genötigt, die deutschen Kriegseroberungen führen in den okkupierten Ländern sogar zu Lagerhaft (wie indirekt bei Freinet) oder Mord an (wie bei Korzcak) Reformpädagogen. Montessori, die anfangs durchaus Kontakte zu Mussolini gepflegt hatte, trennt sich 1934 vom faschistischen Italien – ihre Einrichtungen werden aufgehoben –, und nach ersten Schritten Anfang der dreißiger Jahre wird in der stalinistischen Sowjetunion 1936 im Dekret gegen die Pädologie die westliche wie die eigene – auch die marxistische – Reformpädagogik als Ideologie des Klassenfeindes gebannt. Im Zusammenhang mit der 1929 beginnenden Weltwirtschaftskrise wird die japanische Reformpädagogik durch den sich aufbauenden aggressiven Nationalismus weitgehend unterdrückt.

Nach 1945 fächert sich die Entwicklung auf. Einerseits wird in den USA mit der Auflösung der American Progressive Education Association 1955 die Reformpädagogik gleichsam offiziell für beendet erklärt. Eine Gegenbewegung setzte ein, die mangelnde Schulleistungen der amerikanischen Schüler beklagte, ein „back to the basics" forderte und fünfzig Jahre später in der Bush-Ära mit der testorientierten „no child left behind"-Politik ihren vorläufigen Höhepunkt fand. Andererseits erlebte die Reformpädagogik in den vom Faschismus befreiten Ländern ein Revival, das nicht nur die Neuanknüpfung an die und die Weiterführung der in der Hochphase etablierten Institutionen ermöglichte, sondern zuweilen, etwa in Frankreich mit dem Plan Langevin-Wallon, deutliche bildungspolitische Implikationen hatte. Eine parallele Erscheinung war in den neunziger Jahren in den postkommunistischen Ländern zu beobachten. Die sechziger bis achtziger Jahre erlebten die Gründung von Alternativschulen, die wissentlich oder nur faktisch aus dem von der Reformpädagogik bereitgestellten Fundus schöpften. Besonders in Lateinamerika mit der *educación popular* und der auf die Befreiung der Unterdrückten gerichteten Pädagogik der Bewusstmachung Paulo Freires sowie teilweise in Afrika, etwa mit der sehr erfolgreichen Alphabetisierungskampagne und dem (leider weniger erfolgreichen) „education with production"-Programm Tanzanias unter der Präsidentschaft Julius Nyereres entstand eine eigenständige Reformpädagogik im Süden, die auf die Länder des Nordens zurückwirkte. Weltweit am folgenreichsten ist aber, dass die – in Begriffen Max Webers gesprochen – nicht mehr mit charismatischen Ansprüchen auftretende versachlichte und verstetigte progressive Bildung in die alltägliche pädagogische Praxis durchgedrungen ist und der „Normalpädagogik" immer wieder Erneuerungsimpulse gibt (dritte Phase).

4. Kernelemente und umfassende Prinzipien der internationalen Reformpädagogik

Häufig wird bezweifelt, dass die miteinander verbundenen bildungsphilosophischen Ansätze, politischen Semantiken, pädagogischen Programme, wissenschaftlichen Theorien, Projekte, institutionellen Gründungen, Unterrichtsmethoden, aus denen die Reformpädagogik besteht, unter eine vereinheitlichende Definition gebracht werden können. Doch das Gespräch der Reformvertreter in den 1920er Jahren, besonders auf den großen internationalen Konferenzen der New Education Fellowship, institutionalisierte eine Kritik, die zunehmend pluralistisch Bewährtes markierte und ideologische Verblendungen zu kennzeichnen erlaubte. So bildete sich ein Kern gemeinsamer Grundannahmen und Praktiken der Reformpädagogik heraus:

Die Reformpädagogik vertritt die Demokratisierung der Industriegesellschaft durch bildungsgestützte Öffnung von Teilnahmechancen. Das bezieht sich nicht nur auf die Einführung in technisch-industrielle Prozesse und deren soziale Strukturierung, sondern auch auf die Ermutigung, politische Rechte auszuüben. Darüber hinaus brachte die Reformpädagogik (sub-)kulturelle Identitäten in den Blick. Die Neuordnung der Beziehungen in der Gesellschaft als ganzer wurden über Veränderungen in der Lebenswelt angestrebt. Ein Ausdruck dessen ist die Gemeinde- und Gemeinschaftsorientierung erzieherischer Bemühungen.

Die Reformpädagogik zeichnet sich durch eine Orientierung am kindlichen Individuum aus, bemüht sich, das Kind im Spielen und Lernen die „Sachen" selbst erfahren und erkennen zu lassen.

Reformpädagogische Geistigkeit schließt ein neues Verhältnis zum Körper ein. Modell ist ein einfacher, gesunder Lebensstil, es gibt keinen Sportkult, aber auch keine Vernachlässigung des Körpers.

Als klassisch-moderne Reformbewegung ist die Reformpädagogik wissenschaftsbezogen. Sie hält eine wissenschaftliche Fundierung und Beratung praktischer Erziehung für möglich und nötig. Dabei ist das Wissenschaftskonzept – bezogen auf das internationale Spektrum der Reformpädagogik – pluralistisch, schließt unterschiedliche paradigmatische Orientierungen ein.

Die Reformpädagogik ist im Kern eine schulpädagogische Bewegung. Selbstverständlich wird die Schule als ausdifferenzierte Bildungsinstitution erhalten, aber die in ihr geschehenden Interaktionen werden näher an die in der Familie, der Werkstatt, am Arbeitsplatz und in der Gemeinde herangerückt. Die Rollen von Unterrichtenden und Lernenden werden im Sinne eines partnerschaftlichen Verhältnisses verändert, Schülerinnen und Schüler erhalten starke Mitbestimmungsrechte. Die Reformpädagogik strahlt aber auch auf andere pädagogische Handlungsfelder aus. Nicht allein durch die progressive Erziehung, aber unter ihrer Mitwirkung werden Vorschulerziehung, Sozialpädagogik und Erwachsenenbildung als pädagogische Handlungsfelder irreversibel institutionalisiert.

Die freiere Gestaltung des erzieherischen Verhältnisses in der Reformpädagogik drückt sich – Erbe der philanthropinistischen Aufklärungspädagogik – besonders in unterrichtlichen Innovationen, wie z.B. der Projektmethode aus. Bevorzugt werden Modelle, die die Planung von Arbeit und Lernen wenigstens teilweise auf die Schüler und Schülerinnen übertragen; durch Aneignung und Anwendung von Grundlagenwissen über methodisches Herangehen erproben sie ihre Fähigkeiten zur Selbststeuerung.

Die Entwicklung der weltweiten Reformpädagogik kann genauso wenig wie die der deutschen in ihr unkritisch als reine Erfolgsgeschichte beschrieben werden. In Deutschland ist die politische Anbiederung oder gar Andienung einiger Reformvertreter an den Nationalsozialismus zu beklagen, aber auch in Russland hat ihre Kenntnis der Erziehungstheorie Deweys Krupskaja nicht davon abgehalten, kritiklos an der Errichtung der Parteidiktatur ihres Mannes Wladimir I. Lenin mitzuwirken. Dem Antiintellektualismus der deutschen Kulturkritik, die einen Teil der Reformpädagogik anstieß, korrespondieren die irrationalen Züge der Theosophie, die bei der Gründung der New Education Fellowship eine Rolle spielte. Der zeitgenössisch verharmlosend als „Haubindaer Judenkrach" bezeichnete Antisemitismus des Lietz-Heimes weckt – von der weiteren Geschichte des 20. Jahrhunderts her betrachtet – Assoziationen zu den Euthanasie-Bemerkungen bei Ellen Key. Die deutsche Reformpädagogik musste sich angesichts der um 2010 in die breite Öffentlichkeit gelangten Fälle des sexuellen Missbrauchs in einem Landerziehungsheim auch dem Vorwurf des verschwiegenen Zusammenhanges von Eros und Herrschaft stellen. Für die clandestine Herrschaft wird aber auch auf die Reddie-Gründung verwiesen. Schon für Deutschland können diese durchaus in ideologiekritische (etwa beim problematischen Bezug auf das platonische Erziehungsideal) und institutionentheoretische Zusammenhänge eingeordneten Einzelbelege nicht die gesamte Reformpädagogik als Irrweg delegitimieren. Für die internationale progressive Erziehung ist dem Aspekt noch nicht nachgegangen worden, für die meisten Strömungen ist er aber ganz unwahrscheinlich (Oelkers, 2011; dagegen die zehn Thesen zur Reformpädagogik von Theodor Schulze mit der Replik von Oelkers im H. 6 der Zeitschrift für Pädagogik, 57, 2011).

5. Die Einbettung der deutschen in die internationale Reformpädagogik

5.1 Forschungsstand

Neben zahlreichen Einzeldarstellungen zu Rezeption und Wirkung deutscher Reformpädagogen im Ausland, z.B. zu Paul Geheeb oder Kurt Hahn (Näf, 2006; Röhrs, 1966), und internationaler Reformpädagogen in der deutschen Erziehungswissenschaft, z.B. Dewey oder Montessori (Oelkers, 2009; Böhm, 2010), liegen Darstellungen zur Entwicklung der progressiven Pädagogik in einzelnen Ländern oder Sprachgemeinschaften vor, z.B. für die USA von Cremin (1961) oder Hayes (2006), für Frankreich von Ohayon und Mitautoren (2007). Es gibt auf die deutsche Reformpädagogik gerichtete auswärtige Einzelblicke, z.B. Lamberti (2002), und Blicke deutscher Autoren auf die internationale reformpädagogische Bewegung wenigstens in größeren Ausschnitten. Die bedeutendsten sind von Röhrs

(2001), Oelkers (2005, 2010), Skiera (2010). In diesen Darstellungen finden sich auch Querschnitt-Themen, wie das aktive Kind, Schul-, Unterrichts- und Erziehungsmodelle, Reformpädagogik und Gesellschaftsreform. Offenbar ist in der Gegenwart das Interesse der deutschen Erziehungswissenschaft an der internationalen Neuen Erziehung lebhafter als das der internationalen pädagogischen Historiographie an der deutschen Reformpädagogik. Das ist angesichts der von Deutschen mit- oder allein verursachten Katastrophen des 20. Jahrhunderts verständlich. So ist es wohl nicht nur ein Zufall der Wahrnehmung der Editoren der Themenbereiche, dass in der neuesten internationalen Enzyklopädie der Sozial- und Verhaltenswissenschaften, herausgegeben von Smelser und Baltes (2001), die beiden Artikel zur Reformpädagogik von deutschen Autoren sind (Lenhart, 2001; Oelkers, 2001). Während die Geschichte der New Education von Boyd & Rawson (1965) mehr eine Geschichte des Verbandes der New Education Fellowship denn eine zusammenfassende Überblicksdarstellung ist, bemüht sich die Edition von Seyfarth-Stubenrauch und Skiera (1996) um einen europaweiten, die in deutscher und englischer Sprache vorliegende von Röhrs und Lenhart (1994, 1995) um einen alle Kontinente umfassenden Ausgriff. Die Bezugstheorien der pädagogischen Historiographie sind in den Darstellungen meist zureichend ausgeschöpft, hinsichtlich derer der für die Thematik fast gleich wichtigen der Vergleichenden Erziehungswissenschaft ist noch Arbeit zu leisten. (Oelkers, 2005, 2010)

5.2 Die internationalen Verbindungen des Arbeitsschulpädagogen Georg Kerschensteiner

Kerschensteiners internationale Vernetzung ist gut dokumentiert. Er hat ab 1908 Arbeiten zunächst für den englischen und schwedischen, nach dem Ersten Weltkrieg auch für den dänischen, aber auch den französischen und spanischen Sprachbereich vorgelegt. Die Texte waren offenbar jeweils übersetzt. Schwerpunkt waren dabei seine Kernthemen Arbeitsschule und Fortbildungsschule. Von seinen Büchern sind die Preisschrift „Die staatsbürgerliche Erziehung der deutschen Jugend" in neun Übersetzungen in vier Sprachen, die „Grundfragen der Schulorganisation" in zehn Übersetzungen in sechs Sprachen, der „Begriff der staatsbürgerlichen Erziehung" in elf Übersetzungen in acht Sprachen, der „Begriff der Arbeitsschule" in achtzehn Übersetzungen in zwölf Sprachen, hingegen sein theoretisches Hauptwerk „Das Grundaxiom des Bildungsprozesses" nur in drei Übersetzungen in zwei Sprachen (und diese Übertragungen erst lange nach seinem Tod zwischen 1961 und 1970) erschienen. Kerschensteiner hat – meist in Zusammenhang mit Vortragsaufgaben – 27 Reisen in dreizehn Länder unternommen. Die meisten Reisen führten in die Schweiz (6), nach Großbritannien (4) und Österreich (3). In England war ein wichtiger Kontakt der zu Michael Sadler, dem Mitbegründer der Vergleichenden Erziehungswissenschaft, der in seiner amtlichen Beobachterposition der internationalen Schulentwicklung die Arbeitsschulanstrengungen genau verfolgte. Vor dem Ersten Weltkrieg war der Münchener Schulverwaltungsbeamte auch in Russland und 1910 in den USA (Krebs, 2004). Bei der Gelegenheit traf er in New York mit John Dewey zusammen, von dem er mehrere Ideen übernommen hat, ohne den Unterschied der Pädagogik des Pragmatismus zu seiner eigenen Bildungstheorie hervorzuheben. Dass diese ein gutes Stück an die idealistische deutsche Bildungstradition zurückgebunden blieb, ist weitgehend dem Einfluss Eduard Sprangers zu verdanken. Umgekehrt wandte sich Dewey deutlich gegen die von mehreren amerikanischen Schulbezirken geplante Übernahme des Fortbildungsschulmodells des Münchener Stadtschulrats Kerschensteiner. Dewey sah in der institutionellen Trennung von allgemeiner (*academic*) und beruflicher Bildung die Gefahr der einseitigen Ausrichtung der Bildung der Vielen auf die gegebene kapitalistische Arbeitsplatzstruktur, die es aber gerade demokratisch zu transformieren gelte. Die deutlichste internationale Konfrontation erfuhren Kerschensteiners Arbeits- und Fortbildungsschulkonzepte trotz Anerkennung von Gemeinsamkeiten in der Wendung gegen die „alte" Schule durch Blonski. Das Ziel seines Schulentwurfs ist die Herausbildung des „Arbeiter-Philosophen", der nur durch Beteiligung an industrieller Arbeit gebildet werden kann:

> „Die höchste Arbeitsbildung ist also die industrielle. Die industrielle Arbeit, technisch zugänglich für halbwüchsige Kinder und Jugendliche, gibt keine einseitig technische, sondern eine polytechnische Bildung. Die industrielle polytechnische Schule lässt aus sich den Arbeiter-Philosophen hervorgehen und eröffnet ihm die weite Perspektive integraler wissenschaftlich-technischer Bildung. So ist die Industrie, die höchste Errungenschaft der Menschheit in ihrer Herrschaft über die Natur, zugleich auch die erhabenste Lehrerin des Halbwüchsigen und des Jugendlichen für seine gesamte polytechnisch-wissenschaftlich-philosophische Bildung" (Blonski, 1921, S. 12).

Für die kleinen Kinder sieht Blonski eine Heranführung an Arbeit im Medium des Spiels vor. Eine „Robinsonade", ein geschütztes Überlebensabenteuer, leitet zur Elementarschule über. Alltagsaufgaben, z.B. die im Haushalt, und elementare Arbeitsvorgänge sollen in der Elementarschule zu Erkenntnisgewinn der Lernenden führen. Die Schule der Jugendlichen zwischen 14 und 18 Jahren ist die eigentliche polytechnische Arbeitsschule. Die Jugendlichen lernen unmittelbar in der industriellen Produktion und bilden sich zusätzlich durch theoretische Studien und künstlerische Tätigkeiten im „Haus der Jugend". Die Arbeitsschule Kerschensteiners hingegen – so Blonski – verfehle das Hauptcharakteristikum der zeitgenössischen kapitalistischen wie sozialistischen Gesellschaft, nämlich die industrielle Produktionstätigkeit, sie bleibe als „Handwerker-Arbeitsschule" einer zunehmend obsolet werdenden Produktionsweise verhaftet.

5.3 Internationale Reformpädagogik in Deutschland – das Beispiel Freinet

Der junge Landschullehrer Célestin Freinet war 1923 und 1928 in Deutschland (diese Angabe und die folgenden Ausführungen nach Kock, 2006; Freinet E., 1997; Jörg, 1994; Dietrich, 1985). Bei dem ersten Besuch – in Hamburg – lernte er die Versuchsschulen der Hansestadt nach dem Ersten Weltkrieg kennen. Von Peter Petersen, dem damaligen Leiter der Lichtwark-Schule, wurde er nicht nur mit der eigenen Einrichtung, sondern auch mit weiteren Strömungen der Reformpädagogik, insbesondere den Landerziehungsheimen, vertraut gemacht. Aber zumindest genau so sehr wie reformpädagogische Konzeption und Praxis beeindruckte Freinet die Realität der durch das Reichsgrundschulgesetz von 1920 eingerichteten allgemeinen Grundschulen, in denen, wie er feststellte, der ohne Schuhe in die Klasse kommende Sohn des Proletariers neben dem Bürgersohn mit den blank polierten Stiefeln saß. Im Jahre 1928 kam der französische Erzieher zu einer Konferenz der sozialistischen „Internationale der Bildungsarbeiter" nach Leipzig. Hier trifft er weitere deutsche Pädagogen, u.a. Siegfried Bernfeld und Paul Geheeb. Zuvor war er 1925 als Mitglied einer Delegation der französischen Bildungsarbeiter-Gewerkschaft in der Sowjetunion gewesen und hatte das an mehreren Stellen schon realisierte Einheitsarbeitsschulkonzept von Lunatscharski, Krupskaja und Blonski kennen gelernt. Teils aus persönlicher Begegnung und Anschauung, meist freilich durch Lektüre, arbeitet er sich in die zeitgenössische französischsprachige *éducation nouvelle* ein, wie die theoretischen Anschauungen und praktischen pädagogischen Realisierungen von Décroly, von dem er die Devise der Erziehung „par la vie pour la vie" mit dem (auch mit Kerschensteiner in Verbindung stehenden Zusatz) „par le travail" übernimmt, oder die Anregungen von Ferrière, Claparède, Bovet, von denen er in der aktiven Selbsttätigkeit und der kooperativen Gruppenarbeit der Lernenden bestärkt wird.

Für den 1927 in die Kommunistische Partei Frankreichs eingetretenen frühen Freinet ist die deutsche und französischsprachige bürgerliche Reformpädagogik jedoch nur in der Tendenz positiv zu würdigen, der man etwa Unterrichtsformen und Möglichkeiten der Gestaltung des Schullebens entnehmen kann. Aber erst in einer revolutionär veränderten Gesellschaft – so meint er – können die progressiven Elemente ins rechte Verhältnis gebracht und als proletarische Schule institutionalisiert werden.

Schon 1924 hatte er im Kontext der Erwähnung der Landerziehungsheime von Geheeb und Tobler (Schule in Hof – Oberkirch) festgestellt: „Wir haben es hier – gemeint ist in der frühsowjetischen Pädagogik – umso leichter, da die russische Schule lediglich die verschiedenen Realisationen der neuen westlichen Schulen fortgeführt und der neuen Gesellschaft angepasst hat ... (So) erscheint uns die russische Arbeitsschule als die natürliche Vollendung revolutionärer westlicher Pädagogen" (Freinet & Freinet, 1996, S. 50).

Zu einer direkten Verbindung deutscher Reformpädagogen mit Freinet und seiner Praxis kam es 1932 beim Kongress der New Education Fellowship in Nizza. Freinet hatte den Kongressteilnehmern den Besuch seiner kleinen Schule in Saint-Paul-de-Vence vorgeschlagen. Unter den deutschen Besuchern waren auch der Begründer der Vergleichenden Erziehungswissenschaft in Deutschland, Friedrich Schneider, und sein Sohn Christian W., der berichtet: „Ich werde nie die Erschütterung vergessen, mit der ich ... in einer Gruppe deutscher Erzieher mehr zufällig in dem kleinen Bergnest ... den erbärmlichen Raum entdeckte, in dem Freinet seine Methode entwickelt hat" (Schneider, 1963, S. 19). Als die Nationalsozialisten an die Macht kommen und später auch Österreich „anschließen", reißen die Beziehungen zu dem „réseau de correspondents dévoués dans les pays germaniques" (Freinet, 1934, zitiert nach Dietrich, 1998, S. 444) ab. Nach dem Einmarsch von Hitler-Deutschland in Frankreich wird der schon 1936 durch die Dritte Republik vom öffentlichen Schuldienst suspendierte Freinet – er gründete daraufhin zusammen mit seiner Frau und Mitarbeiterin Elise das Landerziehungsheim in Vence – vom Vichy-Regime verhaftet und interniert. Das haben indirekt die Nazi-Deutschen dem schon im Ersten Weltkrieg schwer verwundeten Freinet angetan.

Nach 1945 setzt Freinet seine Korrespondenz mit Petersen fort. Wie viel von dessen Nähe zum NS-Regime nach 1933 ihm bekannt war, ist in der Freinet-Literatur nicht dokumentiert. In der sowjetischen Zone Deutschlands führen einige sächsische und thüringische Lehrer während der kurzen Phase der Renaissance der Reformpädagogik die Schuldruckerei ein, aber dann setzte sich bald die Verdammung aller Reformpädagogik als kleinbürgerliches Relikt der Weimarer Zeit durch (Pehnke, 1994, S. 433–442). Einer weiteren Rezeption von Freinet in der DDR stand auch entgegen, dass der französische Pädagoge 1948, weil er der in enger Verbindung zum Moskauer Stalinismus stehenden Parteilinie sich nicht unterordnen wollte und konnte, mit mehreren seiner pädagogischen Anhänger die KPF verlassen hatte.

Über die Aufnahme von Beziehungen westdeutscher Pädagogen zu Freinet schreibt Jörg, der Freinet und seine Frau 1956 auf einem Kongress der französischen Freinet-Bewegung kennen gelernt hatte:

> „Nach 1945 nahmen vor allem in den französisch besetzten Gebieten des Schwarzwaldes und von Rheinland-Pfalz wieder Lehrer aus Dorfschulen Verbindung zu Freinet auf. In vielen Schulen des Schwarzwaldes, an der Mosel, in der Pfalz und im Stuttgarter Raum wird die Schuldruckerei, der freie sprachliche und künstlerische Ausdruck geübt. Ab 1946 nehmen auch Lehrer in zunehmendem Maße an Freinet-Kongressen in Frankreich teil" (Jörg, 1994, S. 274).

Von Jörg wurden auch erste, z.T. kommentierte, Übersetzungen der Arbeiten Freinets, z.B. „Die moderne französische Schule" (1965/1978), „Praxis der Freinet-Pädagogik" (1981) und „Erziehung ohne Zwang" (1980/1985/1986) vorgelegt. Seit den 1960er Jahren kann man in der Bundesrepublik zwei Traditionslinien der Freinet-Rezeption feststellen: eine eher konservative, die sich auf den späten Freinet stützt und die sozialistischen, proletarischen Elemente im Entwicklungsweg des französischen Pädagogen ausblendet, und eine kritisch-pragmatische, die angesichts der fast durchgehenden praxisorientierten Anknüpfung an die Techniken, sich „klar wird, dass man theoretische Reflexion und politische Perspektiven braucht, um Praxis verändern zu können" (Dietrich, 1982, S. 4). Bei den politischen Perspektiven ist dabei an eine demokratisch-reformerische Weiterentwicklung von Schule und Gesellschaft und nicht etwa an eine – gar gewaltsame – Revolution gedacht. Organisatorisch hat sich die Freinet-Bewegung in der alten Bundesrepublik zunächst im Rahmen des von Jörg 1963 initiierten „Arbeitskreis(es) Schuldruckerei" entwickelt. Im Gefolge der 68er-Bewegung entstanden Pädagogik-Kooperativen, die die Freinet-Pädagogik neu interpretierten und „sich deren politisches, schulkritisches Potential zu eigen (machten)" (ebd.) sowie die Freinet-Praxis fortentwickeln wollten. Die Rezeptionslinien übergreifende Institution wurde die „Freinet-Kooperative e.V. Bundesverband von Freinet-PädagogInnen in Deutschland" (http://www.freinet-kooperative.de). Mit eigener Zeitschrift und Symposien, mit Weiterbildungen und Verknüpfung der Aktivitäten zwischen Institutionen von Kindertagesstätten bis zu Hochschulinstituten ist sie in ganz Deutschland präsent. Sie ist auch ein Bindeglied zur 1957 eingerichteten internationalen Freinet-Vereinigung, der Féderation Internationale des Mouvements de l'École Modene – FIMEM – (http://freinet.paed.com).

5.4 Internationale Netzwerke – Petersen und Hahn

Von Ideen und Projekten deutscher Reformpädagogen sind internationale Netzwerke ausgegangen. Die niederländische Jenaplan-Bewegung (Both, 2004) verzeichnete 2004 für Deutschland sieben, für Österreich und Italien vier, für Großbritannien acht, für Mittel- und Osteuropa drei, für die USA acht, für Australien zwei, unter sonstige zwei Internetadressen von Zentren, Vereinigungen und Schulen, hinter denen meist mehrere weitere Detailverbindungen aufgerufen werden können. Die internationalen Jenaplanaktivitäten nehmen gewiss auf Petersen Bezug, haben aber auch viel von der angelsächsischen Reformpädagogik und neueren Alternativschulen übernommen und Neuansätze aus sich selbst entwickelt. Einer Detailuntersuchung bleibt vorbehalten, wie die in der Ortmeyer-Draeger und Klaßen-Kontroverse (Ortmeyer, 2009; Draeger auf http://www.jenaplan.eu/gjpvo-ortmeyer-studie.pdf) angesprochenen Aspekte in dem internationalen Netzwerk verarbeitet werden. Vom Deutsch-Engländer Kurt Hahn sind im internationalen Feld sehr sichtbar die in der *round square conference* vereinigten über siebzig gymnasialen Internate, die heute meist in angelsächsischen Ländern gelegenen über 40 erlebnispädagogischen *outward bound*-Schulen, der International Award for Young People, eine Auszeichnung für soziale, kognitiv-intellektuelle sowie sportliche Leistungen – an diesem Wettbewerb nehmen jährlich über 100 000 junge Menschen teil – sowie die auf allen Kontinenten mit Ausnahme Australiens angesiedelten United Word Colleges, Oberstufenkollegs von zweijähriger Dauer, an welchen das Internationale Baccalaureat erworben werden kann (Knoll, 2001; Vogel, 2011).

5.5 Die deutsche Reformpädagogik im Weltbund für Erneuerung der Erziehung (World Education Fellowship)

Der ‚Weltbund' stellt

„die älteste internationale Organisation dar, die bis heute die Reformpädagogik begleitet hat. Die New Education Fellowship wurde während der 20er Jahre des 20. Jahrhunderts zum eigentlichen Forum der Reformpädagogik, das den internationalen Erfahrungsaustausch in breitem Umfang erst ermöglicht und intensiviert hat. Nach der Konstituierung 1921 in Calais [der zwei vorbereitende Konferenzen in Heppenheim 1919 vorausgegangen waren (Alphei 2003)] standen neben der Initiatorin Beatrice Ensor (England) mit der in Deutschland lebenden Schweizerin Elisabeth Rotten für die deutschsprachigen Länder und dem Genfer Adolphe Ferrière für die französisch sprechenden Länder zwei weitere bekannte Pädagogen an der Spitze" (Röhrs, 1991, S. 81).

Die gleichzeitig gegründete reformpädagogische Zeitschrift „The New Era" wurde u.a. durch das Engagement von Alexander S. Neill zu einem wichtigen Transmissionsriemen der pädagogischen Reformbestrebungen. So fanden die für den pädagogischen Diskurs grundlegenden internationalen Konferenzen während der nächsten 12 Jahre in Montreux (1923), Heidelberg (1925), Locarno (1927), Helsingör (1929) und Nizza (1932) breite internationale Akzeptanz. Hier erweiterte sich der Kreis der meinungsprägenden Pädagogen um Maria Montessori, Ovide Décroly, John Dewey, Paul Geheeb, Peter Petersen, Martin Buber, Helen Parkhurst, Paul Bovet und Jean Piaget, was zu einer qualitativen Vertiefung und Verbreiterung des pädagogischen Reformimpulses führte. So konnte sich auf diesen großen Konferenzen eine „geistige Verwandtschaft in der reformpädagogischen Grundhaltung" der wichtigen Reformpädagogen und ihr kooperatives Verhältnis zum Weltbund (Röhrs, 1991, S. 82) herauskristallisieren mit dem Ziel des gemeinsamen pädagogischen Engagements, der „Ermöglichung selbsttätiger, individueller Arbeit im Rahmen der Schule" (ebd.). Hier wird deutlich, dass sich der durch den Weltbund gebündelte reformpädagogische Diskurs auf einem schulpädagogischen Weg in die „Neue Zeit" aufmachte. Doch gleichzeitig zeigte sich in den Konferenzen die internationale Verbundenheit (vgl. aktuell die website des Weltbundes http://wef-wwe.net/de/start-wee.phb) und die durch die engagierte Kooperation erreichte Verknüpfung zwischen reformpädagogischer Theorie und Praxis. Dies wird deutlich im Auftreten von Maria Montessori, die wiederholt auf den Weltbund-Kongressen wichtige Grundsatzreferate gehalten hat, so in Helsingör 1929, der unter dem Generalthema stand „The New Psychology and the Curriculum" neben Helen Parkhurst, Kurt Lewin u.a. Diese Vorträge wurden u.a. in der eigenen Zeitschrift der Fellowship *The New Era* publiziert. Dabei war die Konferenz in Nizza 1932 mit fast 2 000 Teilnehmern aus 53 Ländern und mit bedeutsamen Beiträgen von Beatrice Ensor und Elisabeth Rotten Ausdruck eines Lebensgemeinschaftsgefühls, eine Art „innere Heimat" und stärkte den Traum von der „Erneuerung der Menschheit durch die Erziehung" (Näf, 2006, S. 343f.), da sich auch Delegationen aus China, Indien und Japan eingefunden hatten. Das war ein Zeichen für die diskursiv gewachsene internationale Vernetzung pädagogischen Reformbemühens. Diese Konferenz stellt wohl den Höhepunkt der pädagogischen Bedeutung des „Weltbundes" dar. Die hier aufscheinende internationale Vision eines friedlichen Zusammenlebens umfasste nicht nur die pädagogische Dimension, sondern erweiterte sich um die politische, soziale, anthropologische Perspektive. Als ein zentraler Faktor wurde das sichtbar, was in Montessoris Vortrag 1932, abgedruckt in *The New Era,* zum Ausdruck kommt: „Disarmament in Education" (Abrüstung in der Erziehung). Sie will den ständigen Kampf des Kindes mit und in einer Erwachsenen-Welt, in der dieses nicht sein eigenes kindliches Maß und seinen Rhythmus findet, diesen „permanenten Kleinkrieg" (Röhrs, 1991, S. 91, 97–101) überwinden; damit kommt auch Bubers 1925 in Heidelberg angedachtes Junktim von „Erziehung und Freiheit" 1932 in Nizza mit „Education in a Changing Society" zum dialogisch-internationalen Höhepunkt. Doch auch die existenziellen Probleme der Nachkriegszeit nach dem Ersten Weltkrieg wurden als Herausforderungen pädagogisch aufgegriffen. So postulierte Kurt Hahn „dem Krieg den Krieg zu erklären", indem er zum Dienst am Nächsten sublimiert wird (ebd., 1991, S. 107–111). In dieser stark pazifistisch geprägten Phase des Weltbundes wird dieser von konservativen und rechten Kritikern „als marxistisch und internationalistisch" etikettiert: eine Vorahnung des Kommenden!

Es wird deutlich, dass das „Leben lernen" in den spezifischen gesellschaftlich-historischen Zusammenhängen heißt, die „selbsttätige Auseinandersetzung mit den Inhalten der Lebenswelt" zu konkretisieren (ebd., 1991, S. 73). Eine grundlegende Bedingung des reformpädagogischen Impetus bleibt die dialektische Verschränkung von Erfahrung und Lebenswelt, dass nämlich die „eigene Erfahrung in der selbsttätigen Auseinandersetzung mit der Wirklichkeit ... ein Gespräch aufnimmt, das ein Leben lang andauern wird und auch den Erwachsenen noch begleitet" (ebd.). In Röhrs' Arbeiten zum Thema kommt zwei Generationen nach den frühen Akteuren auch sprachlich die engagierte wenngleich nicht unkritische Teilnehmerperspektive eines führenden Weltbundvertreters zum Ausdruck.

So gesehen bildet die Reformpädagogik als internationale Strömung ein tragfähiges Gesprächs- und Diskussionsforum, in dem sich die geteilten Grundgedanken herauskristallisieren und verfestigen können, „dass nämlich Reformpädagogik das permanente Suchen nach besseren und begründeteren Lösungen für das Lernen, Lehren und Leben" bedeutet. Dies wird von allen bedeutenden Diskutanten als eine „permanente Aufgabe, die sich während jeder Generation erneut stellt [...], die das Menschenwerden und -sein unter wechselnden gesellschaftspolitischen Voraussetzungen sowie die Humanisierung von Schule und Erziehung in paradigmatischer Form betreffen" verstanden (ebd., 1991, S. 173). Somit wird die Aktualität der Reformpädagogik für hier und jetzt postuliert und dem historischen Veralten widersprochen. Dem wohnt durchaus ein „revolutionärer Impetus" inne, da sich die im Weltbund artikulierende „offene Weltbewegung" einem internationalen Gespräch zur Klärung der menschlichen Angelegenheiten" (ebd., 1991, S. 174) widmet, des Leben Lernens in einer globalen pädagogischen Gemeinschaft, in der das „Kreative Selbst" (Tagungsthema 1921 in Calais und ähnlich: der „Kreative Geist" 1951 in Chichester) sich in Frieden, Freiheit und demokratischer Selbstverpflichtung mit anderen verständigt. So zog sich die „reformpädagogische Grundhaltung" als „roter Faden" durch die Diskurse und verwob so deutsche Pädagogen mit anderen Gleichgesinnten in internationale Gesprächs- und Organisationsnetze.

Durch den großen internationalen Erfolg der Heidelberger Konferenz 1925 mit Bubers grundlegendem Vortrag „Über das Erzieherische" (so der veröffentlichte Titel) wurde die deutsche Sektion des Weltbundes vorbereitet. Von 1923 bis 1933 erschien das deutschsprachige Organ der New Education Fellowship „Das Werdende Zeitalter". Doch erst auf einer Heidelberger Konferenz 1931 konnte die Konstituierung der deutschen Sektion im Weltbund gelingen. Vorsitzender wurde Erich Weniger, Vorstandsmitglieder wurden: Carl Heinrich Becker (Berlin), Julius Gebhard (Hamburg), Robert Ulich (Dresden), Leo Weismantel (Markbreit).

Die Tätigkeit des Weltbundes kam in der Zeit der NS-Diktatur in Deutschland zum Erliegen. Elisabeth Rotten kehrte in ihre Schweizer Heimat zurück, andere deutsche Reformpädagogen wie Paul Geheeb, Kurt Hahn oder Robert Ulich, emigrierten. Der letztere wurde Professor in Harvard und brachte das geisteswissenschaftliche Paradigma als „idealist-humanist"-Variante in die amerikanische erziehungswissenschaftliche Theoriedebatte ein. Durch Rotten war übrigens ein puritanisch-calvinistisches Element in den Weltbund gekommen, das zu einer heftigen Kontroverse mit Geheeb und dessen Austritt aus dem

Weltbund führte (Näf, 2006, S. 304f.). Im Ausland konnte die Weltbund-Arbeit aber durchaus fortgesetzt werden. So ging vom Weltbund ein wesentlicher Impuls zur Gründung der UNESCO aus. Die Kontakte der deutschen Reformpädagogik zum englischsprachigen Raum konnten erst nach 1945 wieder aufgenommen werden. Anknüpfungspunkt war hier Elisabeth Rottens über das Schweizer Kinderdorf Pestalozzi in Trogen laufendes Bemühen um die Reintegration der Deutschen in den internationalen pädagogischen Friedensdialog. Nach dem Zweiten Weltkrieg wurde erneut das gemeinsame Thema gesprächsleitend, dass wieder die Kinder die Hauptkriegsopfer waren. Daher erscheint es stringent, dass 1951 durch die Initiative von Elisabeth Rotten die Neugründung der deutschen Sektion in Jugenheim/Bergstraße unter der Leitung von Franz Hilker stattfand. Bei dieser Zusammenkunft hielt Elisabeth Rotten das entscheidende Referat über das Thema „Neue Erziehung und Weltfrieden!" Hier wurden die traumatischen Erfahrungen von Krieg, Holocaust, Hunger und Vertreibung pädagogisch reflektiert. In der dritten Phase der Reformpädagogik wurde die deutsche in eine deutschsprachige – das heißt auch Mitglieder aus der deutschsprachigen Schweiz und Österreich umfassende – Sektion überführt, die sich durch eigene Stellungnahmen und Tagungen sowie durch die Mitveranstaltung der „Oberinntaler Diskurse" auszeichnet (Röhrs, 1995; von Carlsburg & Wehr, 2011).

6. Komparative Bereichstheorien und Einordnung der Reformpädagogik in den Rahmen der Weltgesellschaft

An die internationale Reformpädagogik können und müssen neben historiographischen auch vergleichend-erziehungswissenschaftliche Bezugstheorien herangetragen werden. Dazu zählen der neo-institutionalistische *world polity* (Weltkultur)-Ansatz (Meyer, 2005), die Luhmann'sche Annahme des Erziehungssystems der Weltgesellschaft (Luhmann, 2002) und die auf den Gegenstand der Erziehung hingedachte evolutionstheoretisch fundierte Kommunikationstheorie von Habermas (1981).

Aus ihren Studien zur weltweiten Instutitionalisierung des formalen Bildungswesens, z.B. der Annäherung der Curricula, folgert die Stanforder Forschergruppe die weltweite Anpassung von Organisationen (darunter werden auch Staaten verstanden) und Institutionen an okzidentale Vorbilder und die mit ihnen gegebenen Formen und Regeln (Adick, 2009). Dann könnte die klassische deutsche Reformpädagogik als ein Beitrag zu dem westlichen *mainstream* der Bildungsentwicklung angesehen werden. Diese Einordnung wird jedoch da problematisch, wo der oft konstatierte deutsche Sonderweg in die Moderne zum Ausdruck kommt, etwa bei Lietz. Der ist mit seinen Schülern 1913 nicht zum alternativen jugendbewegten und damit der Reformpädagogik nahe stehenden Treffen auf den Hohen Meißner gefahren, sondern zur stramm nationalistischen Feier am Leipziger Völkerschlachtdenkmal. – Für die internationale Reformpädagogik lässt sich auch ihre frühsowjetische Phase schlecht unter die Weltkultur-These fassen.

Luhmanns Theorie des Erziehungssystems der Weltgesellschaft ist zur Erklärung der Globalisierung der Schule herangezogen worden (Lang-Wojtasik, 2008). Für eine erklärende Partialtheorie der Reformpädagogik scheint sie jedoch zu großflächig. Dabei hatte der Gesellschaftstheoretiker sich in früheren Arbeiten durchaus mit der Reformproblematik auseinander gesetzt. Bei Erziehungsreformen handele es sich „um strukturelle Notwendigkeiten eines ausdifferenzierten Systems. Das System stimuliert sich selbst auf der Ebene seiner Programme durch diskursive Sequenzen, Enttäuschungen, semantische Anpassungen und erneute Reformen. Das System kann keinen Endzustand erreichen noch kann es sich einem Perfektionszustand annähern" (Luhmann & Schorr, 1988, S. 463). Die der Aussage zugrunde liegende Unterscheidung von Programm und Code (der ist für das Erziehungssystem „besser" – „schlechter") hat der Systemtheoretiker freilich später revidiert. Im Spätwerk wird „Kind" als Medium des Erziehungssystems herausgestellt (so wie etwa Geld das Medium des Wirtschaftssystems ist). Kind ist damit aber gerade keine hermeneutisch zu bestimmende Kategorie, wie sie etwa dem Verweis auf die Selbsttätigkeit des Kindes in der Reformpädagogik zugrunde liegt. Kind als Medium bezieht sich auf die systemische Ausdifferenzierung der Bildung in der Neuzeit insgesamt. Allenfalls immanent kann man in den neueren Arbeiten die Reformpädagogik als einen Schritt hin zur Verschiebung der erzieherischen Semantik von „Bildung" zu „Lernfähigkeit" verorten (Luhmann, 2004, S. 159–186, zu Bildung und Lernfähigkeit s. S. 182).

Habermas hat seine Kommunikationstheorie um die Begriffe System und Lebenswelt entfaltet. Der Ansatz ist neuerlich um die „postnationale Konstellation" (Habermas, 1998) und damit in Richtung Weltgesellschaft erweitert worden. Der Sozialphilosoph sieht die sich rationalisierende Lebenswelt beständig durch Übergriffe des Systems bedroht. Das passt zu der oben vorgetragenen Annahme, dass die Reformpädagogik eine Antwort auf die mit dem vollzogenen Systemaufbauprozess des Bildungssystems verbundenen Defizite war, die dann als Beeinträchtigungen der Lebenswelt der an der Schule Beteiligten erkennbar waren. Freilich muss zugestanden werden, dass die erzieherische Lebenswelt sich nicht nur mit erfindungsreicher gelingender weiterer Rationalisierung wehrte (vgl. „Rationalisierung der Lebenswelt" Habermas, 1981, Bd. 2, S. 232 mit Bezug auf Max Webers Annahme der „Entzauberung der Welt" Habermas, 1981, Bd. 1, S. 225ff.), sondern – bei den angesprochenen problematischen politischen und ideologischen Erscheinungen der Reformpädagogik – zuweilen auch mit fehlgeleiteten Versuchen. Die sind einmal zu verorten in der zuweilen stark aktualisierten „Kolonialisierung" des lebensweltlichen erzieherischen Geschehens durch das politische oder wirtschaftliche System, zum anderen in problematischen in die Lebenswelt eingetragenen (pseudo-)charismatischen Botschaften, etwa dem Rückgriff auf das platonische Erziehungsideal in einem Landerziehungsheim. Aus letzteren sind – unter historisch-kontingenten Umständen, etwa bei entsprechenden Persönlichkeitsdispositionen von unverantwortlichen Pädagogen –, auch die in der Problematik von Eros und Herrschaft angesprochenen schlimmen Verhaltensweisen zu erklären.

Weltgesellschaftstheorien sind vor dem Anschauungssubstrat des systemtheoretisch oder handlungstheoretisch beschriebenen fortgeschrittenen Entwicklungsstandes der Globalisierung entworfen worden. Die Reformpädagogik entstand aber zu einem historischen Zeitpunkt als die so verstandene Weltgesellschaft erst auf dem Wege war. Sie ist eine Bewegung der klassischen Moderne und nicht einer zuweilen angenommenen postmodernen Bildungssituation, die sie freilich mit heraufgeführt hat. Insofern liefert die Betrachtung der weltweiten progressiven Erziehung historische Daten für eine pädagogisch relevante Weltgesellschaftstheorie, jedoch sind deren angesprochene aktuelle Varianten auf die historische Situation zu justieren, um die Reformpädagogik auch aus komparativer Perspektive einschätzen zu können. Zur Justierung kann insbesondere eine auf das Handlungsfeld der Erziehung hingedachte Theorie der soziokulturellen Evolution dienen, die geschichtstheoretische (nicht historisch-narrative) mit vergleichenden Aspekten verbindet (Lenhart, 1987; Adick, 1992).

Literatur

Adick, C. (2009). World Polity – ein Forschungsprogramm und Theorierahmen zur Erklärung weltweiter Bildungsentwicklungen. In S. Koch & M. Schemmann (Hrsg.), *Neo-Institutionalismus in der Erziehungswissenschaft* (S. 258–291). Wiesbaden: VS Verlag.

Adick, C. (2008). *Vergleichende Erziehungswissenschaft: Eine Einführung.* Stuttgart: W. Kohlhammer.

Adick, C. (1992). *Die Universalisierung der modernen Schule.* Paderborn: Schöningh.

Alphei, H. (2003). *Martin Buber und die Odenwaldschule – eine nicht ganz zufällige Nachbarschaft.* Schriftliche Fassung eines Vortrages in der katholischen Akademie Rabanus Maurus, Frankfurt a.M. am 4./5.07. 2003 (unveröffentlicht im Archiv des Weltbundes für Erneuerung der Erziehung).

Anweiler, O. (1994). Ursprung und Verlauf der Reformpädagogik in Europa. In H. Röhrs & V. Lenhart (Hrsg.), *Die Reformpädagogik auf den Kontinenten* (S. 127–138). Frankfurt a.M.: Peter Lang.

Baumann, U. (1974). *Krupskaja zwischen Bildungstheorie und Revolution: Biographische und geistesgeschichtliche Formkräfte der Pädagogik. N. K. Krupskajas und ihre Einheitsarbeitsschul-Konzeption.* Weinheim: Beltz.

Blonskij, P. P. (1921). *Die Arbeitsschule. 1. und 2. Teil.* Berlin: Gesellschaft und Erziehung.

Böhm, W. (2010). *Maria Montessori: Einführung und zentrale Texte.* Paderborn: Schöningh.

Both, K. (2004). *Jenaplanschools in the Netherlands and their international relationships. An overview.* Verfügbar unter: http://www.jena-plan.nl [12.2011].

Boyd, W. & Rawson, W. (1965). *The Story of the New Education.* London: Heinemann.

Cremin, L. A. (1961). *The Transformation of the School. Progressivism in American Education 1876–1957.* New York: Vintage.

Dewey, J. (1966). *Democracy and Education: An Introduction to the Philosophy of Education.* New York: Free Press.

Dietrich, I. (1998). Zur Rezeption der Freinet-Pädagogik in Deutschland. In T. Rülker & J. Oelkers (Hrsg.), *Politische Reformpädagogik* (S. 441–454). Bern: Peter Lang.

Dietrich, I. (Hrsg.). (1982). *Politische Ziele der Freinet-Pädagogik. Perspectives d' éducation populaire.* Weinheim: Beltz.

Dietrich, I. (1985). Freinet-Pädagogik heute. In I. Dietrich (Hrsg.), *Handbuch Freinet-Pädagogik. Eine praxisbezogene Einführung.* Weinheim: Beltz.

Draeger, H. (2009). *Zur Ortmeyer-Kampagne gegen Petersen und den Jenaplan.* Verfügbar unter: http://www.jenaplan.eu/GJPVo-Ortmeyer-Studie.pdf [12.2011].

Freinet (1934) zit. nach Dietrich, I. (1998). Zur Rezeption der Freinet-Pädagogik in Deutschland. In T. Rülcker & J. Oelkers (Hrsg.), *Politische Reformpädagogik*. Bern: Lang.

Freinet, C. & Freinet, E. (1996). Befreiende Volksbildung. Frühe Texte. In R. Kock (Hrsg.), *Befreiende Volksbildung* (S. 50). Bad Heilbrunn: Klinkhardt.

Freinet, E. (1997). *Erziehung ohne Zwang. Der Weg Celestin Freinets*. Stuttgart: Klett-Cotta.

Fuchs, B. (2003). *Maria Montessori: ein pädagogisches Portrait*. Weinheim: Beltz.

Habermas, J. (1998). *Die postnationale Konstellation. Politische Essays*. Frankfurt a.M.: Suhrkamp.

Habermas, J. (1981). *Theorie des kommunikativen Handels* (Bde. 1 u. 2). Frankfurt a.M.: Suhrkamp.

Hayes, W. (2006). *The Progressive Education Movement. Is it Still a Factor in Today's Schools?* Lanham: Rowman & Littlefield Education.

Holmes, B. (1995). The Origin and Development of Progressive Education in England. In H. Röhrs & V. Lenhart (Eds.), *Progressive Education Across the Continents* (pp. 51–69). Frankfurt a.M.: Peter Lang.

Jörg, H. (1994). Die Freinet-Pädagogik und ihr internationaler Einflussbereich. In H. Röhrs & V. Lenhart (Hrsg.), *Die Reformpädagogik auf den Kontinenten* (S. 259–280). Frankfurt a.M.: Peter Lang.

Knoll, M. (2001). Kurt Hahn – ein wirkungsmächtiger Pädagoge. *Pädagogisches Handeln. Wissenschaft und Praxis im Dialog, 5* (2), 65–76.

Kock, R. (2006). *Célestin Freinet. Kindheit und Utopie*. Bad Heilbrunn: Klinkhardt.

Krebs, M. (2004). *Georg Kerschensteiner im internationalen Diskurs zu Beginn des 20. Jahrhunderts*. Bad Heilbrunn: Klinkhardt.

Lamberti, M. (2002). *The Politics of Education: Teachers and School Reform in Weimar Germany*. New York: Berghahn.

Lang-Wojtasik, G. (2008). *Schule in der Weltgesellschaft. Herausforderungen und Perspektiven einer Schultheorie jenseits der Moderne*. Weinheim: Juventa.

Lenhart, V. (1987). *Die Evolution erzieherischen Handelns*. Frankfurt a.M.: Peter Lang.

Lenhart, V. (2001). Progressive Education Internationally. In N. J. Smelser & P. B. Baltes (Eds.), *International Encyclopedia of the Social and Behavioral Sciences* (pp. 12177–12181). Amsterdam: Pergamon.

Luhmann, N. (2002). *Das Erziehungssystem der Gesellschaft*. Frankfurt a.M.: Suhrkamp.

Luhmann, N. & Schorr, K. E. (1988). Strukturelle Bedingungen der Reformpädagogik. *Zeitschrift für Pädagogik*, 34, 463.

Luhmann, N. (2004). Das Kind als Medium der Erziehung. In D. Lenzen (Hrsg.), *Schriften zur Pädagogik*. Frankfurt a.M.: Suhrkamp.

Mialaret, G., Chenon-Thiret, M., Fabre, A., Francois-Unter, C., Gal, R., Gloton, R., Monod, G. & Seclet-Rion, F. (1976). *Education nouvelle et monde modern*. Vendome: Presses Univ. de France.

Meyer, J. W. (2005). *Weltkultur. Wie die westlichen Prinzipien die Welt durchdringen*. Frankfurt a.M.: Suhrkamp.

Näf, M. (2006). *Paul und Edith Geheeb-Cassirer. Gründer der Odenwaldschule und der École d'Humanité; deutsche, schweizerische und internationale Reformpädagogik 1910–1961*. Weinheim: Beltz.

Nohl, H. & Pallat, L. (Hrsg.). (1933). *Handbuch der Pädagogik. Ergänzungsband. Namensverzeichnis und Sachverzeichnis zu Bd. I – V.* Langensalza: Beltz.

Oelkers, J. (2011). *Eros und Herrschaft. Die dunklen Seiten der Reformpädagogik.* Weinheim: Beltz.

Oelkers, J. (2011). Replik auf Theodor Schulze. *Zeitschrift für Pädagogik,* 57, 780–785.

Oelkers, J. (2009). *John Dewey und die Pädagogik.* Weinheim: Beltz.

Oelkers, J. (2001). Pedagogical Reform Movements, History of. In N.J. Smelser & P. Baltes (Eds.), *International Encyclopedia of the Social and Behavioral Sciences* (pp. 11176–11179). Amsterdam: Pergamon.

Oelkers, J. (2005). *Reformpädagogik.* Eine kritische Dogmengeschichte. Weinheim: Beltz.

Oelkers, J. (2010). *Reformpädagogik. Entstehungsgeschichten einer internationalen Bewegung.* Zug: Klett und Balmer.

Ohayon, A., Ottavi, D. & Savoye, A. (Eds.). (2007). *L'éducation nouvelle, histoire, presence, devenir.* Bern: Peter Lang.

Ortmeyer, B. (2009). *Mythos und Pathos statt Logos und Ethos: Zu den Publikationen führender Erziehungswissenschaftler in der NS-Zeit: Eduard Spranger, Herman Nohl, Erich Weniger und Peter Petersen.* Weinheim: Beltz.

Pehnke, A. (1994). Das reformpädagogische Erbe während der DDR-Epoche und deren Auswirkung. In H. Röhrs & V. Lenhart (Hrsg.), *Die Reformpädagogik auf den Kontinenten* (S. 433–442). Frankfurt a.M.: Peter Lang.

Röhrs, H. (2001). *Die Reformpädagogik. Ursprung und Verlauf unter internationalem Aspekt* (6. Aufl.). Weinheim: Beltz.

Röhrs, H. & Lenhart, V. (Hrsg.). (1994). *Die Reformpädagogik auf den Kontinenten.* Frankfurt a.M.: Peter Lang.

Röhrs, H. & Lenhart, V. (Hrsg.). (1995). *Progessive Education Across the Continents.* Frankfurt a.M.: Peter Lang.

Röhrs, H. (1995). *Der Weltbund für Erneuerung der Erziehung. Wirkungsgeschichte und Zukunftsperspektiven.* Weinheim: Deutscher Studienverlag.

Röhrs, H. (1991). *Die Reformpädagogik und ihre Perspektiven für eine Bildungsreform.* Donauwörth: Auer.

Röhrs, H. (Hrsg.). (1966). *Bildung als Wagnis und Bewährung: eine Darstellung des Lebenswerkes von Kurt Hahn.* Heidelberg: Quelle & Meyer.

Schulze, T. (2011). Zehn Thesen zur Reformpädagogik. *Zeitschrift für Pädagogik,* 57, 760–779.

Schneider, C. W. (1963). *Neue Erziehung und Schulwesen in Frankreich* (S. 19). Heidelberg: Quelle & Meyer.

Schriewer, J., Henze, J., Wichmann, J., Knost, P., Barucha, S. & Taubert, J. (1998). Konstruktion von Internationalität: Referenzhorizonte pädagogischen Wissens im Wandel gesellschaftlicher Systeme (Spanien, Sowjetunion/Russland, China). In H. Kaelble & J. Schriewer (Hrsg.), *Gesellschaften im Vergleich. Forschungen aus Sozial- und Geisteswissenschaften* (S. 151–258). Frankfurt a.M.: Peter Lang.

Seyfarth-Stubenrauch, M. & Skiera, E. (Hrsg.). (1996). *Reformpädgogik und Schulreform in Europa. Grundlagen, Geschichte, Aktualität.* Baltmannsweiler: Schneider.

Skiera, E. (2010). *Reformpädagogik in Geschichte und Gegenwart. Eine Einführung.* München: Oldenbourg Wissenschaftsverlag.

Tenorth, H.-E. (1994). „Reformpädagogik". Erneuter Versuch ein erstaunliches Phänomen zu verstehen. *Zeitschrift für Pädagogik, 40*, 585–604.
von Carlsburg, G.-B. & Wehr, H. (2011). Der Weltbund für Erneuerung der Erziehung und sein Beitrag zur internationalen Reformpädagogik. *Pädagogische Rundschau, 65*, 627–638.
Zimmermann, A. (1994). Die französische Bildungsreform unter dem Einfluss der Reformpädagogik. In H. Röhrs & V. Lenhart (Hrsg.), *Die Reformpädagogik auf den Kontinenten* (S. 411–420). Frankfurt a.M.: Peter Lang.

Internet-Adressen

http://freinet.paed.com [12.2011].
http://www.freinet-kooperative.de [12.2011].
Knoll, M. (2011) *„New Education" – Anmerkungen zu einem ungeklärten Begriff.* Verfügbar unter: http://www.mi-knoll.de//53601/53622 [12.2011].
Vogel, K. (2011). *Wichtige Literatur.* Verfügbar unter: http://network.jugend-programm.de [12.2011].
WEE-WEF. *Weltbund für Erneuerung der Erziehung-World Education Fellowship.* Verfügbar unter: http://www.wef-wee.net/de/start-wee.php [12.2011].

Bernd Overwien

Informelles Lernen – ein Begriff aus dem internationalen Kontext etabliert sich in Deutschland

Etwa seit der Jahrtausendwende wird in Deutschland zunehmend über informelles Lernen diskutiert und geforscht (Dohmen, 1996; Overwien, 1999). Innerhalb der internationalen erziehungswissenschaftlichen Diskussion ist der Begriff wesentlich älter, und es soll der Frage nachgegangen werden, wo der Begriff eigentlich herkommt und welche Geschichte er im internationalen Diskurs hatte. Dabei ist vorab zu bemerken, dass im internationalen Kontext zunächst eher von informeller Bildung die Rede ist und dann zunehmend von informellem Lernen.

Wurzeln des Begriffs

Der vermutliche Urheber ist der US-amerikanische Philosoph und Erziehungswissenschaftler John Dewey (1859–1952). Sein Werk ist bekanntlich durch den Blick auf den Zusammenhang von Erfahrung und Lernen geprägt. Dewey diskutierte auch verschiedene Ebenen und Formen von Bildung und Erziehung. So weist er um die Jahrhundertwende vom 19. zum 20. Jh. auch auf *informal education* hin, die Grundlage aller formalen Bildung sei (Dewey, 1997; vgl. auch Childs, 1967). Er spricht also von *informal education*, was man trotz der Ambivalenzen in der Übersetzung des Begriffs *education* (er enthält auch Erziehung) mit informeller Bildung übersetzen kann. Dewey diskutiert die Zunahme von Komplexität als Herausforderung für Bildung, die zu einem verstärkten Bedarf an formaler Bildung führe, deren Basis aber informelle Bildung sei (Dewey, 1997, S. 9). Eine Herausforderung sei es im Übrigen, die Balance zwischen Lernformen zu wahren:

> „Hence one of the weightiest problems with which the philosophy of education has to cope is the method of keeping a proper balance between the informal and the formal, the incidental and the intentional, modes of education." (Dewey, 1916, S. 13).

Die Begrifflichkeit wurde erst in den fünfziger Jahren des letzten Jahrhunderts wieder aufgenommen. Nicht zufällig erfolgte in der US-amerikanischen Erwachsenenbildung eine Auseinandersetzung mit der Frage, in welchen Feldern außerhalb der Schule noch gelernt werde. So nutzte Knowles (1951) den Begriff der *informal adult education* für einen Bereich der Bildung, der später dann als *nonformal education* durchaus etwas anderes bezeichnen sollte als das, was mit informeller Bildung gemeint ist. Bevor es zur begrifflichen Teilung in formale schulische Bildung und nonformale Kurse etwa der Erwachsenenbildung kommt, war auch noch eine Weile der Begriff der informellen Kurse in der

Diskussion (Húsen & Postlethwaite, 1985). Hier wurde zwischen schulischem Lernen und anderen Formen der Bildung unterschieden, indem Zertifikate und Diplome als Unterscheidungskriterien herangezogen wurden. Informelles und nonformales Lernen bzw. auch informelle und nonformale Bildung werden in dieser Zeit weitgehend gleichgesetzt (vgl. Knowles & Húsen, 1963). Die entsprechenden Begrifflichkeiten gerieten dann wieder eher in Vergessenheit.

Zur Diskussion in internationalen Organisationen

Eine breitere Fachöffentlichkeit stieß erst wieder in den siebziger Jahren des zwanzigsten Jahrhunderts auf den Begriff des informellen Lernens. Die Faure-Kommission der UNESCO legte 1972 den Bericht *Learning to be* vor (deutsch 1973), der angesichts damals schon antizipierter wissenschaftlich-technischer Entwicklungen mit einer Veränderung der Informationsströme eine Ausweitung der Perspektive auf Bildung forderte. Betont wurde der Wert einer aktiveren und bewussteren Lernhaltung des Einzelnen. Jenseits von Schule seien auch die vielfältigen Bemühungen der Menschen in Entwicklungsländern zu sehen, sich ohne staatliche Hilfe mit *self-education* zu helfen. Nicht-institutionalisierte Formen des Lernens und auch einer Lehrzeit herrschten in großen Teilen der Welt vor und seien für viele Menschen einzig relevant. Ähnlich wie Dewey betonte der Bericht, dass wichtiges Lernen unmittelbar innerhalb der näheren Umwelt stattfinde und ganz wesentlich auch die Voraussetzungen für schulisches Lernen präge, das wiederum die notwendigen Kategorien liefere, um das Lernen aus der Umwelt zu ordnen (Faure et al., 1973, S. 53). Hier wurde also von einer Wechselbeziehung zwischen informellem Lernen und formalem Lernen ausgegangen. An dieser Stelle verwendete der Bericht dann auch den Begriff der *informal education*, wenn auch zunächst noch mehr von *self-education* die Rede war, u.a. mit Hinweis auf die Forschungsarbeiten des Kanadiers Alan Tough, der lange zu autodidaktischem Lernen gearbeitet hat und dessen Arbeiten später von David Livingstone unter dem Begriff des *informal learning* fortgesetzt wurden. Der Bericht, der sich auf Entwicklungs- und Industrieländer bezieht, betont dann auch die Bedeutung einer neuen Lerninfrastruktur, etwa in Form von Bibliotheken, Museen, Radio und Fernsehen, die verstärkt genutzt werden solle (vgl. ebd., 1973, S. 39ff.).

Die Faure-Kommission beförderte ganz offensichtlich die Wahrnehmung informellen Lernens. So setzte Wood (1974) den Begriff in den Titel seines Buches über beschäftigungsorientierte Jugendbildung in verschiedenen afrikanischen Ländern, verwendete aber in der Studie selbst den Begriff der *Out-of-school-education*. Damit war der Beginn einer Diskussion in der entwicklungsbezogenen Bildung gekennzeichnet, besonders in internationalen Organisationen wie der UNESCO, UNICEF etc. So unterschied Evans (1981) formelle Bildung als schulische Bildung mit Unterricht nach einem festen Curriculum in altersgestuften Klassen, mit ausgebildetem pädagogischem Personal von nonformaler Bildung, bezogen auf alles Lernen außerhalb der Schule, das sowohl von Lernenden als auch von Lehrenden her intentional ist. Bei informeller Bildung verfolgen entweder die Lehrenden oder die Lernenden eine Bildungsabsicht, und bei impliziter Bildung verfolgt keine der verschiedenen beteiligten Seiten eine Bildungsabsicht (vgl. Sandhaas, 1986, S. 399).

Coombs und Achmed (1974) erarbeiteten eine Weltbank-Studie zu der Frage, wie nonformale Bildung dabei helfen kann, ländliche Armut zu bekämpfen. In einem Vergleich zwischen Stadt und Land wurde dabei für das städtische Umfeld ein besseres Potential an informellen Lerngelegenheiten konstatiert. Zur Erfassung des informellen Lernens versuchte die Studie, die Perspektive des lernenden Subjektes einzunehmen und setzte *informal education* und *informal learning* gleich. Informelles Lernen sei der lebenslange Prozess, innerhalb dessen jeder Mensch durch tägliche Erfahrung und Lernanregungen durch die Umwelt Wissen, Fähigkeiten und Haltungen erwirbt und diese akkumuliert (ebd., 1974, S. 8). Schöfthaler (1981) und Sandhaas (1986) waren wohl die ersten Autoren, die in den 1980er Jahren in deutscher Sprache den Begriff der informellen Bildung diskutierten. Zugleich thematisierten sie die Schwierigkeiten der Adaption im deutschen Kontext. So stellte etwa Sandhaas fest, dass es sich hier um Bildungsprozesse handele, die nicht schulisch institutionalisiert seien und bei deren Zustandekommen kein pädagogisches Personal beteiligt sei. Oft gebe es auch keine entsprechende Handlungsabsicht der Lernenden. Über die Funktionsregeln dieser informellen Bildungs- und Lernprozesse sei wenig bekannt, und sie entzögen sich so der bildungs- und entwicklungspolitischen Planung. Dennoch sei es gerade in wenig entwickelten Ländern sinnvoll und wichtig, mehr Augenmerk auf diese Bildungsprozesse zu richten (Sandhaas, 1986, S. 403).

Anhand der hier skizzierten Beispiele zeigte sich der in den 1980er Jahren wachsende Einfluss internationaler Organisationen auf das weltweite Bildungsgeschehen. Besonders deutlich wurde dies im Delors-Bericht, der auch die Begrifflichkeit vom informellen Lernen aufnahm und sie insofern präzisierte, als eine Verbindung formaler und informeller Lerngelegenheiten in einem integrativen Gesamtsystem gesehen werden sollte (Delors, 1996; vgl. auch Adick, 2012).

Informelles Lernen in der Forschung zwischen Süd und Nord

Anfang der 1980er Jahre verstärkten sich Forschungsaktivitäten zum informellen Lernen, nun mehr aus anthropologischer Perspektive. So untersuchte Lave (1982) den Kompetenzerwerb von Schneidern in Liberia. Sie stellte fest, dass arithmetische und auch allgemeinere Problemlösungskompetenzen innerhalb einer Art informellen Lehre stattfinden. Es gibt danach eine in Teilen strukturierte, traditionelle Form des Kompetenzerwerbs einer Meister-Schüler-Lehre. Im Mittelpunkt stünden dabei Beobachtung und Imitation und insgesamt eine bewusste Teilnahme der Lernenden an den Aktivitäten der Werkstatt. Es sei sogar ein festgelegter Ablauf von Lernschritten feststellbar. Das ungeschriebene Curriculum werde in einer Gilde der organisierten Schneider weitergegeben. Es sei die Artikulation der Gilde als soziale Organisation, die hier zum Ausdruck komme. Andere Teile des Lernprozesses sind danach wesentlich durch die Produktion, also den Arbeitsprozess selbst, geprägt. Die Teilschritte einer Fertigung haben eine Eigenlogik, die sich in der Tätigkeit erschließt. Die Lehrlinge müssen das Material für ihre ersten Produkte selbst finanzieren, daher seien sie sehr darauf bedacht, sorgsam zu arbeiten. Da sie die Resultate ihrer Arbeit dann auf dem Markt verkauften, ergebe sich sehr direkt eine Rückmeldung hinsichtlich der Qualität der Produkte. Innerhalb der Gildenstruktur gibt es einen Konsens über die Abfolge von Lernschritten mit insgesamt fünf Lernstufen, die zu absolvieren seien, jeweils durch eine sich steigernde Komplexität der Produkte geprägt. Die Lehrzeit ende nach etwa zwei bis drei Jahren, je nach Lernfortschritt. Der vom „Meister" gesteuerte Lernprozess ist eine Mischung aus Instruktion und selbstgesteuertem Lernen (ebd., S. 182f.). Was allerdings nicht angesprochen wurde, ist die Frage nach Produktinnovation, die hier wohl eher eine geringe Rolle spielt, da in erster Linie kopiert wird. Die hier skizzierten Strukturen informellen Lernens innerhalb eines definierten sozialen Rahmens sind auch in anderen westafrikanischen Ländern verbreitet, und es gibt durchaus Ambivalenzen hinsichtlich der Lernprozesse auf der einen und Ausbeutungsstrukturen auf der anderen Seite. Dennoch sollten diese Prozesse aus westlicher Perspektive nicht darauf verkürzt werden. Zuweilen werden auch Lehrgelder bezahlt oder aber aus philanthropischen Einstellungen, aus Verwandtschafts- und Freundschaftsbeziehungen heraus erfolgt die Ausbildung auch gratis.

Aus der Perspektive entwicklungspolitisch tätiger Organisationen wurden die skizzierten Lernprozesse häufig als eher minderwertig betrachtet und als wenig wertvolles Imitationslernen gesehen. Diese Betrachtung ist allerdings sehr stark mit einem modernisierungstheoretischen Denken verbunden und trifft nicht die Realität der Menschen in den sog. Entwicklungsländern. In den dortigen Klein- und Kleinstbetrieben wird schließlich in einem sozialen und wirtschaftlichen Umfeld gelernt, das nicht sehr innovationsfreudig ist, dennoch aber auch die ökonomischen Realitäten spiegelt. Wenn hier in einem Prozess der „teilnehmenden Erfahrung" (Nestvogel, 1988, S. 31) gelernt wird, könnte daran auch angesetzt und konkret etwas zur Verbesserung der innerhalb dieser Sphäre lebenden Menschen getan werden, was dann später auch hier und da geschieht. So gab es in Kenia und Nigeria Versuche, die informelle Lehre zu institutionalisieren (Overwien et al., 1999; Ferej, 1996).

Auch bezogen auf Lateinamerika wurden informelle Lernprozesse thematisiert. Greenfield untersucht das traditionelle Weben einer Ethnie im Süden Mexikos. Sie wies auf die soziale und kulturelle Einbindung der entsprechenden Lernprozesse hin und beobachtete deren besonderen Charakter. Lehrende begleiten die Lernenden und ziehen sich im Prozess mehr und mehr zurück. Es handele sich um einen Prozess des Scaffolding, den Lernenden werde also eine Art Gerüst des Lernens geboten, an dessen Strukturen entlang sie ihre Fähigkeiten perfektionierten (Greenfield, 1984, S. 129f.).

Spätere Untersuchungen ergaben, dass derartige Strukturen z.T. auch in weniger traditionellen Tätigkeiten in Lateinamerika eine wichtige Rolle spielen. So untersuchte Overwien (1995) Kleinbetriebe der eher ärmeren Wirtschaftssektoren in Nicaragua. Auch hier gibt es eine verankerte Struktur einer Meister-Schüler-Lehre, die als ein in groben Zügen definiertes Verhältnis zwischen Werkstattbesitzern und *Ayudantes* (Helfern) charakterisiert wird. Informelles Lernen in der Produktion, verbunden mit Anleitung, führt Stück für Stück, weitgehend ungeregelt und über eine ganze Reihe von Jahren zu einem Stand der

Kompetenzen, der den Lernenden dann eine unabhängige Existenz ermöglicht, was für die Lehrenden dann teils auch ambivalent ist, weil hier Konkurrenz erwachsen könnte. Wichtig ist die Existenz einer Art „informeller Lehre", die im kleinbetrieblichen Sektor den Kompetenzerwerb prägt (vgl. Overwien, 1995).

Greenfield und Lave (1982) führten ihre Forschungsergebnisse in nordamerikanische Diskussionen ein. Sie gingen davon aus, dass wesentliche Elemente der von ihnen festgestellten informellen Bildung, wie etwa die kulturelle Einbindung und die Einbettung in das tägliche Leben, die Verantwortung der Lernenden für den Lernprozess, das fehlende Curriculum und die Mechanismen eines Imitations- und Beobachtungslernens auch mit Lernprozessen in den USA zu verbinden seien. Zusammen mit Wenger ging Lave den damit verbundenen Fragen weiter nach und betrachtete besonders die Lernumgebungen. Hier wurde dann weniger nach den konkreten Aneignungsformen gefragt, sondern mehr nach den sozialen Einbindungen der Lernenden. Unter Bezug auf Lernprozesse in Westafrika, aber auch bei Fleischern in den USA, Quartiermeistern der US-Navy oder Gruppen der anonymen Alkoholiker entwickelten die beiden Autoren erste Überlegungen zu einem Lernen in *Communities of practice*, die sie dann später vertieften (Lave & Wenger, 1991, S. 29f.). Dieses Modell, das auch mit Perspektiven auf situiertes Lernen verbunden wird, öffnete den Blick für Lernen im sozialen Kontext, bezogen auf ganz verschiedene Lernumgebungen. Beeinflusst wurden diese Sichtweisen auch durch Rogoff (2003, S. 282ff.), die darauf verwies, dass informelles Lernen in früher Kindheit beginne und im Rahmen einer *guided participation* mehr oder weniger bewusst von Erwachsenen gesteuert werde. Die Autorin betonte die Rolle der Einbindung, die Kontextualisierung des Lernens. Dabei sind Bezüge zu Betrachtungen des menschlichen Beobachtungslernens, dem Lernen am Modell deutlich (Bandura, 1976).

Auch weitere Studien der beginnenden 1990er Jahre befassten sich mit der Eingebundenheit von Prozessen informeller Bildung. So ging Henze im Rahmen einer „anthropologisch-erziehungswissenschaftlichen" Studie dem Lernen auf der Ebene des griechischen Dorflebens nach. Sie untersuchte Lernepisoden und ihre Variationen in Dorfgemeinschaften und betrachtete dabei kommunikative und kulturelle Zusammenhänge. Sie interessierte sich für die konkreten Lernprozesse, aber auch für ihre Unterscheidung von Alltagsprozessen rundherum. Gleichzeitig ging sie den Konsequenzen für die Lernenden nach. Henze wies in der Analyse ihrer Ergebnisse auf die Schwierigkeit der Vergleichbarkeit von informellen Lernprozessen hin, diskutierte dann aber strukturelle Ähnlichkeiten mit dem Weben lernen in Guatemala oder dem Spracherwerb in Los Angeles (Henze, 1992, S. 17f.).

Informelles Lernen in der nordamerikanischen Diskussion

Der Begriff des informellen Lernens war nun also in den USA angekommen, es bedurfte aber noch der Arbeiten von Watkins und Marsick, damit es breiter wahrgenommen wurde. Eingebunden in Diskussionen um den Human-Development-Ansatz gingen sie dem informellen und inzidentellen Lernen im Arbeitskontext nach. Auch sie begannen ihre Arbeiten in der Südhemisphäre, indem sie auf Forschungsergebnisse aus Nepal und den Philippinen zurückgriffen und dann dem informellen Lernen in den USA nachgingen. Hier wurde ihr Definitionsansatz eines nicht-routinemäßigen, eher problemgeleiteten informellen Lernens in ungewöhnlichen oder auch Konfliktsituationen Stück für Stück in Diskussionen über das arbeitsbezogene Lernen aufgenommen (Watkins & Marsick, 1990). Inzidentelles und informelles Lernen werden als zusammenhängend, aber unterschiedlich intentional gesehen. Nahe an der Persönlichkeitsentwicklung wird „tacit knowledge" erworben. Ein hoher Grad an Autonomie und Empowerment begünstige informelles Lernen, das unter guten Voraussetzungen mit Kreativität verbunden sei (ebd., S. 23ff.). Der Ansatz von Watkins und Marsick wurde besonders in der Managementdiskussion aufgenommen (vgl. Cseh et al., 1999). Er fiel im nordamerikanischen Kontext durchaus auf fruchtbaren Boden. So wurde das hinter dem informellen Lernen stehende Phänomen unter anderen Begrifflichkeiten in den USA und Kanada schon früher diskutiert. In Studien der 1960er Jahre ging es um *voluntary learning*, in den 1970er Jahren thematisierte eine größere Studie selbst geplante Lernaktivitäten von Erwachsenen und der Kanadier Tough arbeitete an einem Begriff von autodidaktischem Lernen (vgl. Livingstone, 2001). Der nun neu akzentuierte Begriff des informellen Lernens bot hier also ein definitorisches Dach für verschiedene, ähnlich gelagerte Fragestellungen.

In der Folge entstanden viele Studien zum informellen Lernen, insbesondere im Arbeitskontext. Hier bestand und besteht wohl zunächst auch der am weitesten ausgeprägte Bedarf an Strukturwissen, weil ein informelles Lernen in der Arbeit durchaus ökonomisch interessant ist. Es kann an dieser Stelle nicht auf die Vielzahl der entsprechenden Studien eingegangen werden (vgl. Overwien, 2005), durchaus interessant ist aber, dass Fragen nach dem informellen Lernen sehr schnell auch in anderen Kontexten gestellt wurden. So untersuchte bspw. Foley (1999) informelle Lernprozesse im Rahmen sozialer Aktionen in Australien, Brasilien, Simbabwe und den USA. In diesem Rahmen äußerten sich etwa Mitglieder einer Initiative für den Erhalt eines Regenwaldes in Australien sehr erstaunt darüber, dass sie in ihrer zwölfjährigen politischen Arbeit auch etwas Relevantes gelernt haben sollten, identifizierten aber bei näherer Betrachtung dann eine ganze Reihe von Lernfeldern. Dabei wird etwa eine Analysekompetenz bezogen auf das politische System und neben anderen sehr praktischen Fähigkeiten auch Medienkompetenz betont. Foley sieht sich in der Wahrnehmung solcher Lernprozesse nahe an dem, was Paulo Freire Bewusstwerdung nennt[1] (ebd., 1999, S. 39f.).

Das Forschungsfeld um informelles Lernen erweiterte sich in den 1990er Jahren und nach der Jahrtausendwende erheblich; eine halbwegs vollständige Übersicht über dieses Feld ist an dieser Stelle nicht zu liefern (vgl. Dohmen, 1996; Overwien, 2005). Bemerkenswert sind Forschungsprozesse an der University of Toronto, am *Ontario Institute of Studies in Education* (OISE), die von David Livingstone geleitet wurden. In der Tradition von Tough, der ebenfalls hier gearbeitet hatte, untersuchten die Kanadier das informelle

---

1   Die Pädagogik Paulo Freires ist Teil der sog. Befreiungspädagogik (*Educación Popular*) in Lateinamerika und hat deutliche Verbindungen zur Befreiungstheologie. In einer Abfolge eines zunächst „naiven Bewusstseins", eines „kritischen Bewusstseins" und einer „kritischen Praxis" erfolgen Lernschritte hin zu einer Bewusstwerdung über Gesellschaft und die eigene Rolle darin (vgl. Freire, 2008).

Lernen in sehr unterschiedlichen Kontexten von Arbeit, Freizeit und gesellschaftlichen Zusammenhängen. So ging es neben zwei großen landesweiten Studien zum informellen Lernen etwa um behinderte Mitarbeiter einer Bank und ihr arbeitsbezogenes Lernen, um das informelle arbeitsbezogene Lernen von Lehrerinnen und Lehrern, um Migranten und wie sie Eingliederung in den kanadischen Arbeitsmarkt lernend bewältigen, wie sie mit Ausgrenzung und sozialen Problemen umgehen und welche Widerstandsstrategien sie entwickeln. Es ging auch um das informelle Lernen in Forschungsabteilungen pharmazeutischer und biotechnologischer Unternehmen oder um verschlungene (Lern-)Wege und Zugänge von Frauen in Tätigkeiten innerhalb der Informationstechnologiebranche. Untersucht wurde informelles Lernen in unbezahlter Hausarbeit und innerhalb interkulturell verschiedener Einwandergruppen. Das sehr auf Kommunikation bezogene informelle Lernen in einer Hausbaukooperative war Inhalt einer weiteren Untersuchung (vgl. Livingstone, 2010).

Erst seit Mitte der 1990er Jahre wurde die englischsprachige Diskussion in Deutschland Schritt für Schritt aufgenommen. Bezeichnenderweise war es zunächst ein Autor, der auch im Kontext der entwicklungsbezogenen Bildung forscht, der nun auf informelle Lernweisen aufmerksam machte. So wies Lenhart (1993) auf die Differenzierungen von Lernweisen hin und unterschied formale, nonformale und informelle Bildung.[2] Er differenzierte nach komplementärer, also Schulbildung ergänzender nonformaler Bildung, supplementärer, in weiterer Perspektive an Schulbildung anschließende und nach substitutiver, also Schulbildung ersetzender nonformaler Bildung (vgl. a. Adick 1997). Informelle Bildung wurde hier nicht als Restkategorie gesehen, sondern als an Sozialisation anknüpfende Form von lernrelevanter Interaktion (Lenhart, 1993, S. 1ff.). Über eine Reihe forschungsbezogener Arbeiten zum informellen Lernen in Kleinbetrieben von Entwicklungsländern vertiefte sich in der entwicklungsbezogenen Bildungsdiskussion der Blick auf informelles Lernen und Möglichkeiten der Unterstützung von Menschen, die in der Armutsökonomie leben (vgl. Overwien et al., 1999).

Zur Diskussion in Deutschland

Erst Ende der 1990er Jahre wurde die Diskussion um informelles Lernen in Deutschland breiter aufgenommen. So referierte bspw. Dohmen (1996) Forschungsergebnisse aus dem internationalen Kontext, und Overwien (1999) brachte Ergebnisse von Studien aus dem entwicklungspolitischen Kontext in die deutsche Berufsbildungsdiskussion ein. Hier schließt das Konzept des informellen Lernens eng an Forschungsprozesse zum arbeitsbezogenen Lernen in Betrieben an (vgl. Dehnbostel, 1999).

In der Folge setzten sich in Deutschland nach und nach die Erwachsenbildung, die berufliche Bildung und dann auch Vertreter der Sozialpädagogik, Jugendforschung, Umweltbildung und Freizeitpädagogik mehr und mehr mit dem informellen Lernen aus-

---

2   Lenhart schließt an die internationalen Debatten um „Education for all" an und erweitert die Perspektive der Jomtien-Abschlusserklärung um informelle Bildung, die darin noch nicht vorkommt (vgl. Unesco, 1994)

einander (vgl. Overwien, 2005). Neben dem Lernen am Arbeitsplatz findet der Kompetenzerwerb im freiwilligen Engagement, im Bereich neuer Medien, im Rahmen von Museen und Science Centern oder darüber hinaus im Freizeitbereich, auch in der Verbindung von schulischem, non-formalem und informellem Lernen, bis heute Beachtung (vgl. BMFSJF, 2005).

Beispiel Deutschland: Informelles Lernen im zivilgesellschaftlichen Kontext

Seit einer Reihe von Jahren wird in englischsprachigen Studien dem informellen Lernen in zivilgesellschaftlichen Kontexten nachgegangen (vgl. Overwien, 2011). Auch in Deutschland gibt es jetzt Studien zum informellen Lernen im „freiwilligen Engagement". Interessant ist, dass bereits früher eine ähnliche Diskussion existierte, die allerdings damals eher versandete. So sah Treml ein alternatives Lernen in Bürgerinitiativen und der „Alternativbewegung" der 1970er Jahre. Im Vergleich zu schulischem Lernen gebe es hier u.a. eine Aufhebung von „Nah und Fern", „Hand- und Kopfarbeit", „Lehren und Lernen", „alltäglichem Handeln und politischem Handeln", „Freiwilligkeit und Notwendigkeit" (Treml, 1980). Beyersdorf hob die selbstorganisierte Bildungsarbeit im Rahmen von Bürgerinitiativen und neuen sozialen Bewegungen zwischen der „formellen" und einer „informellen" Erwachsenenbildung hervor. Sie ist aus seiner Perspektive sowohl Teil des Bildungssystems als auch der informellen Lern- und Lebenswelt (Beyersdorf, 1991, S. 104ff.).

Auch Aktivitäten der Friedensbewegung wurden im Hinblick auf die mit den Aktionen verbundenen Lernprozesse diskutiert. Gugel und Jäger (1997) gehen von hohen Lernpotentialen innerhalb eines handelnden Lernens aus. Lernpotentiale sind die gemeinsame Konzipierung, Vorbereitung und Durchführung von Aktionen, dialogische Lernprozesse in Gruppen- und Einzeldiskussionen oder die kollektive bzw. individuelle Aneignung von bewegungsbezogenem Fachwissen. Die erworbenen Kompetenzen sind sozialer und organisatorischer Art und beinhalten darüber hinaus Analysefähigkeiten bezogen auf politische Systeme und damit verbundenes Handeln. Ein permanenter Handlungsdruck und erlittene Frustrationen beeinflussen derartige Lernprozesse aber durchaus auch negativ.

Rodemann (2009) untersuchte innerhalb einer kleineren Studie, wie sich informelles Lernen bei Greenpeace-Aktivisten gestaltet, die zum Zeitpunkt der Befragung jeweils einige Jahre lang in entsprechende Prozesse integriert waren. Dabei ergab die wenig überraschende Selbsteinschätzung der Befragten, dass insbesondere kommunikative und solche Kompetenzen erworben werden, die sich im engeren Sinne auf Umweltfragen richten. Fragen internationaler Gerechtigkeit in globaler Perspektive hingegen werden wenig bearbeitet, da sich die meisten Aktivitäten auf lokale und regionale Aktivitäten bezögen (Rodemann, 2009, S. 110f.).

Das informelle Lernen im freiwilligen Engagement ist Inhalt einer breiteren neueren Studie. Das Deutsche Jugendinstitut (DJI) und die Universität Dortmund erhoben bis 2008 Daten über das informelle Lernen von Jugendlichen in diesem Feld. Es geht um ein Lernen bspw. bei der Freiwilligen Feuerwehr oder dem Technischen Hilfswerk, im Rahmen der Evangelischen Jugend oder bei den Pfadfindern, bei der Gewerkschaftsjugend oder der Deutschen-Lebens-Rettungs-Gesellschaft (DLRG). Ein breiter quantitativ-repräsentativer Teil der Untersuchung wird durch einen qualitativen ergänzt. Dabei geht es jeweils um Voraussetzungen und Selektionsmechanismen, um das soziale und kulturelle Kapital der Herkunftsfamilien und um die spezifischen Rahmenbedingungen der Jugendarbeit. Untersucht wird die Bedeutung des Engagements bezogen auf den Kompetenzerwerb auch im Vergleich zu anderen Lernorten, die Rolle der Verantwortungsübernahme für die Identitätsentwicklung und auch die nachhaltige Wirkung des Kompetenzerwerbes durch informelles Lernen. Die Forschergruppe kann nachweisen, dass wichtige personale, kulturelle, soziale und auch instrumentelle Kompetenzen erworben werden. Deutlich wird auch, dass im Vergleich zum schulischen Lernen hier ein anderes, wichtiges Lernfeld vorliegt. Individuelles und kollektives Lernen kommen hier produktiv zusammen. Gerade auch demokratierelevante Kompetenzen, die über soziales Lernen hinausgehen, werden durch Verantwortungsübernahme oder die Arbeit in der Gruppe erworben (vgl. Düx et al., 2008).

Beispiel Deutschland: Informelles Lernen und Medien

Untersuchungen zum informellen Lernen machen auch immer wieder darauf aufmerksam, dass es schichtspezifische Grenzen gibt. So zeigen Tibus und Glaser (2009) dies für ein informelles Lernen anhand der Fernsehserie „Sesamstraße" und auch die erwähnte Studie zum Lernen im freiwilligen Engagement diskutiert dies im Rahmen ihrer Ergebnisse (Düx et al., 2008).

Dennoch kann davon ausgegangen werden, dass Medien innerhalb politischer Sozialisation bei breiteren Bevölkerungskreisen eine wichtige Rolle spielen. Bisher gibt es allerdings nur relativ wenig empirisch belegte Erkenntnisse zu diesen auch informellen Lernprozessen. Es lohnt sich deshalb, ein konkretes Beispiel genauer zu analysieren. Strohmeier beschäftigt sich mit dem Einfluss der Hörspielserien „Bibi Blocksberg" und „Benjamin Blümchen" auf das politische Lernen von Kindern. Er konstatiert, dass Kinderhörspiele in ihrer sozialisierenden Wirkung unterschätzt oder ignoriert werden und arbeitet Bezüge zur Diskussion um politische Sozialisation heraus. Unter Bezug auf Literatur der 1980er Jahre argumentiert er, dass im Alter von zwölf bis dreizehn Jahren eine „politische Welt" konstruiert werde (Strohmeier, 2005, S. 9). Dann diskutiert er die Bedeutung der Hörspielserien für die politische Sozialisation der Zuhörer der beiden Serien. Den Serien, deren Kauf und Einsatz ja ohne Zweifel dem viel zitierten Elternwillen unterliegt, bescheinigt der Autor politische Einseitigkeit. Er beschreibt die Anlage der erzählten Geschichten, in denen die Protagonisten ihre Aktivitäten auf das „Interesse aller Bürger" richteten und als Identifikationsfiguren für Kinder inszeniert würden. Die Politik werde in erster Linie durch den Bürgermeister repräsentiert, meist verantwortungslos, kaum hilfsbereit und gegen die Interessen der Bürger arbeitend, wenn er eine unnötige vierspurige Schnellstraße baut, Eisenbahnstrecken stilllegt oder den Zoo oder das Tierheim nicht unterstützt (vgl. ebd., S. 11f.). Auch der betrügerische Immobilienhändler Schmeichler, der mit dem Bürgermeister gemeinsame Sache macht, wird negativ dargestellt, ebenso wie andere Repräsentanten der Wirtschaft.

Der Autor sieht in der Serie „Benjamin Blümchen" auch Autoritäten in Frage gestellt, so hat die Polizei „tendenziell ein negatives Image", sie sei der verlängerte Arm des Bürgermeisters und werde oft ähnlich lächerlich dargestellt wie dieser. Karla Kolumna die Journalistin hingegen ist immer auf der Seite der Kinder, hat zwar auch negative Seiten, indem sie sensationsgierig sei, im Grunde aber ehrlich und immer für die Gerechtigkeit arbeitend. Zumeist kommt es zu einer Zusammenarbeit, je nachdem zwischen Benjamin oder Bibi und der Vertreterin der Presse, die zusammen mit den Bürgerinnen und Bürgern Probleme lösen, vielfach z.B. im Umweltbereich (ebd., S. 12f.). Als einmal Benjamin Blümchen das Amt des Bürgermeisters einnimmt, wird die Stadt nach ökologischen Maßstäben radikal verändert: Der Dienstwagen des Bürgermeisters wird durch ein Dienstfahrrad ersetzt, es entsteht ein Windkraftwerk, und Radwege werden gebaut. Alles dies wird vom Autor harsch kritisiert, der der Autorin der beiden Hörspielserien unterstellt, sie vertrete Positionen, die „ökologisch, postmaterialistisch, basisdemokratisch, kritisch, zivilcouragiert, pazifistisch, sozial, antikapitalistisch, egalitär, tendenziell anarchisch bzw. antistaatlich, antihierarchisch, antiautoritär und antikonservativ" seien. Die Serien seien links der Mitte angesiedelt, „linksliberal bis linksalternativ" verortet (ebd., S. 14). Was dem Autor in seiner langen Aufzählung interessanterweise entgeht, ist die fast feministische Tendenz mancher Inhalte, insbesondere von Gesprächen zwischen Bibi Blocksberg und ihrer Mutter.

Immerhin stellt der Autor fest, dass vermittelt werde, dass Politik wesentlich für die Wirtschaft sei und auch vom Willen der Bevölkerung abhänge und dass die Medien eine wichtige Rolle spielen. Auch die Funktion der Polizei werde dargestellt, alles das sei aber tendenziös. Am Ende schließlich wird kritisiert, dass die Serien auch im öffentlich-rechtlichen Rundfunk und Fernsehen gezeigt werden. Hier wird der Autor allerdings fast inquisitorisch. Interessanterweise fragt er nicht danach, welchen Einfluss Serien wie „Gute Zeiten schlechte Zeiten" o.ä. oder auch „TKKG", mit manchmal mindestens grenzwertigen Äußerungen hinsichtlich gesellschaftlicher Minderheiten, auf das Gesellschafts- und Familienbild junger Menschen haben. Die Diskussion sollte allerdings Anregung dazu sein, künftig genauer auf das informelle Lernen durch Kinder- und Jugendmedien zu schauen, allerdings unter Entwicklung wissenschaftlich haltbarer Kriterien (vgl. Pietraß et al., 2005).

Der europäische und internationale Einfluss auf die deutsche Diskussion

Die Europäische Union ist formal nicht für die Bildungspolitik der Mitgliedsländer zuständig. Dennoch prägen spätestens seit Beginn der neunziger Jahre Vorgaben der Gemeinschaft immer mehr auch die nationalen Bildungsdiskussionen, insbesondere in der beruflichen Bildung und Weiterbildung. So benennt ein programmatisches Papier der Europäischen Kommission unter dem Titel „Einen europäischen Raum des lebenslangen Lernens schaffen" konkrete Schritte einer Einbeziehung informellen und nonformalen Lernens in eine Gesamtstrategie, mit der „... Aufforderung an Bildungs- und Berufsbildungseinrichtungen, sich systematisch der Bewertung und Anerkennung von nicht-formalem und informellem Lernen zu widmen" (EU-Kommission, 2001, S. 16ff.). Dabei werden direkte Linien zu Globalisierungsprozessen gezogen. Auch mit Blick auf die damit verbundenen komplexen Sachverhalte liegt dieser Politik zunehmend eine Orientierung am Erwerb von Kompetenzen zugrunde, als „Outcome" der Lernprozesse verstanden.

Die deutsche erziehungswissenschaftliche Diskussion hat Globalisierungsprozesse lange Zeit wenig beachtet, mit Ausnahme der Vergleichenden Erziehungswissenschaft (Adick, 2008) und des begrenzt wahrgenommenen Diskussionsfeldes um Globales Lernen, der entwicklungspolitischen Bildung, der Friedenspädagogik oder der interkulturellen Bildung (vgl. Seitz, 2006). Dort wird der Globalisierungsprozess zunächst eher kritisch betrachtet und betont, dass Globales Lernen nicht zu einem humanitären Alibi einer inhumanen Wirtschaftswelt werden dürfe. Hier liegen wichtige Hinweise auf zu beachtende ethische Grundsätze auch innerhalb des Bildungssystems. Angesichts einer zunehmenden Globalisierungsdynamik müssen aber auch Fragen aus diesem Prozess aufgenommen werden; es geht auch um eine Gestaltung der Globalisierung „[...] im Kontext von moralisch-ethischen Zielen wie Gerechtigkeit und Nachhaltigkeit [...]" (Scheunpflug, 2003, S. 167f.). Dies kann an dieser Stelle nicht vertieft werden, das Stichwort Nachhaltigkeit aber führt direkt zur Bedeutung informellen Lernens in weiteren internationalen Prozessen. Im Jahre 1992 einigte sich die Weltgemeinschaft in Rio de Janeiro auf die Agenda 21, mit der der Weg hin zu einer nachhaltigen Entwicklung gezeichnet wurde. Das Kapitel 36 dieser Vereinbarung beschreibt und betont die Bedeutung von Bildung im Prozess nachhaltiger Entwicklung. Ohne mentalen Wandel, ohne Bewusstseinsbildung, ohne eine weltweite Bildungsinitiative, sei eine nachhaltige Entwicklung nicht zu gewährleisten (United Nations, 1992; vgl. Adick, 2008, S. 42f.). Dabei wird auch die Bedeutung informellen Lernens betont.

Informelles Lernen wird nach wie vor nicht einheitlich definiert. Meist wird an der Organisationsform des Lernens angesetzt, und dabei gelten die Lernprozesse als informell, die ihren Platz außerhalb formaler Institutionen oder non-formaler Kursangebote haben und auch nicht entsprechend finanziert werden. Die Definition seitens der EU, die in ähnlicher Form auch aktuell auf offiziellen Websites verbreitet wird, nimmt die folgenden Abgrenzungen vor:

- „Formales Lernen findet in Bildungs- und Ausbildungseinrichtungen statt und führt zu anerkannten Abschlüssen und Qualifikationen.
- Nicht-formales Lernen findet außerhalb der Hauptsysteme der allgemeinen und beruflichen Bildung statt und führt nicht unbedingt zum Erwerb eines formalen Abschlusses. Nicht-formales Lernen kann am Arbeitsplatz und im Rahmen von Aktivitäten der Organisationen und Gruppierungen der Zivilgesellschaft (wie Jugendorganisationen, Gewerkschaften und politischen Parteien) stattfinden. Auch Organisationen oder Dienste, die zur Ergänzung der formalen Systeme eingerichtet wurden, können als Ort nicht-formalen Lernens fungieren (z.B. Kunst-, Musik- und Sportkurse oder private Betreuung durch Tutoren zur Prüfungsvorbereitung).
- Informelles Lernen ist eine natürliche Begleiterscheinung des täglichen Lebens. Anders als beim formalen und nicht-formalen Lernen handelt es sich beim informellen

Lernen nicht notwendigerweise um ein intentionales Lernen, weshalb es auch von den Lernenden selbst unter Umständen gar nicht als Erweiterung ihres Wissens und ihrer Fähigkeiten wahrgenommen wird" (Europäische Kommission, 2000, S. 9).

Es wird allerdings festgestellt, dass sich die Definitionen innerhalb der Mitgliedstaaten der EU unterscheiden können (vgl. Widmaier, 2011, S. 12). Diese Unterschiede betreffen auch das non-formale Lernen. In einer OECD-Publikation wird darauf verwiesen, dass in einigen Ländern der gesamte Sektor der Erwachsenenbildung dem non-formalen Lernen zugerechnet wird (OECD, o.J.). Wenn hier allerdings informelles Lernen als „never intentional" gesehen wird, steht dies teils im Widerspruch zur EU-Sichtweise und gänzlich zu kanadischen Forschungskontexten, in denen selbst gesteuertes Lernen wesentlicher Teil informellen Lernens ist (vgl. Livingstone, 2006).

Eine weitere Schwierigkeit zeigt sich mit Blick auf die englischsprachige Diskussion nach wie vor, wenn mögliche Unterschiede zwischen informellem Lernen und informeller Bildung ignoriert und beide Begriffe eher synonym verwendet werden. David Livingstone liefert eine tragfähige und differenzierte Sicht. Im Unterschied zum informellen Lernen ist informelle Bildung dann gegeben, wenn Lehrende oder Mentoren Verantwortung dafür übernehmen, dieses Lernen zu gestalten (ebd., S. 205). Es liegt allerdings auf der Hand, dass hier die Grenzen verschwimmen, wenn man etwa an das Projekt- oder Stationen-Lernen innerhalb der Schule denkt oder auch an non-formales Lernen in vielerlei Situationen.

Künftig werden durch den Europäischen und Deutschen Qualifikationsrahmen Regelungen und Mechanismen zum Nachweis von Kompetenzen eingeführt werden, die in formalen, non-formalen und informellen Lernprozessen erworben wurden. Bisher ist unklar, wie dies genau geschehen soll, und in der Ausgestaltung liegen noch Spielräume hinsichtlich der ausgelösten Dynamiken.

Durch die erhebliche Ausweitung der Diskussion ist das Forschungsfeld in Deutschland mit Blick auf das informelle Lernen inzwischen vergleichsweise unübersichtlich geworden. Es gibt aber, aus nahe liegenden Gründen, insbesondere bezogen auf das informelle Lernen in der Arbeit, eine ganze Reihe von Studien, die die Diskussion auch konzeptionell weiterbringen (vgl. Molzberger, 2007; Rohs, 2007; Brodowski et al., 2009, Dehnbostel et al., 2003).

Aussichten

Am Ende stellt sich die Frage, warum es so lange gedauert hat, bis der Begriff und das dahinterstehende Verständnis vom Lernen, die deutschen erziehungswissenschaftlichen (Teil-) Debatten erreicht haben. Zu vermuten ist zunächst, dass es im englischsprachigen Kontext über lange Zeit tendenziell eine teils andere Akzentuierung der Bewertung des lernenden Subjektes gab. Auch aus der Tradition John Deweys heraus wurde hier den eigenen Anstrengungen der Lernenden mehr Aufmerksamkeit geschenkt, was ja zuweilen auch ambivalent ist, wenn man den Missbrauch der Subjektperspektive aus neoliberalen Wirtschaftskontexten heraus betrachtet. Die dann mit dem Begriff verbundene Euphorie auch deutscher Wirtschaftskreise hinsichtlich des informellen Lernens stärkt vermutlich eine gewisse Skepsis zusätzlich. Mit Schlagzeilen wie „Lernen ohne Seminarstress", „Informelles Lernen in Unternehmen – Vom Schleichweg zur Hauptstraße des Wissens" oder „Informelles Lernen – Treibstoff der Wissensgesellschaft" wird in betriebsnahen Kontexten ein Lernen gefeiert, das vermeintlich billiger sei als organisierte Weiterbildung und diese möglicherweise ersetzen könne. Solche Sichtweisen sind sicher mit absurden Überlegungen verbunden. Dennoch sollte man informelles Lernen damit nicht zu den Akten legen. Es ist ein wichtiges Feld des Kompetenzerwerbs, das durchaus auch aus emanzipatorischer, subjektorientierter Perspektive Bestand hat, Voraussetzung für weiteres Lernen ist und auch eingebunden und gefördert werden kann. Nicht zuletzt haben sich, wie schon von der Faure-Kommission vorausgesagt, die Informations- und Kommunikationsströme radial verändert, auch im Zeichen der Globalisierung (Overwien, 2011). Auch dies trägt zur wachsenden Bedeutung informellen Lernens bei. Im Zusammenhang mit der Aufnahme internationaler Diskussionen in deutsche Fachdebatten ist auf die Arbeit der international vergleichenden Erziehungswissenschaft zu verweisen, die hier tatsächliche Pionierarbeit geleistet hat und leistet (vgl. Adick, 2008).

Literatur

Adick, C. (1997). Formale und nonformale Grundbildung in Afrika – Komplementarität oder Konkurrenz? *Vergleichende Erziehungswissenschaft*, 451–467.
Adick, C. (2008). *Vergleichende Erziehungswissenschaft: Eine Einführung*. Stuttgart: Kohlhammer.
Adick, C. (2012). Organisationen, international. In G. Lang-Wojtasik & U. Klemm (Hrsg.), *Handlexikon Globales Lernen* (S. 201–205). Münster, Ulm: Klemm & Oelschläger.
Bandura, A. (1976). *Lernen am Modell. Ansätze zu einer sozial-kognitiven Lerntheorie*. Stuttgart: Klett.
Beyersdorf, M. (1991). *Selbstorganisierte Bildungsarbeit. Zwischen neuen sozialen Bewegungen und öffentlichem Bildungssystem. Eine explorative Bestandsaufnahme*. Hamburg: Edition Zebra.
BMFSFJ (Hrsg.). (2005). *Zwölfter Kinder- und Jugendbericht – Bildung, Betreuung und Erziehung vor und neben der Schule. Bericht über die Lebenssituation junger Menschen und die Leistungen der Kinder- und Jugendhilfe in Deutschland*. Bonn: BMFSFJ.
Brodowski, M., Devers-Kanoglu, U., Overwien, B., Rohs, M., Salinger, S. & Walser, M. (Hrsg.). (2009). *Informelles Lernen und Bildung für eine nachhaltige Entwicklung. Beiträge aus Theorie und Praxis*. Leverkusen, Opladen: Verlag Barbara Budrich.
Childs, J. (1967). John Dewey, Lectures in the philosophy of education. *Studies in Philosophy and Education*, Vol. 5/1, 60–76.
Coombs, P. H. & Achmed, M. (1974). *Attacking rural Poverty. How nonformal education can help*. Baltimore: Johns Hopkins University Press.
Cseh, M., Watkins, K. E. & Marsick, V. J. (1999). Re-conceptualizing Marsick and Watkins' Model of Informal and Incidental Learning in the Workplace. In K. P. Kuchinke (Ed.), *Academy of Human Resource Conference Proceedings* (S. 3–7), Arlington: College of Education.

Dehnbostel, P. (1999). Zukunftsorientierte betriebliche Lernkonzepte als Integration von informellem und intentionalem Lernen. In P. Dehnbostel, W. Markert & H. Novak (Hrsg.), *Erfahrungslernen in der beruflichen Bildung – Beiträge zu einem kontroversen Konzept* (S. 184–195). Neusäß: Kieser-Verlag.

Dehnbostel, P., Molzberger, G. & Overwien, B. (2003). *Informelles Lernen in modernen Arbeitsprozessen dargestellt am Beispiel von Klein- und Mittelbetrieben der IT-Branche*. Berlin: BBJ-Verlag.

Dewey, J. (1916). *Democracy and Education*. New York: Macmillan.

Dewey, J. (1997). *Democracy and Education*. New York: Free Press.

Delors, J. (1996). Learning: The Treasure Within. Paris: UNESCO.

Dohmen, G. (1996). *Das lebenslange Lernen. Leitlinien einer modernen Bildungspolitik*. Bonn: BMBF.

Düx, W., Prein, G., Sass, E. & Tully, C. (2008). *Kompetenzerwerb im freiwilligen Engagement. Eine empirische Studie zum informellen Lernen im Jugendalter*. Wiesbaden: VS-Verlag.

Europäische Kommission (2000). *Memorandum über lebenslanges Lernen*, SEK (2000) 30.10.2000, Brüssel. Verfügbar unter: http://www.bologna-berlin2003.de/pdf/MemorandumDe.pdf [10.5.2011].

Europäische Kommission (2001). *Mitteilung der Kommission: Einen europäischen Raum des Lebenslangen Lernens schaffen*. November, Brüssel: Europäische Kommission.

Evans, D. R. (1981). *The Planning of Nonformal Education*. Paris: UNESCO.

Faure, E. et al. (1972). *Learning to Be: The World of Education Today and Tomorrow*. Paris: UNESCO.

Faure, E. et al. (1973). *Wie wir leben lernen. Der UNESCO-Bericht über Ziele und Zukunft unserer Erziehungsprogramme*. Reinbek: Rowohlt.

Ferej, A. K. (1996). The Use of Traditional Apprenticeship in Training for Self-employment by Vocational Training Institutes (VTIs) in Kenya. In J. P. Grierson & I. McKenzie, *Training for Self-employment through Vocational Training Institutions* (S. 99–107). Turin: ILO.

Foley, G. (1999). *Learning in Social Action: A Contribution to Understanding Informal Education.* London: Zed Books.

Freire, P. (2008): Pädagogik der Autonomie. Münster: Waxmann.

Greenfield, P. (1984). Theory of the Teacher in the Learning Activities of every Day Life. In B. Rogoff & J. Lave (eds.), *Everyday Cognition: It's Development in Social Context* (S. 117–138). Cambridge/Mass. u.a.: Harvard University Press.

Greenfield, P. & Lave, J. (1982). Cognitive Aspects of Informal Education. In D. A. Wagner & H. W. Stevenson, *Cultural Perspectives on Child Development* (S. 181–207). San Francisco: Freeman.

Gugel, G. & Jäger, U. (1997). *Gewalt muß nicht sein. Eine Einführung in friedenspädagogisches Denken und Handeln*. 3. Aufl. Tübingen: Verein für Friedenspädagogik.

Henze, R. C. (1992). *Informal Teaching and Learning. A Study of Everyday Cognition in a Greek Community*. Hillsdale, New Jersey; London: Erlbaum.

Husen, T. & Postlethwaite, T. N. (1985). *The International Encyclopaedia of Education. Research and Studies.* Vol. 6, M-O. (Nonformal Education) (S. 3536–3540). Oxford u.a.: Pergamon Press.

Knowles, M. S. (1951). *Informal Adult Education. A Guide for Administrators, Leaders and Teachers.* New York: Association Press.

Knowles, M. S. & Húsen, T. (1963). *Erwachsene lernen. Methodik der Erwachsenenbildung.* Stuttgart: Klett.

Lave, J. (1982). A Comparative Approach to Educational Forms and Learning Processes. *Anthropology and education Quarterly,* Vol. 13, Nr. 2, 181–187.

Lave, J. & Wenger, E. (1991). *Situated Learning.* Cambridge, New York: Cambridge University Press.

Lenhart, V. (1993). *Bildung für alle.* Darmstadt: Wissenschaftliche Buchgesellschaft.

Livingstone, D. W. (2001). *Adults' Informal Learning: Definitions, findings, Gaps and Future Research.* Toronto: NALL Working Paper 21.

Livingstone, D. W. (2006). Informal Learning: Conceptual Distinctions and Preliminary Findings. In Z. Bekermann, N. C. Burbules & D. Silberman-Keller (Hrsg.), *Learning in Places. The Informal Education Reader* (S. 203–227). New York u.a.: Lang.

Livingstone, D. W. (Ed.). (2010). *Lifelong Learning in Paid and Unpaid Work: Survey and Case Study Findings.* London: Routledge.

Molzberger, G. (2007). *Rahmungen informellen Lernens: zur Erschließung neuer Lern- und Weiterbildungsperspektiven.* Wiesbaden: VS-Verlag.

Nestvogel, R. (1988). Einheimische und westliche Bildungsformen in Schwarzafrika. *Unterrichtswissenschaft,* Heft 1, 28–42.

OECD (o.J.). *Recognition of Non-formal and Informal Learning.* Verfügbar unter: http://www.oecd.org/document/25/0,3343,en_2649_39263238_37136921_1_1_1_37455,00.html [10.5.2011].

Overwien, B. (1995). *Beruflicher Kompetenzerwerb und Beschäftigung im informellen Sektor in Nicaragua – am Beispiel des Barrio 19. Juli, Managua.* Berlin: Technische Universität.

Overwien, B. (1999). Informelles Lernen, eine Herausforderung an die internationale Bildungsforschung. In P. Dehnbostel, W. Markert & H. Novak (Hrsg.), *Erfahrungslernen in der beruflichen Bildung – Beiträge zu einem kontroversen Konzept* (S. 295–314). Neusäß: Kieser-Verlag.

Overwien, B. (2005). Stichwort: Informelles Lernen. *Zeitschrift für Erziehungswissenschaft,* Heft 4, 337–353.

Overwien, B. (2011). Informelles Lernen in einer sich globalisierenden Welt. In A. Scheunpflug & W. Sander, *Politische Bildung in der Weltgesellschaft* (S. 259–277). Bonn: Bundeszentrale für politische Bildung.

Overwien, B., Lohrenscheit, C. & Specht, G. (1999). *Arbeiten und Lernen in der Marginalität.* Frankfurt a.M.: Verlag für Interkulturelle Kommunikation.

Pietraß, M., Schmidt, B. & Tippelt, R. (2005). Informelles Lernen und Medienbildung. *Zeitschrift für Erziehungswissenschaft,* 8. Jg (Heft 3), 412–426.

Rodemann, S. (2009). Gestaltungskompetenz durch freiwilliges Engagement bei Greenpeace. In M. Brodowski, U. Devers-Kanoglu, B. Overwien, M. Rohs, S. Salinger & M. Walser (Hrsg.), *Informelles Lernen und Bildung für eine nachhaltige Entwicklung. Beiträge aus Theorie und Praxis* (S. 103–112). Leverkusen, Opladen: Verlag Barbara Budrich.

Rogoff, B. (2003). *The Cultural Nature of Human Development.* Oxford u.a.: Oxford University Press.

Rohs, M. (2007). *Zur Theorie formellen und informellen Lernens in der IT-Weiterbildung.* Hamburg: Helmut-Schmidt-Universität. Universität der Bundeswehr Hamburg.
Sandhaas, B. (1986). Bildungsformen. In H.-D. Haller & H. Meyer (Hrsg.), *Ziele und Inhalte der Erziehung und des Unterrichts* (Enzyklopädie Erziehungswissenschaft, Band 3) (S. 97–115), Stuttgart: Klett-Cotta.
Scheunpflug, A. (2003). Stichwort: Globalisierung und Erziehungswissenschaft. *Zeitschrift für Erziehungswissenschaft*, Heft 2, 159–172.
Schöfthaler, T. (1981). Informelle Bildung. *Zeitschrift für Pädagogik*, 16. Beiheft: Die Dritte Welt als Gegenstand erziehungswissenschaftlicher Forschung. Weinheim: Juventa, 97–115.
Seitz, K. (2006). Lernen in einer globalisierten Gesellschaft. In T. Rauschenbach, W. Düx & E. Sass (Hrsg.), *Informelles Lernen im Jugendalter: Vernachlässigte Dimensionen der Bildungsdebatte* (S. 63–91).Weinheim: Juventa.
Strohmeier, G. (2005). Politik bei Benjamin Blümchen und Bibi Blocksberg. *Aus Politik und Zeitgeschehen*, Heft 41, 7–15.
Tibus, M. & Glaser, M. (2009). Informelles Lernen mit Massenmedien. In M. Brodowski, U. Devers-Kanoglu, B. Overwien, M. Rohs, S. Salinger & M. Walser (Hrsg.), *Informelles Lernen und Bildung für eine nachhaltige Entwicklung. Beiträge aus Theorie und Praxis* (S. 227–236). Leverkusen, Opladen: Verlag Barbara Budrich.
Treml, A. K. (1980). Entwicklungspädagogik als Theorie einer Praxis. Lernen in Bürgerinitiativen und Aktionsgruppen. In A. K. Treml, *Entwicklungspädagogik. Unterentwicklung und Überentwicklung als Herausforderung für die Erziehung* (S. 75–90). Frankfurt a.M.: Iko-Verlag.
Unesco (1994). *World Declaration on Education For All.* Paris. Verfügbar unter: http://www.unesco.org/education/pdf/JOMTIE_E.PDF [15.8.2012].
Watkins, K. & Marsick, V. (1990). *Informal and Incidental Learning in the Workplace.* London: Routledge.
Widmaier, B. (2011). *Citizenship Education and Public Libraries. A Commentary on the Question of Synergies in Non-Formal Education.* In The Civic Inspirer. A Guide To Informal Civic Education At (And Not Only) Public Libraries. Warschau, S. 10–19. Verfügbar unter: http://www.bpb.de/files/VMI8I9.pdf [11.7.2011].
Wood, A. W. (1974). *Informal education and development in Africa.* The Hague: Mouton.

Claudia Richter

Schulleistungsvergleiche in Ländern des Südens am Beispiel von Lateinamerika

Einleitung

Seit den 1990er Jahren haben viele lateinamerikanische Länder auf Drängen internationaler Organisationen wie der Weltbank große Anstrengungen unternommen, nationale Evaluationssysteme zu etablieren oder Testverfahren zur Messung von Schülerleistungen zu entwickeln mit dem Ziel, Ansatzpunkte möglichen Steuerungshandels zur Verbesserung der Schulqualität in den einzelnen Ländern herauszuarbeiten (Küper, 2003b; Goy, van Ackeren & Schwippert, 2008). Auch hat insgesamt die Zahl der lateinamerikanischen Länder zugenommen.

Es kann festgehalten werden, dass sowohl nationale als auch international-vergleichende Studien zum einen notwendige empirische Daten liefern, auf deren Grundlage bildungspolitische Entscheidungen zur Beseitigung von Defiziten im Bildungssystem getroffen werden können, und zum anderen dazu beitragen, dass Entwicklungen und Innovationsstrategien anderer Länder bewusster wahrgenommen werden (Fuchs, 2005, S. 9). Gleichzeitig lässt sich jedoch nach Auffassung von Adick (2008, S. 59) „eine gewisse Verengung der Diskussion auf ‚westliche Bildungssysteme' [feststellen, da] die Länderauswahl von [internationalen Schulleistungsvergleichen] bislang nur wenige Schwellen- und Entwicklungsländer umfasst". Darüber hinaus merkt sie kritisch an, dass in der internationalen Diskussion selten problematisiert wird, welche Auswirkungen die Teilnahme an internationalen Schulleistungsstudien für die Länder des sog. Südens auf die dortigen Bildungsentwicklungen hat, vor allem vor dem Hintergrund ihres regelmäßig schlechten Abschneidens (vgl. auch Naumann, 2004; Ouane & Singh, 2004). Zudem würden die Anstrengungen in diesen Regionen, der eigenen Situation angemessene *large scale assessments* zu konzipieren und durchzuführen, selten zur Kenntnis genommen (Adick, 2008, S. 59). In diesem Zusammenhang fordert Adick, dass die Vertreter der Vergleichenden Erziehungswissenschaft sich nicht nur an internationalen Leistungsvergleichsstudien beteiligen, „sondern auch eine (selbst)reflexive Problematisierung der Voraussetzungen und Folgen des internationalen Bildungsmonitoring im globalen, d.h. insbesondere im Nord-Süd-Kontext vornehmen sollen" (ebd.).

Vor dem Hintergrund Christel Adicks Kritik an internationalen Schulleistungsvergleichen steht im Mittelpunkt dieses Artikels die Frage, inwieweit lateinamerikanische Länder an internationalen Schulleistungsvergleichen teilnehmen und was mögliche Gründe für die geringe Teilnahme und ihr schlechtes Abschneiden sein können.

Im Kapitel 1 wird zunächst ein Überblick über die internationalen Schulleistungsvergleiche gegeben, an denen in den letzten 20 Jahren lateinamerikanische Länder teilgenommen haben, und es werden zentrale Ergebnisse vorgestellt. Darüber hinaus geht die Autorin der o.g. Frage nach möglichen Ursachen für die geringe Teilnahme an internationalen Schulleistungsmessungen nach. Dabei nimmt sie vorliegende Ergebnisse zu PISA 2009 (OECD, 2010) genauer in den Blick und erörtert in einem nächsten Schritt Gründe für das schlechte Abschneiden. Im Kapitel 2 werden dann zwei regionale Schulleistungsmessungen vorgestellt, die seit den 1990er Jahren von dem Regionalbüro der UNESCO für Lateinamerika durchgeführt wurden. Es handelt sich hierbei zum einen um die PEIC-Studie (*Primer Estudio Internacional Comparativo;* vgl. UNESCO, 1998), zum anderen um die SERCE-Studie (*Segundo Estudio Regional Comparativo y Explicativo*; vgl. UNESCO, 2008a). Ferner wird im Kapitel 3 ein Überblick über die aktuelle Situation von Evaluationsstudien im Bildungssektor am Beispiel ausgewählter lateinamerikanischer Länder gegeben. Zentrale Ergebnisse dieses Beitrags werden schließlich im Ausblick noch einmal zusammengefasst, eingeordnet und diskutiert.

1. Internationale Schulleistungsvergleiche

Im Jahr 1992 nahmen erstmalig fünf lateinamerikanische Länder (Argentinien, Costa Rica, Dominikanische Republik, Kolumbien und Venezuela) an einer internationalen Schulleistungsmessung (TIMSS-Pilotstudie) teil. Darüber hinaus gehörte Venezuela neben Trinidad & Tobago zu den einzigen Ländern der Region, die in demselben Jahr auch zu den Teilnehmerstaaten der *Ready Literacy Study* (RLS; Elley, 1992) gehörten (Tab. 1). Schon damals waren die Ergebnisse der teilnehmenden Länder ernüchternd. Die Lernleistungen der Schülerinnen und Schüler fielen wesentlich schlechter als in anderen Regionen der Welt aus.

In den darauffolgenden Jahren nahmen zwar einzelne lateinamerikanische Länder immer wieder an diversen internationalen Schülerleistungsmessungen teil, insbesondere an PISA, aber insgesamt stagnierte eine kontinuierliche Teilnahme der lateinamerikanischen Länder auf eher niedrigem Niveau. So sind Chile und Mexiko[1] die einzigen Länder, die an allen vier bislang durchgeführten PISA-Studien (2000, 2003, 2006, 2009) teilnahmen, wohingegen bspw. Bolivien, Ecuador, Guatemala, Kuba oder Nicaragua sich noch an keiner internationalen Vergleichsstudie beteiligt haben (Tab. 1). Des Weiteren zeigt die Tabelle 1, dass vorrangig Länder der mittleren und höheren Einkommenskategorie an internationalen Schülerleistungsmessungen teilnehmen. Gemäß des Human Development Index (HDI) und des Nationaleinkommens (Gross National Income, GNI) gehören alle acht an PISA 2009 teilnehmenden lateinamerikanischen Länder (z.B. Argentinien, Chile, Kolumbien oder Mexiko) zur Ländergruppe High Human Development, d.h. es sind tendenziell wohlhabende und keine armen Länder (UNDP, 2009, S. 143f.).

---

1 Chile (2010) und Mexiko (1994) sind die einzigen lateinamerikanischen Länder, die offiziell zu den OECD-Mitgliedsstaaten zählen (http://www.oecd.org/; 22.06.2012).

	TIMSS						PIRLS			RLS**	IALS	CIVED	PISA				
	1992*	1995	1999	2003	2007	2011	2001	2006	2011	1992	1998	1999/2000	2000	2003	2006	2009	2012
Argentinien	X						X						X		X	X	
Bolivien																	
Brasilien													X	X	X	X	
Chile			X	X		X					X	X	X		X	X	
Costa Rica	X																
Dom. Rep.	X																
Ecuador																	
El Salvador					X												
Guatemala																	
Honduras						X			X								
Kolumbien	X	X			X		X		X			X			X	X	
Kuba																	
Mexiko		X											X	X	X	X	
Nicaragua																	
Panama																X	
Paraguay																	
Peru													X			X	
Uruguay														X	X	X	
Venezuela	X									X							

Anmerkung: * Hierbei handelte es sich um eine Pilotstudie, an der fünf lateinamerikanische Länder teilnahmen. ** Neben Venezuela hat an der RLS noch Trinidad & Tobago (englischsprachiger Inselstaat in der Karibik) teilgenommen, der jedoch in diesem Artikel nicht näher beleuchtet wird.

Tab. 1: Art und Umfang lateinamerikanischer Beteiligung an diversen internationalen Leistungsvergleichsstudien (Stand: Juni 2012; eigene Erhebung auf der Grundlage der IAE-Daten; http://www.iea.nl/ [22.06.2012] und Ferrer, 2006).

Ursachen für die geringe Teilnahme

Im Jahr 2009 nahmen insgesamt 65 Länder an PISA teil (34 OECD-Mitgliedsstaaten und 31 OECD-Partnerländer); darunter erstmalig auch acht der je nach Definition 19 bzw. 20 lateinamerikanischen Länder: Argentinien, Brasilien, Chile, Kolumbien, Mexiko, Panama, Peru und Uruguay.

Über die Gründe für die geringe Anzahl teilnehmender lateinamerikanischer Länder an PISA oder anderen internationalen *large scale assessments* lässt sich in der einschlägigen Literatur nur wenig finden. Theoretisch können alle Länder weltweit bspw. an PISA teilnehmen, allerdings genehmigt der PISA-Verwaltungsrat die Teilnahme nur nach bestimmten Kriterien. So müssen die Länder zum einen über die technische Expertise und Infrastruktur verfügen, zum anderen in der Lage sein, die kompletten Kosten zu tragen, da PISA ausschließlich durch die Beiträge der Teilnehmerländer finanziert wird, d.h. die Beiträge werden durch das Bildungsministerium des jeweiligen Landes geleistet.[2] Im Jahr 2003 betrug die Teilnahmegebühr an PISA für jedes Land mehr als 100 000 US-Dollar, wobei noch weitere Kosten hinzukamen, z.B. für die Vorbereitung, Durchführung und Analyse der Tests, Reisekosten, Schulung des technischen Personals, Verbreitung der Ergebnisse etc. Uruguay zahlte insgesamt 311 000 US-Dollar (2003), wohingegen für Peru die Gesamtkosten bei 480 000 US-Dollar (2001) lagen (Wolff, 2007, S. 22f.).

Nach Aussagen von Wolff (ebd., S. 34) stellt der finanzielle Aufwand jedoch keine wesentliche Belastung für die Finanzhaushalte der jeweiligen Bildungsministerien dar. Häufig sind es andere Ursachen, die die Entscheidung für eine Beteiligung an einer internationalen Schulleistungsstudie erschweren, z.B. kaum vorhandene Logistik, wenig qualifizierte nationale Experten, die vor Ort für die Koordination, Durchführung und Auswertung der Tests zuständig sind, hohe Reisekosten, fehlende Kontinuität, mangelndes Interesse seitens der Entscheidungsträger und eine kaum vorhandene Evaluationskultur.

Zum Beispiel unternahm Panama große Anstrengungen, um an PISA 2009 erstmalig teilzunehmen, aber weder gelang es der Regierung, ein Team von nationalen Experten zusammenzustellen noch eine öffentliche Diskussion herzustellen bzw. bildungspolitische Konsequenzen aus den PISA-Ergebnissen zu ziehen. Nach Aussagen von Ravela (2011, S. 8) geschah die Teilnahme an PISA, ohne dass die Öffentlichkeit groß Notiz davon nahm mit der Folge, dass sich Panama 2012 nicht erneut an PISA beteiligte. Uruguay hingegen nahm im Jahr 2003 zum ersten Mal an PISA teil; davor an keiner anderen regionalen oder internationalen Lernleistungsmessung. Grund hierfür war, dass das Land „zunächst die Entwicklung einer eigenen nationalen Erfahrung durch die Schaffung und Konsolidierung von entsprechenden Fachgruppen [priorisierte]" (Küper, 2003b, S. 13).

Ferner scheint es auch für einige Länder attraktiver zu sein, an regionalen Schulleistungsmessungen wie an denen der LLECE mitzuwirken, da bei diesen die Möglichkeit besteht, sich aktiver bei der Planung, Durchführung und Auswertung sowie Konstruktion der Messverfahren zu beteiligen. Dadurch können zum einen mehr Selbsterfahrungen durch *Learning by Doing* gemacht werden, zum anderen die Testaufgaben besser auf die regionalen und kulturellen Gegebenheiten abgestimmt und damit ein mögliches kulturelles

---

2 http://www.oecd.org/berlin/themen/haufigefragenzurpisa-studie.htm [08.01.2013].

Bias verringert werden (Artelt & Baumert, 2004; Martínez R., 2006). So sind bspw. der reflexive Umgang mit Texten, das Schreiben von Essays oder das mathematische Problemlösen Fähigkeiten, die häufig in vielen lateinamerikanischen Klassenräumen weniger anzutreffen sind. Außerdem sind i.d.R. die Kosten für die Teilnahme niedriger und der Rückstand in den schulischen Leistungen einzelner Länder gegenüber dem regionalen Durchschnitt geringer (Wolff, 2007, S. 34). Das heißt, es macht für einige Länder schon einen großen Unterschied, ob sie sich mit führenden Industrieländern vergleichen, bei denen sich der Abstand hinsichtlich der Schülerleistungen in den letzten Jahren eher vergrößert anstatt verkleinert hat, oder aber mit Ländern, die sich in einer vergleichbaren Situation befinden und ähnliche bildungspolitischen Ziele für die Zukunft formuliert haben (Martínez R., 2006, S. 162).

Im Fall von Mexiko war die aktive Beteiligung an PISA bzgl. Planung, Konzeption und Organisation zu Beginn (2000) auf das Nötigste limitiert, d.h. Übersetzung der zugeschickten Instrumente und Materialien (z.B. Testaufgaben), Durchführung der Pilotstudie unter Verwendung einer kleinen Stichprobe und gemäß den Anweisungen seitens des PISA-Konsortiums, offene Testaufgaben zusammenstellen und zu ordnen, Tests einzusammeln, zu versenden und auf die Analyseergebnisse zu warten. 2003 gab es dann einige Änderungen. Zum einen wurde das Nationale Institut für Bildungsevaluation (*Instituto Nacional para Evaluación de la Educación, INEE*) gegründet, das zukünftig für die Auswertung der Ergebnisse zuständig sein sollte. Zum anderen wurden die Stichproben von 183 Schulen und 5 276 Schülern (2000) auf 1 124 Schulen und ca. 30 000 Schüler erhöht und die nationalen PISA-Ergebnisse erstmalig veröffentlicht (ebd., S. 155f.).

Zentrale Ergebnisse von PISA 2009

Im Vergleich zu PISA 2006 fielen die Ergebnisse von PISA 2009 zwar insgesamt für Argentinien, Brasilien, Chile, Kolumbien, Mexiko und Uruguay etwas besser aus. Doch nach wie vor gehören die lateinamerikanischen Länder zu den Ländern, deren 15/16-jährigen Schülerinnen und Schüler über die geringsten Grundkompetenzen in Lesen, Mathematik und Naturwissenschaft verfügen.[3] Mit Ausnahme von Uruguay erreichten weit über 50% der teilnehmenden Schüler nicht die Kompetenzstufe 2, d.h. sie hatten ernsthafte Schwierigkeiten, ihr Wissen mit Hilfe eines Textes zu erweitern. Wohingegen Finnland und Korea die Länder mit der kleinsten Lese-Risikogruppe (unter 10%) waren. Zudem war der Anteil an lateinamerikanischen Schülern mit sehr hoher Lesekompetenz (Level 6) sehr gering; in Mexiko lag er z.B. bei weniger als 1% (Schwantner & Schreiner, 2010, S. 19).

Mit Mittelwerten von 449 und 447 erbrachten die Schüler in Chile regional die besten Lese- und Naturwissenschaftsleistungen und lagen damit zwar statistisch signifikant über dem lateinamerikanischen Durchschnitt, aber dennoch weit unter dem OECD-Durchschnitt von 493 bzw. 501 Punkten (Tab. 2). In Mathematik schnitten die Schüler in Uruguay am besten ab (427 Punkte; vgl. Tab. 2). Das leistungsschwächste OECD-Land

---

3   Panama und Peru haben im Jahr 2006 an PISA nicht teilgenommen.

war Mexiko. Es erreichte einen Durchschnittswert von 425 Punkten und lag damit 114 Punkte hinter Shanghai (China), dem leistungsstärksten OECD-Land, was mehr als zwei Schuljahren entspricht (OECD, 2010, S. 13).

	Rang	Lesen	Mathematik	Naturwissenschaft
Chile	44	449	421	447
Uruguay	47	426	427	427
Mexiko	48	425	419	416
Kolumbien	52	413	381	402
Brasilien	53	412	386	405
Argentinien	58	398	388	401
Panama	62	371	360	376
Peru	63	370	365	369
LA-Mittelwert		408	393	405
OECD-Mittelwert		493	496	501

Tab. 2: Regionaler Ländervergleich der Schülerleistungen in PISA 2009 (OECD, 2010, S. 16; eigene Zusammenstellung der Autorin).

Gründe für das schlechte Abschneiden

Die Gründe für das schlechte Abschneiden der lateinamerikanischen Länder bei PISA sind verschiedener Art. Die Bildungsentwicklungen der vergangenen 60 Jahre führten zwar zu einer quantitativen Verbesserung, doch ist die Qualität vieler Bildungssysteme nach wie vor ungenügend, und noch immer bestimmen die sozialen Ungleichheiten zu einem Großteil die Bildungslandschaft (Küper, 2003a; Richter, 2010, 2013).

Seit jeher galt Lateinamerika als die Weltregion mit den stärksten Einkommensunterschieden. 20% der dortigen Ärmsten erhalten durchschnittlich weniger als 5% des Gesamteinkommens, wohingegen 20% der Reichsten über 52% des Volkseinkommens verfügen (Werz, 2010, S. 62). Darüber hinaus werden in vielen Ländern die verschiedenen Eingangsvoraussetzungen der Kinder armer bzw. reicher Familien nicht ausgeglichen. Schätzungsweise 2,4 Mio. Kinder und Jugendliche, vor allem aus abgelegenen ländlichen Regionen, städtischen Armutsvierteln oder aus indigenen Herkunftsfamilien, befinden sich außerhalb des Pflichtschulsystems, obwohl nach internationalen Angaben fast alle Kinder in Lateinamerika mittlerweile eine Schule besuchen. Zum anderen fallen die Schülerleistungen der ärmsten Kinder und Jugendlichen i.d.R. bedeutsam schlechter aus als die der reichsten. Vor diesem Hintergrund kann sogar davon ausgegangen werden, dass der Anteil der 15/16-Jährigen mit sehr schwachen Lernleistungen in den acht Ländern der Region noch höher ist als PISA ermittelt hat, da die Out-of-School-Population der 15/16-Jährigen nicht getestet oder berücksichtigt wird. Dies kann sich wiederum problematisch beim Vergleich von Schulsystemen mit unterschiedlich großer Out-of-School-Population auswirken, weil ein nicht unbedeutender Teil jener 15/16-Jährigen, die keine Schule besuchen, vermutlich eher geringe Kompetenzen aufweist (Schwantner & Schreiner, 2010, S. 13).

Des Weiteren sind im internationalen Vergleich viele Bildungssysteme in Lateinamerika unterfinanziert, obwohl der Anteil der öffentlichen Bildungsausgaben seit den 1990er Jahren kontinuierlich gestiegen ist; gleiches betrifft die Bildungsausgaben pro Schüler (Richter, 2013). Doch meistens reichen die öffentlichen Bildungsausgaben nicht aus, um eine adäquate staatliche Bildungsversorgung zu gewährleisten. Die materielle und personelle Ausstattung der öffentlichen Schulen ist häufig ungenügend, insbesondere in ländlichen Gebieten. Grund hierfür sind die insgesamt geringen Staatsfinanzen oder die hohen Schuldendienstrückzahlungen, vor allem bei den ärmeren Ländern der Region wie Bolivien, Honduras oder Nicaragua, die lediglich ein durchschnittliches Nationaleinkommen von 1 427 US-Dollar pro Kopf aufweisen (lateinamerikanischer Durchschnitt: 5 118 US-Dollar; Stand: 2008; Der Fischer Weltalmanach, 2011, S. 540–543; Richter, 2013, S. 70). Hinzu kommt, dass ähnlich wie in anderen Ländern weltweit auch in Lateinamerika der größte Teil des Finanzhaushaltes der Bildungsministerien für Gehaltszahlungen aufgewendet wird, so dass kaum freie Mittel zur Verfügung stehen, um die schulische Infrastruktur zu verbessern bzw. die Instandhaltung von Schulgebäuden zu gewährleisten. Marode Schulgebäude, mangelnde Ausstattung (z.B. keine Schulbibliotheken, fehlende Elektrizität, kein Zugang zu Trinkwasser, unzumutbarer Zustand der sanitären Anlagen etc.), fehlende Lehrbücher und Unterrichtsmaterialien sind auch im 21. Jh. noch ein zentrales Problem vieler lateinamerikanischer Schulsysteme (Tab. 3). Oftmals sind Lehrer auf die finanzielle Unterstützung der Eltern angewiesen, um Kopien für den Unterricht anfertigen zu können.

Gleichzeitig ergab jedoch PISA 2009, dass die erreichten Ergebnisse der teilnehmenden Länder Lateinamerikas schlechter ausfielen als anhand des Pro-Kopf-Einkommens und der Bildungsausgaben vorauszusehen gewesen wäre, wenngleich nur 6% der Unterschiede bei den durchschnittlichen Schülerleistungen unter den Ländern durch das Pro-Kopf-BIP erklärt werden können (OECD, 2010, S. 15), d.h. geringe Bildungsausgaben allein können das schlechte Abschneiden nur teilweise erklären. Mit großer Wahrscheinlichkeit wirkt sich auch der nicht effektive Ressourceneinsatz der finanziellen Mittel auf die Schülerleistungen aus.[4]

Ein weiterer nicht unbedeutender Grund für das schlechte Abschneiden der lateinamerikanischen Länder bei PISA ist der Umgang mit Mehrsprachigkeit. Lateinamerika gilt als eine multilinguale Region, deren ethnische Bevölkerungsstruktur sich durch die unterschiedlichen historischen Entwicklungen in den einzelnen Ländern stark unterscheidet. So dominiert in Argentinien, Chile und Uruguay die ‚weiße' Bevölkerung aufgrund der extremen Ausrottung der indianischen Urbevölkerung während der Kolonialzeit, wohingegen in Bolivien, Peru, Ecuador, Kolumbien und Venezuela der Großteil der Bevölkerung *Indigenas* und Mestizen bzw. Schwarze und Mulatten sind. In Brasilien wiederum überwiegt die weiße Bevölkerung, und in den zentralamerikanischen Staaten leben vornehmlich Mestizen mit Ausnahme von Costa Rica und Guatemala (Richter, 2013). Schätzungsweise über 900 Sprachen werden in der Region gesprochen. Neben Spanisch als die vorherr-

---

4   http://www.iadb.org/es/temas/educacion/resultados-pisa-2009-resumen,2103.html [13.12.2012].

schende Sprache Lateinamerikas zählen Aymara, Guaraní, Quechua und Nahatl zu den meist gesprochenen indigenen Sprachen (Oettler, Peetz & Hoffmann, 2008, S. 17; Richter, 2013, S. 71). Zwar gibt es seit den 1990er Jahren eine zunehmende Tendenz, die indigenen Sprachen als Primärsprache neben Spanisch zu fördern und Lehrkräfte für den Unterricht darin auszubilden, doch sind die Erfolge bislang eher ernüchternd, sodass davon auszugehen ist, dass die Lernleistungen der Schüler und Schülerinnen schlechter ausfallen, bei denen die Testsprache Spanisch nicht die Muttersprache ist (vgl. Asbrand, Lang-Wojtasik & Köller, 2005).

Ferner sind die schlechte Bezahlung und die mangelhafte berufliche Qualifikation vieler Lehrer in Lateinamerika ein immer wiederkehrendes Streitthema in der bildungspolitischen Diskussion. Dies führt nicht selten zu Lehrermangel oder Lehrer sind gezwungen, an mehreren Schulen gleichzeitig zu unterrichten, um ihr monatliches Einkommen zu erhöhen. Hinzu kommt, dass der Lehrerberuf gesellschaftlich wenig angesehen ist, und es kaum Aufstiegschancen gibt.

	Prozentualer Anteil an Schulen mit fließendem Wasser	Prozentualer Anteil an Schulen mit ausreichenden Toiletten	Anzahl an Schulen in % mit Bibliotheken	Durchschnittl. Anzahl an Büchern in den Bibliotheken	Anzahl an Schulen in % mit Computerräumen	Durchschnittl. Anzahl an Computern pro Schule
Argentinien	82	75	72	1 623	47	13
Bolivien	k.A.	k.A.	k.A.	k.A.	k.A.	k.A.
Brasilien	88	81	52	1 936	39	16
Chile	92	90	79	1 459	90	20
Costa Rica	88	61	24	1 093	30	21
Dom. Rep.	61	74	39	578	16	17
Ecuador	58	54	31	308	38	10
El Salvador	67	67	50	912	22	20
Guatemala	78	52	61	285	10	15
Honduras	k.A.	k.A.	k.A.	k.A.	k.A.	k.A.
Kolumbien	73	54	57	1 402	54	21
Kuba	95	91	82	1 377	94	3
Mexiko	80	66	53	514	31	14
Nicaragua	48	28	23	464	9	18
Panama	61	50	38	609	31	15
Paraguay	64	60	32	5	13	20
Peru	64	51	50	549	28	15
Uruguay	98	82	75	794	42	10
Venezuela	k.A.	k.A.	k.A.	k.A.	k.A.	k.A.
Nuevo León	92	82	51	562	38	21
Länderdurchschnitt	76	66	51	851	37	16
Gesamt für LA & die Karibik	79	69	53	1 211	37	16

Tab. 3: Ausstattung der Schulen in ausgewählten Ländern (UNESCO, 2008a, S. 186).[5]

---

5 *Anmerkung:* Die Zahlen in der Tab. 3 sind in der Originalquelle mit zwei Stellen nach dem

2. Regionale und nationale Schulleistungsmessungen in Lateinamerika

Im Jahr 1994 wurde das *Laboratorio Latinoamericano de Evaluación de la Calidad de la Educación* (LLECE) des Regionalbüros der UNESCO für Lateinamerika und die Karibik in Santiago de Chile ins Leben gerufen, ein Netzwerk, das u.a. die regionalen Schulleistungsmessungen in Lateinamerika durchführt und vom UNESCO-Regionalbüro für Lateinamerika in Santiago de Chile koordiniert wird. Neben der Durchführung empirischer Schulleistungsmessungen bestehen zentrale Aufgaben der LLECE darin, technisches Personal der jeweiligen Länder aus- und fortzubilden und Diskussionen und Reflexionen über neue Modelle, Messverfahren und -instrumente sowie über die internationalen und regionalen Entwicklungen des Bildungsmonitorings anzuregen. 1996/97 führte die LLECE ihre erste große vergleichende Schulleistungsmessung (*Primer Estudio Internacional Comparativo, PEIC*) durch, an der 13 Länder teilnahmen (Tab. 4):

	PEIC (1997)	SERCE (2006)	TERCE (2013)
Argentinien	X	X	X
Bolivien	X		
Brasilien	X	X	X
Chile	X	X	X
Costa Rica*	X	X	X
Dom. Rep.	X	X	X
Ecuador		X	X
El Salvador		X	
Guatemala		X	X
Honduras	X		X
Kolumbien	X	X	X
Kuba	X	X	
Mexiko	X	X	X
Nicaragua		X	X
Panama		X	X
Paraguay	X	X	X
Peru*	X	X	X
Uruguay		X	X
Venezuela	X		
Nuevo León		X	X
Gesamt	**13**	**17**	**16**

Tab. 4: Regionale Schulleistungsmessungen in LA (UNESCO, 2008b; UNESCO, 1998).[6]

    Komma angegeben. Die Autorin hat diese für den vorliegenden Artikel gerundet.
6   http://www.icfes.gov.co/examenes/evaluaciones-internacionales/terce-2012 [09.01.2013].
    Anmerkung: *Da die erhobenen Daten für Costa Rica nicht den technischen Standards entsprachen, konnten diese bei der Auswertung nicht berücksichtigt werden und wurden demnach auch in dem Abschlussbericht nicht veröffentlicht. Im Falle von Peru wurden die Daten aufgrund von poli-

Pro Land wurden jeweils 100 Schulen und pro Schule jeweils 40 Schüler der 3. und 4. Klasse in die Stichprobe aufgenommen. Insgesamt wurden mehr als 50 000 Schüler und Schülerinnen in Sprache und Mathematik mithilfe standardisierter Verfahren untersucht. Zentrale Ergebnisse dieser Untersuchungen waren zum einen der bemerkenswerte Erfolg Kubas. Die Testergebnisse in Bezug auf Lesen und Rechnen fielen zwei Standardabweichungen höher als der regionale (lateinamerikanische) Durchschnitt aus. Zum anderen schnitten die übrigen Länder weitgehend gleich ab, wobei die Untersuchung die großen Unterschiede innerhalb der lateinamerikanischen Bildungssysteme bestätigte, insbesondere zwischen den öffentlichen und privaten Schulen und den Schulen in urbanen und ländlichen Gebieten. Geschlechtsspezifische Unterschiede in den Schülerleistungen konnte in der Mehrzahl der Länder nur vereinzelt bei eher geringen Unterschieden festgestellt werden. Auch wenn im Hinblick auf die Wiederholungsrate die Studie ergab, dass die Erfolgschancen bei Jungen, die 3. Klasse ohne Wiederholung zu erreichen, höher waren als bei Mädchen, haben Mädchen in allen lateinamerikanischen Ländern tendenziell Leistungsvorteile beim Lesen und insgesamt geringere Wiederholungsraten.

Schließlich konnte für alle Länder hinweg festgehalten werden, dass sich eine ‚gute Schule' durch folgende Merkmale auszeichnet:
– hohes Niveau an Schulressourcen,
– Klassen mit einheitlicher Alters- (not multigrade) und Fähigkeitsstufe,
– Klassen, in denen die Schülerleistungen häufig überprüft werden,
– hohes Niveau an elterlicher Beteiligung und
– Klassen mit einem positiven Klima und Disziplin (vgl. auch Willms & Somers, 2001; Küper, 2003b; Richter, 2010).

Fast zehn Jahre später wurde eine zweite regionale vergleichende Schulleistungsmessung (*Segundo Estudio Regional Comparativo y Explicativo, SERCE*) durchgeführt; organisiert und koordiniert wieder von der LLECE und dem UNESCO-Regionalbüro für Erziehung in Santiago de Chile. Insgesamt nahmen an dieser Studie 16 Länder und der mexikanische Bundesstaat *Nuevo León* teil (Tab. 4), in der die Lernleistungen in Mathematik, Sprache (Lesen und Schreiben) und Naturwissenschaften (*Ciencias*)[7] von insgesamt 200 000 Mädchen und Jungen der 3. und 6. Klasse aus über 3 000 Schulen verglichen wurden, aus jedem Land ungefähr 5 000 Mädchen und Jungen jeder Klassenstufe (pro Jahrgangsstufe 140–370 Klassen). Außerdem wurden wirksame Schüler-, Schul-, Unterrichts- und Kontextvariablen identifiziert und analysiert. Dafür wurden zusätzlich persönliche Daten über die Schüler- und Lehrerschaft, die Schulleitung und die Schulen erhoben (UNESCO, 2008a, S. 19–25). In jedem der drei Bereiche wurden vier Kompetenzstufen definiert, anhand derer beschrieben wird, welche Anforderungen ein Schüler oder eine Schülerin mit einem bestimmten Skalenwert mit Sicherheit bewältigen kann.

---

tischen Interventionen seitens der damaligen Fujimori-Regierung zunächst nicht veröffentlicht (Küper, 2003b, S. 10; UNESCO, 1998, S. 12).
7 Betraf nur die Schülerinnen und Schüler der 6. Klasse in Argentinien, Dominikanische Republik, Panama, Paraguay, Peru, Uruguay und im mexikanischen Bundesstaat *Nuevo León*.

Da zum einen die beiden Untersuchungsdesigns der Studien Unterschiede aufweisen, zum anderen Daten aus der ersten und zweiten regionalen Schulleistungsmessung nur für neun Länder (Argentinien, Brasilien, Kolumbien, Kuba, Chile, Dominikanische Republik, Mexico, Paraguay und Peru) vorliegen, können leider keine zuverlässigen Schlussfolgerungen hinsichtlich der Fortschritte im Bildungssektor der einzelnen Länder bzw. längerfristige detaillierte Trendeinschätzungen gemacht werden (ebd., S. 26).

Aus der zweiten Regionalstudie lassen sich folgende drei zentrale Ergebnisse zusammenfassen:
- Regional bedeutsame qualitative Unterschiede in den Schülerleistungen
- Bedeutsame qualitative Unterschiede in den Lernleistungen der Schüler innerhalb eines Landes
- Starke Bildungsungleichheiten.

(1.) Wie schon in der ersten Regionalstudie nahm auch dieses Mal wieder Kuba im Vergleich zu den anderen lateinamerikanischen Teilnehmerländern die Spitzenposition ein (Tab. 5).

	Mathematik		Sprache		Naturwiss.
	3. Klasse	6. Klasse	3. Klasse	6. Klasse	6. Klasse
Über dem regionalen Durchschnitt und mehr als eine Standardabweichung	Kuba	Kuba	Kuba		Kuba
Über dem regionalen Durchschnitt und weniger als eine Standardabweichung	Chile, Costa Rica, Mexico, Uruguay, *Nuevo León*	Argentinien, Chile, Costa Rica, Mexico, Uruguay, *Nuevo León*	Argentinien, Chile, Costa Rica, Kolumbien, Mexiko, Uruguay, *Nuevo León*	Brasilien, Chile, Costa Rica, Kolumbien, Kuba, Mexiko, Uruguay, *Nuevo León*	Uruguay, *Nuevo León*
Regionaler Durchschnitt	Argentinien, Brasilien, Kolumbien	Brasilien, Kolumbien, Peru	Brasilien, El Salvador	Argentinien	Kolumbien
Unterhalb des regionalen Durchschnitts und weniger als eine Standardabweichung	Dom. Rep., Ecuador, El Salvador, Guatemala, Nicaragua, Panama, Paraguay, Peru	Dom. Rep., Ecuador, El Salvador, Guatemala, Nicaragua, Panama, Paraguay, Peru	Dom Rep., Ecuador, Guatemala, Nicaragua, Panama, Paraguay, Peru	Dom Rep., Ecuador, El Salvador, Guatemala, Nicaragua, Panama, Paraguay, Peru	Argentinien, Dom. Rep., El Salvador, Panama, Paraguay, Peru

Tab. 5: Vergleich der Lernleistungen je nach Unterrichtsfach und Klassenstufe (UNESCO, 2008b, S. 48f.; eigene Zusammenstellung der Autorin).

So lagen bspw. die Testergebnisse der kubanischen Schüler und Schülerinnen der 3. Klasse in Mathematik und Spanisch mehr als eine Standardabweichung über dem regionalen Durchschnitt. Bedeutsame Leistungsunterschiede in allen untersuchten Fächern und Klassenstufen gab es vor allem zwischen Kuba und den Ländern, die am schlechtesten abschnitten (z.B. Dominikanische Republik, Guatemala, Nicaragua oder Panama). Hier variieren die Mittelwerte bei den Lernleistungen in Mathematik und Sprache (3. Klasse) um 230 Punkte.[8] Ansonsten fielen die Ergebnisse der anderen Länder, die sich im Mittelfeld befanden (zweite und vorletzte Position; vgl. Tab. 6), weitgehend gleich aus, wobei auch hier die Mittelwerte um bis zu einer Standardabweichung abweichen können.

(2.) Leistungsunterschiede ließen sich aber nicht nur zwischen den einzelnen Ländern ausmachen, sondern wie auch schon bei der ersten Regionalstudie innerhalb eines Landes. In diesem Zusammenhang ergab SERCE, dass bspw. Kuba das Land mit der größten und die Dominikanische Republik das mit der geringsten Streuung im Hinblick auf die Lernleistungen zwischen den leistungsstärksten und -schwächsten Schülern ist, wobei zu erwähnen ist, dass die Lernleistungen der schwächsten Schüler in Kuba dem regionalen Durchschnitt entsprechen, wohingegen die Lernleistungen der Schüler in der Dominikanischen Republik tendenziell sehr niedrig ausfielen (Tab. 6).

	Mathematik		Sprache		Naturwiss.
	3. Klasse	6. Klasse	3. Klasse	6. Klasse	6. Klasse
Weniger als 200 Punkte	Dom. Rep., El Salvador, Ecuador, Guatemala, Kolumbien, Nicaragua, Panama	Dom. Rep., El Salvador, Guatemala, Nicaragua, Panama	Nicaragua	Dom. Rep., El Salvador, Nicaragua	Dom. Rep., El Salvador
Zwischen 200 und 250 Punkten	Argentinien, Brasilien, Chile, Costa Rica, Mexiko, Uruguay, *Nuevo León*	Argentinien, Brasilien, Chile, Costa Rica, Ecuador, Kolumbien, Paraguay, *Nuevo León*	Argentinien, Brasilien, Chile, Costa Rica, Dom. Rep., Ecuador, El Salvador, Guatemala, Kolumbien, Mexiko, Panama, Paraguay, Peru, Uruguay, *Nuevo León*	Brasilien, Chile, Costa Rica, Ecuador, Guatemala, Kolumbien, Mexiko, Panama, Paraguay, Peru, Uruguay, *Nuevo León*	Uruguay, *Nuevo León*
Zwischen 251 und 299 Punkten	Paraguay	Mexiko, Peru, Uruguay	Kuba	Argentinien, Kuba	Kuba
300 Punkte und mehr	Kuba	Kuba			

Tab. 6: Vergleich der Lernleistungen je nach Unterrichtsfach und Klassenstufe innerhalb eines Landes (UNESCO, 2008b, S. 50; eigene Zusammenstellung der Autorin).[9]

---

8 Bei den Schülern der 6. Klasse in Mathematik, Sprache und Naturwissenschaft variieren die Mittelwerte zwischen den Ländern mit den besten und den schlechtesten Lernleistungen um 174,5 Punkte (UNESCO, 2008b, S. 48).

9 *Anmerkung:* Die Differenz der Punktzahlen bezieht sich auf die leistungsstärksten und -schwächsten Schüler (10. und 90. Perzentil).

(3.) Darüber hinaus bestätigte SERCE – ähnlich wie bereits bei PEIC – die großen Unterschiede zwischen den öffentlichen und privaten Schulen und zwischen den Schulen in urbanen und ländlichen Gebieten sowie den großen Einfluss des sozioökonomischen Hintergrunds der Schüler auf ihre Lernleistungen. Geschlechtsspezifische Unterschiede in den Schülerleistungen konnten ebenfalls vereinzelt festgestellt werden. Mit Ausnahme von Kuba und der Dominikanischen Republik fiel tendenziell in der Mehrzahl der Länder die Lernleistungen der Mädchen in Spanisch/Portugiesisch besser aus, wohingegen die Jungen in Mathematik einen Leistungsvorteil aufwiesen (UNESCO, 2008b, S. 52).

3. Aktuelle Situation der Evaluationssysteme in Lateinamerika

Wie bereits erwähnt, begannen seit den 1990er Jahren viele Länder der Region, mit Unterstützung internationaler Organisationen nationale Evaluationssysteme im Bildungsbereich einzurichten, meist formativen Charakters und ohne direkte Folgen für die Schulen (Argentinien: 1993; Bolivien: 1996; Brasilien: 1988; Chile: 1988; Costa Rica: 1995; Honduras: 1990; Mexiko: 1995; Arancibia, 1997, S. 9; vgl. auch Wolff, 1998; Martínez R., 2006; Ferrer, 2006). Ziel war es, sowohl quantitative als auch qualitative Informationen für verschiedene Akteure im Bildungssystem zur Verfügung zu stellen, um die Qualität von Schule und Unterricht zu verbessern (vgl. u.a. McLauchlan de Arregui, o.J.). Allerdings wurden auch schon in den 1980er Jahren in einigen Ländern einmalige Schulleistungsmessungen im Rahmen verschiedener (inter)nationaler Projekte und Programme durchgeführt (Ferrer, 2006; Wolff, 1998). Seitdem haben einige Länder regelmäßig den Fortschritt der Lernerfolge ihrer Schüler im Land gemessen. Chile, Mexiko und Kolumbien zählen heute zu den Ländern Lateinamerikas mit der längsten Evaluationskultur. So wurde bereits 1988 in Chile ein System für Schulleistungsstandsmessungen eingeführt, das sog. *Sistema de Medición de Calidad de la Educación (SIMCE)*. Ursprünglich bestand die Idee dieses Evaluationssystems darin, die Eltern im Rahmen des eingeführten Vouchersystems[10] über die Qualität der einzelnen Schulen zu informieren. Mittlerweile werden jedoch jährlich auf nationaler Ebene in allen Schulen des Landes standardisierte Tests in den Fächern Spanisch, Mathematik, Naturwissenschaften und Sozialwissenschaften durchgeführt. Anfänglich wurden die Lernleistungen der Schüler der 4., 8. und 10. Klasse abwechselnd evaluiert. Seit 2006 werden jedoch jährlich die Schüler der 4. Klassen und die der 8. und 10. Klassen im Wechsel getestet. Außerdem wird seit 2010 jedes Jahr stichprobenartig eine

---

10 Das Instrument ‚Bildungsgutschein' (engl. Voucher) geht auf den US-amerikanischen Ökonom Milton Friedman (1912–2006) zurück, dessen Ziel es war, durch eine direkte Subjektförderung den Wettbewerb unter den einzelnen Schulen zu fördern, d.h. eine Konkurrenzsituation zu schaffen, um zum einen die Schulqualität zu verbessern, zum anderen die Wahlfreiheit zu stärken und soziale Bildungsungleichheiten zu beseitigen, indem alle Schülerinnen und Schüler, unabhängig ihrer sozialen Herkunft, finanziell unterstützt werden. Im Rahmen einer umfassenden Bildungsreform führte Chile im Jahr 1981 unter Pinochet das Gutscheinsystem ein, an dem sich von Beginn an sowohl öffentliche als auch private Schulen beteiligten (Braun-Munzinger, 2005, S. 3ff.).

Gruppe von Schülern der 8. Klasse in Sport geprüft und jedes zweite Jahr eine Gruppe von Schülern der 11. Klasse in Englisch. Neben den Lernstandserhebungen sammelt SIMCE auch weitere Informationen über Lehrer, Schüler und Eltern (Jiménez & Taut, 2013).

In Kolumbien ist seit 2001 gesetzlich geregelt, dass auf nationaler Ebene alle drei Jahre Lernstandserhebungen bei den Schülern der 5. und 9. Klasse in den Fächern Spanisch, Mathematik, Naturwissenschaft und Gesellschafts- bzw. Bürgerkunde (*educación ciudadana*) durchgeführt werden. Diese Evaluationen (*Saber 5 und Saber 9*) ergänzen die Abschlussprüfung im Sekundarbereich, die in Kolumbien regulär durchgeführt wird (PREAL, 2006, S. 13). 2012 nahmen erstmalig auch alle Schüler der 3. Klasse (*Saber 3*) an der mittlerweile vierten nationalen Lernleistungsmessung teil. Des Weiteren gibt es die *Prueba Saber 11*. Hierbei handelt es sich um einen standarisierten Test für alle Schüler und Schülerinnen der Jahrgangstufe 11, der als Zulassungskontrolle zur Hochschulbildung dient.

Aber es wurden nicht nur im Bereich der Lernstandserhebungen Evaluationsprogramme bzw. -systeme eingeführt, sondern inzwischen evaluieren einige Länder auch andere Themen wie z.B. die Qualität der Lehrkräfte. Beispielsweise wurden in Chile das *Sistema Nacional de Evaluación del Desempeño de los Establecimientos Educacionales Subvencionados (SNED, 1995)* und das *Sistema de Evaluación del Desempeño Profesional Docente (2003)* eingeführt. SNED ist ein Evaluationssystem, das die Schülerleistungen der staatlich subventionierten Schulen evaluiert und bei Erfolg einen gemeinschaftlichen monetären Bonus an die jeweiligen Schulen überweist, wohingegen das *Sistema de Evaluación del Desempeño Profesional Docente* die fachlichen Leistungen der Lehrkräfte bewertet. Seit 2005 ist es für alle chilenischen Lehrer in öffentlichen Kommunalschulen obligatorisch (Jiménez & Taut, 2013).

Institutionell sind die nationalen Evaluationssysteme entweder dem Bildungsministerium des jeweiligen Landes unterstellt, wie im Falle von Argentinien, oder es wurden vom Bildungsministerium weitgehend unabhängige Institute wie das *Instituto Nacional de Estudios e Investigaciones Educativas (INEP)* in Brasilien gegründet, die über eine wesentlich größere Autonomie verfügen (Ferrer, o.J., S. 55). Die empirischen Daten werden je nach Land unterschiedlich erhoben. In Chile und Kolumbien werden im Bereich der Lernstandserhebungen Totalerhebungen einer ausgewählten Jahrgangstufe durchgeführt, wohingegen in Brasilien, Uruguay, Honduras oder Peru nur mit Stichproben gearbeitet wird (Küper, 2003b; Wolff, 2007; Ferrer, o.J.). Auch sind die Ziele für die Entwicklung nationaler Evaluationssysteme und die Verbreitung der Evaluationsergebnisse sowie der politische Umgang mit diesen von Land zu Land recht unterschiedlich.

4. Fazit

Im Mittelpunkt dieses Artikels standen drei zentrale Fragen: (1.) Welche lateinamerikanischen Länder nahmen bisher an internationalen Schülerleistungsmessungen teil? (2.) Was sind mögliche Gründe für ihre geringe Teilnahme an internationalen Schülerleistungsmessungen und (3.) warum schneiden sie im Vergleich tendenziell schlecht(er) ab?

Bezogen auf die erste Fragestellung hat der vorliegende Beitrag gezeigt, dass seit Anfang der 1990er Jahren einige wenige Länder der Region an internationalen Schulleistungsvergleichen teilnehmen. Auch wenn die Zahl der Länder seitdem, insbesondere bei PISA, leicht angestiegen ist, ist eine kontinuierliche Teilnahme jedoch nach wie vor die Ausnahme. Chile und Mexiko sind die einzigen Länder, die seit 2000 regelmäßig an PISA teilnahmen. Hinzu kommt, dass es sich vorrangig um Länder der mittleren und höheren Einkommenskategorie handelt (z.B. Argentinien, Chile, Kolumbien, Mexiko etc.). Hier kann vermutet werden, dass erst diese Länder über die notwendige Infrastruktur, Ressourcen und über die notwendige Einsicht verfügen, dass die Teilnahme an internationalen Schulleistungsvergleichen eine Voraussetzung ist, um Anschluss an die internationale Bildungsdiskussion und -entwicklung zu halten.

Die Gründe für die geringe Teilnahme sind verschiedener Art: fehlendes Interesse seitens der Entscheidungsträger z.B. in den Ministerien der einzelnen Länder, keine Kontinuität bei der Teilnahme, aber auch ständige Regierungswechsel, die die Entwicklungen im Bildungssektor beeinträchtigen, mangelhafte Logistik, gering qualifizierte nationale Experten, hohe Reisekosten, eine kaum vorhandene Evaluationskultur etc. Ferner scheint es auch für einige Länder attraktiver zu sein, an regionalen Schulleistungsmessungen wie an denen der LLECE mitzuwirken, da bei diesen die Möglichkeit besteht, sich aktiver an der Planung, Durchführung und Auswertung sowie Konstruktion der Messverfahren zu beteiligen. Mit Ausnahme von Bolivien, Honduras und Venezuela nahmen bspw. im Jahr 2006 alle lateinamerikanischen Länder an der zweiten regionalen Schulleistungsmessung teil.

Darüber hinaus wurde skizziert, wie die beiden Phänomene ‚mangelhafte Schulqualität' und ‚soziale Ungleichheit' die Bildungslandschaft vieler lateinamerikanischer Länder nach wie vor bestimmen. Dies zeigt sich u.a. darin, dass die verschiedenen Eingangsvoraussetzungen der Kinder armer bzw. reicher Familien nicht ausgeglichen werden. Kinder und Jugendliche aus abgelegenen ländlichen Regionen, städtischen Armutsvierteln oder aus indigenen Herkunftsfamilien befinden sich tendenziell häufiger außerhalb des Pflichtschulsystems; ihre Schulleistungen fallen i.d.R. schlechter aus, und die Wahrscheinlichkeit, dass sie ihre Primarschulbildung erfolgreich abschließen oder gar eine weiterführende Schule besuchen, ist niedriger als bei Kindern und Jugendlichen der Oberschicht. Des Weiteren sind im internationalen Vergleich viele Bildungssysteme in Lateinamerika unterfinanziert, trotz der gestiegenen öffentlichen Bildungsausgaben. Die materielle und personelle Ausstattung einschließlich der Infrastruktur der öffentlichen Schulen ist häufig ungenügend und die Qualifikation der Lehrer unzureichend; nicht zu vergessen der häufige Unterrichtsausfall aufgrund von Lehrerstreiks oder Fernbleiben von Lehrern und Schülern vom Unterricht und die mangelhafte Berücksichtigung der Mehrsprachigkeit in Ländern wie Bolivien, Mexiko oder Peru.

Abschließend wurden in diesem Beitrag dann die beiden regionalen Schulleistungsstudien PEIC und SERCE vorgestellt sowie ein Überblick über die aktuelle Situation von Evaluationsstudien im Bildungssektor am Beispiel ausgewählter lateinamerikanischer Länder gegeben. Hierbei konnte festgehalten werden, dass seit den 1990er Jahren auch in Lateinamerika „ein Paradigmenwechsel von der Bedarfsdeckung (cobertura) hin zur Gewährleistung bzw. Sicherung der Qualität" (Küper, 2003b, S. 15) stattgefunden hat, d.h.

mittlerweile verfügen weitgehend alle Länder der Region über irgendeine Form der Evaluation. Allerdings reicht die Messung der Schülerleistungen nicht aus, um die Schulqualität zu verbessern. Vielmehr ist es notwendig, aus den Ergebnissen auch entsprechende Konsequenzen für die Bildungspolitik zu ziehen, was nach wie vor zu wenig erfolgt.

Literatur

Adick, C. (2008). *Vergleichende Erziehungswissenschaft: Eine Einführung.* Stuttgart: Kohlhammer.

Arancibia, V. (1997). *Los sistemas de medición y evaluación de la calidad de la educación.* Santiago de Chile: LLECE-UNESCO. Verfügbar unter: http://www.unesco.cl/medios/biblioteca/documentos/2sistemas_medicion_evaluacion.pdf. [11.01.2013].

Artelt, C. & Baumert, J. (2004). Zur Vergleichbarkeit von Schülerleistungen bei Leseaufgaben unterschiedlichen sprachlichen Ursprungs. *Zeitschrift für Pädagogische Psychologie, 18 (3–4),* 171–185.

Asbrand, B., Lang-Wojtasik, G. & Köller, O. (2005). Lesekompetenzen in sehr leistungsschwachen Ländern – eine interkulturelle Sekundäranalyse der Leseleistungen in IGLU. In W. Bos et al. (Hrsg.), *IGLU. Vertiefende Analysen zu Leseverständnis, Rahmenbedingungen und Zusatzstudien* (S. 37–80). Münster u.a.: Waxmann.

Braun-Munzinger, C. (2005). *Education Vouchers – An International Comparison.* Centre for Civil Society (Working Paper). India: Centre for Civil Society. Verfügbar unter: http://ccs.in/ccsindia/interns2005/22.%20Education%20Vouchers%20in%20Practice.pdf [20.03.2013].

Der Fischer Weltalmanach 2011. Zahlen. Daten Fakten. Frankfurt a.M.: Fischer Taschenbuch.

Elley, W.B. (1992). *How in the world do students read?* IEA Study of Reading Literacy. The Hague: IEA.

Ferrer, G. (2006). *Sistemas de evaluación de aprendizajes en América Latina. Balances y desafíos.* Lima: PREAL-GRADE. Verfügbar unter: http://mt.educarchile.cl/MT/jjbrunner/archives/libros/Evaluacion_AL/Ferrer_eval.pdf [30.05.2012].

Ferrer, G. (o.J.). Las evaluaciones regionales y nacionales en América Latina. In E. Martín & F. Martínez R. (Eds.), *Avances y desafíos en la evaluación educativa* (S. 53–63). Madrid: Fundación Santillian.

Fuchs, H.-W. (2005). Leistungsmessungen und Innovationsstrategien in Schulsystemen. Zur Einleitung in den Band. In H. Döbert & H.-W. Fuchs (Hrsg.), *Leistungsmessungen und Innovationsstrategien in Schulsystemen. Ein internationaler Vergleich* (S. 9–14). Münster u.a.: Waxmann.

Goy, M., van Ackeren, I. & Schwippert, K. (2008). Ein halbes Jahrhundert internationale Schulleistungsstudien. Eine systematisierende Übersicht. *Tertium Comparationis, 14 (1),* 77–107.

Jiménez, D. & Taut, S. (2013). Das Bildungssystem in Chile unter besonderer Berücksichtigung der Rolle der Lehrerinnen und Lehrer als Schlüssel in der Bildungsqualität. In V. Oelsner & C. Richter (Hrsg.), *Bildungssysteme und Bildungsentwicklungen in Lateinamerika.* Münster u.a.: Waxmann (Veröffentlichung im Druck).

Küper, W. (2003a). Lateinamerikas Bildungsmisere. Welche Chancen haben die Bildungssysteme Lateinamerikas im Zeitalter der Globalisierung? *Entwicklungspolitik 8/9, 51–54.*

Küper, W. (2003b). Folgen von PISA und anderen Schulleistungsvergleichen für Länder Lateinamerikas. *ZEP 26 (1),* 9–16.

Martínez R., F. (2006). PISA en América Latina: lecciones a partir de la experiencia de México de 2000 a 2006. *Revista de Educación,* 153–167. Verfügbar unter: http://www.oei.es/evaluacioneducativa/pisa_america_latina_martinez_rizo.pdf [16.03.2013].

McLauchlan de Arregui, P. (o.J.). Difusión y uso de resultados de evaluaciones educativas a gran escala en América Latina. In E. Martín & F. Martínez R. (Eds.), *Avances y desafíos en la evaluación educativa* (S. 147–160). Madrid: Fundación Santillian.

Naumann, J. (2004). TIMSS, PISA, IGLU und das untere Leistungsspektrum in der Weltgesellschaft. *Tertium Comparationis, 10 (1),* 44–63.

OECD (2010). *PISA 2009 Ergebnisse: Was Schülerinnen und Schüler wissen und können müssen. Schülerleistungen in Lesekompetenz, Mathematik und Naturwissenschaften.* Band 1. Bielefeld: W. Bertelsmann.

Oettler, A., Peetz, P. & Hoffmann, B. (2008). Gesellschaft und Kultur. *Lateinamerika. Informationen zur politischen Bildung, 300,* 6–14.

Ouane, A. & Singh, M. (2004). Large Scale Assessments and their Impact for Education in the South. *ZEP 27 (1),* 2–8.

PREAL (2006). *Hay Avances, Pero Quedan Desafíos. Colombia 2006.* Verfügbar unter: http://www.preal.org/Archivos/Preal%20Publicaciones%5CInformes%20de%20Progreso%20Educativo%5CInformes%20Nacionales/RC%20Colombia%202006.pdf [19.03.2013].

Ravela, P. (2011). *¿Qué hacer con los resultados de PISA en América Latina?* Verfügbar unter: http://www.preal.org/Archivos/Preal%20Publicaciones%5CPREAL%20Documentos/PREALDOC58.pdf [10.01.2013].

Richter, C. (2013). Bildung in Lateinamerika. In C. Adick (Hrsg.), *Regionale Bildungsentwicklung und nationale Schulsysteme in Afrika, Asien, Lateinamerika und Karibik* (S. 65–83). Münster u.a.: Waxmann.

Richter, C. (2010*). Schulqualität in Lateinamerika am Beispiel von „Education for All" in Honduras.* Münster u.a.: Waxmann.

Schwantner, U. & Schreiner, C. (Hrsg.). (2010). *PISA 2009. Internationaler Vergleich von Schülerleistungen. Erste Ergebnisse Lesen, Mathematik, Naturwissenschaft.* Wien: Leykam. Verfügbar unter: http://diepresse.com/layout/diepresse/mediadb/pdf/PISA_ Erste_Ergebnisse.pdf [10.01.2013].

UNDP (2009). *Human Development Report 2009. Overcoming barriers: Human mobility and development.* New York: United Nations Development Programme. Verfügbar unter: http://hdr.undp.org/en/media/HDR_2009_EN_Complete.pdf [16.03.2013].

UNESCO (1998). *Laboratorio Latinoamericano de Evaluación de la Calidad de la Educación: Primer Estudio Internacional Comparativo sobre Lenguaje, Matemática y Factores Asociados en Tercer y Cuarto Grado.* Santiago de Chile: UNESCO. Verfügbar unter: http://www.oei.es/quipu/primer_informeLLECE.pdf [16.03.2013].

UNESCO (2008a). *Los aprendizajes de los estudiantes de América Latina y el Caribe. Primer reporte de los resultados del Segundo Estudio Regional Comparativo y Explicativo.* Santiago de Chile: OREALC/UNESCO. Verfügbar unter: http://unesdoc.unesco.org/images/0016/ 001606/160660s.pdf [16.03.2013].

UNESCO (2008b). *Los aprendizajes de los estudiantes de América Latina y el Caribe. Resumen Ejecutivo del Primer Reporte de Resultados del Segundo Estudio Regional Comparativo y Explicativo*. Santiago de Chile: OREALC/UNESCO. Verfügbar unter: http://unesdoc.unesco.org/images/0016/001606/160659S.pdf [16.03.2013].

Werz, N. (2010). *Lateinamerika. Eine Einführung*. Bonn: Bundeszentrale für politische Bildung.

Willms, J.D. & Somers, M.A. (2001). *Resultados Escolares en América Latina. Informe para UNESCO*. New Brunswick: UNESCO.

Wolff, L. (2007). *Los costos de las evaluaciones de aprendizaje en América Latina*. Washington, D.C.: PREAL. Verfügbar unter: http://www.thedialogue.org/PublicationFiles/PREAL% 2038-Spanish.pdf [16.03.2013].

Wolff, L. (1998). *Evaluación Educacional en América Latina: Progresos Actuales y Desafíos Futuros*. Washington, D.C.: PREAL. Verfügbar unter: http://www.preal.org/Archivos/Preal%20Publicaciones%5CPREAL%20Documentos/wolff11espa%F1ol.pdf [16.03.2013].

Sonja Steier

Internationalisierung der Hochschulbildung zwischen Europäisierung und Globalisierung – Dimensionen, Akteure und Auslegungen

Das Themenfeld unserer Fachdisziplin Vergleichende Erziehungswissenschaft war und ist bis heute, trotz aller Versuche, sie seit dem Ende des Ost-West-Konflikts innerhalb der Erziehungswissenschaft (bis auf PISA-nahe, empirisch ausgerichtete Forschungen) zu marginalisieren, vielfältig und breit. Das gilt sowohl für die theoretischen Ansätze, Methoden und Fragestellungen als auch für die ungebrochene Produktivität der Vergleichenden Erziehungswissenschaft. Für eine solche Produktivität stehen die zahlreichen Arbeiten von Christel Adick. Vor allem die ihnen eingeschriebenen globalen und universellen Perspektiven, die sich bei allen Kontroversen um die Durchsetzung eines westlichen „World Educational System" einstellen mögen, haben gerade an der Jahrhundertwende vom 20. zum 21. Jahrhundert, befördert u.a. durch die rasante Digitalisierung, die (theoretische) Diskussion in der Vergleichenden Erziehungswissenschaft (und auch darüber hinaus, z.B. in der pädagogischen und sozialwissenschaftlichen Migrantenforschung, im politik- bzw. sozialwissenschaftlichen Neo-Institutionalismus) nicht nur belebt, sondern auch weitergeführt. Die Jubilarin hat schon sehr früh mit ihren Arbeiten (Adick, 1992) gezeigt, dass die inzwischen populär gewordenen Begriffe von Internationalisierung und Globalisierung in Bildung und Erziehung oder die zentralen Theoreme wie World Polity (Weltkultur) nicht bloße Schlagworte bleiben müssen, sondern sie trug einiges zu deren Schärfung bei (Adick, 2009), zuletzt in ihren Beiträgen zur Transnationalisierung/*transnational education* (Adick, 2005, 2008a und 2012a), welche das Begriffsfeld in der Gemengelage von national, multinational, supranational, international, global und transnational (Adick, 2008a, S. 170) zu systematisieren suchen und damit Pionierarbeit in der Erziehungswissenschaft leisten. Denn bei aller wissenschaftlichen Rede vom Weltsystem, von der Weltgesellschaft, der Internationalisierung und/oder der Globalisierung stießen diese Betrachtungen in der Mutterdisziplin der Vergleichenden Erziehungswissenschaft, der Erziehungswissenschaft, zunächst auf verhaltene Resonanz. Hingegen hat die expandierende internationale Hochschulforschung bereits Ende der 1980er Jahre begonnen, diese komplexen Prozesse zu beobachten und zu beschreiben. Obzwar ein Welthochschulsystem heute kaum denkbar erscheint, auch angesichts der erstarkenden ‚Regionalismen' (Rinke, 2011), so haben die europäische Bildungspolitik und auch die Hochschulreformen der letzten Jahrzehnte unter dem Einfluss von Internationalisierung und Globalisierung Fahrt aufgenommen und zumindest auf der programmatischen Ebene einen gemeinsamen europäischen Hochschulraum avisiert, der die Institution Hochschule/Universität in ihrem Kern nachhaltig zu verändern beginnt.

Auch wenn die Analysen zu Internationalisierungs- und Globalisierungstendenzen in Bildung und Erziehung und die ihnen häufig zugrunde liegenden weltgesellschaftlichen Denkmodelle (Adick, 1992 und 2009) zunächst vorwiegend durch kapitalismus-kritische Präferenzen motiviert sein mochten, so verdankt sich diesen Überlegungen die bedeutsame Einsicht über das Vordringen einer Marktkultur in der Bildungspolitik und im formalen sowie nonformalen Bildungs- und Erziehungssektor einschließlich der Hochschule (tertiärer Bereich) inzwischen auch in der Erziehungswissenschaft. Und so wirken die Arbeiten von Christel Adick gleichermaßen anregend in der international vergleichenden erziehungswissenschaftlichen Forschung und Lehre ihrer SchülerInnen als auch ihrer MitarbeiterInnen und haben nicht zuletzt die Verfasserin des vorliegenden Beitrags zur Beschäftigung mit diesem Phänomen animiert.

Ich freue mich deshalb besonders im Rahmen dieser Festschrift die Gelegenheit wahrzunehmen, mein fachwissenschaftliches Profil an einem Thema zu präsentieren, dessen Berührungspunkte auf den Arbeitszusammenhang mit der Jubilarin am Lehrstuhl Vergleichende Erziehungswissenschaft an der RUB zurückgehen. Es ist zudem ein Thema, das sich gegenwärtig in der deutschen hochschulpolitischen und inzwischen auch in der erziehungswissenschaftlichen Diskussion einer besonderen Aufmerksamkeit erfreut, eine Aufmerksamkeit, die seit den 1990er Jahren vor allem durch die international-vergleichende Hochschulforschung befördert (Jones, 1998), immer wieder von der Vergleichenden Erziehungswissenschaft (Altbach, 1997 und Adick & Rotter, 2006) aufgegriffen wurde und inzwischen soweit in den öffentlichen Mainstream gelangt ist, wie seinerzeit die bildungspolitischen und pädagogischen Auseinandersetzungen in der Bildungsreformära. Dabei will ich versuchen, die Akzentuierung der vorwiegend auf hochschulpolitische Reformelemente und ihre Durchsetzung (Stichwort Bologna) fokussierten deutschen Diskussion vor allem auf die daraus resultierenden Implikationen für die Hochschul*bildung* aus der Sicht der Vergleichenden Erziehungswissenschaft aufzuzeigen. Einleitend skizziere ich kurz die internationale Diskussion zum Thema und gehe dann wie folgt vor:

Erstens kläre ich die unterschiedlichen Dimensionen der Internationalisierung zwischen Europäisierung und Globalisierung mit Blick auf ihre terminologischen Verschränkungen. Zweites betrachte ich die Akteure und Motive der Internationalisierung, und drittens stelle ich in *einer* möglichen historischen Lesart die Veränderungen in der deutschen Hochschul*bildung* angesichts der zuvor dargelegten Internationalisierungsprozesse vor, um zu einem Fazit zu gelangen, das meine Ausführungen abschließt.

1. Einführung

Seit gut zwei Jahrzehnten gehört das Thema Internationalisierung zum Gegenstand der öffentlichen und wissenschaftlichen Diskussion[1], und das nicht nur in Deutschland. Dabei

---

1 Hier greife ich freilich weniger auf die relativ neue Diskussion zur Internationalität aus erziehungswissenschaftlicher Sicht zurück, sondern skizziere kurz den Diskussionsstand in der Hochschulforschung, wohl wissend, dass es in den Sozial- und Wirtschaftswissenschaften oder auch in

ist diese Diskussion weder frei von Wertungen, noch wird sie konzise mit Blick darauf geführt, was unter Internationalisierung eigentlich zu verstehen sei. In der internationalen Literatur zeichnet sich die Internationalisierungsdebatte paradoxerweise durch ihren vorwiegend lokalen bzw. regionalen Charakter aus, die je nach dem geographischen Standpunkt unterschiedliche Akzente setzt (Hildebrandt-Wypych, 2009). Im angelsächsischen Raum (USA, Großbritannien, Australien und Neuseeland) konzentriert sich die Debatte zur Internationalisierung auf die Entstehung von Bildungsmärkten, auf das Marketing von Bildungsdienstleistungen (zum letzteren Schreiterer, 2012) sowie auf die veränderten Lern- und Ausbildungsstile asiatischer Studierender als primäre Zielgruppe der Internationalisierung. An der Peripherie (sog. Dritte Welt-Länder und außereuropäische sozialistische Länder wie z.B. Ghana, Haiti, Kuba, Kolumbien etc.) bzw. der Halbperipherie (Schwellenländer wie z.B. Indien, Singapur, Malaysia und postkommunistische Staaten) der Welt[2] greift die Debatte der Internationalisierung vor allem Fragen der Macht, Herrschaft und Dominanz als neue Formen des Neo-Kolonialismus sowie des westlichen Kultur-Zentrismus auf (Moja nach Adick 2008a, S. 194). Auf dem europäischen Kontinent hingegen wird Internationalisierung häufig als Resultat der Europäischen Integration begriffen, welche die Rolle und die Bedeutung des Nationalstaates, insbesondere mit Blick auf die bildungspolitische Ausgestaltung und rechtlichen Regelungen allmählich verändert und welche mit den neuen Finanzierungs- und Steuerungsmodellen (*new public management*) der Hochschulen und im europäischen Rahmen durch intergouvernamentale Kooperation in Zusammenhang gebracht wird (Hildebrandt-Wypych, 2009, S. 24f. und Adick, 2008a, S. 170).

In Deutschland weist die Internationalisierungsdebatte eine gewisse inhaltliche Breite bei unterschiedlicher Konnotation je nach Perspektive und Akteur auf. Doch auch die deutsche Diskussion wird überwiegend national geführt, mit gelegentlichen Ausblicken auf den angelsächsischen Raum (Vorbild der Umgestaltung deutscher Hochschulen) und neuerdings mit Blick auf das kommunistische Schwellenland China als Zielregion für Marketingstrategien. Internationalisierung wird in den Debatten als wichtigster Entwicklungstrend der Hochschulen betrachtet und zugleich zum Anlass für weitreichende Reformschritte in den Strukturen und in der Steuerung des Hochschulsystems (Teichler, 2010a, S. 426). Dabei werden zunächst die physische Mobilität und wissenschaftliche Kooperation sowie der Erwerb und die Dissemination wissenschaftlicher Informationen über Grenzen hinaus zum tragenden Element in den Internationalisierungsaktivitäten von Hochschulen, die zugleich ihren Wandel vorantreiben (ebenda, S. 437). Diese Beobachtung könnte darauf hindeuten, dass die Hochschulen in der Vergangenheit weniger international waren. Tatsächlich sind Hochschulen internationaler als andere wichtige Organisationen der Gesellschaft, weil Wissenschaft nicht vor Grenzen halt macht, viele Wissensgebiete eine universalistische Natur aufweisen, Reputation häufig international gesucht wird und kosmopolitische Werte und internationale Kooperation, Kontakte und Mobilität

---

    der Politikwissenschaft bereits elaborierte Auseinandersetzungen dazu gibt (so Adick, 2008a, S. 170).

2 Das Begriffspaar Zentrum und Peripherie wurde in den 1950er Jahren vom Vater der Interdependenztheorie, R. Prebisch, eingeführt.

dort verbreiteter sind (Teichler, 2007, S. 24; ähnlich ders., 2010a, S. 437). Gesetzgebung, Steuerung und Finanzierung sowie Rahmenvorgaben für Studiengänge und -abschlüsse sind wiederum vielmehr national geprägt, sodass auch von nationalen Merkmalen der Hochschulen gesprochen werden kann (Teichler, 2004, S. 239f.). Dies gilt vor allem für staatlich getragene Hochschulsysteme.

Freilich lässt sich die vorgängige Entwicklung angemessener als ein Spannungsverhältnis zwischen nationalen und internationalen Aspekten bestimmen. Ein Spannungsverhältnis, welches schon im Begriff selbst angelegt ist, denn die Dimension der Internationalität kann faktisch ohne die der Nationalität nicht gedacht werden, denn beide stehen in einem ‚Zwischenverhältnis' zueinander: Das ‚Zwischen' bzw. das ‚Inter' bedeutet zunächst lediglich eine Ebene der Interaktion zwischen zwei Größen. Diese Interaktion kann sich freilich zu einer Rangfolge der Stärke ausprägen, sobald das Bedürfnis nach Hervorhebung und Übertreffen oder gar Dominanz größer wird (Teichler, 2007, S. 27). Internationalität bedeutet in einem solchen Verhältnis einerseits Berührung, Begegnung oder auch Gemeinsames und andererseits auch Reibung, Wettkampf und damit auch Verlust. Und so wandelt sich das ‚Inter' zunehmend zu einem ‚Außerhalb' der Nationen, das einen Einfluss ausübt und z.B. in internationalen Rangskalen die Distanzen benennt (Waterkamp, 2006, S. 77). Ein deutliches Indiz hierfür lieferte zuletzt die Ankündigung der EU-Kommission über die Installierung eines neuen europäischen Hochschulrankings unter der Leitung des CHE und des Centers for Higher Education Policy Studies („U-Multiranking", 2012). Abstände werden dabei zu Normgrößen, die quasi objektiv gesetzt werden („breites Spektrum an Indikatoren" und ihre Bewertung, ebenda), die Zahl wird zum wichtigen Maßstab und stimuliert den Gedanken des Wettbewerbs ebenso wie die Macht des Vergleichs, wobei letzterer idealiter zum Lernen vom Besten anregt, allenfalls jedoch zur bloßen Imitation bzw. Konvergenz führen kann. Demnach wäre Internationalisierung vielmehr ein von außen geleiteter Prozess. Während das ‚Zwischen' also noch als Bereicherung wahrgenommen wird (und von innen zu denken wäre), kann das ‚Außerhalb' schon als Bedrohung aufgefasst werden. Lanzendorf und Teichler (2003, S. 221) beschreiben diesen Prozess als Abschied von den etablierten Werten der Internationalisierung und legen damit eine Verfallsgeschichte der Internationalisierung nahe, nämlich von der Kooperations- zur Wettbewerbsprämisse.

2. Dimensionen der Internationalisierung – Europäisierung und Globalisierung

Nach dieser Logik weist die Internationalisierung, wie sie seit über zwei Jahrzehnten in der internationalen Hochschulforschung reüssiert, mindestens zwei miteinander verschränkte Dimensionen auf (van der Wende, 2001):

Einerseits das genuine Interesse der Hochschulen an internationalen Austausch-, Kooperations- und Forschungsprogrammen. Hier liegt der Schwerpunkt zunächst auf der Entsendung (Mobilität) eigener Studierender und Wissenschaftler (*outgoing*-Prozesse) und/oder spezifisch alterität ausgerichteter Studiengänge, wobei das gegenseitige Befruchten im Vordergrund steht und stärker friedenspolitische Zielorientierung umfasst, sodass hier eine gewisse Affinität zur erziehungswissenschaftlichen Internationalität bestünde. ERASMUS (1987) gilt als wichtiger Auslöser einer ersten quantitativ bedeutsamen Internationalisierungswelle an den Hochschulen und akzentuiert gleichsam die europäische Ausrichtung des Prozesses. Später dann verlagert sich das Engagement der Hochschulen in Richtung der Anwerbung ausländischer Studierender (*incoming*-Prozesse) und des ausländischen Personals einschließlich der regelmäßigen Beobachtung und Datensammlung als hochschulpolitischer Auftrag seitens der Hochschulen selbst oder nationaler und anderer Akteure[3]. Die Internationalisierung versteht sich seitdem weniger als internes Gestaltungsmittel von Einzelhochschulen und erfolgt nun nicht mehr bloß kasuistisch und zufällig, sondern wird systematisch verfolgt und auch zunehmend professionalisiert (Ausbau von Unterstützungsstrukturen, veränderte Rolle der Auslandsämter u.v.m.). Forciert werden zudem die Etablierung fremdsprachiger Lehr- und Lernangebote oder bilaterale bzw. internationale Abschlüsse (Doppeldiplome), häufig ohne die pädagogische Dimension der Internationalität mitzureflektieren. Wenn dabei Europäisierung als bloß ‚regionale Variante der Internationalisierung' aufscheint, um mit Ulrich Teichler zu sprechen (2010, S. 53), bzw. als „Internationalisierung light" (so Kehm, 2006, S. 70), dann ist darin immer noch ein Zwischenverhältnis von national und international oder sub- und supranational eingeschrieben, das auf Einheit und Vielfalt, Gemeinsamkeit und Differenz verweist und in Europa indirekt mit dem Prinzip der Subsidiarität korrespondiert (unter Berücksichtigung der Nationalstaaten), auch wenn inzwischen „in bestimmten Politikfeldern" einzelstaatliche Souveränität „auf Gemeinschaftsorgane" abgetreten wird (Rinke, 2011, S. 468). Europäisierung wird demnach in den verschiedenen Sektoren der Hochschulpolitik „als integraler Bestandteil einer Internationalisierungspolitik" (Teichler, 2007, S. 32) begriffen. Zugleich würde Europa ein begrenztes Feld von Internationalisierung darstellen, obzwar auch andere Zuordnungen bzw. regionale Zusammenschlüsse – je nach geographischer oder geopolitischer Perspektive – denkbar wären (s. bspw. die Klassifikation der UNESCO oder Rinke, 2011, S. 468f.).

Andererseits vollzieht sich eine Hinwendung der Hochschulen zum kommerziellen Wissenstransfer und zu stärker marktgesteuerten und grenzüberschreitenden Angeboten von Studienprogrammen (Teichler, 2007, S. 52), die an finanzielle Erträge gebunden werden und sich als der ‚Kampf um die besten Köpfe' (*brain drain/brain gain*) verstehen (ebenda, S. 26). Damit geht allmählich ein Umwertungsprozess einher, der über die herkömmliche „internationale Dimension" hinausweist und ihre grenzüberschreitende Zielrichtung im globalen Wettbewerb sieht (Adick, 2008a, S. 170f.). Hochschulbildung gerät

---

3   Hierzu gehören sicher die ersten Erhebungen über die Auslandsmobilität deutscher Studierender im Rahmen des neu eingeführten Bachelor-Studiengangs seitens des Hochschulinformationssystems (HIS) ebenso wie die Studien des DAAD/BMBF im Rahmen diverser Offensiven wie „go east" oder „go out" zur Auslandsmobilität deutscher Studierender (zuletzt 2011) oder auch die seit 2010 regelmäßig veröffentlichten Berichte „Wissenschaft weltoffen!" bis hin zu wiederholt international durchgeführten Befragungen des GATE-Germany Konsortiums International Student Barometer 2011, nur um die wichtigsten Publikationen zu diesem zentralen Bereich der Internationalisierung zu nennen. Freilich gilt es zu beachten, dass räumliche Mobilität als Internationalisierungsfaktor keinesfalls per se ein Qualitätsmerkmal sein muss.

damit sukzessive in den Sog der Kommodifizierung (Vermarktung und Kommerzialisierung) des im Bildungsprozess vermittelten Wissens, unterliegt zunehmend der Austauschbarkeit von Bildungsmodulen und -abschlüssen und stellt sich letztlich dem internationalen Messen und Vergleichen von Leistung, Bildungserfolg und institutioneller Reputation (Rankings der Hochschulen). Hinzu kommen, befördert vor allem durch die rasante „Entwicklung der Informations- und Kommunikationstechnologien", eine neue akademische „virtuelle Mobilität" (netzbasiert) und potenzielle *transnational education*-Angebote, die entweder als Ex- oder Import von Bildungsdienstleistungen einzelner Hochschulen charakterisiert werden können oder auch von den Hochschulen selbst als Online-Fernlehre quer zu beiden Ebenen der klassischen Internationalisierung stehen, nämlich der strukturell-inhaltlichen Organisation sowie der physischen Mobilität bzw. dem Austausch (Adick, 2005). Die neuen Technologien bieten scheinbar unbegrenzte Möglichkeiten für Kooperation und Austausch auf dem Wissenschafts- und Bildungssektor und bauen auf den Prinzipien Flexibilität, Geschwindigkeit, Vielfalt, Mobilität und Unbeständigkeit (Hahn, 2004, S. 191) auf. Die Ausdehnung multimedialer Infrastruktur trägt zur globalen Verbreitung und Nutzung von Bildungsdienstleistungen (virtuelle Lehre/virtuelle Universitäten) und deren Normierung zusätzlich bei. Hierzu gehören sicher auch die höchst lukrativen Angebote transnationaler Hochschulbildung mit weltweiten Dependancen der englischen und australischen Hochschulen (Laitko, 2005, S. 30f.).

Und so werden die soeben beschriebenen Dimensionen der Internationalisierung in der Literatur häufig als Dichotomie bzw. als Opposition wahrgenommen. In Wirklichkeit sind Europäisierung und Globalisierung erstens von Nebeneinander und Gleichzeitigkeit gekennzeichnet und zweitens nicht frei von Wertungen. Die Europäisierung der Bildung, vor allem als Schaffung einer gemeinsamen europäischen Bildungspolitik und eines gemeinsamen europäischen Hochschulraums verstanden, weist einen eher ordnend-konzilianten, gesteuerten also ordnungspolitischen Verhandlungscharakter auf. Die Globalisierung der Bildung erscheint hingegen als ein nur schwer zu kontrollierender Prozess ökonomischer Provenienz, der keiner erkennbar linearen Entwicklungsstrategie folgt. Er manifestiert sich u.a. durch Unifizierung von Verwaltungs- und Steuerungsmethoden im Hochschulwesen (New Governance) hauptsächlich durch die Hinwendung zu Managementpraktiken und -werten (s. Leitbild der Hochschule des BDA, 2010, S. 246–248). Der grundlegende Unterschied zwischen Europäisierung und Globalisierung wird gerade darin gesehen, so der bekannte deutsche Hochschulforscher Teichler, dass Globalisierung weit mehr als Grenzüberschreitung oder grenzüberschreitende Verflechtung bedeutet (2007, S. 47f.), sie kann punktuell sogar zur Schwächung nationalstaatlicher Problemlösungsfähigkeit beitragen (ähnlich Lanzendorf & Teichler 2003, S. 220). Globalisierung führt vielmehr zur Erosion (Verschwimmen und Verschwinden) der Grenzen und wird im Gegenzug zur Europäisierung als ungebremste globale Konkurrenz von Produktion und Institution, inklusive Wissens- und Kulturproduktion begriffen, die einen (ungeregelten) Bildungsmarkt entstehen lässt und die absichtsvoll westliche Institutionen und Praktiken weltweit vermittelt (Bildungsimperialismus/Isomorphien, so Ninnes & Hellstén, 2005), wobei dies mit Blick auf ihre Legitimität auf zweierlei Art und Weise geschieht. Die regionale europäische Zusammenarbeit vollzieht sich durch die Anpassung der innerstaatlichen rechtlichen Vorgaben zum Gemeinschaftsrecht, inzwischen freilich stärker politisch als rechtlich, hauptsächlich durch die sog. Offene Koordinierungsmethode (Odendahl, 2012, S. 880f.), während die Globalisierung stärker auf die Heraustrennung bestimmter Sphären aus dem nationalen Recht und/oder deren Umgehung abzielt. Eine solche Trennung beider Dimensionen der Internationalisierung bzw. ihre axiomatische Vereinfachung entlang der Etikettierung „Europäisierung = positiv" und „Globalisierung = negativ" ist insofern relativ künstlich, als sie je nach Akteur, Motiv und Kontext unterschiedlich akzentuiert wird und weniger eindeutig ausfällt, sodass auch hier eher eine Tendenz zur Hybridisierung zu beobachten ist. Das führt uns zu den

3. Akteure(n) und Motive(n) der Internationalisierung

Internationalisierung wird in der internationalen Hochschulforschung nicht nur mit Blick auf ihre Dimensionen unterschiedlich akzentuiert, sie besitzt zudem eine unterschiedliche Relevanz für ihre Akteure (Arenenverständnis) und wird ebenso aus unterschiedlichen Motiven forciert (Teichler, 2007, S. 35f. und S. 41f.). Die *zentralen Akteure* auf der nationalen Ebene des Internationalisierungsdiskurses sind die Politik (Wissenschafts- und Forschungspolitik/*top-down*-Prozess) und die Wirtschaft, letztere mit widersprüchlicher Haltung: einerseits als Motor der Entwicklung mit dem Argument der ökonomischen Notwendigkeit und andererseits als der eigentliche Abnehmer der Absolventen (Agent des Arbeitsmarktes/Beschäftigungssystems) eher zögerlich. Diese beiden Akteure liefern auch in Diskussionen vorwiegend ökonomische (Standort-Diskussion, Arbeitsmarkt, Wettbewerb), politische (Überlegenheit, Ausschöpfung des Humanpotentials) und gesellschaftliche (Modernisierung, Innovation) Motive als Begründungsrahmen für die Internationalisierung deutscher Hochschulen. In Deutschland ist es dann die Bertelsmann-Stiftung mit ihren vorwiegend bildungsökonomischen Argumenten und in ihrer politikberatenden Funktion, die bildungspolitische Ziele in der Schule und Hochschule (NRW – Hochschulfreiheitsgesetz) verfolgt, wie der inzwischen publizistisch ausgetragene Streit u.a. um das CHE-Ranking zeigt[4]. Diese Akteure agieren vorwiegend auf der *Mesoebene* des Prozesses. Hinzu kommt das Ausland als Argument! Denn erst im Vergleich kann die Andersartigkeit, Ähnlichkeit oder auch Überlegenheit (des einen über das andere) geklärt werden, also was und wie etwas besser gemacht werden kann, wobei die Vorbilder in der deutschen Hochschuldiskussion zur Internationalisierung beinah durchgängig dem angelsächsischen Raum entlehnt werden, ohne zu berücksichtigen, dass die großen amerikanischen Forschungsuniversitäten, historisch betrachtet, am Rollenmodell und an der Verwaltungsorganisation der Wirtschaftsunternehmen ausgerichtet sind (Busemeyer, 2007, S. 63). Die Argumentationen der Akteure enthalten eher implizite Verweise auf einzelne Studien und operieren aus wissenschaftlicher Sicht unserer Fachdisziplin mit fragwürdi-

---

4 Exemplarisch hierzu Lessenich, Stephan/Ziegele, Frank (2012). Debatte: Sind Rankings sinnvoll? In DIE ZEIT, Nr. 29, 12.07.2012 unter: http://www.zeit.de/2012/29/C-CHE-Ranking-Contra [Stand: 20.11.12].

gen Anleihen aus den USA (zuletzt Tenure Track als „Importmodell"!) und verkennen dabei gleichzeitig die Spezifika von Transferprozessen.

Hingegen fungieren die supranationalen Akteure wie die europäischen Organe (EU-Kommission, Rat) oder die internationalen Organisationen (Weltbank, OECD mit PISA als quasi-didaktisches und -bildungstheoretisches Kompetenzkonzept) vor allem als Agenten und Mittler quantitativer Komparationen (die überwiegend auf Gegenüberstellung abzielen), wie es bspw. die regelmäßigen Berichte sowie die nationalen und regionalen Datensammlungen der UNESCO sind. Scheinbar kann sich heute keine Regierung mehr leisten, solchen Empfehlungen nicht zu folgen. Diese Akteure lassen sich auf der *Makroebene* des Diskurses um Internationalisierung verorten. Darüber hinaus kommen vor allem die an den Prozessen direkt Beteiligten bzw. die Betroffenen zunehmend selbst zu Wort, wie die einzelnen Hochschulen (als Institution), das Hochschulpersonal (und ihre Vertreter), die Studentenschaft und ihre Familien (*bottom-up*-Prozess). Diese institutionelle Ebene lässt sich auch als *Mikroebene* der Internationalisierungsprozesse beschreiben (Hahn, 2004, S. 75). Die Argumentationen dieser verschiedenen Akteure auf der Meso- und Makroebene des Internationalisierungsdiskurses beruhen, wie kurz gezeigt, weit weniger auf echten, d.h. theorieangeleiteten quantitativ-qualitativen und damit intersubjektiv überprüfbaren Vergleichsstudien[5], als auf theoretischen Annahmen (oder gar auf bloßen Behauptungen).

Wenn auch die Perspektive der Internationalisierung zum Imperativ beinahe der gesamten Hochschulpolitik und infolge auch der Einzelhochschule wurde, so gibt es vielschichtige Motive, welche die Regierungen oder auch die Hochschulen dazu bewegen, sich am Internationalisierungsprozess zu beteiligen. Auf die Kurzformel gebracht – der eigene Vorteil überwiegt den Altruismus. Die niederländische Hochschulforscherin Marijk van der Wende legt dar, dass die Internationalisierung zuerst aus akademischen, kulturellen und politischen Beweggründen forciert wurde (van der Wende, 2001). „Inzwischen spielen jedoch zunehmend wirtschaftliche Überlegungen eine Rolle" (Hahn, 2004, S. 130f.). Jane Knight schließt mit ihren konzeptionellen Überlegungen hier an, indem sie damit einhergehend ebenfalls eine zunehmende Dominanz ökonomischer Faktoren konstatiert und insgesamt vier Arten von Motiven für Internationalisierung identifiziert, nämlich:

1. *sozial-kulturelle* mit der Ausrichtung auf künftige Weltbürger mit interkultureller Kompetenz,
2. *politische* mit dem Fokus auf nationale Sicherheit und künftige diplomatische Investition,

---

5   Zur Diskussion um Bildung aus bildungsökonomischer Sicht mit Verweis auf die empirische Evidenz der Überlegenheit US-amerikanischer Hochschulen aufgrund des Wettbewerbs der Hochschulen untereinander gegenüber europäischen Einrichtungen – z.B. Wößmann, 2012, S. 793. Der Autor bleibt nicht nur des Beweises schuldig, sondern verkennt offensichtlich, dass die Dimension des Wettbewerbs der „American University" historisch um die Jahrhundertwende vom 19. zum 20. Jahrhundert gewachsen ist und seitdem bis in die Gegenwart von vielerlei Faktoren bedingt ist (Busemeyer, 2007).

3. *ökonomische* mit dem Ziel, im globalen Wettbewerb zu bestehen, Fachkräfte an- bzw. abzuwerben, Export von Bildungsdienstleistungen zu initiieren und einen monetären Nutzen zu ziehen und schließlich
4. *akademische* mit der Orientierung auf Sicherung akademischer Qualitätsstandards, auf Profilierung und internationale Kooperation (Knight, 2004, S. 23).

Da die Motive i.d.R. nicht trennscharf zu unterscheiden sind und vielmehr miteinander interagieren, lässt sich Internationalisierung kaum exakt auf eine Motivlage reduzieren und einer (Mikro-, Meso- oder Makro-)Ebene präzise zuordnen. Das trifft gleichermaßen auf die Vielzahl der Akteure, die mit unterschiedlichen Motiven, in unterschiedlichen Konstellationen agieren und zwischen den Ebenen wechseln (lokal, national, global), als auch auf die Dimensionen der Internationalisierung zu, die sich durchaus überlappen können. Das hat wiederum eine Komplexitätssteigerung zufolge.

Fassen wir zusammen: Internationalisierung ist zwar kein neues Phänomen, bewegt sich heute jedoch auf einem „höheren" qualitativen Niveau und wird durch eine Vielzahl von Akteuren vertreten. Das gilt nicht nur für die diskursive Ebene, hier werden die fließenden Übergänge zwischen Forschung und Reflexion der Praktiker besonders deutlich (Teichler, 2010, S. 423 und 440f.)[6], sondern auch für die operative Ebene der aktiven (i.d.R. mehr der re-aktiven) Hochschulpolitik, welche planmäßig, systematisch, rational und professionell, manches Mal sprunghaft, willkürlich und irrational Veränderungen auf den unterschiedlichen Ebenen der Hochschulen durchsetzt. Die Komplexität und Dynamik wird zudem durch die Überlagerung mit Phänomenen der Europäisierung und Globalisierung gesteigert, die es erlaubt, Internationalisierung als einen äußerst ausdifferenzierten und multidimensionalen Prozess zu beschreiben. Damit wird Internationalisierung mehr denn je entweder als positive Entwicklungsmöglichkeit der Hochschulen oder als Gefahr betrachtet, welche mit dem Prinzip der „Subordination des Hochschulstudiums unter die Anforderungen des Beschäftigungssystems" und damit mit dem „seit 200 Jahren gepflegten, wenn auch längst unrealistisch gewordenen Selbstverständnis" der Universitäten bricht (Georg, 2010, S. 229). Und damit komme ich schon zu den

4. Auslegungen der Internationalisierung mit Blick auf die Hochschul*bildung*

Einige Hochschulforscher leiten von den Internationalisierungsprozessen gar einen Paradigmenwechsel ab, der die akademischen Normen und Werte bisheriger Hochschulbildung verändert (Kehm, 2006, S. 87 oder auch Zehnpfennig, 2012), weil sie als diskur-

---

6 Auf die fehlende Distanz bei der Beschreibung von Organisationen der „Praktiker der Theorie" hat schon sehr früh Luhmann (1969, S. 143 – zitiert nach Kühl, 2012, S. 147) hingewiesen, sodass für die eigentlich noch zu beschreibenden Probleme bzw. ihre Identifizierung – gilt auch für Hochschulreformen – von der Forschung häufig bereits fertige Lösungen offeriert werden. Das trifft nicht nur auf die anwendungsorientierten Disziplinen, sondern ebenso auf die sog. *social science* (Kühl, 2012, S. 147–149) und gleichermaßen auch auf die Hochschulforschung zu.

sive und strukturelle Wegbereiter einen ökonomischen Wandel der öffentlichen Bildungsinstitution herbeiführen (Liesner, 2010, S. 121 und Lieb, 2012). Im Folgenden werde ich diese *eine* Lesart an der am häufigsten vorgebrachten Argumentationsfigur, die da lautet: Internationalisierung lasse das Humboldtsche Universitätsideal der Bildung durch Wissenschaft, wie es Wilhelm von Humboldt für die Berliner Universität angedacht hat (Humboldt, 1968), erodieren, kurz unter Einbeziehung der historischen Perspektive entfalten. (Zu diesem Zusammenhang auch Herrmann, 1999 oder Groppe, 2012.)

Internationalisierung trifft in besonderer Weise auf die europäische Universität zu, wie sie im Mittelalter zunächst in Bologna (1088) und Paris (1208/1212) und später gesamteuropäisch als universitas kreiert, verbreitet und durch die *peregrinatio academica* mit Latein als Lingua franca verkörpert wurde. Dabei waren eine paneuropäische Gelehrtenkultur, die Einzigartigkeit und lokale Verwobenheit der Universitäten keine Widersprüche. Über Forschung und Wissenschaft lässt sich also zweifelsohne von einer internationalen Res publica literaria bzw. Res publica scientiae dedicata sprechen. Die alte Res publica literaria, ein parallel an den Universitäten entstandenes Gefüge, das auf individuelle Gelehrsamkeit gegründet war, wurde im Laufe des 18. und 19. Jahrhunderts durch eine Organisation der Wissenschaften ersetzt, die über Fakultäten und Universitäten hinaus auch die disziplinäre Ebene erfasste (Stichweh, 1991). Es sind also Charakteristika wie autonome Wissenschaft und generelle Bildung, die im 19. Jahrhundert das Forschungsimperativ Humboldtscher Prägung erfolgreich gegenüber den Mächten Kirche, Staat und Korporationen, und zwar nicht nur in Deutschland (auch in den USA) durchsetzten. Wenn wir also Hochschulbildung zunächst als Stätte der Erwachsenenbildung, die durch freie Wahl der Themen und die Selbstbestimmung der Lehrenden und Lernenden charakterisiert wird, und die Funktion der Universität in der Entwicklung der Fächerkulturen, der Wissensansammlung und -generierung sowie der Nachwuchsrekrutierung beschreiben, so zeigt sich darin natürlich die Überlieferung eines spezifischen Musters der Hochschulbildung, die zum nationalen Kennzeichen deutscher Universitäten wurde (ähnlich Hörner, 2010) und die nun unter Einfluss der Internationalisierung ihre Gestalt verändert.

Das historisch tradierte Muster der Bildung durch Wissenschaft mit dem Prinzip der Freiheit von Forschung und Lehre „lebt darin fort, dass alle Universitätsprofessoren zugleich in Forschung und Lehre tätig sind" und „dass Lehre weitgehend als Transmission von Wissenschaft" und im Dialog „mit relativ mündigen jüngeren Partnern in einer Gemeinschaft der Lehrenden und Lernenden" (Teichler, 2010a, S. 422) verstanden wurde. Dieses Muster wurde durch die Vorstellung getragen, „dass die einzelnen Universitäten als mehr oder weniger gleich in der Qualität" sind und eine Differenzierung vor allem über die Gliederung nach Hochschularten und weniger über eine Stratifizierung nach wissenschaftlicher Reputation erfolgt (ebenda). Die divergente Funktionszuordnung entlang der institutionellen Struktur ist in den letzten 20 Jahren durch Prozesse der Ausdifferenzierung innerhalb der jeweiligen Hochschultypen (Profilbildung z.B. durch Errichtung von Lehruniversitäten und Lehrprofessuren) und der Entdifferenzierung (Hochschulen und Fachhochschulen durch B.A. und M.A., Grundlagenforschung vs. anwendungsorientierte Forschung) sowie der Pluralisierung von Trägerschaften (staatlich vs. privat bzw. nichtstaatlich, „Elite"- bzw. Exzellenzuniversitäten vs. Massenuniversitäten) als Folge der

Internationalisierung in Bewegung geraten. Zugleich zeichnet sich entlang eines Wettbewerbs um Reputation und Forschungsexzellenz (Auslagerung der Forschung in die außeruniversitären Institutionen) eine vertikale Differenzierung (Exzellenzinitiative der Bundesregierung) ab. Mit Blick auf Forschung und Lehre wirken diese Tendenzen unmittelbar auf die wissenschaftsbasierte Lehre (praxisbezogene und forschungsbezogene Studiengänge, Binnendifferenzierung innerhalb eines Hochschultyps), die nun zunehmend in einem ‚Bildungsideal' der Kompetenzorientierung mündet, anstelle Bildungsziele auf Inhalte, Methoden und Theorien auszurichten[7] (z.B. Kühl, 2012; auch Zehnpfennig, 2012) und damit einhergehend, auf die beinah serielle Förderung des wissenschaftlichen Nachwuchses (Promotionsstudiengänge).

Der in der Formel von der Einheit von Forschung und Lehre (ist nicht in den einschlägigen Humboldt-Texten zu finden, gibt aber den Gedanken wieder, Humboldt, 1968, S. 250–260) eingeschriebene dominante Wissenschaftsimperativ lässt sich im Rückgriff auf die Entwicklungen bis zum Ende des 20. Jahrhunderts wie folgt beschreiben: In der Lehre muss die Universität zwei Funktionen erfüllen – die Ausbildung des wissenschaftlichen Nachwuchses und die Ausbildung der akademischen Praktiker für die professionellen Karrieren. Die Differenz zwischen beiden Funktionen kann im historischen und internationalen Vergleich sowohl hinsichtlich des Grades als auch der Organisationsform unterschiedlich sein, wie bspw. zwischen dem stark verschulten System der Colleges und den mit größeren Wahlfreiheiten ausgestatteten und weniger verschulten disziplinären Studiengängen an den amerikanischen Universitäten (Parson & Platt, 1973, S. 163ff.). International betrachtet, weist die Ausbildung für Professionen in der Medizin oder Rechtswissenschaft weit mehr Verschulungstendenzen auf als andere Professionen und intendiert nicht nur Erziehung für spätere Tätigkeiten als Arzt oder Jurist, sondern bedeutet zugleich die Sozialisierung in eine bestimmte Berufsgruppe (Stichweh, 1994, S. 355ff.). Die deutsche Universität hat die angesprochene Differenz sehr klein gehalten, das Prinzip der Einheit von Forschung und Lehre kam damit der Berufsrolle des Wissenschaftlers entgegen, zugleich bedeutet diese Differenz für Pastoren, Mediziner, Juristen und Gymnasiallehrer eine Distanzierung von der Berufspraxis und ihren Berufsfeldern zugunsten theoretischer Interessen (in dem Tenor auch Dicke, 2012, S. 146). In der Konsequenz dieser Idee von der Einheit von Forschung und Lehre an deutschen Universitäten liegt es nach dem ersten Staatsexamen (also kein von der Hochschule zertifizierter Abschluss) nahe[8], eine berufsbezogene Ausbildung bis zum zweiten Staatsexamen anzuschließen. D.h., dass Studiengänge im Prinzip auch berufsqualifizierend sein und zumeist auf spezifische Berufsbereiche vorbereiten sollen und die Studierenden mit der Wahl eines

---

7 Dabei wird eine technologische Komponente unübersehbar, die suggeriert, dass Bildung (hier Kompetenzprofile) über „die zur Erreichung vorher definierter Ziele – der Kompetenzen – " erlangt werden kann und die Studierenden wie bei der Produktion („Fertigung und Montage") „durch kalkulierbare Prozesse" zum gewünschten Resultat geführt werden können (Kühl, 2012, S. 990).

8 Ein interessantes Beispiel für den Wandel des o.g. Verhältnisses bietet die Reform des alten Lehramtsstudiengangs in einen Master of Education (M.Ed.) bei gleichzeitiger Beibehaltung der Anerkennungspraxis des neuen akademischen Abschlusses durch die Landesprüfungsämter an der RUB.

Studienfachs eine *Vor*entscheidung über ihre Berufswahl treffen. De facto setzte die Hochschule bisher eher auf einen universellen Berufsbezug und ein starkes Fachprinzip. Die im Zuge der Internationalisierungsprozesse angestoßenen Veränderungen der Studiengänge (Konsekutivität, Modularisierung, Kreditierung) bringen das ohnehin schwierige institutionelle Verhältnis von Studium und Beruf ins Wanken, indem sie einen Wandel der Hochschulfunktion in Richtung einer flexibilisierten Berufsorientierung befördern (ebenda, S. 146f.), die Probleme der Passung jedoch letztlich ebenfalls nicht befriedigend lösen helfen. Schreiterer (2012) macht diesen Trend weltweit aus und spricht treffend von „Verberuflichung" der Hochschulbildung und „Verwissenschaftlichung" der Berufsbildung (ebenda, S. 800). Damit verschwimmen auch die Grenzen zwischen wissenschafts- und anwendungsorientierten Studiengängen. Die wachsende Zahl von Bildungsgängen in Deutschland, die Studium und Berufsausbildung kombinieren (duale Studiengänge), die Öffnung der Hochschulen für Fort- und Weiterbildungsangebote und die Kooperationsvereinbarungen mit Unternehmen zeitigen Konsequenzen sowohl für die Hochschul- als auch die Berufsbildung. In ihrer Stoßrichtung zielen sie auf eine Aufweichung des herkömmlichen Berufsprinzips bzw. der Beruflichkeit zugunsten andersartig geschnittener beruflicher Qualifizierungen (tätigkeitsbezogene Studienziele, Integration von Praktika), und sie lassen die Grenzen zwischen akademischer und nichtakademischer Bildung erodieren (Georg, 2010). Zugleich setzen sie Entprofessionalisierungstendenzen bzw. Entberuflichungstendenzen frei. Hinter der abstrakten Formel ‚Beschäftigungsfähigkeit' verbergen sich zudem eine Anpassungsfähigkeit an den aktuellen ökonomischen Bedarf und zugleich auch der Anspruch an die Verwertbarkeit seitens des Arbeitsmarktes. (Zu begrifflichen Implikationen von *employability* kurz auch Hörner, 2010, S. 102.)

Das tradierte Muster ‚Bildung durch Wissenschaft' unterscheidet jedoch im historischen Prozess eine weitere Dimension, die im Verhältnis von Allgemeinbildung und Fachbildung den Studenten, seine Bildung und Ausbildung in den Mittelpunkt rückt, also die Lernprozesse, die ihm von der Universität eröffnet werden, nämlich: Einsamkeit und Freiheit. Hierin verbindet sich die alte Lehrfreiheit mit der neueren Lernfreiheit, wobei Lehrfreiheit als Erbe der Aufklärung (*libertas philosophandi*) auch als ein Teil korporativer Selbstbehauptung gegen politische Einflussnahme begriffen wurde. Demgegenüber ist Lernfreiheit als eine Folge der Humboldtschen Gymnasialreform zu verstehen. Das Abitur entlässt den Studenten in die Einsamkeit der Fachstudien, mutet ihm akademische Freiheit selbständiger Entscheidungen zu. Diese hochgradige Individualisierung des Studiums, die an einigen Universitäten bis ins 20. Jahrhundert erhalten blieb, durfte bislang als deutsche Besonderheit einzustufen sein, wird aber nicht nur durch die vorgängigen Tendenzen, sondern durch die Verkürzung des Studiums und die starke Orientierung an messbaren Lernergebnissen (*outcome*) konterkariert und durch starke Verschulungstendenzen (mit fixen Stundenplänen, hoher Kontroll- und Prüfungsdichte, Modularisierung) infolge von Bologna ausgehebelt[9] (ähnlich Hörner, 2010, S. 104–107). Die Eigendynamik dieser Ver-

---

9 Zehnpfennig (2012) geht in ihrer Interpretation sogar noch weiter, indem sie die heutigen „Universitäten als pseudo-nutzenmaximierende Lernmaschinen" desavouiert und auf „die platonische, Sokrates als Ideal verherrlichende Vorstellung von Bildung" rekurriert (S. 797). Ohne dass man im Einzelnen dieser Argumentation Folge leisten muss, lässt sich zumindest mit Blick auf diese ganz-

änderungen zeitigte unerwünschte Nebenfolgen wie die Einschränkung von Wahlfreiheit bei Themen und Veranstaltungsformaten. Auch wenn es an einigen Hochschuleinrichtungen durchaus plausible Gründe dafür geben kann, „methodische und didaktische Konzepte aus Schulen zu übernehmen" (Kühl, 2012, S. 77), so stellen sich die durch Bologna intendierten Effekte, wie enge Bindung zwischen Lehrenden und Lernenden oder die Übernahme von Verantwortung für Lernfort- und -rückschritte der Studierenden („accountability") bis hin zu individuellen Lernkonzepten und Rückmeldungen, auch unter den neuen Bedingungen nur schwerlich ein (ebenda, S. 78). Das gilt ebenso für die dauerhaft proklamierte Fokussierung auf die Lehre, die eine Abkehr vom „teaching" der Lehrenden und für eine deutliche Orientierung am „learning" der Studierenden fordert (ebenda, S. 69). Der Nachweis der Studierbarkeit steht der Idee von Einsamkeit und Freiheit konträr entgegen, und mit der Verplanung und Verregelung des Studiums unterliegt auch die individuelle Lehr- und Lernfreiheit der Gefahr, in Routine und Gleichschritt umgeformt zu werden.[10] Auch wenn die Studierenden bereit sind, das verschulte Studium mit „weitreichenden Freiheitsverzichten" hinzunehmen (Stichweh, 1994, S. 357), so tun sie es vor allem, wenn die breite Fachbildung („liberal arts") zugleich mit der Sozialisation in die Profession[11] einhergeht.

Seit Klopstocks „Deutscher Gelehrtenrepublik" von 1774 setzt in Deutschland eine Nationalisierung der Universitäten und der dort eingelagerten Wissenschaften ein, die zudem von weiteren Faktoren begleitet wird, wie die Entwicklung der Nationalsprachen in der Wissenschaft des 17. und 18. Jahrhunderts (Thomasius, Leipzig), partielle Schließungsstrategien wissenschaftlicher Gemeinschaften im 19. Jahrhundert und territorial staatliche Grenzziehungen, und zur Folge hat, dass die Wissenschaft des 19. Jahrhunderts die Internationalität, die für die Gelehrsamkeit der Frühmoderne selbstverständlich war, neu erfinden musste (Rüegg, 1996). Seitdem ließe sich die Entwicklung der Universitäten und der Wissenschaften im Spannungsfeld von nationalen Besonderheiten der Differenzierung (idiosynkratische Funktion) und übernationalen Mustern (evolutionistische/nomothetische Funktion) beschreiben.

Durch die im Zuge der Internationalisierung globale Zunahme des Englischen als Lingua franca im Wissenschafts- und Bildungssektor setzt sich tendenziell eine Ablösung des Primats der Nationalsprache (unabhängig von der sukzessive schwindenden Bedeutung des Deutschen als Wissenschaftssprache nach dem 2. Weltkrieg) im Lehrbetrieb der

---

heitliche Bildungsvorstellung der Schlussfolgerung der Autorin zustimmen, in der sie die universitäre Bildung als „ein sachliches Verhältnis" eines auf diese Weise gebildeten Menschen zu sich selbst und „zu dem Wissen, mit dem er umgeht", „ohne es zu vergötzen", beschreibt und um sich weiter auf ihre Diktion einzulassen: der Mensch „nach dessen Nutzen sucht, ohne" dieses Wissen „vorschnell und partikular zu definieren", „vor allem aber, weil er um seine Verantwortung weiß" und besonders wichtig, „weil er weiß, dass die Wissenschaft selbst den Maßstab ihrer Anwendung nicht mitliefert" (S. 797).

10 Ähnlich – in der Linie Platon-Humboldt – argumentiert der polnische Philosoph Leszek Kołakowski, wenn er kulturpessimistisch anmerkt, dass ohne eine reine Erkenntnissuche an der Alma mater der Niedergang der humanistischen Kultur abzusehen sei (2009, S. 259–267).

11 Und sie sind sicher weniger bereit, solche Veränderungen hinzunehmen, wenn es um eine schwer definierbare, kaum greifbare und erst recht schwierig umsetzbare *employability* des Studiums geht.

Hochschulen durch. Die deutsche Sprache wird inzwischen nicht nur von politischer Seite eher als Hindernis für die Internationalisierung gesehen, sondern auch von den Hochschulen selbst. Die Antwort seitens der Hochschulbildung zeigt sich sowohl in der Konzipierung von Lehrprogrammen für den Erwerb von Fremdsprachen (Philologien) als auch in Fremdsprachen, vor allem in der Errichtung englischsprachiger Studiengänge. Darin drückt sich ein eher verkürztes Verständnis von Internationalisierung aus, das diese eindimensional auf englischsprachige Studiengänge reduziert. Mit solchen Angeboten einer englischsprachigen Lehre möchten die Universitäten vor allem ihren Nutzen aus der Aufnahme ausländischer Studierender ziehen. Zugleich entspricht sie damit dem Bedarf einer neuen Unternehmenskultur, die auf global agierende Hochqualifizierte setzt. „Die Abschaffung der Landessprachen in der Wissenschaft zugunsten des Englischen ist in vollem Gange" (Frath, 2013, S. 26) und das nicht nur in Deutschland. Diese europaweite Entwicklung zeitigt im Ganzen jedoch unterschiedliche Folgen, wie die gesellschaftliche Dominanz der angelsächsischen Kultur und ihrer Werte (angelsächsischer Weltbilder und -entwürfe), die automatische Wertschätzung derjenigen, die Englisch als Muttersprache beherrschen und eine Schlechterstellung derjenigen, welche entweder über keine Englischkenntnisse verfügen oder weniger Chancen haben, sich in einer Fremdsprache mühelos auszudrücken. Sprachenpolitische Konzepte im Sinne einer Mehrsprachigkeit werden mit Blick auf den Anspruch der Internationalisierung in der Tat kaum entwickelt, weil diese dann nicht ganz so leicht der weltweiten Vergleichbarkeit und Austauschbarkeit unterliegen wie ein Einheitsidiom. Damit scheint aber auch die Freiheit der Sprachenwahl eingeschränkt. Die Wahl der Sprache in der akademischen Lehre, bei der Vermittlung einer höheren Bildung wiederum kann letztlich zum Wandel des Selbstverständnisses akademischer Bildung führen (Mocikat, 2010, S. 652f.). „Wir verlören eine Identität, ohne des Gewinns einer anderen gewiss zu sein." (Frath, 2013, S. 27). Gerade für die erkenntnisbildende und -leitende Funktion stellt die Muttersprache jedoch ein unabdingbares Fundament dar, wird dieses unterminiert, blendet man auch die kulturell-historischen Bezüge aus. Die Gefahr vom Verlust einer muttersprachlichen wissenschaftlichen Schreibkultur („Domänenverlust") birgt gleichzeitig auch potentiell die Gefahr vom möglichen Verlust einer Diversität der Denk- und Forschungsansätze: „Besonders betrifft es die ausgebauten Sprachen wie Deutsch und Französisch, deren Sprecher heute noch alle in ihrer Sprache denken und sprechen können ..." und in Zukunft vielleicht schon „ihre eigene kulturelle und wissenschaftliche Herkunft" dem Vergessen preisgeben (ebenda). Die Vernachlässigung der Muttersprache kann also inhaltliche und methodische Defizite nach sich ziehen, die schlimmstenfalls die jeweilige nationale Wissenschaft zum bloßen Appendix der angelsächsischen Forschung degradiert (s. die Entwicklung schwedischer Universitäten) mit noch unabsehbaren Wirkungen auf die Hochschulbildung. Wie lange und wie stark sich noch nationale Idiosynkrasien in den Inhalten und Stilen des Lehrens und Lernens zu behaupten vermögen, und ob die exemplarisch beschriebenen Prozesse in der Hochschulbildung lediglich einem trendigen Zeitgeist geschuldet sind, bleibt fraglich.[12]

---

12 Teichler (2007) konstatiert, dass in der Hochschulforschung schon immer bestimmte Themen sich eine Zeitlang besonderer Aufmerksamkeit sicher sein konnten bis sie von einem neuen Modethema abgelöst und ins „Scheinwerferlicht der Öffentlichkeit" (S. 25) gerückt wurden.

5. *Fazit* oder von der Universität zum ‚internationalen' Bildungsunternehmen

Die Durchdringung der traditionellen nationalen und z.T. auf das Allgemeingut ausgerichteten Bildungsdebatten von ökonomischen Elementen und Termini (Konkurrenz, Effektivität, Humankapital, Systemsteuerung, Qualitätsstandards, Privatisierung, hierzu Hörner, 2010, S. 100f.) im Kontext der Hochschulbildung deuten auf das Fortschreiten der Marktideologie hin, die wiederum als Ergebnis einer spezifischen Variante von Internationalisierung aufgefasst werden kann. Der äußere (nationale und internationale Konkurrenz) und innere (wachsende Erwartungen der Klienten und Abnehmer) Druck auf die moderne Universität nimmt damit zu, sodass sie sich in der Pflicht sieht, ihre Leitideen und Praktiken zu verändern. Diese wiederum beeinflussen nicht nur die Art der didaktischen Prozesse (Pflicht einer steten Anpassung der Bildungsofferten an die evaluierten Bedingungen), sondern auch die Universität per se (ihre Elastizität und Innovation) mit ihrem hohen Anspruch einer geistigen Freiheit. Eines der wichtigsten Faktoren für den Wandel der Hochschulen, stimuliert vorwiegend durch Internationalisierungsprozesse, ist die Grenzüberschreitung und die Freiheit des Austauschs. Mit der Verschränkung der Internationalisierung mit Europäisierung und Globalisierung geht es dabei nicht nur um den Austausch von Personen, sondern auch von Waren, Dienstleistungen oder Kapital und in dem Zusammenhang auch von Informationen, Meinungen sowie Normen und Werten. Das Überschreiten von Grenzen, das Heraustreten aus dem bisher definierten Rahmen erscheint im Bereich der Hochschulen als ihre zunehmende Internationalisierung. Sie offenbart sich in vielen differenzierten Praktiken: als globaler Austausch von Studierenden und Lehrenden, als Diversifikation und Diffusion oder auch Standardisierung des Curriculums jenseits nationaler Grenzen mittels neuester Kommunikationstechnologien und auf der Grundlage bi- oder multilateraler Verträge sowie der Hochschulkooperationen oder als strikte kommerzielle (kostenpflichtige), speziell zugeschnittene Bildungsangebote für die ausländische Klientel bis hin zu sog. *for-profit*-Hochschulen.

Die grenzüberschreitende Wirklichkeit bringt also eine grenzüberschreitende Universität hervor, welche sich von einer nationalen Institution in eine zwischen der europäischen und globalen Ebene agierende internationale Organisation verwandelt, die ausländische Dozenten anstellt, ausländische Studierende ausbildet, stets möglichst schnell an äußere Bedingungen anpassende Restrukturierung vornimmt, auf das Aufstellen von „Business-Plänen" und die Messung von Ergebnissen abzielt und damit letztlich die Analyse der Kosten-Nutzen-Relation im Blick behält (Antonowicz, 2009). Auch wenn sich generell der Prozess der Internationalisierung zunächst als ein Prozess der Inklusion von internationalen und interkulturellen Elementen in den Bildungsprozess, in Forschungsprogramme und -projekte beschreiben lässt (Adick, 2012, S. 127), so wandelt sich die Universität zunehmend in ein quasi internationales Bildungsunternehmen, das Bildungsdienstleistungen offeriert und um Außendarstellung bemüht ist. Inwiefern sie dabei den Charakter einer nationalen Entität beibehält, bleibt weitgehend offen. Möglicherweise sind wir dabei, eine neue Art von Hochschule, ein Hochschul- bzw. Bildungsunternehmen, das sich mehr oder weniger als ein globaler Dienstleistungsprovider geriert, nicht nur zu beobachten und zu analysieren, sondern auch mitzugestalten.

Damit scheint jedoch die interrelationale Bedeutung von Internationalisierung an Gewicht zu verlieren. Die klassische Vergleichende Erziehungswissenschaft, die von den Ideen einer internationalen Erziehung in Wechselbeziehung mit einer friedensstiftenden Weltpädagogik (Anweiler, 1989) inspiriert wurde und dem Kooperationsparadigma in Bildung und Erziehung, Wissenschaft und Forschung seit ihrer disziplinären Grundlegung durch Marc-Antoine Jullien de Paris verschrieben war (Adick 2008, S. 15ff.), scheint angesichts der geopolitischen Reorganisation der Bildungswelten und dem Vordringen einer nivellierenden Marktkultur auch im Hochschulsektor mehr denn je herausgefordert. Ihre zukünftige Aufgabe sollte sein, das bestehende Spannungsverhältnis zwischen Universalismus und kulturellem Pluralismus nicht nur *sine ira et studio* zu analysieren, sondern auch solchen Internationalisierungstendenzen, welche das selbstbestimmte Weltbürgertum durch Weltsystemzwänge zu ersetzen sucht, möglichst kritisch entgegenzutreten. Und auch die Hochschulen müssen im Internationalisierungsprozess keineswegs das Paradigma von Kooperation und Austausch zwangsläufig durch das der Konkurrenz ersetzen, sie könnten durchaus in enger Zusammenarbeit mit Partnern aus anderen Ländern ihre internationale Akzentuierung vornehmen (Teichler, 2007, S. 59f.) und gemeinsam an einer neuen, kooperativen, korporativen und autonomen Universität(sidee) arbeiten. Es bleibt deshalb immer noch aktuell, was Karl Jaspers bereits 1961 hinsichtlich der Reform der Universität formuliert hat:

> „Die Alternative ist heute: Entweder gelingt die Erhaltung der deutschen Universität durch Wiedergeburt der Idee im Entschluß zur Verwirklichung einer neuen Organisationsgestalt, oder sie findet ihr Ende im Funktionalismus riesiger Schul- und Ausbildungsanstalten ..." (Jaspers, 1961, S. III).

Wenn die Diskrepanz zwischen der Diskussionsdichte, der vermehrten hochschulpolitischen Aktivitäten im Kontext der Internationalisierung und der vergleichsweise defizitären Forschungslage von der internationalen Hochschulforschung zu Recht konstatiert (Hahn, 2004, S. 97; 118–121) wird, auch wenn inzwischen eine Reihe von Studien zu Teilaspekten des Gegenstandes vorliegen (Teichler, 2010, S. 440f.), schließt dies auch eine z.T. fehlende Präsenz erziehungswissenschaftlicher Forschung in diesem Bereich mit ein.

> „Keine der Disziplinen ... fühlt sich der Internationalisierung der Hochschulen als Forschungsgegenstand verpflichtet. Weder die Politikwissenschaft noch die Erziehungswissenschaften oder die Soziologie fühlen sich in ausreichendem Maße angesprochen" (Hahn, 2004, S. 120).

Und so könnte gerade die Vergleichende Erziehungswissenschaft mit ihrer spezifisch pädagogisch-komparatistischen Expertise zukünftig Substantielles zu diesem klassischen Themenfeld der international-vergleichenden Hochschulforschung beitragen. Damit müssten die Internationalisierungsprozesse nicht einfach als ein unaufhaltsamer und irreversibler Vorgang beschrieben werden (im Sinne einer evolutionistischen Funktion), sondern bedürften dann vor allem einer Auseinandersetzung mit dem Anderen auch auf ihre weitreichenden inhaltlichen Implikationen hin und auf die Nutzung möglicher Freiräume der einzelnen Hochschule. Doch dies zu entwickeln, wäre ein neues Thema.

Literatur

Adick, C. (1992). *Die Universalisierung der modernen Schule.* Paderborn: Schöningh.
Adick, C. (2005). Transnationalisierung als Herausforderung für die International und Interkulturell Vergleichende Erziehungswissenschaft. *Tertium Comparationis,* 11 (2), 243–269.
Adick, C. (2008). *Vergleichende Erziehungswissenschaft. Eine Einführung.* Stuttgart: Kohlhammer.
Adick, C. (2008a). Transnationale Bildungsorganisationen in transnationalen Bildungsräumen: Begriffsdefinitionen und Vorschlag für eine Typologie. In *Tertium Comparationis,* 14 (2), 168–197.
Adick, C. (2009). World Polity – ein Forschungsprogramm und Theorierahmen zur Erklärung weltweiter Bildungsentwicklungen. In S. Koch & M. Schemmann (Hrsg.), *Neo-Institutionalismus in der Erziehungswissenschaft. Grundlegende Texte und empirische Studien* (S. 258–291). Wiesbaden: VS Verlag für Sozialwissenschaften.
Adick, C. (2012). Internationalisierung im Bildungswesen. In K.-P. Horn, H. Kemnitz, W. Marotzki & U. Sandfuchs (Hrsg.), *Klinkhardt Lexikon Erziehungswissenschaft* (Band 2, S. 126–127). Bad Heilbrunn: Klinkhardt.
Adick, C. (2012a). Transnationalismus. In K.-P. Horn, H. Kemnitz, W. Marotzki & U. Sandfuchs (Hrsg.), *Klinkhardt Lexikon Erziehungswissenschaft* (Band 3, S. 323–324). Bad Heilbrunn: Klinkhardt.
Adick, C. & Rotter, C. (Hrsg.). (2006). Internationalisierung im Hochschulbereich. *Tertium Comparationis,* 12 (2).
Altbach, P. G. (1997). Research on Higher Education: Global Perspectives. In C. Kodron, B. von Kopp, U. Lauterbach, U. Schäfer & G. Schmidt (Hrsg.), *Vergleichende Erziehungswissenschaft. Herausforderung – Vermittlung – Praxis* (Band 1, S. 15–31). Köln: Böhlau.
Antonowicz, D. (2009). Między tradycją a nowoczesnością. Model zarządzania uniwersytetem w perspektywie procesów globalnych (Zwischen Tradition und Moderne. Modell der Universitätssteuerung aus der Perspektive globaler Prozesse). *Rocznik pedagogiczny (Pädagogisches Jahrbuch),* 32, 15–26.
Anweiler, O. (1989). Die internationale Dimension der Pädagogik. In H. Röhrs & H. Scheuerl (Hrsg.), *Richtungsstreit in der Erziehungswissenschaft und pädagogische Verständigung* (S. 83–97). Frankfurt a.M. u.a.: Lang.
Bundesvereinigung der Deutschen Arbeitgeberverbände (BDA) & Bundesverband der Deutschen Industrie (BDI) (2010). *Die Hochschule der Zukunft. Das Leitbild der Wirtschaft.* Verfügbar unter: www.arbeitgeber.de/www/arbeitgeber.nsf/res/2DEDC8D63 AADD9ECC12576D5003E274F/$file/Hochschule_der_Zukunft.pdf [12.01.2013].
Busemeyer, M. R. (2007). Bildungspolitik in den USA. Eine historisch-institutionalistische Perspektive auf das Verhältnis von öffentlichen und privaten Bildungsinstitutionen. *Zeitschrift für Sozialreform,* 53 (1), 57–78.

Deutscher Akademischer Austauschdienst (DAAD) & Bundesministerium für Bildung und Forschung (BMBF) (2011). *5. Fachkonferenz „go out! studieren weltweit!" zur Auslandsmobilität deutscher Studierender. Ausgewählte Ergebnisse aus der Wiederholungsuntersuchung zu studienbezogenen Aufenthalten deutscher Studierender in anderen Ländern.* Verfügbar unter: www.go-out.de/imperia/md/content/go-out/fachkonferenz_go_ out_2011-01.pdf [02.01.2013].

DAAD (Hrsg.). (2012). *Wissenschaft weltoffen. Daten und Fakten zur Internationalität von Studium und Forschung in Deutschland.* Bielefeld: W. Bertelsmann.

Deutscher Hochschulverband (DHV). „U-Multiranking": Neues Ranking für 500 Hochschulen. *DHV-Newsletter*, 12/2012 (Hochschulpolitik). Verfügbar unter: www.hochschulverband.de/ cms1/newsletter-2012-12.html [20.12.12].

Dicke, K. (2012). Repräsentation und Integration der Universitäten im Vergleich zwischen Deutschland und den USA. *Bildung und Erziehung*, 65 (2), 139–152.

Frath, P. (2013). Unbequem, ungerecht und gefährlich. Zur Wissenschaftssprache Englisch in Frankreich und Europa. *Forschung & Lehre*, 20 (1), 26–28.

Friedenthal-Haase, M. & Matthes, E. (Hrsg). (2012). Universitätskulturen in Deutschland und den USA/University Cultures in Germany and the United States. *Bildung und Erziehung*, 65 (2).

Georg, W. (2010). Verschiebungen der Bildungsräume: Neue Überschneidungen, Durchlässigkeiten und Barrieren. *Bildung und Erziehung*, 63 (2), 227–240.

Groppe, C. (2012). ‚Bildung durch Wissenschaft': Aspekte und Funktionen eines traditionellen Deutungsmusters der deutschen Universität im historischen Wandel. *Bildung und Erziehung*, 65 (2), 169–181.

Hahn, K. (2004). *Die Internationalisierung der deutschen Hochschulen. Kontext, Kernprozesse, Konzepte und Strategien.* Wiesbaden: VS Verlag für Sozialwissenschaften.

Haß, U. & Müller-Schöll, N. (Hrsg.). (2009). *Was ist eine Universität? Schlaglichter auf eine ruinierte Institution.* Bielefeld: Transcript-Verlag.

Herrmann, U. (1999). *Bildung durch Wissenschaft? Mythos Humboldt.* (Reden und Aufsätze der Universität Ulm, Heft 1). Ulm: Universitätsverlag.

Hildebrandt-Wypych, D. (2009). Między globalizacją a europeizacją – refleksje nad umiędzynarodowaniem edukacji wyższej (Zwischen Globalisierung und Europäisierung – Reflexionen über Internationalisierung der Hochschulbildung). *Kwartalnik pedagogiczny (Pädagogische Vierteljahresschrift)*, 212 (2), 23–48.

Humboldt, W. von (1968). Politische Denkschriften. Erster Band. 1802–1810. Hrsg. von B. Gebhardt. In Ders., Gesammelte Schriften. 15 Bde. (S. 250–260). Hrsg. von der Königlich Preußischen Akademie der Wissenschaften. Band X. Zweite Abteilung: Politische Denkschriften I. Berlin: de Gruyter & Co.

Hörner, W. (2010). Bologna und die Idee der deutschen Universität. In P. Gutjahr-Löser, D. Schulz & H.-W. Wollersheim (Hrsg.), *Wissenschaft und Akademische Bildung. Theodor-Litt-Jahrbuch 7* (S. 97–109). Leipzig: Universitätsverlag.

International Student Barometer (ISB) (2011). Verfügbar unter: www.gate-germany.de/isb [04.01.2013].

Jaspers, K. & Rossmann, K. (1961). *Die Idee der Universität: für die gegenwärtige Situation entworfen.* Berlin: Springer.

Jones, P. W. (1998). Globalisation and Internationalism: Democratic Prospects for World Education. *Comparative Education*, *34* (2), 143–155.

Kehm, B. (2006). Regulierung und De-Regulierung in Europa. In G. Simonis & T. Walter (Hrsg.), *LernOrt Universität. Umbruch durch Internationalisierung und Multimedia* (S. 67–94). Wiesbaden: VS Verlag für Sozialwissenschaften.

Knight, J. (2004). Internationalization Remodeled: Definition, Approaches and Rationales. *Journal of Studies in International Education*, *8* (1), 5–31.

Kołakowski, L. (2009): Po co uniwersytet? (Wozu Universität?) In L. Kołakowski, *Czy pan Bóg jest szczęśliwy i inne pytania (Ist Gott glücklich und andere Fragen?)* (S. 259–278). Kraków: Znak.

Kühl, S. (2012). *Der Sudoku-Effekt. Hochschulen im Teufelskreis der Bürokratie. Eine Streitschrift*. Bielefeld: Transcript-Verlag.

Laitko, H. (2005). Bildung und Globalisierung. Kleine Annäherungen an ein großes Thema. In H.-G. Gräbe (Hrsg.), *Wissen und Bildung in der modernen Gesellschaft*. (Texte zur politischen Bildung. Rosa-Luxemburg-Stiftung Sachsen, S. 24–74). Leipzig: GNN.

Lanzendorf, U. & Teichler, U. (2003). Globalisierung im Hochschulwesen – Ein Abschied von etablierten Werten der Internationalisierung? *Zeitschrift für Erziehungswissenschaft*, *6* (2), 219–238.

Lieb, W. (2012). „Goldader" Bildung. Über den Trend zur Privatisierung, marktkonforme Hochschulen und Bologna. *Forschung & Lehre*, *19* (10), 802–804.

Liesner, A. (2010). Die Standardisierung der deutschen Hochschullandschaft – Dynamik der Autonomiedemontage. *Erziehungswissenschaft. Mitteilungen der deutschen Gesellschaft für Erziehungswissenschaft*, *21* (41), 119–126.

Mocikat, R. (2010). Fertigwissen in der Einheitssprache. Was hat die „Bologna-Reform" mit Wissenschaftssprache zu tun? *Forschung & Lehre*, *17* (9), 652–653.

Ninnes, P. & Hellstén, M. (Hrsg.). (2005). *Internationalizing Higher Education. Critical Explorations of Pedagogy and Policy*. Hong Kong: Springer.

Odendahl, K. (2012). Zeit für ein Umdenken. Die Europäisierung der Bildungssysteme. *Forschung & Lehre, 19* (11), 880–882.

Oerter, R., Frey, D., Mandl, H., von Rosenstiel, L. & Schneewind, K. (Hrsg.). (2012). *Universitäre Bildung – Fachidiot oder Persönlichkeit*. München, Mering: Rainer Hampp.

Parsons, T. & Platt, G. M. (1973). *The American University*. Cambridge: Harvard University Press.

Rinke, B. (2011). Regionalisierung/Regionalismus. In W. Woyke (Hrsg.), *Handwörterbuch Internationale Politik* (12. überarbeitete und aktualisierte Auflage, S. 464–472). Opladen, Farmington Hills: Verlag Barbara Budrich.

Rüegg, W. (Hrsg.). (1993). *Geschichte der Universität in Europa* (4 Bde.). München: Beck.

Schreiterer, U. (2012). Die Mutter aller Bildungsmärkte. Hochschulbildung in den USA. *Forschung & Lehre, 19* (10), 800–801.

Stichweh, R. (1991). *Der frühmoderne Staat und die europäische Universität. Zur Interaktion von Politik und Erziehungssystem im Prozeß ihrer Ausdifferenzierung (16.–18. Jahrhundert)*. Frankfurt a.M.: Suhrkamp.

Stichweh, R. (1994). Akademische Freiheit, Professionalisierung der Hochschullehre und Politik. In R. Stichweh (Hrsg.), *Wissenschaft, Universität, Professionen. Soziologische Analysen* (S. 337–362). Frankfurt a.M.: Suhrkamp.

Teichler, U. (2004). Hochschule. In H.-H. Krüger & C. Grunert (Hrsg.), *Wörterbuch Erziehungswissenschaft* (S. 239–244). Wiesbaden: Budrich.

Teichler, U. (2007). *Die Internationalisierung der Hochschulen. Neue Herausforderungen und Strategien.* Frankfurt a.M., New York: Campus.

Teichler, U. (2010). Europäisierung der Hochschulpolitik. In D. Simon & A. Knie u.a. (Hrsg.), *Handbuch Wissenschaftspolitik* (S. 51–70). Wiesbaden: VS Verlag für Sozialwissenschaften.

Teichler, U. (2010a). Hochschulen: Die Verknüpfung von Bildung und Forschung. In R. Tippelt & B. Schmidt (Hrsg.), *Handbuch Bildungsforschung* (3. Auflage, S. 421–444). Wiesbaden: VS Verlag für Sozialwissenschaften.

van der Wende, M. (2001). Internationalisation policies: about new trends and contrasting paradigms. *Higher Education Policy, 14*, 249–259.

Waterkamp, D. (2006). *Vergleichende Erziehungswissenschaft.* Münster u.a.: Waxmann.

Wößmann, L. (2012). Gute Bildung schafft wirtschaftlichen Wohlstand. Bildung aus ökonomischer Perspektive. *Forschung & Lehre, 19* (10), 792–794.

Zehnpfennig, B. (2012). Wie ökonomisch ist Bildung? Ein unzeitgemäßer Einspruch. *Forschung & Lehre, 19* (10), 796–798.

Carolin Rotter

Interkulturelle Schulentwicklung – Fortschreibung einer Differenzsetzung?

1. Einleitung

Mit der Abkehr von einer Gesamtstrategie zur Steuerung des Schulsystems kommt der einzelnen Schule vor Ort als „Einheit zielgerichteter, systematischer und reflexiver Gestaltung" (Rolff, 2007, S. 48) eine grundlegende Bedeutung zu. Es wird davon ausgegangen, dass die einzelnen Schulen vor Ort aufgrund unterschiedlicher Rahmenbedingungen verschiedener Maßnahmen bedürfen und nicht mit einheitlichen Vorgaben zu steuern seien, zumal es zentralen Behörden angesichts der Differenziertheit und Vielfalt der Schullandschaft an Steuerungswissen fehlt. Unterstützt wurde die Annahme von der ‚Einzelschule als pädagogische Handlungseinheit' durch empirische Befunde, wonach sich einzelne Schulen derselben Schulform untereinander stärker unterschieden als von anderen Schulformen (vgl. Fend, 1986). Spätestens seit den 1990er Jahren gilt die Einzelschule daher als ‚Motor der Entwicklung' (Dalin & Rolff, 1990), die dabei „mit der Entwicklung des gesamten Schulsystems gekoppelt" (Rolff, 2007, S. 16) ist. Das neue Steuerungsparadigma mit seiner Hinwendung zur Entwicklung der Einzelschule geht davon aus, dass die Entwicklung von Einzelschulen vor der Systementwicklung Vorrang hat insofern, als die Entwicklung von Einzelschulen die eigentliche Basis darstellt und „nicht eine vom Gesamtsystem generierte und insofern abgeleitete Aktivität" (Rolff, 2010, S. 30).

Nach Rolff, der mit seinem 3-Wege-Modell der Schulentwicklung ein in Literatur und Praxis weit verbreitetes Konzept vorgelegt hat, ist Schulentwicklung in einem Systemzusammenhang bestehend aus Unterricht-, Personal- und Organisationsentwicklung zu verstehen. Dieses Modell ist Schritt für Schritt entstanden; Ausgangspunkt war die Organisationsentwicklung in den 1970er Jahren, es folgten die Unterrichts- und Personalentwicklung. Diese Trias ist mittlerweile nicht mehr getrennt voneinander zu denken, da jeder Weg der Schulentwicklung zu den anderen beiden führe. Den Systemzusammenhang fasst Rolff selbst folgendermaßen zusammen: „Keine UE [Unterrichtsentwicklung] ohne OE [Organisationsentwicklung] und PE [Personalentwicklung], keine OE ohne PE, keine PE ohne OE und UE. Das Neue und Besondere in diesem Systemzusammenhang stellt allerdings OE dar: Ohne OE würde UE ebenso wenig wie PE auf das Ganze der Schule zielen und bliebe es bei modernisierter Lehrerfortbildung oder renovierter Schulpsychologie" (ebd., S. 35). Im Zentrum von Schulentwicklung wie von Schule überhaupt stehen für Rolff die Lernfortschritte von Schülerinnen und Schülern. An der Verbesserung der Lerngelegenheit für diese sind Maßnahmen von Schulentwicklung zu messen; damit stellen sowohl UE als auch PE als auch OE selbst lediglich Mittel zu diesem Zweck dar.

An welcher Stelle eine Schule ansetzt, ist aus dieser Perspektive des Systemzusammenhangs von Schulentwicklung nachrangig, und die Entscheidung für die Vorgehensweise bleibt der jeweiligen Einzelschule selbst überlassen.

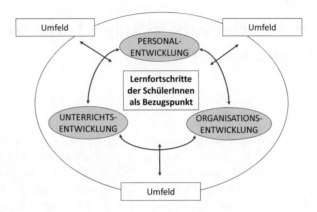

Abb. 1: Trias der Schulentwicklung nach Rolff (in Anlehnung an Rolff, 2010, S. 34)

Die Weiterentwicklung des einzelschulischen Kontexts mit dem Ziel der verbesserten Unterstützung von Lernprozessen der Schülerinnen und Schüler ist damit eine der Aufgaben von Schule im 21. Jh. Seit einigen Jahren findet sich eine Präzisierung dahingehend, dass von interkultureller Schulentwicklung die Rede ist. Eine solche Präzisierung wird mit der Notwendigkeit einer interkulturellen Öffnung von Schule[1] angesichts der zunehmenden sprachlichen und sozio-kulturellen Vielfalt der Schülerschaft als Folge von Globalisierungs- und Migrationsprozessen begründet. Ausgangspunkt von interkultureller Schulentwicklung ist also die sprachlich-soziokulturelle Heterogenität der Schülerschaft, deren schulische Situation mit den in den internationalen Schulleistungsstudien aufgezeigten Diskrepanzen im Kompetenzerwerb und der Bildungsbeteiligung im Vergleich zu Schülerinnen und Schülern ohne Migrationshintergrund zunehmend in das öffentliche Interesse gerückt ist und ein neuer Kristallisationspunkt für Schulkritik und Reformmaßnahmen zu sein scheint. Angesichts einer solchen engen Verbindung von interkultureller Schulentwicklung mit migrationsbedingter Heterogenität stellt sich allerdings die Frage, ob diese nicht Gefahr läuft, Differenzen zwischen Schülerinnen und Schülern mit und ohne Migrationshintergrund entlang der Dimension ‚Kultur' fortzuschreiben und damit zu festigen. Kultur als zentrale Differenzkategorie wird dabei zur gleichsam ‚natürlichen' Wesensart von Personen erhoben, durch die sich diese in angemessener Form beschreiben ließen und

---

[1] ‚Interkulturelle Öffnung' von Organisationen und damit auch von Schule umfasst ein weites Spektrum verschiedener Konzepte. Kleinster gemeinsamer Nenner ist diesen das Ziel einer „Umgestaltung von Organisationen und Diensten, sodass ihre Funktionsweise und ihre Angebote auf die Realität einer Migrationsgesellschaft ausgerichtet sind und es Migrant/innen grundsätzlich möglich gemacht wird, Dienstleistungsangebote wahrzunehmen. »Interkulturelle Öffnung« beschreibt einen Prozess der Organisationsentwicklung, der die Zugangsbarrieren für Migrant/innen zu Bildung, Kultur und sozialen Diensten beseitigt" (Fischer, 2006, S. 21).

auf die schulischen Disparitäten zurückgeführt werden könnten. Ausgehend von dieser Kritik widmet sich der Beitrag zwei Fragestellungen: 1. Was macht Schulentwicklung aus einer interkulturellen Perspektive derzeit aus? 2. Wie könnte eine interkulturelle Schulentwicklung, die sich aus der engen Verwobenheit von migrationsbedingter Heterogenität und Schulentwicklungsmaßnahmen zu lösen vermag, zukünftig aussehen?

Zur Bearbeitung dieser Fragen werden in den Kapiteln zunächst die Kennzeichen einer interkulturellen Schulentwicklung herausgearbeitet und verschiedene Ansätze, die bereits in der schulischen Praxis zur Anwendung kommen, skizziert (vgl. Kap. 2). Im Anschluss daran soll das Verständnis von Interkulturalität, das in den vorgestellten Ansätzen interkultureller Schulentwicklung zum Ausdruck kommt, in den Blick genommen und aus der Perspektive des migrationspädagogischen Diskurses kritisch reflektiert werden (vgl. Kap. 3). In einem Fazit werden vor dem Hintergrund dieser Reflexionen Vorschläge für zukünftige Ansatzpunkte einer interkulturellen Schulentwicklung aufgezeigt (vgl. Kap. 4).

2. Strategien und Umsetzungsbeispiele interkultureller Schulentwicklung

Das Ziel einer interkulturellen Schulentwicklung besteht in einem grundsätzlichen Wandel im Selbstverständnis von Schule im Umgang mit sprachlich-kultureller Heterogenität, die im Unterschied zur Wahrnehmung durch Schule für die Schülerinnen und Schüler längst lebensweltliche Normalität darstellt. In seiner Studie weist Rüesch darauf hin, dass sich eine Schulentwicklung in diesem sprachlich-soziokulturell heterogenen Kontext nicht grundsätzlich von jener in anderen sozialen Kontexten unterscheiden dürfe, „vielmehr sollte interkulturelle Erziehung als Teil eines umfassenderen Ansatzes der Schulentwicklung verstanden werden" (Rüesch, 1999, S. 102).

Neben dem individuellen Engagement einzelner Lehrkräfte bei dem Angebot interkultureller Lerngelegenheiten herrschten in den vergangenen Jahrzehnten nur punktuelle Kompensationsmaßnahmen im Bereich der Sprachförderung vor, die die Verfasstheit von Schule nicht in ihren Grundpfeilern berührten und veränderten. Viel eher: Würden diese Angebote wegfallen, würde keine nachhaltige Veränderung von Schule zurückbleiben. Bestätigt wird die Schulpraxis in ihrer Schwerpunktsetzung bei der Umsetzung von interkultureller Bildung durch den KMK-Bericht aus dem Jahr 2006, der im Vergleich zu der KMK-Empfehlung von 1996 einen deutlichen Rückschritt im Verständnis von interkultureller Bildung bedeutet. Während in letzterer interkulturelle Bildung als Querschnittsaufgabe aller Fächer verstanden und die Vermittlung interkultureller Kompetenz[2]

---

2 ‚Interkulturelle Kompetenz' ist in diesem Zusammenhang als eine individuelle Fähigkeit zu verstehen, die im Rahmen eines (interkulturellen) lebenslangen Lernprozesses entwickelt wird. Diese Fähigkeit ist darauf ausgerichtet, Interaktionssituationen mit Menschen unterschiedlicher Kulturen angemessen und kompetent zu gestalten. Dies betrifft sowohl die unmittelbare persönliche Begegnung als auch die mittelbare Begegnung mit dem Wissen über andere Kulturen, z.B. in Literatur, Film oder Internet (vgl. Bertels & Hellmann de Manrique, 2011, S. 30). Interkulturelle Kompetenz lässt sich weiterhin in drei Teilkompetenzen aufgliedern: in eine kognitive (z.B. Wissen über die

als zentrale schulische Aufgabe herausgestellt wird, durch die Schülerinnen und Schüler für ihre eigene kulturelle Gebundenheit sensibilisiert und als selbstverständlich empfundene Wert- und Normvorstellungen kritisch hinterfragt werden sollen, beschränkt sich ersterer vor dem Hintergrund der Befunde internationaler Schulleistungsstudien auf die deutsche Sprache als Schlüsselqualifikation (vgl. dazu auch Karakaşoğlu, 2009). Diese Maßnahmen können jedoch nur wenig Wirkung erlangen, wenn sie in ihren Angebotsstrukturen isoliert von der Schule verstanden und implementiert werden.

Interkulturelle Organisationsentwicklung

Gomolla fasst auf der Basis ihrer international vergleichenden Studie zu Schulentwicklungsmodellen in einem sprachlich-kulturell heterogenen Kontext am Beispiel von Deutschland, England und der Schweiz die Notwendigkeit einer grundsätzlichen Ein- und Anbindung dieser Angebote folgendermaßen zusammen: „Erforderlich sind weitaus zielgerichtete und kreativere Herangehensweisen, die auf unterschiedlichen Ebenen gleichzeitig ansetzen" (Gomolla, 2005, S. 12). Ziele der interkulturellen Bildung wären mit der gesamten Entwicklung von Schule zu verbinden.

Eine solche Verankerung interkultureller Bildung in der Schule und im gesamten Unterricht sowie die Gestaltung eines interkulturellen Schullebens finden sich in dem Beschluss der KMK aus dem Jahr 2007 wieder, der in Zusammenarbeit mit Organisationen von Menschen mit Migrationshintergrund erarbeitet wurde. In diesem Beschluss zeigt sich zwar auch eine deutliche Betonung der Notwendigkeit von Sprachfördermaßnahmen, jedoch geht er weit darüber hinaus und greift die zentralen Leitideen der Empfehlung von 1996 wieder auf (vgl. KMK, 2007). Um solche pädagogischen Orientierungen von dem Engagement einzelner Lehrkräfte unabhängig zu machen, wird allen Schulen, „insbesondere solchen mit einem hohen Anteil an Schülerinnen und Schülern mit Migrationshintergrund", empfohlen, „besondere Profile im Hinblick auf Interkulturalität auszuprägen und diese Ziele in Schulprogrammen und schulinternen Curricula festzulegen" (ebd., S. 7). Der zentralen Bedeutung von Schulprogrammen in Schulentwicklungsprozessen wird hiermit Rechnung getragen, wobei die Hervorhebung von Schulen mit einem hohen Anteil an Schülerinnen und Schülern mit Migrationshintergrund wiederum eine Zielgruppenorientierung durchscheinen lässt, die zeigt, dass interkulturelle Bildung noch längst nicht als Querschnittsaufgabe verstanden wird, die alle schulischen Akteure gleichermaßen betrifft.

Funktionsweisen von Kultur, Fähigkeit zur Selbstreflexivität), affektive (Ambiguitätstoleranz, Empathie, Fähigkeit des Fremdverstehens) und konative (z.B. Kommunikationsfähigkeit, Einsatz von Konfliktlösungsstrategien) Teilkompetenz (vgl. Erll & Gymnich, 2007, S. 11–14).

Interkulturelle Unterrichtsentwicklung

Einen ersten Ansatzpunkt für die Etablierung von interkultureller Bildung auf der Ebene des Unterrichts im Sinne einer interkulturellen Unterrichtsentwicklung bieten die unterrichtlichen Vorgaben in Form von Kernlehrplänen o.ä., die den curricularen Rahmen für die schulinterne Curriculumarbeit stecken. Betrachtet man bspw. die Kernlehrpläne verschiedener Fächer an unterschiedlichen Schulformen in NRW, so fällt auf, dass interkulturelle Bildung bzw. die Vermittlung interkultureller Kompetenz lediglich explizit als Ziel des Fremdsprachenunterrichts und des Lernbereichs Gesellschaftslehre (Erdkunde, Geschichte, Politik/Wirtschaft) formuliert wird. Im Fremdsprachenunterricht wird unter interkultureller Kompetenz der Erwerb landeskundlichen Wissens, kulturspezifischer Informationen für ein Handeln in Begegnungssituationen und das Erkennen von kulturspezifischen Werten, Einstellungen und Sichtweisen verstanden (siehe z.B. den Kernlehrplan für Englisch, Gymnasium [G8]). Für Englisch in der Grundschule wird interkulturelle Bildung als durchgängiges Prinzip im Unterricht beschrieben, so dass die Schülerinnen und Schüler „andere, ihnen unbekannte kulturell bedingte Sitten, Bräuche, Verhaltensweisen usw. *kennen lernen* und die eigene Kultur im *Vergleich* mit der anderen *relativieren* und umgekehrt" (Hervorh. im Orig.; Anmerk. C.R.).[3]

Deutlich weiter gefasst ist das Verständnis von interkultureller Bildung bzw. interkultureller Kompetenz im Lernbereich Gesellschaftslehre. Im Kernlehrplan Geschichte für das Gymnasium (G8) wird unter interkulturellem Verstehen „z.B. in Alternativen denken, eigene Gefühle artikulieren, Gefühle anderer wahrnehmen und bewerten, bereit zum Perspektivwechsel sein" verstanden, das durch die methodisch-didaktische Gestaltung und inhaltliche Ausrichtung des Unterrichts gefördert werden soll (Ministerium für Schule und Weiterbildung des Landes Nordrhein-Westfalen 2007, S. 20).

Einer Umsetzung der bereits im Jahr 1996 von der KMK formulierten Forderung, interkulturelle Bildung als Querschnittsaufgabe in allen Fächern zu verankern, kommen hingegen die neuen Hamburger Bildungspläne im Vergleich dazu einen deutlichen Schritt näher, jedenfalls was ihren programmatischen Anspruch betrifft. Seit dem Schuljahr 2011/2012 gilt für alle Hamburger Schulen ein neuer Bildungs- und Erziehungsauftrag, der bestimmte Aufgaben und Fragestellungen fächerübergreifend behandelt. Dieser allgemeine Auftrag wird im ‚Bildungsplan der Aufgabengebiete' präzisiert, in dem neben acht weiteren fächerübergreifenden Aufgaben auch die ‚Interkulturelle Erziehung' aufgeführt ist. ‚Interkulturelle Erziehung' gilt als „Teil eines allgemeinen Erziehungsauftrags von Schule" (Behörde für Schule und Berufsbildung, 2011, S. 27). Dabei geht die interkulturelle Erziehung von einem erweiterten Kulturbegriff aus:

> „Kultur ist nicht nur im Sinne von ethnischer Herkunft zu verstehen – vielmehr besteht jede Gesellschaft aus sich ständig veränderten Teilkulturen. Diese werden bestimmt vom sozialen Milieu, der regionalen Herkunft, dem Geschlecht, der Generation, dem Glauben, der sexuellen Orientierung etc." (ebd.).

---

3 http://www.standardsicherung.schulministerium.nrw.de/cms/angebote/egs/didaktik-und-methodik-im-egs/kompetenzorientierte-planung-und-gestaltung-des-unterrichts/interkulturelles-lernen/

Für die didaktische Umsetzung im Unterricht bedeutet dies, dass den Schülerinnen und Schülern Gelegenheiten gegeben werden sollen, „sich mit ihren eigenen kulturellen und sozialen Prägungen" (ebd.) und mit den Vorstellungen ihrer Mitschülerinnen und -schüler auseinanderzusetzen. Bei der Verankerung dieses allgemeinen Erziehungsauftrags in den fachspezifischen Bildungsplänen wird jedoch deutlich, dass dieses weitreichende Konzept z.T. in verschiedenen Fächern wiederum bei der konkreten inhaltlichen Umsetzung enggeführt und auf andere ‚Nationalkulturen' bezogen wird (z.B. Rahmenplan: Neuere Fremdsprachen von 2009).

Betrachtet man daneben Studien (vgl. z.B. Kalpaka, 2005; Geier, 2011), die die Umsetzung interkultureller Bildung im Unterricht in den Blick nehmen, so zeigen diese eher ernüchternde Befunde. Versuchen Lehrkräfte interkulturelle Bildung im Unterricht durch eine spezifische didaktisch-methodische Gestaltung zu initiieren, zeigen die Studien eine der Zielsetzung des Unterrichts entgegenlaufende praktische Umsetzung. So reproduzieren Lehrkräfte gängige Stereotype und eine Differenzierung zwischen ‚Wir' und den ‚Anderen' in ihren Arbeitsaufträgen, wenn sie ihre Schülerinnen und Schüler auffordern, landestypische Frühstücksgewohnheiten aus ihren vermeintlichen Heimatländern zu einem interkulturellen Frühstück in der Schule mitzubringen, oder Gruppeneinteilungen nach Herkunftsländern der Schülerinnen und Schüler vorgenommen werden.

Interkulturelle Personalentwicklung

Die Unterrichtsbeispiele aus den Studien verdeutlichen weiterhin einen Unterstützungsbedarf der Lehrkräfte bei der Umsetzung interkultureller Bildung im Unterricht. Wie Karakaşoğlu, Gruhn und Wojciechowicz (2011, S. 46) unter Verweis auf die oben genannte Studie von Gomalla zusammenfassend konstatieren, bleibe „eine punktuelle Sensibilisierung von Lehrerinnen und Lehrern in Aus- und Fortbildung für die Heterogenität ihrer Schülerschaft […] ebenfalls ohne nachhaltige Auswirkungen, wenn bei der Umsetzung in den Unterricht nicht die erforderliche Begleitung und Unterstützung gesichert ist oder wenn kein klares gemeinsames Bildungskonzept zum pädagogischen Umgang mit soziokulturell-sprachlicher Vielfalt an der Schule vorhanden ist". An diese Punkte hat eine Personalentwicklung anzuknüpfen, zeigt sich in verschiedenen Studien doch auch eine defizitorientierte Einstellung von Lehrenden gegenüber einer sprachlich, kulturell und ethnisch heterogenen Zusammensetzung ihrer Klassen (vgl. Marburger, Helbig & Kienast, 1997). Die jeweiligen kulturellen Bezugskontexte der Schülerinnen und Schüler werden von der Mehrheit der Lehrkräfte nicht als bedeutungsvoll erachtet (vgl. Auernheimer, von Blumenthal, Stübig & Willmann, 1996). Weber (2003) konnte in ihrer Studie sogar aufzeigen, dass das kulturelle Bezugssystem der Schülerinnen und Schüler nicht als Ressource, sondern vielmehr als deutliche Beeinträchtigung der schulischen Leistungsfähigkeit gesehen wird.

Vor diesem Hintergrund wird in den letzten Jahren in der bildungspolitischen Diskussion eine verstärkte Rekrutierung von Lehrkräften mit Migrationshintergrund als ein fester Bestandteil der interkulturellen Öffnung von Schule gefordert. Im Nationalen Integrationsplan heißt es dazu:

„Die interkulturelle Orientierung von Schulen und anderen Bildungseinrichtungen ist zu verbessern. Sie sollen Respekt vor allen Herkunftsländern und Kulturen vermitteln. Dies erfordert die verstärkte Einstellung von Migrantinnen und Migranten sowie die interkulturelle Schulung der Mitarbeiterinnen und Mitarbeiter" (Presse- und Informationsamt der Bundesregierung, 2007, S. 116).

Verbindung von interkultureller Organisations-, Personal- und Unterrichtsentwicklung

Diesen Lehrkräften werden aufgrund ihrer Einwanderungsgeschichte interkulturelle Kompetenzen zugeschrieben, von denen Impulse für eine interkulturelle Schulentwicklung und für die Öffnung von Schule im Umgang mit sprachlich-kultureller Vielfalt der Schülerschaft erhofft werden. Aus organisationstheoretischer Perspektive stellt die Einstellung von Personen mit Migrationshintergrund einen notwendigen, aber bei weitem keinen hinreichenden Bestandteil der interkulturellen Öffnung von Organisationen dar, dem umfassende Personalentwicklungsmaßnahmen folgen müssen (vgl. Hoogsteder, 1997 n. Besamusca-Janssen & Scheve, 1999).

In ihrer aktuellen Bremer Regionalstudie zur interkulturellen Schulentwicklung arbeiten Karakaşoğlu, Gruhn und Wojciechowicz (2011, S. 76ff.) in ihrer Zusammenschau nationaler wie internationaler Schulentwicklungsmodelle verschiedene Parameter einer erfolgreichen Strategie interkultureller Schulentwicklung heraus. Dazu gehören

- die Zentrierung der interkulturellen Schulentwicklung auf die Bedingungen und Prozesse schulischen Lernens wie z.B. methodisch-didaktische Gestaltung des Unterrichts,
- die entsprechende Entwicklung von Curricula und Lehrplänen sowie
- die systemisch aufeinander aufbauende Kompetenzvermittlung im Umgang mit Heterogenität im Kontext der Personalentwicklung.

Als ein gelungenes Beispiel für eine umfassende interkulturelle Schulentwicklung, die im Sinne der Trias der Schulentwicklung nach Rolff auf allen Ebenen der Organisations-, Personal- und Unterrichtsentwicklung ansetzt, wird in der Literatur immer wieder auf QUIMS (Qualität in multikulturellen Schulen) im Kanton Zürich verwiesen. Dieser Ansatz sieht Schulentwicklungsmaßnahmen in allen von Rolff genannten Bereichen vor. Zunächst als Schulversuch für ausgewählte Schulen gestartet ist die QUIMS-Strategie mittlerweile per Gesetz festgelegt und zielt auf die Entwicklung, Umsetzung und Evaluation von Maßnahmen im Umgang mit einer sprachlich-heterogenen Schülerschaft. Ausgangspunkt der Einführung und Durchsetzung des QUIMS-Ansatzes zur Förderung des Bildungserfolgs von Schülerinnen und Schülern mit Migrationshintergrund stellt die Erfahrung dar, dass Schulen mit einem hohen Anteil an Schülerinnen und Schülern mit Migrationshintergrund vor besonderen Herausforderungen in der alltäglichen schulischen Arbeit stehen. Diese Schulen müssen daher besondere Anstrengungen unternehmen, um der Heterogenität ihrer Schülerschaft gerecht werden zu können (vgl. Bildungsdirektion Kanton Zürich, 2008, S. 3). Die Schulen mussten, um zunächst an dem Schulversuch teilnehmen zu können, über einen sog. Mischindex verfügen, d.h. der Anteil von Schülerinnen und Schülern mit Migrationshintergrund an der gesamten Schülerschaft musste 40% betragen. In dem Programmtext findet sich hingegen noch eine erweiterte Gruppe; in diesem werden auch Kinder unterer sozialer Schichten adressiert. Bei der Definition und Berechnung des Mischindex findet diese Zielgruppe jedoch keine weitere Berücksichtigung; mittlerweile ist dieser Mischindex per Volksschulgesetz festgelegt, so dass diese Beschränkung auf Schülerinnen und Schüler mit Migrationshintergrund bindend ist. Das heißt, Schulen mit diesem Mischindex sind gesetzlich dazu verpflichtet, systematische Anstrengungen in Form von spezifischen Unterstützungsangeboten in den drei Handlungsfeldern 1) Förderung der Sprache, 2) Förderung des Schulerfolgs und 3) Förderung der sozialen Integration von Schülerinnen und Schülern mit Migrationshintergrund zu unternehmen. Bei der Konzeption, Implementierung und Evaluation dieser Angebote werden die Schulen sowohl finanziell als auch beratend von dem Kanton unterstützt. In diesen drei Handlungsfeldern stehen den Schulen verschiedene im Rahmen des QUIMS-Programms ausgearbeitete Handreichungen, Praxisbeispiele (z.B. im Handlungsfeld ‚Förderung von Sprache' bereits erprobte Sprachprojekte von Schulen) sowie entwickelte Qualitätsmerkmale, die als Orientierung für die schulische Arbeit, aber auch für die Evaluation des Prozesses dienen können, zur Verfügung (vgl. ebd.). Im ersten Einstiegsjahr in das QUIMS-Programm werden die Arbeitsschwerpunkte der Einzelschule in dem jeweiligen Schulprogramm verankert.[4] Die QUIMS-Strategie begreift damit Schulentwicklung in einem umfassenden Sinne und setzt sowohl bei der Organisations- als auch Personal- und Unterrichtsentwicklung an.

Doch was macht letztlich Schulentwicklung in einer interkulturellen Perspektive aus? Dieser Frage wird im folgenden Kapitel nachgegangen. Vor dem Hintergrund des Diskurses zur interkulturellen Bildung sowie der migrationspädagogischen Perspektive wird herausgearbeitet, welches Begriffsverständnis von Interkulturalität dem Diskurs um interkulturelle Schulentwicklung zu Grunde liegt und welche kritischen Implikationen mit einer solchen Sichtweise verbunden sind.

3. Was heißt ‚interkulturell' in ‚interkulturelle Schulentwicklung'? – eine kritische Reflexion

Interkulturelle Schulentwicklung ist nicht unabhängig von dem Diskurs zur interkulturellen Bildung und von der innerhalb dieser Diskussion im Verlauf der vergangenen Jahrzehnte entwickelten theoretischen Konzeption von Interkulturalität zu verstehen. Seine Wurzeln hat der Ansatz der interkulturellen Bildung in der sog. Ausländerpädagogik, für die eine Konzentration auf die Kompensation von kulturellen und sprachlichen Defiziten bei Schülerinnen und Schülern mit Migrationshintergrund charakteristisch ist. Die

---

4 QUIMS-Projekte sollen als Bestandteil des Schulprogramms in einer Grobplanung über drei bis fünf Jahre ausgearbeitet werden.

pädagogischen Maßnahmen konzentrierten sich aus einer solchen Perspektive ausschließlich auf diese Schülerinnen und Schüler, deren individuelle Eingangsvoraussetzungen im Vergleich zu Schülerinnen und Schülern ohne Migrationshintergrund als defizitär gesehen wurden. Diese Defizite – vorrangig sprachlicher Provenienz – sollten durch spezifische sprachliche Fördermaßnahmen kompensiert werden mit dem Ziel, diese Schülerinnen und Schüler in das deutsche Schulsystem zu integrieren bei gleichzeitiger Aufrechterhaltung ihrer Rückkehrfähigkeit. Mit der ausschließlichen Konzentration auf die betreffende Schülergruppe wurden andere schulische Akteure (z.B. Lehrkräfte, Schulleitung, Schüler und Schülerinnen ohne Migrationshintergrund) ebenso wenig in den Blick genommen wie die Schule als Organisation. Mit der Erkenntnis, dass ‚ausländische' Schülerinnen und Schüler ein dauerhafter, selbstverständlicher Bestandteil des deutschen Schulsystems bleiben würden, erweiterte sich in den 1980er Jahren der Blick auch auf Schülerinnen und Schüler ohne Migrationshintergrund. Vor allem diese Schülerinnen und Schüler sollten die Begegnung mit Menschen anderer Herkunftskulturen als „interkulturelle[n] Austausch" und als eine „interkulturelle Bereicherung" (Hohmann, 1989, S. 15f.) erleben. Unter den Prinzipien der Gleichheit und der Anerkennung sollten die Schülerinnen und Schüler zum interkulturellen Dialog befähigt werden (vgl. Auernheimer, 1998), indem insbesondere die einheimische Schülerschaft mit der Lebenswelt ihrer ausländischen Mitschülerinnen und Mitschüler vertraut gemacht werden sollte. Da der Dialog sowohl die Anerkennung von Differenz als auch gemeinsame Bezugspunkte voraussetzt, so die Argumentation der Interkulturellen Pädagogik, sollten kulturelle Gemeinsamkeiten hervorgehoben sowie kulturelle Differenzen thematisiert werden.

Gerade aus der Perspektive neuer sozialkonstruktivistischer bzw. -dekonstruktivistischer Sichtweisen auf den gesellschaftlichen Umgang mit Differenz lassen sich verschiedene Kritikpunkte in Bezug auf die Annahmen der Interkulturellen Pädagogik anführen, die im Folgenden skizziert werden sollen:
- 1. Ansatzpunkt der Interkulturellen Pädagogik ist die Tatsache, „dass unser Bildungswesen von Angehörigen verschiedener Kulturen und Ethnien besucht wird" (Prengel, 2006, S. 64). Diese „Reaktion [...] auf die migrationsbedingte kulturelle Pluralität der Gesellschaft (Hohmann, 1989, S. 12) setzt jedoch damit immer schon eine Verschiedenheit voraus, auf die pädagogisch reagiert werden müsse. Diese Verschiedenheit wird dabei mit dem Kulturbegriff zu fassen gesucht. Dies suggeriert jedoch, dass Kultur die zentrale Differenzdimension sei, mit der sowohl die betroffenen Personen als auch die gesellschaftlichen Differenzverhältnisse ausreichend beschrieben werden können. In der Interkulturellen Pädagogik erfolgt somit eine kulturalistische Reduktion migrationsgesellschaftlicher Verhältnisse, durch die weitere Differenzdimensionen rechtlicher, politischer und ökonomischer Art ausgeblendet werden: [...] *als Bezeichnung* suggeriert sie, dass sie die mit Migrationsphänomenen verbundene Tatsache der Diversifizierung und Pluralisierung von Problemlagen, Bildungsanliegen und -voraussetzungen sowie die Vielfalt der Bildungsverläufe in einer Migrationsgesellschaft unter der Kategorie »Kultur« beschreibt und behandelt und auch ihre eigenen Reaktionen unter der Kategorie »Kultur« zum Thema macht" (Mecheril, 2010, S. 64).

- 2. Mit Blick auf die Verwendung des Kulturbegriffs bzw. des begrifflichen Verständnisses kritisiert Adick zu Recht, dass in diesem Kontext Kultur immer ethnisch gedacht wird (vgl. Adick, 2010, S. 109). Hierbei wird Kultur verstanden „als partikulares, askriptives Merkmal von Abstammungsgruppen von Menschen. Auf diese Weise wird Kultur hypostasiert, d.h. verdinglicht bzw. personifiziert" (ebd., S. 110). Die als national gedachte Kultur wird als gleichsam natürliche, kaum wandelbare Wesensart des Menschen aufgefasst. Der Vorstellung einer individuellen und gesellschaftlichen Bereicherung durch die Begegnung mit ‚anderen Kulturen' liegt zudem ein dem Herderschen ‚Kugelmodell' ähnliches Verständnis von Kulturen zugrunde, das diese als in sich homogene, nach außen abgrenzbare Einheiten begreift, zwischen denen es zu vermitteln gilt. Dieses Kulturverständnis wird jedoch gegenwärtigen Phänomenen der Überschreitung kultureller Grenzen, der Hybridisierung und Vermischung nicht gerecht, mit denen sich aktuelle transkulturelle Ansätze auseinandersetzen (vgl. Welsch, 1997).
- 3. Der Hinweis auf eine ‚kulturelle Differenz' dient für eine Unterscheidung zwischen ‚uns' und ‚den Anderen', ‚den Fremden', die nicht zu der Mehrheitsgesellschaft gehören. Referenzgröße für die Markierung der Abweichung stellen somit die Vertreter der Mehrheitsgesellschaft dar; kulturell different erscheinen lediglich die Menschen mit Migrationshintergrund als die ‚Anderen'. Aufgrund dieser, wie bereits oben angedeuteten, Verknüpfung von ‚interkulturell' mit Migranten wird die Interkulturelle Pädagogik durch „diese selektive Inanspruchnahme […] immer wieder als »Ausländerpädagogik« bestätigt" (Mecheril, 2010, S. 65). Damit führt die Interkulturelle Pädagogik einen Ansatz weiter, gegen den sie eigentlich gemäß ihrem eigenen Anspruch und Selbstverständnis als Kritik angetreten ist.
- 4. Und nicht zuletzt fungiert Kultur in vielen Texten als Platzhalter für ‚Rasse' und ebnet damit den Weg in (kultur)rassistisch begründete ungleiche Verteilung von Privilegien. Etienne Balibar bezeichnet diesen Gebrauch des Kulturbegriffs als „Rassismus ohne Rassen […], dessen vorherrschendes Thema nicht mehr die biologische Vererbung, sondern die Unaufhebbarkeit der kulturellen Differenzen ist" (Balibar, 1990, S. 26).

Vor der Folie dieser Kritikpunkte sind Angebote interkultureller Bildung mit deutlicher Skepsis zu betrachten. Diese „bestätigen unter dem Symmetrie suggerierenden Ausdruck ‚interkulturell' dann die asymmetrischen und zuallererst als Zusammenhang der Ungleichheit zu verstehenden Verhältnisse zwischen Mehrheitsangehörigen und Minderheitenangehörigen" (Castro Varela & Mecheril, 2005, S. 409). Denn der Umgang mit migrationsgesellschaftlichen Phänomenen wird nahezu ausschließlich in „einer Intensivierung der pädagogischen, insofern auf den ersten Blick sanft und fürsorglich wirkenden »Förderung der Anderen«" (Mecheril, 2010, S. 66) gesehen. Ausgeblendet werden hingegen soziale Konstruktionsprozesse von Differenz im Sinne eines ‚Othering' oder eines ‚doing difference' ebenso wie Dominanz- und Herrschaftsstrukturen und die intersektionale Verknüpfung verschiedener Differenzdimensionen, die je nach Kontext in unterschiedlicher Weise wirksam werden. Neuere Ansätze zum Umgang mit gesellschaftlicher Pluralität sind bestrebt, sich nun endgültig von den Wurzeln der Interkulturellen Pädagogik in der

Ausländerpädagogik zu distanzieren und den Kulturbegriff nicht unbedingt grundsätzlich zu vermeiden, jedoch aus seiner Koppelung an Nation bzw. Ethnie zu lösen. Im Mittelpunkt steht eine „reflexive Auffassung von ‚Kultur' und ihren Funktionen im pädagogischen Kontext" (Gogolin & Krüger-Potratz, 2010, S. 134). Nohl (2010) bspw. entwickelt eine ‚Pädagogik kollektiver Zugehörigkeiten', in welcher der Kulturbegriff über die Bindung an eine Ethnie hinausgeht und andere Dimensionen kollektiver Zugehörigkeiten wie Geschlecht, Adoleszenz, Religion usw. aufgegriffen werden. Dem Kulturbegriff deutlich kritischer gegenüber steht die migrationspädagogische Perspektive, die von Mecheril (2004, 2010) in seiner Einführung in die Migrationspädagogik in ihren Grundlinien ausgearbeitet wurde. Mecheril betont den Konstruktionscharakter der Kategorie ‚mit Migrationshintergrund', durch die unter Verweis auf eine differente Kultur gesellschaftliche Hierarchien hervorgebracht und legitimiert würden. Vor dem Hintergrund einer grundsätzlichen binären Unterscheidung von Migrationsanderen und Nicht-Migrationsanderen als gesellschaftlich rahmendes Denk- und Deutungsmuster bestehe nach Mecheril die grundlegende Frage darin, „wie *der/die Andere* unter den Bedingungen von Migration erzeugt wird und welchen Beitrag pädagogische Diskurse und pädagogische Praxen hierzu leisten" (Mecheril, 2010, S. 15f.; Hervorh. im Orig., Anmerk. C.R.). In den Blick zu nehmen seien dabei insbesondere soziale Dominanz- und Machtverhältnisse.

In den vergangenen Jahrzehnten hat sich zudem der Fokus auf die Individuen – ob mit oder ohne Migrationshintergrund – unter Ausblendung der schulischen Kontextbedingungen, wie er in den älteren Ansätzen der interkulturellen Bildung zu finden ist, erweitert. Zunehmend wird in den oben beispielhaft angeführten jüngeren Ansätzen auf die Notwendigkeit hingewiesen, auch die institutionellen und strukturellen Rahmenbedingungen, in die Lernprozesse von Schülerinnen und Schülern mit und ohne Migrationshintergrund eingebettet sind, kritisch zu betrachten und im Hinblick auf die Verbesserung der Bildungschancen für alle Schülerinnen und Schüler umzugestalten (vgl. Gomolla, 2005). In diesem Zusammenhang wird auch die interkulturelle Öffnung von Schule (vgl. Kalpaka & Mecheril, 2010, S. 88f.) im Zuge einer interkulturellen Schulentwicklung gefordert.

Doch betrachtet man vor dem hier skizzierten Hintergrund den Diskurs zur interkulturellen Schulentwicklung sowie verschiedene Ansätze zur Umsetzung in der Praxis, so fällt auch dort ein enges Verständnis von Interkulturalität auf, das charakterisiert ist durch eine enge Verknüpfung von ‚interkulturell' und Schülerinnen und Schülern mit Migrationshintergrund. Der Fokus liegt auf sprachlich-soziokultureller Vielfalt, wodurch der Eindruck entsteht, dass insbesondere Schulen mit einem hohen Anteil an Schülerinnen und Schülern mit Migrationshintergrund Ziel interkultureller Schulentwicklung zu sein hätten (siehe z.B. QUIMS). Dieser Fokus steht in der oben aufgezeigten Tradition der Interkulturellen Pädagogik, Schülerinnen und Schüler mit Migrationshintergrund als Zielgruppe für pädagogische Maßnahmen zu adressieren. Das Adjektiv ‚interkulturell' scheint in diesem Zusammenhang anzuzeigen, wie mit der migrationsbedingten Heterogenität der Schülerschaft normativ umzugehen ist (vgl. Adick, 2010, S. 107), nämlich mit spezifischen Schulentwicklungsmaßnahmen. Damit scheint es dem Diskurs um interkulturelle Schulentwicklung nicht zu gelingen, die Verbindung von Kultur, Interkulturalität sowie

Schülerinnen und Schüler mit Migrationshintergrund als besondere Klientel für pädagogische Maßnahmen zu lösen und eine interkulturelle Öffnung von Schule als umfassendes Konzept zu begreifen, das sich an alle schulischen Akteure mit ihren jeweils individuell empfundenen Zugehörigkeiten zu verschiedenen Lebenswelten gleichermaßen richtet und dem ein weitgefasstes Verständnis von Kultur zugrundegelegt wird. Vielmehr läuft eine interkulturelle Schulentwicklung, wie sie derzeit in vielen Modellen angelegt ist, Gefahr, unter der Oberfläche der im Sprachduktus der Anerkennung und Wertschätzung von Vielfalt formulierten Intentionen pädagogischer Maßnahmen gegenteilige Wirkungen zu erzielen, nämlich eine Fortführung der Differenzsetzung entlang der Dimension der Kultur verstanden als Nationalkultur und damit der (Re-)Produktion von gesellschaftlichen Dominanzverhältnissen, in denen die Anderen als ‚Migrationsandere' geschaffen und auf die Position einer Nicht-Zugehörigkeit festgelegt werden.

4. Implikationen für die Praxis interkultureller Schulentwicklung

Ausgangspunkt einer interkulturellen Schulentwicklung, die sich mit den hier skizzierten Kritikpunkten auseinandersetzt und diese konstruktiv wendet, könnte die ‚Pädagogik der Vielfalt' (vgl. Prengel, 2006) sein, die das Ziel hat, allen Schülerinnen und Schülern „einen gleichberechtigten Zugang zu den materiellen und personellen Ressourcen der Schule zu schaffen, um auf der Basis solcher Gleichberechtigung die je besonderen, vielfältigen Lern- und Lebensmöglichkeiten zu entfalten" (Prengel, 2006, S. 185). Einer solch verstandenen Zielperspektive interkultureller Schulentwicklung liegt ein Verständnis von Kulturen zugrunde, das diese „als Symbolsysteme" versteht, „die den Menschen Interpretations-, Ausdrucks- und Orientierungsmuster bieten, deren Differenziertheit es verbietet, sie mit Staatsgrenzen gleichzusetzen" (Nieke, 2008, S. 47). Die Vielfalt bzw. ‚Multikulturalität' der schulischen Beteiligten umfasst aus einer solchen Perspektive nicht ausschließlich eine migrationsbedingte Heterogenität als Folge von vielfältigen Migrationsprozessen, sondern versteht jeden Einzelnen als einzigartig und different zu Anderen. Diese ‚Mehrwertigkeit' bezieht sich bspw. auf das Geschlecht, das Alter, auf die soziale und ethnische Herkunft, auf die Religionszugehörigkeit, die sexuelle Orientierung oder auch auf subjektiv empfundene Zugehörigkeiten zu sog. Subkulturen etwa im Musik- oder Sportbereich. Diese Perspektive möchte dabei nicht als eine Relativierung von migrationsbedingten Disparitäten verstanden werden, sondern fordert eher auf, diese in Bezug zu anderen Zugehörigkeiten und Differenzdimensionen zu setzen. Denn eine ausschließliche Konzentration auf den Migrationshintergrund als relevante Dimension depersonalisiert ‚Migrationsandere' in ihrer jeweils individuellen Einzigartigkeit und subsumiert sie unter eine Gruppe, die nach außen Homogenität suggeriert, deren Mitglieder jedoch lediglich eine wie auch immer ausgeprägte Migrationserfahrung verbindet. Mecheril weist darauf hin, dass es sich dabei nicht nur um eine heterogene, sondern „um keine Gruppe" (Mecheril, 2010, S. 17) handelt. Aus diesen Grundannahmen lassen sich für eine interkulturelle

Schulentwicklung auf den Ebenen der Unterrichts-, Personal- und Organisationsentwicklung folgende Gestaltungselemente ableiten:

Für die Ebene der Unterrichtsentwicklung würde dies bedeuten, dass interkulturelle Bildung nicht lediglich als die Vermittlung landeskundlichen Wissens und die Thematisierung von ‚landestypischen' Traditionen, Sitten und Gebräuchen verstanden werden darf, sondern weit darüber hinaus gehen muss. So müsste den Schülerinnen und Schülern Raum gegeben werden, sich mit ihren eigenen Zugehörigkeitsgefühlen, Positionierungen sowohl innerhalb des schulischen Kontexts als auch ihres sozialen Umfelds auseinanderzusetzen und diese zu reflektieren. Um die eigene Perspektive erweitern zu können, würde bspw. auch das Bearbeiten von sog. „Migrationsgeschichte(n)" einzelner Zuwanderer eine differenziertere Perspektive auf diese bieten und den Schülerinnen und Schülern eine Sichtweise vermitteln, die sich jenseits von Kultur und Religion bewegen kann und ihnen so ermöglicht, „die Vielfalt lebensweltlich geprägter Aneignungsweisen kennen zu lernen" (Holzbrecher, 2011, S. 206). Aber auch die Lebenswelten anderer Personen (z.B. Homo- oder Transsexuelle, Arbeitslose, allein erziehende Mütter etc.) sind in den Blick zu nehmen, um individuelle Umgangsweisen mit sozialen Rahmenbedingungen herauszuarbeiten. In Bezug auf die methodisch-didaktische Gestaltung des Unterrichts bedeutet dies, dass ein Lernarrangement geschaffen werden muss, das zum einen die selbstreflexive Auseinandersetzung mit diesen Themen anregt und zum anderen den Perspektivwechsel als Ausgangspunkt der Selbstreflexion wählt.

Diese Art der interkulturellen Unterrichtsentwicklung erfordert Maßnahmen auf der Ebene der Personalentwicklung. Lehrkräfte bedürfen diesbezüglich Fortbildungen zur Gestaltung eines Unterrichtsangebots, das den Ansprüchen einer solch verstandenen Unterrichtsentwicklung entspricht. Auf der Ebene der Organisationsentwicklung können diese Fortbildungsmaßnahmen unterstützt werden durch den Aufbau eines schulinternen Weiterbildungsraums, der Lehrkräfte in ihrer professionellen Entwicklung durch die Schaffung von Kooperationsstrukturen oder z.B. durch das Angebot von Supervisionen fördert. Diese verschiedenen Maßnahmen sind in einem Schulprogramm zu bündeln, das auf die Schaffung einer Schulkultur des Dialogs, der Kooperation und der Anerkennung einer Pädagogik der Vielfalt als grundlegendes Prinzip des Schulalltags abzielt.

Solche Ansätze einer interkulturellen Öffnung von Schule können die Schülerinnen und Schüler für Differenzkonstruktionen samt den mit diesen verbundenen Machtverhältnissen, die zu den jeweiligen sozialen Positionierungen von Personen und herrschenden Diskriminierungsverhältnissen beitragen, sensibilisieren und sie befähigen, die eigene soziale Positionierung zu anderen ins Verhältnis zu setzen. Für Lehrkräfte und Schulleitung schafft die (selbst-)reflexive Betrachtung des Kontexts, in dem pädagogisches Handeln stattfindet, einen Blick auf die Möglichkeiten der Einflussnahme durch pädagogisches Handeln in den jeweiligen Kontextbedingungen. Mit dieser konzeptuellen Erweiterung der interkulturellen Schulentwicklung, wie sie hier skizziert wurde, kann es dieser gelingen, den gesellschaftlichen Veränderungen und den daraus resultierenden veränderten Lebenswelten der schulischen Beteiligten Rechnung zu tragen und allen Schülerinnen und Schülern die bestmögliche Unterstützung ihrer individuellen Lernprozesse zu bieten.

Literatur

Adick, C. (2010). Inter-, multi-, transkulturell: über die Mühen der Begriffsarbeit in kulturübergreifenden Forschungsprozessen. In K. Hirsch & R. Kurt (Hrsg.), *Interkultur – Jugendkultur. Bildung neu verstehen* (S. 105–133). Wiesbaden: VS Verlag für Sozialwissenschaften.

Auernheimer, G. (1998). Grundmotive und Arbeitsfelder interkultureller Bildung und Erziehung. In Bundeszentrale für politische Bildung (Hrsg.), *Interkulturelles Lernen. Arbeitshilfen für die politische Bildung* (S. 18–28). Bonn: Bundeszentrale für politische Bildung.

Auernheimer, G., v. Blumenthal, V., Stübig, H. & Willmann, B. (1996). *Interkulturelle Erziehung im Schulalltag. Fallstudien zum Umgang von Schulen mit der multikulturellen Situation.* Münster: Waxmann Verlag.

Balibar, E. (1990). Gibt es einen »Neo-Rassismus«? In E. Balibar & I. Wallerstein (Hrsg.), *Rasse – Klasse – Nation. Ambivalente Identitäten* (S. 23–38). Hamburg: Argument.

Behörde für Schule und Berufsbildung (Hrsg.). (2009). *Rahmenplan Neuere Fremdsprachen. Bildungsplan gymnasialer Oberstufe.* Verfügbar unter: http://www.hamburg.de/contentblob/1475210/data/neuerefremdsprachen-gyo.pdf [15.06.2012]

Behörde für Schule und Berufsbildung (Hrsg.). (2011). *Bildungsplan Stadtteilschule, Jahrgangsstufen 5 bis 11. Aufgabengebiete.* Hamburg. Verfügbar unter: http://www.hamburg.de/contentblob/2372700/data/aufgabengebiete-sts.pdf [15.06.2012].

Bertels, U. & Hellmann de Manrique, I. (Hrsg.). (2011). *Interkulturelle Streitschlichter. Interkulturelle Kompetenz als Schlüsselqualifikation für Jugendliche.* Münster: Waxmann Verlag.

Besamusca-Janssen, M. & Scheve, S. (1999). *Interkulturelles Management in Beruf und Betrieb.* Frankfurt a.M.: Verlag für Interkulturelle Kommunikation.

Bildungsdirektion Kanton Zürich, Volksschulamt (Hrsg.). (2008). *Umsetzung Volksschulgesetz Qualität in multikulturellen Schulen.* Zürich: Volksschulamt.

Castro Varela, M. do Mar & Mecheril, P. (2005). Minderheitenangehörige und ‚professionelles Handeln'. Anmerkungen zu einem unmöglichen Verhältnis. In R. Leiprecht & A. Kerber (Hrsg.), *Schule in der Einwanderungsgesellschaft. Ein Handbuch* (S. 406–419). Schwalbach a. Taunus: Wochenschau Verlag.

Dalin, P. & Rolff, H.-G. (1990). *Institutionelles Schulentwicklungs-Programm.* Soest: Soester Verlag Kontor.

Erll, A. & Gymnich, M. (2007). *Interkulturelle Kompetenzen. Erfolgreich kommunizieren zwischen den Kulturen.* Stuttgart: Klett Verlag.

Fend, H. (1986): „Gute Schulen – schlechte Schulen". Die einzelne Schule als pädagogische Handlungseinheit. *Die Deutsche Schule* 78, 275–293.

Fischer, V. (2006). Gesellschaftliche Rahmenbedingungen für die Entwicklung migrationsbedingter Qualifikationserfordernisse. In V. Fischer, M. Springer & I. Zacharaki (Hrsg.), *Interkulturelle Kompetenz. Fortbildung – Transfer – Organisationsentwicklung* (2. Aufl.) (S. 11–30). Schwalbach a. Taunus: Wochenschau Verlag.

Geier, T. (2011). *Interkultureller Unterricht. Inszenierung der Einheit des Differenten.* Wiesbaden: VS Verlag für Sozialwissenschaften.

Gogolin, I. & Krüger-Potratz, M. (2010). *Einführung in die Interkulturelle Pädagogik* (2., durchgesehene Auflage). Opladen: Verlag Barbara Budrich.

Gomolla, M. (2005). *Schulentwicklung in der Einwanderungsgesellschaft. Strategien gegen institutionelle Diskriminierung in Deutschland, England und in der Schweiz.* Münster: Waxmann Verlag.
Hohmann, M. (1989). Interkulturelle Erziehung – eine Chance für Europa? In M. Hohmann & H. H. Reich (Hrsg.), *Ein Europa für Mehrheiten und Minderheiten* (S. 1–32). Münster: Waxmann Verlag.
Holzbrecher, A. (2011). Unterrichtsentwicklung: Interkulturalität als Querschnittsaufgabe in allen Fächern. In A. Holzbrecher (Hrsg.), *Interkulturelle Schule. Eine Entwicklungsaufgabe* (S. 157–234). Schwalbach a. Taunus.: Wochenschau Verlag.
Kalpaka, A. (2005). Pädagogische Professionalität in der Kulturalisierungsfalle – Über den Umgang mit ‚Kultur' in Verhältnissen von Differenz und Dominanz. In R. Leiprecht & A. Kerber (Hrsg.), *Schule in der Einwanderungsgesellschaft. Ein Handbuch* (S. 387–405). Schwalbach a. Taunus: Wochenschau Verlag.
Kalpaka, A. & Mecheril, P. (2010). „Interkulturell". Von spezifisch kulturalistischen Ansätzen zu allgemein reflexiven Perspektiven. In P. Mecheril, M. do Mar Castro Varela, I. Dirim, A. Kalpaka, & C. Melter (Hrsg.), *Migrationspädagogik* (S. 77–98). Weinheim – Basel: Beltz Verlag.
Karakaşoğlu, Y. (2009). Beschwörung und Vernachlässigung der Interkulturellen Bildung im ‚Integrationsland' Deutschland – Ein Essay. In W. Melzer & R. Tippelt (Hrsg.), *Kulturen der Bildung. Beiträge zum 21. Kongress der Deutschen Gesellschaft für Erziehungswissenschaft* (S. 177–195). Opladen/Farmington Hills: Verlag Barbara Budrich.
Karakaşoğlu, Y., Gruhn, M. & Wojciechowicz, A. (2011). *Interkulturelle Schulentwicklung unter der Lupe. (Inter-)Nationale Impulse und Herausforderungen für Steuerungsstrategien am Beispiel Bremen.* Münster: Waxmann Verlag.
KMK (1996). *Empfehlung „Interkulturelle Bildung und Erziehung in der Schule".* Beschluss der Kultusministerkonferenz vom 25.10.1996.
KMK (2006). *Bericht „Zuwanderung".* Beschluss der Kultusministerkonferenz vom 24.05.2002 i.d.F. vom 16.11.2006.
KMK (2007). *„Integration als Chance – gemeinsam für mehr Chancengerechtigkeit".* Gemeinsame Erklärung der Kultusministerkonferenz und der Organisationen von Menschen mit Migrationshintergrund. Beschluss der Kultusministerkonferenz vom 13.12.2007.
Marburger, H., Helbig, G. & Kienast, E. (1997). Sichtweisen und Orientierungen Berliner Grundschullehrerinnen und -lehrer zur Multiethnizität der bundesdeutschen Gesellschaft und den Konsequenzen für Schule und Unterricht. In A. Heintze, G. Helbig, P. Jungbluth, E. Kienast & H. Marburger, *Schule und multiethnische Gesellschaft* (S. 4–62). Frankfurt a.M.: Verlag für Interkulturelle Kommunikation.
Mecheril, P. (2004). *Einführung in die Migrationspädagogik.* Weinheim – Basel: Beltz Verlag.
Mecheril, P. (2010). Die Ordnung des erziehungswissenschaftlichen Diskurses in der Migrationsgesellschaft. In P. Mecheril, M. do Mar Castro Varela, I. Dirim, A. Kalpaka & C. Melter (Hrsg.), *Migrationspädagogik* (S. 54–76). Weinheim – Basel: Beltz Verlag.
Ministerium für Schule und Weiterbildung des Landes Nordrhein-Westfalen (Hrsg.). (2007). Kernlehrplan für das Gymnasium – Sekundarstufe I (G8) in Nordrhein-Westfalen.

Geschichte. Frechen: Ritterbach Verlag. Verfügbar unter: http://www.standardsicherung.schulministerium.nrw.de/lehrplaene/upload/lehrplaene_download/gymnasium_g8/gym8_geschichte.pdf [02.10.2012].

Nieke, W. (2008). *Interkulturelle Erziehung und Bildung. Wertorientierungen im Alltag* (3. Aufl.). Opladen: VS Verlag für Sozialwissenschaften.

Nohl, A.-M. (2010). *Konzepte interkultureller Pädagogik. Eine systematische Einführung* (2., erw. Aufl.). Bad Heilbrunn: Verlag Julius Klinkhardt.

Prengel, A. (2006). *Pädagogik der Vielfalt. Verschiedenheit der Gleichberechtigung in interkultureller, feministischer und integrativer Pädagogik* (3. Aufl.). Wiesbaden: VS Verlag für Sozialwissenschaften.

Presse- und Informationsamt der Bundesregierung (Hrsg.). (2007). *Der Nationale Integrationsplan. Neue Wege – Neue Chancen.* Berlin.

Rolff, H.-G. (2007). *Studien zu einer Theorie der Schulentwicklung.* Weinheim – Basel: Beltz Verlag.

Rolff, H.-G. (2010). Schulentwicklung als Trias von Organisations-, Unterrichts- und Personalentwicklung. In T. Bohl, W. Helsper, H. G. Holtappels & C. Schelle (Hrsg.), *Handbuch Schulentwicklung. Theorie – Forschungsbefunde – Entwicklungsprozesse – Methodenrepertoire* (S. 29–36). Bad Heilbrunn: Verlag Julius Klinkhardt.

Rüesch, P. (1999). *Gute Schulen im multikulturellen Umfeld.* Ergebnisse aus der Forschung zur Qualitätssicherung. Im Auftrag der Bildungsdirektion des Kantons Zürich: Orell Füssli.

Weber, M. (2003). *Heterogenität im Schulalltag.* Opladen: Leske + Budrich Verlag.

Welsch, W. (1997). Transkulturalität. *Universitas.* Orientierung in der Wissenswelt. Deutsche Ausgabe, 607, 16–24.

Esther Hahm, Gülsen Sevdiren & Anne Weiler

Alterität im Kontext interkultureller und internationaler Bildungsarbeit

1. Einleitung

Der Aspekt der Alterität ist ein zentrales Thema, das mit Migrations-, Internationalisierungs-, Transnationalisierungs- und Globalisierungsprozessen verknüpft wird. So bilden in fast allen Bereichen der Vergleichenden Erziehungswissenschaft Fragestellungen unter dem Gesichtspunkt der Alterität den gedanklichen Mittelpunkt. Obwohl dieser Aspekt Bestandteil zahlreicher wissenschaftlicher Beiträge ist und war, mangelt es an aussagekräftigen Definitionen zu diesem Konstrukt (vgl. Ricken & Balzer, 2007). Vor diesem Hintergrund möchte der Beitrag die Themenfelder ausgewählter Bildungsorganisationen fokussieren und die Frage um das Verständnis von Alterität im Rahmen der organisationalen Selbstdarstellung in den Vordergrund rücken. Dabei gelangt der Aspekt der Alterität in zwei Ausprägungen in den Fokus: Erstens als internationale und interkulturelle Austauschformen und Beziehungen im Rahmen von internationalen Bildungsangeboten im schulischen und außerschulischen Bereich und zweitens als interkulturelle Perspektive in der Jugendverbandsarbeit, und zwar als innerdeutsches Resultat von Migration. Gegenstand der Betrachtung für den internationalen Bildungsbereich sind dabei das Goethe-Institut (kurz: GI) und die Deutschen Auslandsschulen. Für den innerdeutschen Bereich wird die Jugendverbandsarbeit fokussiert, im Besonderen die Arbeitsgemeinschaft der Evangelischen Jugend (aej).[1]

Zur Klärung der Fragestellung werden Dokumente und Informationen der Bildungsorganisationen herangezogen, die über die Internetpräsenz der Institutionen verfügbar sind. Das vorliegende Textmaterial wird mit Hilfe der Kriterien ‚Ziele', ‚Maßnahmen' und ‚Akteure' analysiert und unter der Fragestellung betrachtet, was die genannten Organisationen auf diesen Ebenen unter Alterität verstehen bzw. wie sie Alterität konstruieren. Dabei wird vorwiegend die Außendarstellung der Bildungsorganisationen beschrieben, um davon ausgehend ein Verständnis von Alterität abzuleiten. Gerade in Textformen wie Jahrbüchern, Rechenschaftsberichten und Internetauftritten werden die Leistungen und

---

1 Alle Organisationen sind dem sog. Nonprofit-Sektor zuzuordnen. Nach der strukturell-operationalen Definition von Anheier sind Nonprofit-Organisationen formal und institutionalisiert, privat und strukturell abgetrennt vom Staat sowie selbstverwaltend, d.h. sie kontrollieren ihre eigenen Aktivitäten und werden dabei von keiner staatlichen oder marktwirtschaftlichen Stelle überprüft. Zudem sind sie nicht-gewinnorientiert und freiwillig organisiert (vgl. Anheier, 2005, S. 47).

Erfolge der relevanten Organisationen in den Vordergrund gestellt und repräsentative Ergebnisse und programmatische Grundsätze und Ziele thematisiert.

Der vorliegende Beitrag gliedert sich daher wie folgt: Zunächst wird der Begriff Alterität fokussiert und seine Bedeutung in der wissenschaftlichen Diskussion der Vergleichenden Erziehungswissenschaft thematisiert. Daran anschließend wird die innerdeutsche Jugendverbandsarbeit bezüglich allgemeiner Merkmale wie Rechtsstatus, Mitgliedschaft und Finanzierung vorgestellt. Gleiches geschieht im Bereich der Auswärtigen Kultur- und Bildungspolitik Deutschlands am Beispiel der Mittlerorganisationen Goethe-Institut und Deutsche Auslandsschulen. Danach erfolgt die Sichtung des Textmaterials im Hinblick auf den Begriff der Alterität. Die Zusammenführung der Ergebnisse bildet den Schlussteil dieses Aufsatzes.

2. Zum Begriff Alterität

In ‚kulturübergreifenden' Forschungsperspektiven um Fragen von Bildung und Erziehung erweist sich der Gesichtspunkt der Alterität als zentrales Thema (Adick, 2010, S. 115). Unter dem Begriff kulturübergreifende Forschungsperspektiven subsumiert Christel Adick (2010, S. 115) „*kulturvergleichende* oder *interkulturelle* bzw. *international vergleichende* oder *internationale* sowie (...) *transnationale* bzw. *transkulturelle* (Hervor. im Orig.) Forschungsperspektiven", die in den Bereich der Vergleichenden Erziehungswissenschaft fallen.

Allerdings ist der Begriff Alterität durch eine Begriffsvielfalt gekennzeichnet, die mit dem Gebrauch der Termini ‚Fremdheit', ‚Andersheit' und ‚Alterität' (ebd.) zutage tritt. Trotz der sich in den Begriffen ausdrückenden Differenzierungen (vgl. hierzu ausführlich Ricken & Balzer, 2007) herrscht kein Konsens über die genaue Verwendung der Begriffe. Für den erziehungswissenschaftlichen Diskurs lässt sich nachzeichnen, dass man neben dem synonymen Gebrauch der Begriffe auch auf uneinheitliche Verwendungspraktiken der Begriffe stößt, wobei der Begriff der Alterität seltener vorkommt. Die fehlende uneinheitliche Verwendungspraktik wird von Autoren immer wieder angemerkt, zugleich von vielen jedoch fortgeschrieben. Mit Eindeutigkeit lässt sich an dieser Stelle aber festhalten, dass mit Alterität die *Andersheit des Anderen* gemeint ist (Schäfer, 2004, S. 707) und damit seine deutsche Entsprechung findet. Alterität und Fremdheit tauchen insbesondere als Schlüsselbegriffe in differenztheoretischen Fragestellungen auf, in denen sie „(...) – wie in einer Spirale – an die mit Differenz markierten Problemstellungen anschließen und diese vertiefen" (Ricken & Balzer, 2007, S. 57). Ihrerseits geht es bei der Differenz als „Denk- und Theoriebegriff" (ebd.) nicht mehr nur um die Gegenüberstellung von Gleichheit und Verschiedenheit, von Identität und Differenz, sondern sie konzentriert sich auf Zugehörigkeitskonstellationen und -problematiken, die im Rahmen gesellschaftlicher Normalisierungsprozesse konstruiert werden (vgl. ebd.).

Für den vorliegenden Beitrag ist speziell Paul Mecherils Alteritätsbezug von Belang: Es geht um die ‚natio-ethno-kulturelle' Alterität. Das Eigenschaftswort natio-ethno-kulturell ist eine Wortneuschöpfung, die Mecheril im Rahmen seiner Migrationspädagogik, die als Kritik an der Interkulturellen Pädagogik verstanden werden sollte, geprägt hat. Die migrationspädagogische Perspektive widmet sich den natio-ethno-kulturellen Zugehörigkeitsverhältnissen im Rahmen der bundesdeutschen Migrationsgesellschaft und stellt die Frage, wie der oder die Andere konstruiert wird (Mecheril, 2010, S. 12, 15).

Die Schwerpunktsetzung der Migrationspädagogik auf den innerdeutschen Raum mag auf den ersten Blick den Eindruck erwecken, dass ihre Prämissen für den Untersuchungsgegenstand der deutschen Mittlerorganisationen der auswärtigen Bildungs- und Kulturpolitik nicht relevant seien. Denn die deutschen Mittlerorganisationen agieren im internationalen Kontext, wobei Phänomene der Migration für ihre Haupttätigkeitsbereiche keine konstituierende Bedeutung haben, wenn auch das Thema Migration in ihrer Vermittlung bundesdeutscher Gesellschaftszusammenhänge Beachtung findet. Doch die Infragestellung der Zugehörigkeitsverhältnisse für den deutschen Kontext vonseiten der Migrationspädagogik ist auch für den internationalen Zusammenhang von Bedeutung, wenn man bedenkt, dass die natio-ethno-kulturelle Identitätsvorstellung des deutschen Nationalstaates sowohl innenpolitisch als auch außenpolitisch derselben Konnotierung unterliegt.

Der Begriff natio-ethno-kulturell verweist auf zwei Aspekte der kulturellen Unterscheidungspraxis der migrationsbedingten Zugehörigkeitsordnung:

Zum Ersten figuriert der Begriff, dass, wenn es in der wissenschaftlichen Diskussion und im Alltagsgebrauch um Kultur gehe, nicht allein diese gemeint sei, „sondern in einer diffusen und mehrwertigen Weise (...) (um die; die Verf.) begrifflich aufeinander verweisenden Ausdrücke *Kultur*, *Nation* und *Ethnizität* (Hervor. im Orig.)" (ebd., S. 14). Seine These untermauert Mecheril am Beispiel der Begriffsdefinitionen von Nation, Ethnie und Kultur, die Friedrich Heckmann im Jahre 1992 vorgelegt hatte (ebd.).

Zweitens verweist natio-ethno-kulturell auf den Konstruktionscharakter von sozialen Zugehörigkeitsordnungen, die „von einer diffusen, auf Fantasie basierenden, unbestimmten und mehrwertigen »Wir«-Einheit strukturiert werden" (ebd.). Dabei unterliege die Idee von der natio-ethno-kulturellen Einheit des ‚Wir' imaginären Vorstellungen, welche in Relation zum ebenfalls als geschlossene Einheit imaginierten ‚Nicht-Wir' bzw. ‚Anderen' konstruiert wird (ebd.). Die Konstruktion des ‚Wir' ist demnach untrennbar verbunden mit der Konstruktion des ‚Anderen'. Nach Auffassung von Mecheril können die Vorstellungen vom ‚Wir' und ‚Anderen' und die Kulturfixierung kulturwissenschaftlicher Diskurse nicht ohne die Idee vom Nationalstaat verstanden werden. Im deutschen Nationalkonzept herrsche eine besondere Tradition kulturorientierten Denkens vor, welche mit dem Selbstverständnis verbunden sei, eine Kulturnation zu sein. Dementsprechend sei im kollektiven Gedächtnis Deutschlands die imaginierte Idee eines kulturell gefassten ‚Wir' eingeschrieben (ebd., S. 18). Für Mecheril steht aber fest, dass die Einsicht über das ‚Wir' sich nicht allein durch die Kultur herstelle, sondern wie gesehen, durch das Ineinandergreifen der Dimensionen von Kultur, Nation und Ethnizität.

Auch Adick ist mit Mecheril über den Konstruktionscharakter des Kulturbegriffes einig, und im Sinne Mecherils zentriert sie den Alteritätsbegriff auf dessen natio-ethno-kulturelle Qualität (Adick, 2010, S. 115). So kritisiert sie bspw. „die Vorstellung von Kultur(en) (als *hypostasiert*)" (Hervor. im Orig.) (2010, S. 110). Die Autorin zeigt in Anlehnung an Mecheril, dass in der Frage der Alterität und der damit konzeptuell verbundenen Frage der Zugehörigkeit die Dimensionen von Kultur, Nation und Ethnie nicht voneinander unterschieden zum Einsatz kommen, sondern ineinandergreifen. Denn wenn im deutschen Kontext die Vorstellung des ‚Deutschen' oder der Andersheit des sonst wie national, ethnisch oder kulturell konnotierten Anderen konstruiert werde, dann geschehe das nicht ausschließlich über die Begriffsinhalte von Kultur, Nation oder Ethnizität, sondern in Bezug auf alle drei Begriffe, wie sie an einem Beispiel veranschaulicht:

> „In Bezug auf das Merkmal nationalstaatliche Zugehörigkeit kann ja eine Person z.B. den deutschen Pass besitzen und zugleich kulturell (Sprache, Habitus) ‚deutsch' handeln, aber dennoch von der Mehrheitsgesellschaft (...) wegen ethnischer Merkmale (z.B. anderes Aussehen) als ‚fremd' eingeordnet werden und sich infolgedessen vielleicht auch im ‚eigenen Land' so fühlen" (ebd., S. 115).

Auch wenn angenommen werden muss, dass es sich bei der gesellschaftlichen Unterscheidung zwischen denen, die zum ‚Wir' gehören, und denen, die nicht dazugehören, um keinen naturwüchsigen Wesenszustand, sondern um eine Beziehungsrelation handelt, die aufgrund konstruierter Unterscheidungskriterien vollzogen wird (vgl. Mecheril, 2010, S. 13), schafft diese Unterscheidung aber reale Unterschiede, die sozial wirksam sind: Die Wahrnehmung der Unterschiede bestimmt den Umgang mit dem natio-ethno-kulturellen Anderen, wie Adick folgendermaßen darstellt:

> „Beispielsweise sind nationalstaatliche Grenzen – auch wenn ‚Nation' wissenschaftlich als Konstrukt entlarvt werden kann – real vorhanden, wie man spätestens bei der grenzüberschreitenden Mobilität von Personen spüren wird. Aber auch kulturelle Grenzen sind ‚real', wenn sie mit entsprechenden Alltagspraxen der Inklusion und Exklusion verbunden sind und damit zur Lebenswirklichkeit von Personen gehören" (Adick, 2010, S. 116).

Demnach meint Alterität eine Andersheit, die sich auf die ineinander verschränkten Dimensionen von Kultur, Nation und Ethnie bezieht. Sie stellt ein Konstrukt dar, das im Rahmen von natio-ethno-kulturellen Zugehörigkeitsordnungen hergestellt wird. Innerhalb dieser Rahmung beinhaltet die natio-ethno-kulturelle Alterität das sich von der imaginären Vorstellung der natio-ethno-kulturellen Einheit des ‚Wir' Unterscheidende, das ‚Nicht-Wir' oder ‚die Anderen'. Diese binäre Grenzziehung ist eine machtvolle Unterscheidung, indem sie eine Rangordnung impliziert, durch die Menschen so eingeordnet werden, „dass ihnen unterschiedliche Werte der Anerkennung und Möglichkeiten des Handelns zugewiesen werden" (Mecheril, 2010, S. 15). In der natio-ethno-kulturellen Alterität muss folglich immer die Frage der sozialen Inklusion und Exklusion mitgedacht werden.

3. Profile der Bildungsorganisationen

Im Folgenden werden die Jugendverbandsarbeit sowie die Mittlerorganisationen der Auswärtigen Kultur- und Bildungspolitik am Beispiel des Goethe-Instituts und der Deutschen Auslandsschulen bezüglich ihres Rechtsstatus, Mitgliedschaft und Finanzierung vorgestellt.

3.1 Jugendverbandsarbeit

Kinder- und Jugendverbände[2] zählen seit nunmehr hundert Jahren zu den zentralen Trägern der Kinder- und Jugendarbeit (vgl. Thole, 2000, S. 123; Gängler, 2005, S. 894). Das Anliegen der Jugendverbände ist die außerschulische Jugendbildung, die sich mit Angeboten aus dem Sozialisations-, Erziehungs- und Bildungsfeld an junge Menschen[3] richtet.

Die Rede von ‚den' Jugendverbänden mag einfacher über die Lippen gehen, als man tatsächlich über ihre heterogene Beschaffenheit annehmen darf (vgl. Gängler, 2005, S. 897). Denn Jugendverbände lassen sich nur schwer in einem einheitlichen System darstellen (ebd.), weil sie so vielfältig sind in „ihre(n) Traditionen, ihrer Größe, ihre(n) Tätigkeitsbereiche(n), Konzeptionen und Ziele(n), ihre(n) Organisationsformen und gesellschaftspolitischen Positionen" (Düx, 2000, S. 101). In der fachwissenschaftlichen Literatur werden Klassifizierungen vorgenommen, die die mehr als 75 örtlich bis bundesweit aktiven Jugendverbände (Nörber, 2012, S. 192) typologisieren. Demnach gehören zu den fach- und sachbezogenen Jugendverbänden die Freizeit-, Sport- und Naturschutzverbände (z.B. Jugend des Deutschen Alpenvereins, Bund der Pfadfinderinnen und Pfadfinder) und die Hilfsorganisationen (z.B. Deutsches Jugendrotkreuz). Zum weltanschaulich orientierten Zweig der Jugendverbände gehören die politischen Interessenverbände (z.B. DGB-Jugend, SDAJ-Die Falken) und die konfessionellen Verbände (z.B. Arbeitsgemeinschaft der Evangelischen Jugend in Deutschland, Bund der Deutschen Katholischen Jugend) (vgl. Düx, 2000, S. 102).

Zentrale Merkmale, „die typisch für Jugendverbände sind und als Abgrenzungskriterien zu anderen Arbeitsfeldern und -formen der Jugendarbeit dienen können" (ebd., S. 101) sind Folgende: Die Jugendverbände setzen sich von übrigen non-formalen Bildungsträgern darin ab, dass sie als organisierte Gruppe meist formal als Vereine auftreten (Gängler, 2005, S. 897, 100). Sie sind eine freiwillige und auf Dauer angelegte Vereinigung von jungen Menschen zur Verfolgung gemeinsamer Ziele (Tenorth & Tippelt, 2007, S. 746), wobei sich „ihr Handeln an spezifischen Wertvorstellungen orientier(t)" (Seckinger et al., 2009, S. 17). In den Jugendverbänden können junge Menschen zudem aktiv werden, sofern sie aufgenommen worden und damit Mitglied geworden sind. Die Berücksichtigung der Interessen und Bedürfnisse der Mitglieder steht im Vordergrund der erwähnten Angebote, wobei die Teilnahme an diesen nicht verpflichtend, sondern freiwillig ist (Tenorth & Tippelt, 2007, S. 746). Neben der Freiwilligkeit der Mitgliedschaft ist den Jugendverbänden die ehrenamtliche Beteiligung ihrer Mitglieder besonders erstrebens-

---

2   Im weiteren Verlauf des Beitrages wird der Begriff Jugendverbandsarbeit, Jugendverband bzw. Jugendverbände verwendet.

3   Unter jungen Menschen werden Kinder (bis unter 14 Jahre), Jugendliche (14 bis unter 18 Jahre) und junge Volljährige (18 bis unter 27 Jahre) verstanden. Erweitert werden kann der Adressatenkreis der Jugendverbandsarbeit um Personen, die das 27. Lebensjahr vollendet haben, wobei auf einen angemessenen Umfang der Nutzung der Angebote durch diese hingewiesen wird (§ 11 Abs. 4 SGB VIII). In der Praxis liegt der Altersschwerpunkt der Kinder- und Jugendarbeit bei den Heranwachsenden im Alter von zehn bis 18 Jahren (Thole, 2000, S. 77).
    Im weiteren Verlauf des Beitrages werden die Bezeichnungen ‚junge Menschen' und ‚Kinder und Jugendliche' synonym gebraucht.

wert, weil ihre Arbeit größtenteils von Ehrenamtlichen getragen wird (vgl. Düx, 2000, S. 102f.). Betrachtet man weitere Strukturmerkmale der Jugendverbände, dann ergibt sich folgendes Bild: Die meisten Jugendverbände konstatieren, dass sie demokratisch strukturiert (Tenorth & Tippelt, 2007, S. 746), milieugebunden (Gängler, 2005, S. 897) und mit einigen Ausnahmen an Erwachsenenorganisationen angegliedert sind (ebd., S. 894). Außerdem ist die Gruppenarbeit ihre typische Arbeitsform (Düx, 2000, S. 106). Bezüglich ihrer Finanzierung ist zu sagen, dass sie sich nicht nur durch die Beiträge ihrer Mitglieder, sondern auch mit den durch das Subsidiaritätsprinzip festgelegten öffentlichen Geldern, „aus Zuwendungen der Erwachsenenorganisation (...) und aus diversen Sonder-, Modell- und Zusatzprogrammen öffentlicher und privater Geldgeber" (ebd., S. 104) finanzieren.

So ausdifferenziert die Jugendverbände auch sind, so kommt ihnen nach Schäfer (2008, S. 504) die gemeinsame Funktion zu, als

> „Zusammenschlüsse junger Menschen (...) individuelle, soziale und politische Orientierung durch *Erziehung* und *Bildung* (Hervor. im Orig.) zu vermitteln und damit zur Herausbildung der persönlichen Identität und Wertorientierung von Kindern und Jugendlichen beizutragen."

Hinzukommt noch ein zweiter wichtiger Aufgabenpunkt der Jugendverbände: Die Wahrnehmung kinder- und jugendpolitischer Belange und Interessen (Gängler, 2005, S. 894), um diese gegenüber Staat und Gesellschaft zu vertreten (Schäfer, 2008, S. 505). Das Besondere an diesem Merkmal ihrer Arbeit drückt sich vor allem in ihrer Eigenschaft aus, Selbstorganisationen von Kindern und Jugendlichen zu sein (Düx, 2000, S. 104). Diese Eigenschaften der Jugendverbände, Selbstorganisation und kinder- und jugendpolitische Organisation im Sozialstaat zu sein, unterstreicht der Gesetzgeber mit der Gewährung der separaten Bestimmung § 12 SGB VIII (Struck, in: Wiesner, 2006, § 12 Rn. 1 SGB VIII). Diese Vertretung nehmen sie in verschiedenen Formationen wahr: auf der Orts-, Kreis-, Landes- und Bundesebene (vgl. Düx, 2000, S. 101; Gängler, 2005, S. 902).

Angesichts der großen Vielzahl an Jugendverbänden wird in diesem Beitrag der Blick auf speziell einen Jugendverband gerichtet. Am Beispiel der Arbeitsgemeinschaft der Evangelischen Jugend in Deutschland e.V. (aej) soll exemplarisch die Frage behandelt werden, wie Alterität in der Jugendverbandsarbeit thematisiert wird. Die aej zählt zum Spektrum der weltanschaulich orientierten Jugendverbände. Sie ist die Vereinigung der Evangelischen Jugend in Deutschland und vertritt die Interessen ihrer Mitgliedsverbände auf Bundesebene gegenüber Bundesministerien, Fachorganisationen und internationalen Partnern. In Zahlen ausgedrückt nimmt die aej die Interessen von ca. 1,2 Mio. jungen Menschen wahr, womit sie gleichzeitig zu den großen Jugendverbänden in Deutschland zählt (Schwab, 2010, S. 907).

3.2 Die Mittlerorganisationen

Das Goethe-Institut und die Deutschen Auslandsschulen werden im Rahmen der Forschung zur Auswärtigen Kultur- und Bildungspolitik (kurz: AKBP) als sog. Mittlerorganisationen verstanden, die staatlich finanziert, rechtlich aber in privater Form organisiert sind (Maaß, 2009, S. 269). Im Vergleich zu anderen europäischen Einrichtungen im Bereich der AKBP seien die deutschen Mittlerorganisationen, zu denen bspw. auch der Deutsche Akademische Austauschdienst (DAAD) gehört, das Modell mit der weitestgehenden Staatsferne (ebd.). Bauer liefert eine treffende Definition zu den Mittlerorganisationen (2007, S. 638):

> „Die in der Regel privatrechtlich (als eingetragener Verein oder Stiftung) organisierten deutschen Mittlerorganisationen handeln eigenverantwortlich, jedoch im Auftrag des Auswärtigen Amtes (Delegationsprinzip), von dem sie in ihren Aktivitäten im Rahmen des Bundeshaushalts finanziell unterstützt werden (Subsidiaritätsprinzip)."

So sei der Staat auch in Organen, Beiräten und Gremien überall vertreten, habe aber nirgends die Mehrheit der Stimmen (Maaß, 2009, S. 270). Des Weiteren seien sie weitgehend frei im Hinblick auf ihre Programmgestaltung (ebd.). Mittels der Mittlerorganisationen könne das Auswärtige Amt erreichen, dass die AKBP keine Instrumentalisierung von Kunst, Kultur und Bildung für politische Zwecke darstelle, sondern dass ein pluralistisches Bild Deutschlands, seiner Kultur und Gesellschaft widergespiegelt werden könne (Grolig & Schlageter, 2007, S. 552). Die AKBP wirke damit komplementär zur *Public Diplomacy*, der politikbegleitenden Öffentlichkeitsarbeit des Staates im Ausland, ohne allerdings selbst ein staatliches Organ darzustellen (ebd., S. 554).

Möchte man zusätzlich die Mittlerorganisationen dem Nonprofit-Sektor zuordnen, so stellen sie hybride Organisationen dar, die von üblichen Definitionen zu Nonprofit-Organisationen abweichen und nach Frantz und Martens zu den sog. *Quasi-Non-Governmental-Organisations (QUANGOs)* und *Government Organised NGOs (GONGOs)* zählen können (Frantz & Martens, 2006, S. 43). Diese werden zu großen Teilen aus öffentlichen Mitteln finanziert und lassen neben Privatpersonen und nationalen Branchen auch Staaten oder staatliche Stellen als Mitglieder zu. Sie agieren nicht gewinnorientiert, und im Falle von Überschüssen sind diese nicht an Eigner, Teilhaber oder Mitglieder zu verteilen.

Im Falle des Goethe-Instituts kennzeichnen Rechtsstatus, Mitgliedschaft und Finanzierung die Position als Mittlerorganisation und NGO-Abweichler. Die Organisation legitimiert sich als gemeinnütziger Verein mit Hauptsitz in München. Als Vereinszweck gelten satzungsgemäß „[…] die Förderung der Kenntnis deutscher Sprache im Ausland, die Pflege der internationalen kulturellen Zusammenarbeit und die Vermittlung eines umfassenden Deutschlandbildes durch Informationen über das kulturelle, gesellschaftliche und politische Leben" (Goethe-Institut, 2009a, § 2 Abs. 1, S. 1). Außerdem sehe sich der Satzungszweck durch die Erfüllung der Aufgaben verwirklicht, die sich aus dem Rahmenvertrag zwischen der Bundesrepublik Deutschland und dem Goethe-Institut e.V. ergäben (erstmalig 1969, online verfügbar unter *www.goethe.de*). Er stellt die inhaltliche und institutionelle Grundlage der Arbeit des GIs dar. Man kann dadurch das Goethe-Institut als eine halbstaatliche Organisation bezeichnen (vgl. Kathe, 2005, S. 19). Die Satzung des GIs legt dar, dass die Bundesrepublik Deutschland ein ordentliches Mitglied der Organisation darstellt und je ein Abgeordneter der Fraktionen des Deutschen Bundestages und zwei Vertreter von Länderregierungen außerordentliche Mitglieder sind (vgl. Goethe-Institut,

2009a, § 3 Abs. 3 und 4, S. 2). Auch das Präsidium der Organisation enthält je einen Vertreter des Auswärtigen Amtes und des Bundesministeriums der Finanzen (vgl. ebd., §7 Abs. 3, S. 7). Die Finanzierung erfolgt überwiegend durch Zuwendungen des Auswärtigen Amtes. Im Jahr 2010 verfügte das Institut über einen Jahresetat von 290,3 Mio. Euro; davon waren 215,9 Mio. Euro Zuwendungen des Auswärtigen Amtes (74,4 % – Goethe-Institut, 2011a, S. 11).

Die deutschen Auslandsschulen werden von der *Zentralstelle für das Auslandsschulwesen (ZfA)*, einer Abteilung des Bundesverwaltungsamtes, koordiniert und erhalten ebenso die finanziellen Anweisungen aus dem Kulturhaushalt des Auswärtigen Amtes über die ZfA. Zurzeit gibt es 140 deutsche Auslandsschulen, die mit ca. 199 Mio. Euro aus dem Bundeshaushalt unterstützt werden. Den weitaus größeren Teil (mit ca. 354,3 Mio.) müssen die Schulen selbst durch Schulgelder und Sponsoren aufbringen (Auswärtiges Amt, 2011, S. 13f.). Die *Zentralstelle* übernimmt neben der finanziellen Organisation die Entsendung von Lehrkräften aus dem innerdeutschen Schuldienst an die Schulen im Ausland. Die fachliche Aufsicht über die Schulen im Sinne der Lehrpläne, Stundentafeln und Abschlussprüfungen hat die *Kultusministerkonferenz (KMK)* und der *Bund-Länder-Ausschuss für die schulische Arbeit im Ausland (BLASchA)* (Stoldt, 2001, S. 37). Diese beiden Gremien erstellen die fachlichen Auflagen und überprüfen deren Einhaltung, die die Schulen erfüllen müssen, um als eine offizielle deutsche Auslandsschule anerkannt zu werden bzw. um deutsche Schulabschlüsse wie den Realschulabschluss oder die deutsche Hochschulreife verleihen zu dürfen (ebd.). Die deutschen Auslandsschulen haben somit einen beinahe staatlichen Charakter, da sie in Bezug auf ihre fachliche Arbeit, ihre Lehrerschaft und Finanzierung staatlichen Vorgaben unterliegen. Ihr para-staatliches Gefüge ergibt sich aus dem Zusammenspiel dieser Faktoren und einiger nicht-staatlicher Eigenschaften: der private Rechtsstatus und die (teilweise) Eigenfinanzierung. Die Schulen werden aus Eigeninitiative heraus von einer im Ausland lebenden deutschen *community* gegründet und von einem dafür gegründeten und nach dem jeweiligen Recht des Gastlandes konstituierten Schulverein getragen. Der Schulverein und die Schule sind damit privatrechtliche Körperschaften ausländischen Rechts (ZfA, Jahrbuch 2006, S. 54). So werden die Schulen zwar personell vom deutschen Staat gefördert, sind aber von ihrem Rechtsstatus reine Privatschulen. Dementsprechend ist auch die staatliche finanzielle Unterstützung nur eine Teilsubventionierung. Den größten Teil ihrer Finanzierung müssen die Schulen selbst durch Schulgelder und Sponsoren aufbringen. Das bedeutet, dass der deutsche Staat nicht für Schulneugründungen und -schließungen verantwortlich ist. Staatliche und nicht-staatliche Attribute bilden somit als Summe das Produkt der Para-staatlichkeit der Auslandsschulen.

4. Zum Verständnis von Alterität in der Arbeitsgemeinschaft der Evangelischen Jugend (aej)

Ziele

Die Orientierung am christlichen Wertekonsens stellt den Grundpfeiler der Arbeit der Arbeitsgemeinschaft der Evangelischen Jugend (aej) dar. Ihren Zusammenschluss begründet sie „(i)n der Verbundenheit des Bekenntnisses zu Jesus Christus, in der Verpflichtung, die ökumenische Wirklichkeit ernst zu nehmen, in dem gemeinsamen Auftrag, jungen Menschen das Evangelium von Jesus Christus zu bezeugen, und in dem gemeinsamen Willen, für die junge Generation einzutreten (...)" (Satzung der aej, 2011, § 1). Laut Satzung verfolgt die aej drei zentrale Ziele: Erstens die evangelische und ökumenische Kinder- und Jugendarbeit zu fördern, zweitens die Bedürfnisse junger Menschen wahrzunehmen und drittens die Vertretung der Belange junger Menschen gegenüber Kirche, Staat, anderen Jugendorganisationen, der Europäischen Union und anderen internationalen Netzwerken und Partnerschaften zu übernehmen (vgl. Satzung der aej, 2011, § 3 Absatz 1). In der Satzung finden sich keine Bezüge, die auf eine Thematisierung von natio-ethno-kultureller Alterität hindeuten. Darin lässt sich das Faktum ablesen, dass das Thema Migration mit seinen Verflechtungen für junge Menschen zumindest kein konstituierendes Merkmal für den Zusammenschluss der aej darstellt.

Allerdings hat die aej in den zurückliegenden Jahren ihrer Verbandsgeschichte den Themenkomplex um natio-ethno-kulturelle Alterität in ihren Verband hineingeholt und als einen Themenschwerpunkt ihrer Arbeit definiert. Davon zeugt der Beschluss ihrer Mitgliederversammlung aus dem Jahre 2003 *Migration, Integration und die Evangelische Jugend*, mit dem erstmals Fragen bezüglich der migrationsbedingten Alteritätsverhältnisse auf die Tagesordnung der aej gesetzt wurde. An jener Stelle heißt es, dass schon aus früheren Jahren Unternehmungen der Evangelischen Jugend bestanden hätten, Integrationshilfen für Kinder und Jugendliche mit Migrationshintergrund zu leisten, doch hätten diese vornehmlich in den Arbeitsformen der Jugendsozialarbeit, in Antirassismusprojekten und in der Offenen Jugendarbeit stattgefunden (vgl. aej, 2003, S. 6). Es handelt sich hierbei um Handlungsebenen, in denen es eher um Motive der Hilfe und Sozialanwaltschaft geht. Diese Arbeitsformen unterscheiden sich jedoch von der typischen Handlungsebene der Jugendverbandsarbeit, die sich an der Prämisse der Mitbestimmung von jungen Menschen an jugendpolitischen Fragen orientiert. In ihrem o.g. Beschluss heißt es dementsprechend, dass es ganz dem Selbstverständnis der aej entspreche, „sich für das Recht aller Menschen zur Partizipation an den gesellschaftlichen Ressourcen" (ebd., S. 1) einzusetzen und die Integration von jungen Menschen mit Migrationshintergrund mitzutragen. Demnach fordert die aej die Erhöhung der Beteiligung von Kindern und Jugendlichen mit Migrationshintergrund speziell für ihre Arbeitsform Jugendverbandsarbeit, weil diese dort unterrepräsentiert seien (vgl. ebd.). Der Weg zu einer höheren Beteiligung von jungen Menschen mit Migrationshintergrund sieht die aej in der selbstkritischen Betrachtung ihrer Verbandsstrukturen, mit dem Ziel, diejenigen „interkulturelle(n) Barrieren" zu beseitigen, die bislang zum Ausschluss dieser Adressatengruppe geführt haben (ebd.). An der sozialen Tradition der christlichen Nächstenliebe anknüpfend (ebd.), sieht sich die aej auch in der Verpflichtung, „sich intern wie extern für eine differenzierte Diskussion und einen Dialog einzusetzen und die praktische Integration dieser Zielgruppe voranzutreiben" (ebd., S. 5). Dementsprechend formuliert sie in ihrem Beschluss zum einen Forderungen, die sie an die Politik und die Aufnahmegesellschaft stellt und zum anderen artikuliert sie Anforderungen an die „Gruppe der Migrant(inn)en selbst" (ebd., S. 1). In der konstruktiven Streitkultur um das Thema sieht die aej einen „wertvollen Lernprozess" (ebd., S. 5). So verortet sich die aej nicht nur als „Gebende" in der „Arbeit mit Migranten", sondern sieht für sich auch einen Mehrwert, der über diese Integrationsleistung hinausgeht. Sie könne „in der Begegnung mit andersgläubigen Menschen im Sinne einer ökumenischen Bereicherung" profitieren und damit die Rolle der Empfangenden erfahren (vgl. ebd.). Gleichzeitig erbringt die Auseinandersetzung mit der natio-ethno-kulturellen Alterität einen Innovationsschub:

> „Aus einer praktizierten „Ökumene vor Ort" können neue, wesentliche Impulse für die europäische und weltweite Ökumene sowie neue Anstöße für den Prozess der Förderung des Friedens, der Gerechtigkeit und zur Bewahrung der Schöpfung hervorgehen" (ebd., S. 5f.).

Maßnahmen

Die sog. Integrationsmaßnahmen für Kinder und Jugendliche mit Migrationshintergrund werden unter dem Schlagwort der *interkulturellen Öffnung* zusammengefasst. Darunter verbirgt sich ein Ansatz, der seit mehreren Jahren in der Jugendverbandsarbeit diskutiert wird und der verspricht, der durch die natio-ethno-kulturellen Zugehörigkeitsordnungen produzierten Exklusion von jungen Menschen mit Migrationshintergrund zu begegnen. Diesen der Jugendverbandsstruktur bislang Nicht-Zugehörigen sollen gleiche Zugangschancen in die Strukturen und Angebote der Jugendverbände ermöglicht werden, wie sie für Gleichaltrige ohne Migrationshintergrund existieren.[4] Auf unterschiedlichen Handlungsebenen ansetzend, formuliert die aej auf ihrer Website aktuell folgende Zielvorgaben für ihren Jugendverband, um die interkulturelle Öffnung umzusetzen: 1. die Öffnung der Verbandsstrukturen, um mehr Teilnahme und Mitbestimmung von einzelnen jungen Menschen mit Migrationshintergrund zu erreichen, 2. die Weiterbildung und Sensibilisierung von eigenen Mitarbeitern, 3. die Unterstützung von Vereinen junger Migranten und 4. die Erhöhung von ehrenamtlichen und hauptamtlichen Mitarbeitern mit Migrationshintergrund in der aej.[5]

In Bezug auf die Projekte, die im Rahmen der interkulturellen Öffnung angeboten werden, wird deutlich, dass zum einen mehrere Teilziele miteinander verbunden werden. Es werden Kooperationen, Begegnungen, Austausche und Weiterbildungen durchgeführt, die nicht nur interkulturell, sondern auch interreligiös ausgerichtet sein können. Daran lässt sich ablesen, dass im Ansatz der interkulturellen Öffnung die

---

4 Vgl. http://www.evangelische-jugend.de/themen/migration-integration/interkulturelle-oeffnung/definition-und-grundlagen.
5 Vgl. ebd.

Komponente Religion und damit die Interreligiösität mitgedacht wird. Zum anderen unterscheiden sich die Projekte in der Reichweite ihrer Zielsetzung: kurzweilige Begegnungsprojekte stehen im Kontrast zu auf Nachhaltigkeit angesetzten Projekten. Folgende drei Projekte sollen der Veranschaulichung dienen: *Integration durch Qualifikation und Selbstorganisation, TANDEM – Vielfalt gestalten!* und *Dialog und Kooperation – mit Kindern und Jugendlichen aus islamischen Glaubensgemeinschaften*.

Das Coaching-Projekt *Integration durch Qualifikation und Selbstorganisation* mit dem Bund der Alevitischen Jugendlichen in Deutschland e.V. (BDAJ) setzt auf der Ebene der Unterstützung von Vereinen von Jugendlichen mit Migrationshintergrund (VJM) an. Die aej soll den „BDAJ bei der Entwicklung hin zu einem etablierten, anerkannten und in jugendpolitischen und organisatorischen Fragen selbstständig agierenden Jugendverband (...) unterstützen" (aej, 2012, S. 51). Die zentralen Elemente des Projektes sind der Aufbau hauptberuflicher Strukturen in der BDAJ, die Weiterbildung und Schulung von Ehrenamtlichen in der BDAJ zu Jugendleitern und die Qualifizierung von Ehrenamtlichen zu Teamern, damit die BDAJ ihre Jugendleiterschulungen künftig selbst durchführen kann. Die Schulung von Multiplikatoren zu verwaltungstechnischen Zusammenhängen (ebd., S. 52) ist ein weiteres Element des Coaching-Projektes. Darüber hinaus wurden unter dem Aspekt der wechselseitigen interreligiösen Öffnung sowohl Fachkräfteaustausche durchgeführt als auch Begegnungen umgesetzt (ebd., S. 53). Weitere Coaching-Projekte in ähnlichem Format führt die aej mit fünf christlich geprägten VJM durch (ebd., S. 64).

Das Projekt *TANDEM – Vielfalt gestalten!* geht zurück auf die Zusammenarbeit mit Migrantenorganisationen, die bereits über Erfahrungen aus der Kinder- und Jugendarbeit verfügen. Mit diesen bietet die aej gemeinsame Angebote an, die von der Hausaufgabenhilfe bis zum gemeinsamen Sommerzeltlager reichen. „Kinder und Jugendliche unterschiedlicher Herkunft (erfahren) den (...) Umgang mit gesellschaftlicher Mitbestimmung und Mitgestaltung. Dabei werden sie kompetent in ihrer Persönlichkeitsentwicklung und ihrem gesellschaftlichen Integrationsprozess unterstützt" (ebd., S. 56) und durch interreligiöse und interkulturelle Aktivitäten wird ihre Empathiefähigkeit gefördert. Das betrifft auf beiden Seiten sowohl Mitarbeiter als auch Kinder und Jugendliche (ebd.). Parallel zu diesen Angeboten werden Weiterbildungen der Fachkräfte durchgeführt, „damit vielfaltsbewusste und partizipatorische Angebote für die Kinder- und Jugendarbeit entstehen und verwirklicht werden können" (ebd.).

Das letzte Projekt trägt den Titel *Dialog und Kooperation – mit Kindern und Jugendlichen aus islamischen Glaubensgemeinschaften*. Das Projekt intendiert, zu mehr Verständnis gegenüber „unterschiedlicher Lebensweisen, religiöser und kultureller Vielfalt in der multireligiösen deutschen Gesellschaft" beizutragen. Kinder und Jugendliche werden „bei der Ausbildung ihrer Identität und eines demokratischen Wertebewusstseins unterstützt. Isolationstendenzen und extremen Tendenzen wird vorgebeugt" (ebd., S. 57f.). Die Fachkräfte und Multiplikatoren der islamischen Projektpartner erhalten eine finanzielle Unterstützung und eine Beratung in ihrer interreligiösen Arbeit (ebd., S. 58).

Akteure

Als Akteure sollen die Kinder und Jugendlichen mit Migrationshintergrund in den Mittelpunkt gerückt werden. Der Begriff der interkulturellen Öffnung stellt den Fixpunkt dar, auf den sich die Ziele der aej in Bezug auf die Bedürfnisse und Belange der Kinder und Jugendlichen mit Migrationshintergrund beziehen. Interessant zu sehen ist, wie sich die Rhetorik der interkulturellen Öffnung in den Veröffentlichungen der aej entwickelt. Im Jahresbericht 2006 der aej heißt es, dass die aej „den tief gehenden Strukturwandel der Gesellschaft und seine Auswirkungen auf Kinder und Jugendliche wahrnimmt" (aej, 2006, S. 58). Während „deutsche" Kinder und Jugendliche nur mit schulischen und beruflichen Problemen zu kämpfen hätten, attestiert die aej Kindern und Jugendlichen mit Migrationshintergrund Schwierigkeiten mit ihrer sozialen Integration (ebd.). Die aej konstruiert die jungen Menschen mit Migrationshintergrund als homogene „sozial oder individuell benachteiligte" Gruppe, denen die Jugendverbandsarbeit generell aufgrund ihrer Prinzipien Integrationshilfen bieten solle (ebd., S. 59). Bereits ein Jahr später, im Jahre 2007, formuliert die aej in einem nicht mehr stark defizitorientierten und paternalistischen Integrationsverständnis, die „Migrantenkinder stärker in den Blick zu nehmen und sie durch geeignete Angebote anzusprechen" (aej, 2007, S. 14). Mit dem Ziel, jungen Menschen mit Migrationshintergrund Hilfen zur Entdeckung eigener Potenziale anzubieten, wird das paternalistische Integrations- und Hilfeverständnis behelligt (ebd.). Im Laufe der Verbandsentwicklung setzt sich also ein Verständnis von interkultureller Öffnung durch, welches weiter ausgerichtet ist als das herkömmliche Integrationsverständnis. Mit der Bejahung der interkulturellen Öffnung legt die aej nämlich offen, dass sie in der Vergangenheit mit ihrer Arbeits- und Organisationsstruktur zur Exklusion von Kindern und Jugendlichen mit Migrationshintergrund beigetragen hat und sie nun selbst Bemühungen auf den Weg bringen muss, um diesen den Zugang in den Jugendverband zu eröffnen.

5. Zum Verständnis von Alterität in den Mittlerorganisationen

Im Folgenden soll das Verständnis von Alterität in der organisationalen Selbstdarstellung zweier deutscher Mittlerorganisationen der Auswärtigen Kultur- und Bildungspolitik, dem Goethe-Institut und den Deutschen Auslandsschulen, erläutert werden.

5.1 Das Goethe-Institut

Ziele

Betrachtet man das im Jahrbuch (2010/2011) veröffentlichte Leitbild der Organisation, so wird deutlich, dass dem Aspekt der Alterität über die Begriffe des interkulturellen Dialogs, der partnerschaftlichen Kooperation und der kulturellen Vielfalt begegnet wird. Das Leitbild verspricht Vermittlungsarbeit im Hinblick auf Sprache, Kultur und Information, die in zwei Richtungen reicht (vgl. Goethe-Institut, 2011a, S. 1). Aus Deutschland sollen „[…] kulturelle Phänomene, Positionen und Erfahrungen […]" des Landes international verbreitet werden; umgekehrt seien die Chancen zu nutzen, die der interkulturelle Dialog biete, um wichtige Entwicklungen aus anderen Weltregionen nach Deutschland zu vermitteln (ebd.). Dazu zeichne sich die Arbeitsweise durch partnerschaftliche Kooperation mit nachhaltiger Wirkung aus (ebd.). Die Fähigkeit, Eigen- und Fremdbilder zu hinterfragen sowie der konstruktive Umgang mit kultureller Vielfalt gelten als zentral (ebd.). Zudem verortet sich die Mittlerorganisation in einer globalisierten Welt mit Blick auf Europa. So wird deklariert (ebd.):

> „Wir fördern weltweit das Verständnis für Europa und entwickeln gemeinsam europäische Perspektiven. Innerhalb Europas sind für uns die Mehrsprachigkeit und ein europäisches Bürgerbewusstsein entscheidend für eine vertiefte Einheit."

Der Rechenschaftsbericht des Goethe-Instituts (2010/2011) thematisiert weitere Schwerpunktthemen der Mittlerorganisation. Zentral sind die Themen „Migration/Integration", „Bildung" und „Europa", welches „[…] die Förderung des Prozesses der europäischen Integration durch kontinuierlichen Kulturaustausch […]" impliziert (Goethe-Institut 2011b, S. 4). Auch in diesem Dokument bezieht sich der Umgang mit Alterität auf das „Gastland" im Ausland und auf „Partner" bzw. „partnerschaftliche Ansätze", die im Mittelpunkt stehen (ebd., S. 5). Man möchte zudem mit den Gastländern in einen Dialog treten (ebd.).

Maßnahmen

In Bezug auf Maßnahmen und Projekte wird deutlich, dass vorwiegend Begegnungs- und Austauschprogramme sowie Koproduktionen, Formen der Vernetzung und Fortbildungsangebote im Sprach- und Kulturbereich im Mittelpunkt stehen.

Es geht um partnerschaftliche und lokal verankerte Zusammenarbeit und Vernetzung, die, wenn man die europastrategische Zielsetzung des GIs in Betracht zieht, vorwiegend auch multilateral organisiert sein soll (Goethe-Institut, 2011c, S. 5). Dazu wurde 2006 ein formelles Netzwerk *(European Union National Institutes for Culture, EUNIC)* gegründet, das den grenzüberschreitenden Dialog mit Europa und die kulturelle Zusammenarbeit mit Ländern außerhalb der EU verstärken soll (Goethe-Institut, 2011a, S. 45f.; vgl. auch *www.eunic-online.eu*). Es werden sog. EUNIC-Cluster gebildet, welche jeweils eine Gruppe nationaler Kulturinstitute in einer speziellen Stadt oder in einem Land beinhalten (EUNIC, 2011, S. 195). Ferner sollen auf Partnerschaft beruhende Netzwerke entstehen, die sowohl auf multilateraler Ebene (bspw. mit der Europäischen Kommission), als auch mit nationalen Organisationen in den jeweiligen Gastländern zusammenarbeiten.

Bei den Austauschprogrammen wird wiederholt das Format der Residenzprogramme vorgestellt. Künstlern und Kulturschaffenden soll damit die Möglichkeit geboten werden, durch ein zeitlich begrenztes Stipendium in einem anderen Land zu leben und zu arbeiten und damit die Vernetzung der internationalen Kulturszenen zu fördern (vgl. Goethe-Institut, 2010a). Ein Beispiel ist das Programm „Scholars in Residence", das im Rahmen mehrwöchiger wechselseitiger Gastaufenthalte hoch qualifizierte Nachwuchsforscher zusammenbringen möchte.[6]

Als konkretes Beispiel für Koproduktionen kann die Dokumentarfilmförderung in Vietnam dienen. Unter dem Namen „DocLab" ist auf dem Gelände des GIs Hanoi ein Experimentierstudio mit Schnittplätzen und Kameras entstanden, in dem Workshops zur Aus- und Fortbildung junger Filmemacher stattfinden. Als Partner konnte die Initiative zahlreiche regionale Unterstützer finden (vgl. *www.hanoidoclab.org*). Solche Beispiele finden sich verstärkt im Rahmen der Initiative „Kultur und Entwicklung" des GIs wieder, die Programme zur Stärkung der kulturellen Infrastruktur und des Kultursektors von Ländern der Entwicklungszusammenarbeit initiieren möchte. Viele Koproduktionen sind daher als Initiativen zur sog. ‚capacity building' einzuordnen. So formuliert der ehemalige Generalsekretär des GIs, Hans-Georg Knopp, Folgendes (Knopp, 2010, S. 143):

> „Was gebraucht wird, sind also Ansätze, die nicht patronisierend oder paternalistisch aus der Perspektive der Ersten Welt konzipiert sind, sondern die aus der kulturellen Zusammenarbeit heraus entstehen und im besten Fall von Partnern aus den Zielregionen und Europa koproduziert wurden […]. […] erforderlich ist Capacity Building."

Es geht im Rahmen der Initiative um die Bereitstellung von Räumen und Gelegenheiten zum kreativen Schaffensprozess, zur Aus- und Weiterbildung von ‚kreativen Köpfen'. Es wird ersichtlich, dass sich das GI gerade im Hinblick auf die Professionalisierung von Kulturschaffenden als Aus- und Fortbildungseinrichtung im Ausland etablieren möchte (vgl. *www.goethe.de/entwicklung*).

Das GI selbst formuliert in Bezug auf Maßnahmen, dass eine „Entwicklung hin zu größeren, überregionalen und spartenübergreifenden Projekten" stattfinde (Goethe-Institut, 2009b, Neue Akzente[7]). Die Mittlerorganisation sei immer häufiger „in der Rolle des Ideengebers und Koordinators für größere Projekte" tätig und leiste in vielen Fällen nur noch eine Anschubfinanzierung für die Umsetzung durch Kooperationspartner (ebd.). Die neuen Projektformate seien i.d.R. keine fertigen Produktionen mehr, sondern basieren auf „offenen Begegnungs- und Arbeitssituationen, in denen die künstlerische Verantwortung auf verschiedene Akteure in verschiedenen Orten verteilt wird" (ebd.).

Außerdem wird durch die Betrachtung des Datenmaterials ersichtlich, dass das GI immer mehr in virtueller Form durch sog. „Begegnungsplattformen" Austausch und Partnerschaftlichkeit weltweit zu fördern beabsichtigt. Als Beispiel kann das Webjournal „Transit" über die junge Generation in Ägypten, im Nahen Osten und in Nordafrika angeführt werden. Junge Menschen sollen darin beschreiben, wie sie die Zeit des Arabischen Frühlings erlebten und Veränderungen ihrer Lebenswelten darstellen (vgl. *www.goethe.de/lilak*).

Dem Aspekt der Alterität wird im Bereich der Maßnahmen mit solchen Formaten begegnet, die zum einen Synergieeffekte schaffen, indem die Akteure einen gemeinsamen Lernprozess durchlaufen. Zum anderen werden Vermittlungsformate angeboten, die dem ‚Anderen' Fort- und Weiterbildung ermöglichen sollen. Allerdings wird auch an dieser

---

6 Vgl. http://www.goethe.de/ges/prj/res/enindex.htm [August 2012].
7 http://www.goethe.de/prs/pro/pressemappe09/8_Neue_Akzente.pdf [August 2012].

Stelle auf die fachliche Expertise von regionalen Unterstützern des Partnerlandes zurückgegriffen.

Akteure

Es geht in diesem Abschnitt um die Fokussierung der Adressaten der Zielsetzung und Maßnahmen, nicht um das Personal bzw. die Multiplikatoren der Mittlerorganisation.

Das Goethe-Institut stellt verstärkt die Aus- und Fortbildung sowie die Vernetzung mit Funktionseliten anderer Länder in den Mittelpunkt. In Bezug auf die Bildungsarbeit wird formuliert, dass die Mittlerorganisation Studierende, Wissenschaftler und Experten auf den Wissenschafts- und Wirtschaftsstandort Deutschland vorbereiten und die sprachliche Vorbereitung auf eine Berufstätigkeit fördern möchte (Goethe-Institut, 2011a, S. 50). Auch das Textmaterial zur Jahrespressekonferenz 2010 liefert Informationen dazu, dass die Mittlerorganisation „einen wichtigen Beitrag zur Bindung internationaler Bildungseliten an Deutschland" zu leisten beabsichtigt (Goethe-Institut, 2010a). Als Beispiel kann die sog. PASCH-Initiative gelten, deren Ziel ein „Netzwerk der Exzellenz" darstellen soll (Goethe-Institut, 2010b, S. 49). Die Initiative (‚Schulen: Partner der Zukunft'; *www.pasch-net.de*) verfolgt den Ausbau und eine bessere Qualität des Deutschunterrichts an Schulen und Hochschulen im Ausland. Die besten Schulen eines Landes sollen „zu Botschaftern für intensive Beziehungen zum Bildungsstandort Deutschland" werden (ebd.).

Auch im Bereich der Initiative „Kultur und Entwicklung" wird ein interkultureller Dialog auf Augenhöhe erwartet, aus dem beide Seiten im Kulturbereich Gewinne ziehen können. Es wird wiederholt formuliert, dass es dem GI um kreative Eliten in Ländern der Entwicklungszusammenarbeit gehe (Goethe-Institut, 2006, S. 38). Die Initiative ziele auf sog. „change agents" ab, die durch ihre Aus- und Fortbildung Impulse für zivilgesellschaftliche Prozesse setzen sollen (Goethe-Institut, 2010b, S. 47). Gad fasst in seiner Übersichtsstudie zu Schnittfeldern deutscher Akteure der Auswärtigen Kultur- und Bildungspolitik und der Entwicklungszusammenarbeit zusammen, dass sich die Mittlerorganisationen im Bereich der Entwicklungszusammenarbeit zumeist an eine gebildete, intellektuelle Bevölkerungsschicht richten wollen. Die Förderung von Kulturaustausch auf professioneller Ebene sowie wissenschaftlicher Exzellenz seien dabei zentral. Gerade das GI zeige, dass der Zielgruppenfokus auf Eliten stehe (Gad, 2008, S. 150).

Die Aus- und Weiterbildung von Adressaten des Goethe-Instituts im Bereich Sprache, Kultur und Information geschieht folglich nicht ohne Selbstzweck. Intendiert wird die Nutzung des gewonnenen Expertenwissens der Adressaten zur Vernetzung und des Ausbaus der Auslandsarbeit des GIs. Gleichzeitig wird bestenfalls eine Rückkopplung im Sinne eines ‚brain drains' beabsichtigt, um zukünftige Fachkräfte auf den Wirtschaftsstandort Deutschland vorzubereiten. Der sog. ‚Andere' im Gastland wird demnach als potenzieller Leistungsträger und Netzwerker betrachtet, den man für wirtschaftliche Belange gewinnen möchte.

5.2 Die Deutschen Auslandsschulen

Ziele

Die Deutschen Auslandsschulen stehen in einem internationalen und interkulturellen Spannungsfeld: Einerseits führen sie als kulturelle Diplomaten die Ziele und Leitvorstellungen der deutschen Auswärtigen Kultur- und Bildungspolitik (AKBP) aus, andererseits stehen sie vor der Aufgabe, sich auf der pädagogischen Handlungsebene (Curricula, Unterrichtssprache und Abschlüsse) in das Gastland eingliedern und anpassen zu müssen. Der bzw. das ‚Andere' wird dabei als „Brückenbauer" und Partner innerhalb einer „kulturellen Globalisierung" von Welt verstanden (Auswärtiges Amt, 2011, S. 9). In einem interkulturellen Dialog soll ein „gegenseitiges Verständnis und Vertrauen" geschaffen und gefördert werden (ebd., S. 5). Trotz der Begegnung mit der Gesellschaft und der Kultur des Gastlandes bleibt die grundlegende Verankerung in der deutschen Kultur im Sinne der Standortsicherung Deutschlands und deutscher Schulstandards erkennbar.

In dem 1978 von der damaligen Bundesregierung beschlossenen „Rahmenplan für die auswärtige Kulturpolitik im Schulwesen" wurden die wesentlichen kulturpolitischen Ziele und Aufgaben der Deutschen Schulen im Ausland festgelegt. Im Besonderen wurden dabei drei Schwerpunkte genannt: erstens die besondere Förderung von Begegnungsschulen im Ausland, zweitens die Förderung und der Ausbau der deutschen Sprache im Ausland und drittens die „bilaterale und multilaterale Zusammenarbeit im Schulwesen" (Deutscher Bundestag, 1978, S. 3). Auch heute noch bildet der Rahmenplan die maßgebende Grundlage für die auswärtige Bildungspolitik der Bundesregierung: Die Förderung der deutschen Sprache im Ausland ist ein „Kernziel" der AKBP, in dessen Mittelpunkt die Deutschen Auslandsschulen stehen. Dieses Ziel wird in Verbindung mit dem GI und ausländischen Regelschulen, die dem PASCH-Netzwerk angeschlossen sind, verfolgt (Auswärtiges Amt, 2011, S. 6).[8] Dazu gehören auch die sog. Deutschen Sprachdiplom-Schulen (DSD-Schulen), die einen verstärkten Deutschunterricht anbieten und zusätzlich zu dem nationalen Schulabschluss das Deutsche Sprachdiplom der Kultusministerkonferenz verleihen.[9] Ebenso wird dem Aspekt der „gesellschaftlichen Vielfalt" Rechnung getragen sowie die Förderung der deutschen Begegnungsschulen im Ausland nach wie vor verfolgt, indem kultureller Kontakt als ein Austausch auf gleicher Augenhöhe zu verstehen sei, mit dem Ziel, „junge, bildungsorientierte Gruppen" für Deutschland zu begeistern (ebd., S. 9, 11). Demnach sind die Deutschen Schulen „Brückenbauer einer werteorientierten Außenpolitik", die in ihrem alltäglichen Schulleben die Begegnung zwischen der Kultur und Gesellschaft des Gastlandes und der deutschen Kultur und Gesellschaft praktizieren (ebd., S. 23). Maßgebend sind dabei die Vermittlung eines aktuellen Deutschlandbildes und eine

---

8 Die Initiative „Schulen: Partner der Zukunft" (PASCH) umfasst ausländische Schulen, die eine besondere Förderung der deutschen Sprache in ihr Schulprofil aufgenommen haben. Derzeit sind etwa 1 530 Schulen in 124 Ländern mit ca. 500 000 dem Netzwerk angeschlossen (Auswärtiges Amt, 2011, S. 6).

9 Im Jahr 2010 erhielten ca. 268 000 Schüler an 870 geförderten DSD-Schulen einen erweiterten Deutschunterricht (ebd., S. 23).

möglichst lebenslange Bindung an Deutschland (Deutscher Bundestag, S. 11). Wurde dieses Ziel 1978 erstmals vorsichtig formuliert, zeichnet es sich heute, aufgrund der negativen demographischen Entwicklung Deutschlands und als generelle Reaktion auf die Herausforderungen der Globalisierung, als das wesentliche Merkmal der auswärtigen Bildungspolitik aus (ZfA, 2012, S. 56):

> „Deutsche Auslandsschulen stellen oftmals den ersten Kontakt mit jungen deutschsprachigen Menschen aus dem Ausland her, die wir später als Multiplikatoren in Wirtschaft oder Wissenschaft benötigen".

Daraus resultieren Netzwerke, auf die sich Außenpolitik, Exportwirtschaft und Kultur stützen können (Auswärtiges Amt, 2011, S. 24).

Heute ist der bedeutendste kulturelle Auftrag der Deutschen Auslandsschulen in ihrer Rolle als kulturelle Diplomaten die des Kulturmittlers und Werbers für Deutschland. Somit stehen sie für ein „gelebte[s] Konzept" einer „Begegnungs- und Austauschstätte verschiedener Kulturen" (ZfA, 2012, S. 52).

Neben den genannten Zielen im Rahmen der auswärtigen Kulturpolitik wird im Rahmenplan als ein weiteres allgemeines Ziel die schulische Versorgung von im Ausland lebenden deutschen Kindern formuliert (Deutscher Bundestag, 1978, S. 7). Auch heute noch ist dieses eine wesentliche Leitlinie des Auslandsschulwesens, die aber vor dem Hintergrund der Sicherung des Wirtschafts- und Wissenschaftsstandortes Deutschland scheinbar zurücktritt (Auswärtiges Amt, 2011, S. 23).

Maßnahmen

Die Maßnahmen der Deutschen Auslandsschulen manifestieren sich in deren Bildungsauftrag: der Grundausbildung junger Menschen und der Verleihung von Zugangsberechtigungen zum tertiären Bildungsbereich. Auf dieser Stufe der pädagogischen Handlungsebene findet sich auch die kulturelle Vielfalt der Deutschen Auslandsschulen in den Curricula, Unterrichtssprachen und Schulabschlüssen wieder. Die Wandlung der meisten Deutschen Schulen in Begegnungsschulen, die eine überwiegend nicht-deutsche Klientel unterrichten, findet ihren Niederschlag in einem bikulturellen Schulziel mit zwei verschiedenen Lehrplänen. Diese müssen inkorporiert werden und münden i.d.R. in zwei möglichen Schulabschlüssen: dem deutschen Abitur und dem landeseigenen Schulabschluss (ZfA, 2006, S. 54f.). Frank konstatiert in seiner Ausarbeitung zu den Schulreformen an Deutschen Auslandsschulen, dass die Schulen mehreren Schulsystemen angehören und im Spannungsfeld der Schulverwaltungen der 16 Bundesländer stünden. Darüber hinaus sei der Bund (d.h. das Auswärtige Amt) als Finanzier und das Schulsystem des jeweiligen Sitzlandes in die konkrete Ausgestaltung des Schulcurriculums und der Abschlüsse involviert (Frank, 1995, S. 20). Somit weisen die Stundentafeln der Schulen ein Gemenge von Fächern auf, das den betreffenden deutschen Lehrplänen und den Lehrplänen des Gastlandes entspricht. Auch die Schulabschlüsse sind dadurch meistens „kombinierte und integrierte Abschlüsse mit voller Berechtigung in Deutschland und im Partnerstaat" (Stoldt, 2001, S. 13). Zudem reagierte die Kultusministerkonferenz auf die Herausforderungen des internationalen Bildungsmarktes und führte im Jahr 2009 die

Deutsche Internationale Abiturprüfung (DIAP) ein (http://www.kmk.org/bildung-schule/auslandsschulwesen/deutsche-internationale-abiturpruefung.html). Die Schülerinnen und Schüler legen dabei bis zu 50% der Prüfungen in einer Fremdsprache ab. Außerdem können Elemente der landesspezifischen Bildungsgänge und Prüfungen integriert werden (ebd.). Das kulturelle ‚Andere' der Bildungssysteme der Gastländer wird somit partnerschaftlich in die Schulwirklichkeit integriert.

Neben der alltäglichen kulturellen Begegnung im Schulalltag werden die Kompetenzen der Schüler durch zahlreiche Maßnahmen zusätzlich geschult und gefördert. Beispielhaft dafür sollen an dieser Stelle Schüleraustauschprogramme genannt werden, die die interkulturelle Kompetenz der Schülerinnen und Schüler fördern und sie in eine „länderübergreifende bzw. internationale Lerngemeinschaft" einbinden sollen (ZfA, 2012, S. 40; Auswärtiges Amt, 2011, S. 27).

Akteure

Als Akteure sollen in diesem Zusammenhang die Zielgruppe der Deutschen Auslandsschulen, die Schülerinnen und Schüler, betrachtet werden. Die Schülerschaft aller Deutschen Schulen ist charakterisiert durch ihre multinationale und multikulturelle Zusammensetzung. Die Erweiterung des interkulturellen Feldes und die Entwicklung interkultureller Kompetenz sind im Zuge des Prinzips der Begegnung, wie es eine der Zielsetzungen der auswärtigen Kultur- und Bildungspolitik ist, wesentliche Aspekte der Ausbildung der Schülerinnen und Schüler. An der Deutschen Schule Valparaíso werden die Kinder auf ein internationales Miteinander vorbereitet auf der Grundlage des sog. *Programa para Escuelas Primarias* (PEP), getragen von der *International Baccalaureate Organization* (IBO) (ZfA, 2012, S. 113). Anhand von zehn Charakterfeldern sollen die Schüler (und Lehrer) ein Persönlichkeitsprofil entfalten, dass sie eine internationale Mentalität entwickeln und sich ihrer Rolle in der globalisierten Welt bewusst werden lässt (ebd.).

Der Bildungsauftrag des Prinzips der Begegnung richtet sich aufgrund des Elitestatus der Deutschen Auslandsschulen unmissverständlich an die Funktions- und Leistungseliten der Gastländer. Im Wettbewerb um die „besten Köpfe" im Zuge der Sicherung des Wirtschafts- und Wissenschaftsstandortes Deutschland ist das wichtigste Ziel die Akquise interkulturell geschulter, hochqualifizierter Fachkräfte, die in Deutschland studieren und arbeiten (Auswärtiges Amt, 2010, S. 16). Diese wirken wiederum als Multiplikatoren in ihrer Heimat für weitere Spitzenkräfte in Wissenschaft, Politik, Wirtschaft und Kultur (ebd., S. 21). Ein Beispiel dafür: Prof. Dr. Jun Okuda besuchte die Deutsche Schule Tokyo-Yokohama in seinem Heimatland Japan und studierte und promovierte in Chemie an der Rheinisch-Westfälischen Technischen Hochschule (RWTH) in Aachen, finanziert durch ein Vollstipendium des Deutschen Akademischen Austauschdienstes (DAAD) (ZfA, 2008, S. 181f.). Heute ist er dort Lehrstuhlinhaber für Metallorganische Chemie und pflegt Partnerschaften mit japanischen Hochschulen, u.a. dem Tokyo Institute of Technology (ebd.).

Die deutschen Auslandsschulen zeigen einen positiven Umgang mit der Andersheit der ausländischen Schülerinnen und Schüler und der Unterrichtsvorgaben der Bildungsadministrationen der Gastländer. Die tägliche Begegnung und friedliche Auseinandersetzung mit den kulturell Anderen schon ab der Grundschule schafft eine interkulturelle Kompetenz, die in einer globalen Welt als wichtiges Qualifikations- und Alleinstellungsmerkmal gilt.

6. Schluss

Die Beschäftigung mit Fragen um Alterität, die durch natio-ethno-kulturelle Differenzziehungen markiert sind, steht im Zentrum kulturübergreifender Fragestellungen. Ziel dieses Beitrages war herauszustellen, wie Alterität in unterschiedlich ausgerichteten Organisationen des Bildungsbereichs aufgegriffen und in die Selbstdarstellung transferiert wird. Dabei wurde deutlich, dass Alterität in unterschiedlichen Sozialräumen bzw. Praxisfeldern verschiedene Zielsetzungen, Maßnahmen und Akteure impliziert.

Für das Selbstverständnis der aej, die dem inländischen (außerschulischen) Bildungssektor zugezählt wird, ist das Thema der Alterität nicht konstitutiv. Erst im Laufe ihrer Verbandsgeschichte wurde das Thema der migrationsbedingten Alterität in den Jugendverband hineingeholt. Anfangs stand noch die Bemühung im Vordergrund, den Kindern und Jugendlichen mit Migrationshintergrund Integrationshilfen zu geben, gegenwärtig ist man bemüht, unter dem Ansatz der interkulturellen Öffnung weitreichende Verbesserungen auf den einzelnen Handlungsebenen des Verbandes vorzunehmen, um Alterität zum selbstverständlichen Teil des Verbandes zu forcieren. Hierbei geraten die, weil in den Jugendverbandsstrukturen bislang unterrepräsentierten und damit nicht zur eigentlichen Adressatengruppe geltenden Kinder und Jugendlichen mit Migrationshintergrund in den Fokus der Aufmerksamkeit. Mit der Thematisierung der interkulturellen Öffnung bewegt sich die aej in einem gesellschaftspolitischen Diskurs. Dieser Diskurs bejaht die kulturelle Heterogenität und empfindet sie als Bereicherung, doch dabei fordert dieser weit mehr ein als nur kulturelle Annäherung und eine Kompetenzerweiterung, sondern versucht die gesellschaftlichen Machtasymmetrien zu bearbeiten, die sich in den „national verengte(n) Strukturen" (Kalpaka & Mecheril, 2010, S. 90) wiederfinden. Will die aej – dies kann man im Übrigen für viele etablierte deutsche Jugendverbände formulieren – diese national verengten Strukturen bearbeiten, dann wird sie nicht umhin kommen, auch ihr Selbstverständnis zu überdenken. Denn in diesem Selbstverständnis fügt sich das Schema von (Nicht-)Zugehörigkeit und der daraus resultierenden realen Effekte von Inklusion und Exklusion: Das Selbstverständnis der aej konstruiert das ‚Wir' auf der Ebene der Zugehörigkeit zur evangelischen Konfession und in einer zweiten latenten Form auf der Ebene der deutschen Zugehörigkeit.

Die Mittlerorganisationen stehen in einem internationalen, d.h. grenzüberschreitenden Bildungsraum. Der Aspekt der Alterität wird in der Zielsetzung und Außendarstellung der Goethe-Institute und Deutschen Auslandsschulen als Bereicherung im Sinne einer gegenseitigen kulturellen Kompetenzerweiterung verstanden. Dialogizität, partnerschaftliche Kooperation und bilaterale Zusammenarbeit sind wesentliche Bausteine der Rhetorik der Mittlerorganisationen und sind auf Eliteförderung ausgerichtet. Zieht man die nationalstaatliche Verankerung der Maßnahmen der Mittler in Betracht (im Sinne der Rekrutierung der ausländischen Deutschlerner und Schülerschaft für den deutschen Wirtschafts-

und Wissenschaftsstandort), so erscheinen Bildungsmaßnahmen als Instrumente des internationalen Wettbewerbs um Funktionseliten und kreative Köpfe.

Alterität offenbart sich als Träger unterschiedlicher Blickwinkel auf natio-ethnokulturelle Differenzen, je nachdem, welche gesellschafts(politische) Rahmung für Bildungsorganisationen vorliegt und welchen Bildungsauftrag sie einzulösen versuchen. Mit Hilfe der drei Beispiele kristallisiert sich ein prägnantes Ergebnis heraus: Alterität bezieht sich im Jugendverbandskontext um Verbesserung von Teilhabechancen von bislang Benachteiligten, während in den Mittlerorganisationen im internationalen Bildungsraum Alterität mit Marktanforderungen einhergeht und sich an der Förderung von Eliten orientiert.

Bei der Behandlung von Alterität in unterschiedlichen Organisationsbereichen ist folglich immer die Frage relevant, wer das Thema aufgreift, wie es operationalisiert wird und welche Zielgruppen in welchem Bildungsraum fokussiert werden. Im Grunde ist die Frage nach den Machtverhältnissen auch hier ausschlaggebend.

Literatur

Adick, C. (2010). Inter-, multi-, transkulturell: über die Mühen der Begriffsarbeit in kulturübergreifenden Forschungsprozessen. In A. Hirsch & R. Kurt (Hrsg.), *Interkultur – Jugendkultur. Das Fremde neu verstehen* (S. 105–133). Wiesbaden: VS Verlag.

Anheier, H. (2005). *Nonprofit Organizations. Theory, management, policy.* London/New York: Routledge.

Arbeitsgemeinschaft der Evangelischen Jugend (2003). *Migration, Integration und die Evangelische Jugend.* Hannover. Verfügbar unter: http://www.evangelische-jugend.de/fileadmin/user_upload/aej/Migration_und_Integration/Downloads/B_5_Migration-Integration_und_die_Evangelische_Jugend.pdf [13.08.2012].

Arbeitsgemeinschaft der Evangelischen Jugend (2006). *Jahresbericht 2006. Wirklichkeit gestalten.* Hannover. Verfügbar unter: http://www.evangelische-jugend.de/fileadmin/user_upload/aej/Die_aej/Downloads/Publikationen/Flipbooks/aej-Jahresbericht_2006/index.html [13.08.2012].

Arbeitsgemeinschaft der Evangelischen Jugend (2007). *Jahresbericht 2007. Qualität entwickeln.* Hannover.

Arbeitsgemeinschaft der Evangelischen Jugend (2011). *Satzung in der Fassung von Februar 2008.* Verfügbar unter: http://www.evangelische-jugend.de/fileadmin/user_upload/aej/Die_aej/Bilder/Publikationen/11_11_21_Satzung_und_Ordnungen.pdf. [13.08.2012].

Arbeitsgemeinschaft der Evangelischen Jugend (2012). *Jahresbericht 2012. Leben lernen, aber wie?* Hannover.

Auswärtiges Amt (2010). *Bericht der Bundesregierung zur Auswärtigen Kultur- und Bildungspolitik 2009/2010.* Verfügbar unter: http://www.auswaertiges-amt.de/cae/servlet/contentblob/560176/publicationFile/144772/110112-AKBP-Bericht.pdf [12.07.2012].

Auswärtiges Amt (2011). *Bericht der Bundesregierung zur Auswärtigen Kultur- und Bildungspolitik 2010/2011.* Verfügbar unter: http://www.auswaertiges-amt.de/cae/servlet/contentblob/560176/publicationFile/163477/120111-AKBP-Bericht-2010-2011.pdf [12.07.2012].

Bauer, G. U. (2007). Auswärtige Kultur- und Bildungspolitik. In J. Straub et al. (Hrsg.), *Handbuch Interkulturelle Kommunikation und Kompetenz* (S. 637–646). Stuttgart: Metzler.

Deutscher Bundestag (1978). *Rahmenplan für die auswärtige Kulturpolitik im Schulwesen 1978*. Verfügbar unter: http://dipbt.bundestag.de/dip21/btd/08/021/0802103.pdf [12.07.2012].

Düx, W. (2000). Das Ehrenamt in Jugendverbänden. In K. Beher, R. Liebig & T. Rauschenbach (Hrsg.), *Strukturwandel des Ehrenamts. Gemeinwohlorientierung im Modernisierungsprozess* (S. 99–142). Weinheim & München: Juventa.

EUNIC (2011). *Kulturreport EUNIC-Jahrbuch 2011. Europas kulturelle Außenbeziehungen*. Verfügbar unter: http://www.ifa.de/fileadmin/pdf/kr/2011/kr2011_de.pdf [26.09.2012].

Frank, C.-G. (1995). *Schulreform an deutschen Auslandsschulen. Dargestellt an der Einführung der Neuen Sekundarstufe an der Deutschen Schule Lissabon*. Saarbrücken: Verlag für Entwicklungspolitik Breitenbach GmbH.

Frantz, C. & Martens, K. (2006). *Nichtregierungsorganisationen (NGOs)*. Wiesbaden: VS Verlag.

Gad, D. (2008). *Kultur und Entwicklung. Eine Übersichtsstudie zu Schnittfeldern deutscher Akteure der Auswärtigen Kultur- und Bildungspolitik und der Entwicklungszusammenarbeit*. Im Auftrag des Deutschen Entwicklungsdienstes GmbH, Bonn, und des Instituts für Auslandsbeziehungen e.V., Stuttgart. Verfügbar unter: http://www.ifa.de/pdf/ke/synergiestudie2008.pdf [12.07.2012].

Gängler, H. (2005). Jugendverbände und Jugendpolitik. In H.-U. Otto & H. Thiersch (Hrsg.), *Sozialarbeit Sozialpädagogik*, 3. Auflage (S. 894–903). München & Basel: Ernst Reinhardt.

Goethe-Institut (2006). *Jahrbuch 2005/2006*. Verfügbar unter: http://www.goethe.de/uun/pub/de1704758.htm [12.07.2012].

Goethe-Institut (2009a). *Satzung von 2009 (2000)*. Verfügbar unter: http://www.goethe.de/mmo/priv/1223959-STANDARD.pdf [12.07.2012].

Goethe-Institut (2009b). *Jahrespressekonferenz 2009*. Pressemappe verfügbar unter: http://www.goethe.de/prs/prm/a09/de5396056.htm [26.09.2012].

Goethe-Institut (2010a). *Jahrespressekonferenz 2010*. Pressemappe verfügbar unter: http://www2.goethe.de/z/20/du/pressemappe_jpk2010.pdf [26.09.2012].

Goethe-Institut (2010b). *Jahrbuch 2009/2010*. Verfügbar unter: http://www.goethe.de/uun/pro/jb10/jahrbuch_2009_2010-neu.pdf [26.09.2012].

Goethe-Institut (2011a). *Jahrbuch 2010/2011*. Verfügbar unter: http://www.goethe.de/uun/pro/jb11/jahrbuch_2011.pdf [12.07.2012].

Goethe-Institut (2011 b). *Rechenschaftsbericht 2010/2011*. München: Goethe-Institut.

Goethe-Institut (2011c). *Das Goethe-Institut und Europa*. Verfügbar unter: http://www.goethe.de/uun/pro/pub/Europa-2011-de.pdf [26.09.2012].

Grolig, W. & Schlageter, R. E. (2007). Auswärtige Kultur- und Bildungspolitik und Public Diplomacy. In T. Jäger et al. (Hrsg.), *Deutsche Außenpolitik* (S. 547–566). Wiesbaden: VS Verlag.

Heckmann, F. (1992). *Ethnische Minderheiten, Volk und Nation. Soziologie interethnischer Beziehungen*. Stuttgart: Lucius & Lucius.

Kalpaka, A. & Mecheril, P. (2010). Interkulturell. Von spezifisch kulturalistischen Ansätzen zu allgemein reflexiven Perspektiven. In P. Mecheril et al. (Hrsg.), *BACHELOR / MASTER Migrationspädagogik* (S. 77–98). Weinheim & Basel: Beltz.

Kathe, S. R. (2005). *Kulturpolitik um jeden Preis*. Die Geschichte des Goethe-Instituts von 1951–1990. München: Meidenbauer.

Knopp, H.-G. (2010). Zwischen Kulturförderung und Kulturentwicklung: Die Auswärtige Kulturpolitik und die Entwicklungspolitik. In J. Wilhelm (Hrsg.), *Kultur und globale Entwicklung: die Bedeutung von Kultur für die politische, wirtschaftliche und soziale Entwicklung* (S. 140–147). Berlin: Berlin University Press.

Kultusministerkonferenz (2012). *Deutsche Internationale Abiturprüfung*. Verfügbar unter: http://www.kmk.org/bildung-schule/auslandsschulwesen/deutsche-internationale-abiturpruefung.html [12.07.2012].

Maaß, K.-J. (2009). Das deutsche Modell – Die Mittlerorganisationen. In ders. (Hrsg.), *Kultur und Außenpolitik. Handbuch für Studium und Praxis*. 2., vollständig überarbeitete und erweiterte Auflage (S. 269–280). Baden-Baden: Nomos.

Mecheril, P. (2010): Migrationspädagogik. Hinführung zu einer Perspektive. In P. Mecheril et al. (Hrsg.), *BACHELOR / MASTER: Migrationspädagogik* (S. 7–22). Weinheim & Basel: Beltz.

Nörber, M. (2012). Kinder- und Jugendverbände. In K.-P. Horn et al. (Hrsg.), *Klinkhardt Lexikon Erziehungswissenschaft*, Band 2 (S. 192). Stuttgart: UTB.

Ricken, N. & Balzer, N. (2007). Differenz: Verschiedenheit – Andersheit – Fremdheit. In J. Straub, A. Weidemann & D. Weidemann (Hrsg.), *Handbuch interkulturelle Kommunikation und Kompetenz. Grundbegriffe – Theorien – Anwendungsfelder* (S. 56–69). Stuttgart & Weimar: J. B. Metzler.

Schäfer, A. (2004). Alterität: Überlegungen zu Grenzen des pädagogischen Selbstverständnisses. *Zeitschrift für Pädagogik 50 (5)*, 706–726.

Schäfer, K. (2008). Jugendverbände. In D. Kreft & I. Mielenz (Hrsg.), *Wörterbuch Soziale Arbeit. Aufgaben, Praxisfelder, Begriffe und Methoden der Sozialarbeit und Sozialpädagogik*, 6. überarbeitete und aktualisierte Auflage (S. 504–506). Weinheim & München: Juventa.

Schwab, U. (2010). Kinder und Jugendliche in Kirchen und Verbänden. In H.-H. Krüger & C. Grunert (Hrsg.), *Handbuch Kindheits- und Jugendforschung*, 2. aktualisierte und erweiterte Auflage (S. 907–916). Wiesbaden: VS Verlag.

Seckinger, M., Pluto, L., Peucker, C. & Gadow, T. (2009). *DJI – Jugendverbandserhebung Befunde zu Strukturmerkmalen und Herausforderungen*. Verfügbar unter: http://www.dji.de/bibs/64_11664_Jugendverbandserhebung2009.pdf [12.7.2012].

Stoldt, P. H. (2001*). Deutsche Abschlüsse an Schulen im Ausland*: Ein Leitfaden. Bonn: Varus.

Tenorth, H. E. & Tippelt, R. (Hrsg.). (2007). *Beltz Lexikon Pädagogik*. Weinheim & Basel: Beltz.

Thole, W. (2000). *Kinder- und Jugendarbeit. Eine Einführung*. Weinheim & München: Juventa.

Wiesner, R. (Hrsg.). (2006). *SGB VIII. Kinder und Jugendhilfe*. Kommentar. 3., völlig überarbeitete Auflage. München: Beck.

Zentralstelle für das Auslandsschulwesen (2006). *Jahrbuch 2006. Deutsche Auslandsschularbeit: Herausforderungen – Konzeptionen – Kooperationen*. Köln: Druckerei Silber Druck oHG, Nachdruck 2007.

Zentralstelle für das Auslandsschulwesen (2008). *Jahrbuch 2007/2008. Deutsche Auslandsschularbeit: Zukunft gestalten*. Köln: Druckerei Silber Druck oHG.

Zentralstelle für das Auslandsschulwesen (2012). *Jahrbuch 2011/2012. Deutsche Auslandsschularbeit: Rohstoff Bildung*. Köln: Druckerei Silber Druck oHG.

Ludger Pries

Grenzüberschreitende Wanderungen von Menschen und Wissen
Migration, sozial-kulturelle Vielfalt und Innovation im Ruhrgebiet

Die Institutionalisierung der inter-generationellen Weitergabe von Bildung und Wissen erfolgte überall auf der Welt – wenn auch zeitlich versetzt und unter sehr unterschiedlichen Bedingungen der jeweiligen Länder und ihrer relativen Position im ‚Weltsystem' – in ähnlicher Weise, nämlich in der Form der Herausbildung eines öffentlichen Schul- und Universitätssystems. Es ist ein bleibendes Verdienst von Christel Adick, dies schon sehr früh und überzeugend herausgearbeitet zu haben. Über die tatsächlichen Ähnlichkeiten der so entstandenen nationalen Schulsysteme, ihre Konvergenz oder Divergenz im 21. Jh. und viele weitere Fragen lässt sich in der Vergleichenden Erziehungswissenschaft sicherlich trefflich streiten. Als Soziologe und Migrationsforscher möchte ich zu dieser Debatte einen in der Vergangenheit eventuell eher randständigen, zukünftig aber wahrscheinlich immer wichtiger werdenden Aspekt beisteuern: die Rolle grenzüberschreitender Wanderungen von Wissen und Wissenden für gesellschaftliche Innovationen. Und wo lässt sich dies trefflicher studieren als im Ruhrgebiet. Im Ruhrgebiet können die Entwicklung von Bildung und die Weitergabe von Wissen nicht annähernd durch eine auf die Region oder auf den Container-Nationalstaat begrenzte Sichtweise verstanden und erklärt werden. Die Wanderungen von Menschen und von Wissensbeständen gehen dabei Hand in Hand. Migration, sozial-kulturelle Vielfalt und Innovation sind im Ruhrgebiet unmittelbar ineinander verwoben.

Es gibt wohl keine metropolitane Region auf der Welt, die in so kurzer Zeit einen solchen Bevölkerungszuwachs durch Zuwanderung erfahren hat wie das Ruhrgebiet seit der zweiten Hälfte des 19. Jahrhunderts bis zum Ersten Weltkrieg. Überdurchschnittliches Bevölkerungswachstum konzentriert sich in der Regel in konzentrischen Kreisen um bereits bestehende große Städte. Dies gilt für Hamburg, Frankfurt und Berlin, für London, Paris und New York und auch für Mexico City, São Paulo, Jakarta, Beijing, Shanghai oder Delhi. Im Ruhrgebiet dagegen explodierte geradezu die Bevölkerungszahl vieler kleiner Städte und Gemeinden parallel. So entstand innerhalb von etwa drei Generationen eine polyzentrische, auf Kohle- und Stahlindustrie aufbauende Wirtschafts- und Bevölkerungsstruktur. Zuwanderung und multikulturelles Zusammenleben prägen damit seit über eineinhalb Jahrhunderten diese Region.

Diese durch Wanderungsbewegungen hervorgerufene sozial-kulturelle Vielfalt hat über Generationen dem Ruhrgebiet nicht nur nicht geschadet, sie war vielmehr eine notwendige Voraussetzung für den wirtschaftlichen Aufschwung der Region. Ohne Zuwanderung, ohne die Kooperation und das Zusammenleben von Menschen aus unterschiedlichen Regionen und Kulturkreisen wäre das wirtschaftliche und Bevölkerungswachstum des Ruhrgebietes nicht möglich gewesen. Migrationsprozesse – dieses Mal als Abwanderungsprozesse – haben auch geholfen, den seit den 1960er Jahren einsetzenden Strukturwandel und die entsprechenden Anpassungsprozesse besser zu bewältigen. Wanderungsbewegungen und multi-kulturelles Zusammenleben können in der Zukunft ein enormes Innovations- und Entwicklungspotenzial bedeuten, wenn denn die verantwortlichen Akteure – Politiker, Verbände, Unternehmen, öffentliche Verwaltungen und alle Bewohner der Region – entsprechende Sicht- und Handlungsweisen entwickeln.

Im Folgenden* wird zunächst gezeigt, welche Bedeutung Wanderungsprozesse in das Ruhrgebiet und Pendelmigration zwischen dem Ruhrgebiet und anderen Regionen schon seit dem 19. Jh. haben, und zwar nicht nur für die Arbeitskräftegewinnung, sondern vor allem auch für den Erwerb des notwendigen Produktionswissens. Die Menschen im Ruhrgebiet haben dabei – trotz durchaus vorhandener Spannungen und Konflikte – unaufgeregt, pragmatisch und sehr erfolgreich das bewältigt, was heute neumodisch *managing diversity* genannt wird, also den Umgang mit sprachlicher und kultureller Vielfalt. Migration war auch von großer Bedeutung für die weitgehend sozialverträgliche Gestaltung des Strukturwandels seit den 1960er Jahren (Abschnitt 1). Richtet man den Blick in die Zukunft, so erscheint die ungeheure Vielfalt der Menschen im Ruhrgebiet als eine bisher nur unzureichend mobilisierte Quelle für Kreativität und grenzüberschreitende Entwicklungspotentiale. So wie ein genau zur Hälfte gefülltes Glas als halb voll oder halb leer wahrgenommen werden kann, so kommt es für die Zukunft auf die nüchterne Analyse der tatsächlichen Ressourcen und Chancen der Region an. Hierfür reicht ein nur auf das Ruhrgebiet beschränkter Blick nicht aus. Dieses sollte vielmehr stärker im globalen Zusammenhang und im Lichte globaler Debatten betrachtet werden (Abschnitt 2). Der große amerikanische Soziologe William Thomas hat es sinngemäß so ausgedrückt: Wenn Menschen eine Situation als real wahrnehmen, dann ist diese Situationseinschätzung auch real in ihren sozialen Konsequenzen. Gegenüber vielen anderen Regionen in Deutschland, Europa und in der ganzen Welt zeichnet sich das Ruhrgebiet durch die Vielfalt seiner Menschen – nach Herkunftsregionen, nach Sprache, nach Glaubensvorstellungen, nach kulturellen Orientierungen, auch nach Qualifikationen und Berufserfahrungen – aus. Vielfalt war bisher für das Ruhrgebiet ein – allerdings kaum beachteter – Vorteil. Sie kann es in Zukunft noch stärker sein, wenn die Potenziale von Diversität systematisch genutzt werden.

---

* Dieser Text ist eine stark erweiterte und überarbeitete Fassung eines Aufsatzes, der unter dem Titel *Transnationale Migration als Innovationspotenzial* (2011) veröffentlicht wurde in: Engel, K., Großmann, J. & Hombach, B. (Hrsg.), Phönix flieg! Das Ruhrgebiet entdeckt sich neu. Essen: Klartext. Ich danke Frank Borchers und Katharina Westerholt für hilfreiche Recherchen.

1. Wanderungen von Menschen, Wissen und Kultur im Ruhrgebiet

Beim Blick in die Geschichte des Ruhrgebiets wird meistens hervorgehoben, wie stark diese Region von Einwanderung geprägt ist. Tatsächlich explodierte die Bevölkerung des Ruhrgebiets geradezu seit der zweiten Hälfte des 19. Jahrhunderts. Lebten um 1816/18 etwa 220 000 und im Jahre 1850 etwa 400 000 Menschen im Ruhrgebiet, so waren es 1905 ca. 2,6 Mio. und 1925 ca. 3,8 Mio.; die Bevölkerungszahl des Ruhrgebiets erreichte 1961 mit 5,67 Mio. ihren bisherigen Höhepunkt.[1] Eine solche Wachstumsdynamik hat ihre Ursachen in erster Linie in massiver Zuwanderung. Dies darf aber den Blick nicht dafür versperren, dass das Ruhrgebiet schon immer von Wanderungsbewegungen *in beide Richtungen* geprägt war. Es fanden auch Abwanderungen und vielfältige Formen von Pendelwanderungen statt.

1.1 Ingenieursmigration als Wissenserwerb im 19. Jahrhundert

Ein zentraler Aspekt der Dynamik von Kohleförderung und Stahlproduktion im Ruhrgebiet des 19. Jahrhunderts ist die Migration von Menschen und Ideen über Ländergrenzen hinweg. Ob Friedrich Harkort, Friedrich Thyssen oder Alfried Krupp, die großen Entrepreneurs des Ruhrgebiets haben viele ihrer Ideen und einen nicht unerheblichen Teil des von ihnen mobilisierten Produktionswissens aus Belgien, Frankreich und vor allem aus England gewonnen. Zum einen wanderten weitsichtige Unternehmer und Ingenieure aus Deutschland selbst in die damals hoch entwickelten Industrieregionen, um sich schnellstmöglich das neueste produktionstechnische Wissen anzueignen. Zum anderen wurden Ingenieure und andere Fachkräfte aus diesen Ländern ins Ruhrgebiet geholt. Nicht wenige der Ruhrgebietsunternehmer hatten dabei von Anfang an nicht nur technische, sondern auch sozialpolitische Utopien; sie wollten nicht nur innovative Produkte und hocheffiziente Produktion, sondern auch vorbildliche Arbeitsverhältnisse und nachhaltige Lebensbedingungen für die Beschäftigten.

Friedrich Harkort, der in Wetter an der Ruhr eine große Maschinenfabrik aufbaute, kann als Beispiel dienen. Er studierte intensiv die englischen Erfahrungen und kam zu dem Schluss, „nur unter schnellster Benutzung der englischen Erfahrungen und Leistungen kann man in Deutschland industriell vorankommen; englische Arbeiter, englische Maschinen muß man nach Deutschland verpflanzen, um neuzeitige Fabriken zu schaffen; jeder andere Weg dauert zu lange" (zitiert nach Matschoss, 1919, S. 8). Friedrich Harkort wollte dabei zusammen mit Heinrich Kamps im Ruhrgebiet eine in jeder Beziehung vorbildliche Fabrik gründen: „Begeistert und Begeisterung erweckend, fanden sich diese beiden Männer schnell in dem Entschlusse, gemeinsam eine Musterfabrik in Deutschland zu begründen. Sie beschlossen, eine mechanische Werkstätte zu schaffen, die ausgerüstet mit

---

1 Vgl. Kommunalverband Ruhrgebiet 2002 und http://www.metropoleruhr.de/metropole-ruhr/daten-fakten/bevoelkerung.html und http://www.ruhrgebiet-regionalkunde.de/.

allem, was England bieten konnte, zu einer Pflanzstätte deutschen Maschinenbaues werden sollte" (ebd., S. 10).

Nachdem der Standort Wetter ausgemacht war, reiste Harkort im Juni 1819 nach England, „um Arbeiter und Ingenieure zu werben und Maschinen zu kaufen. Es war ein schwieriges Unterfangen in jener Zeit, als die englische Regierung noch bestrebt war, mit allen Machtmitteln des Staates die Monopolstellung, die England einnahm, rücksichtslos zu erhalten. Doch Harkort gelang es, sein Ziel zu erreichen. Er fand vertrauenswürdige Berater und Helfer in der Firmer Jameson & Aders in London. (…) Er gewann auch einen englischen Ingenieur und Unternehmer, der bereits einige Zeit vorher nach Deutschland gegangen war (…) und versucht hatte, sich selbständig zu machen" (ebd., S. 10).

Auch Alfried Krupp unternahm ausgedehnte Erkundungsreisen in Europa. „1838/39 bereiste K. 15 Monate lang Frankreich und England; er gewann neue Abnehmer in Frankreich und erweiterte in England seine Kenntnisse über Stahlherstellung und Arbeitsorganisation" (Köhne-Lindenlaub, 1982, S. 131; vgl. auch Rother, 2001, 2003 für die Geschichte von Krupp und Thyssen).

Die Bedeutung der Einwanderung von Ingenieuren, Fachkräften und auch nicht ausgebildeten, meistens aus agrarischen Verhältnissen stammenden Arbeitskräften für die wirtschaftliche Dynamik des Ruhrgebiets kann kaum überschätzt werden. „Die Migration in das Ruhrgebiet erfolgte nicht kontinuierlich, sondern folgte den Entwicklungsschüben der Region. Mitte des 19. Jahrhunderts kamen zunächst Arbeitskräfte überwiegend aus den umliegenden Regionen. Ausländer traten in diesen Jahren primär als Investoren, Unternehmer und Techniker hervor" (Przigoda & Goch, 2010, S. 224). Zu diesen ausländischen Wissensträgern und Investoren zählte z.B. der irische Wasserbauingenieur William Thomas Mulvany (1806–1885), der die Zechen Hibernia (in Gelsenkirchen), Shamrock (in Herne) und Erin (in Castrop-Rauxel) gründete. Der belgische Bohringenieur Joseph Chaudron (1822–1905) war Techniker und Unternehmer im deutschen Bergbau und entwickelte zusammen mit dem sächsischen Ingenieur Karl Gotthelf Kind (1801–1873) das sogenannte Kind-Chaudron-Schachtbohrverfahren und beteiligte sich an der Zeche Dahlbusch in Gelsenkirchen-Rotthausen. Der belgische Bergingenieur Charles Détillieux (1819–1876) war Mitbegründer der Zechen Rheinelbe und Alma in Gelsenkirchen (Rheinelbe Bergbau AG).

„Seit etwa den 1870er Jahren speiste sich dann der mit der rasanten Expansion des Ruhrbergbaus wachsende Arbeitskräftebedarf aus einem anschwellenden Zustrom vor allem aus den östlichen Landesteilen Preußens" (Przigoda & Goch, 2010, S. 224). Allein im Bergbau wuchs die Zahl der Beschäftigten von 1850–1913 von etwa 12 000 auf mehr als 444 000 Beschäftigte – eine Steigerung um das 37-fache in nur drei Generationen! Die Geschichte des Ruhrgebiets ist ein Beispiel dafür, dass dynamische Wirtschaftsregionen immer auch im Fokus massiver Migrationsprozesse stehen. Dabei geht es nicht nur um eine nur in eine Richtung weisende *Ein*wanderung – es handelt sich immer um komplexe grenzüberschreitende Austauschbeziehungen von Menschen, Ideen, Konzepten, Wissen und Kultur in *beide* Richtungen.

1.2 „Fremd ist der Fremde nur in der Fremde"

Für das aufstrebende Ruhrgebiet des 19. Jahrhunderts waren nicht nur die oben skizzierten transnationalen Wanderungsprozesse von technischen und wirtschaftlichen Eliten als Form raschen Wissenserwerbs bedeutsam. Auch die aus den unterschiedlichsten Regionen zuströmenden nicht technisch vorgebildeten Arbeiterinnen und Arbeiter brachten das Produktionswissen und die Handwerkstraditionen aus ganz Europa zusammen. Zudem hatten die Migrationsprozesse von Fach- und Führungskräften sowie von einfachen Arbeiterinnen und Arbeitern nicht nur eine Wissens-, sondern auch eine Kulturdimension. Bis Ende der 1860er Jahre speiste sich das Wachstum der Ruhrgebietsbevölkerung vorrangig durch ‚Nahwanderung' aus umliegenden Regionen. Die z.B. aus dem Oberbergischen Land, also aus weniger als hundert Kilometern Entfernung, Zugewanderten brachten andere Gewohnheiten, Begriffe und Ideen mit; sie wurden im Ruhrgebiet bis zur Mitte des 19. Jahrhunderts durchaus als Fremde wahrgenommen (Kleßmann, 1978). Als die Arbeitskräftepotenziale der näheren Umgebung ausgeschöpft waren, warben z.B. die Bergbauunternehmen zunehmend Arbeitskräfte aus den preußischen Ostprovinzen Posen, Ost- und Westpreußen und Schlesien an. Polnische und masurische Arbeiter migrierten ins Ruhrgebiet am Ende des 19. Jahrhunderts bis zum 1. Weltkrieg massenhaft ein; etwa eine halbe Million von ihnen lebte um 1910 im Ruhrgebiet.

Auch wenn diese Einwanderer teilweise die deutsche Staatsangehörigkeit besaßen und katholischen Glaubens waren, wurden sie vielfach als Fremde gesehen. Es stabilisierten sich vielfältige Kräftefelder unterschiedlicher Kulturen und Sprachen, die einerseits vergleichsweise unproblematisch mit- und nebeneinander lebten, andererseits aber auch ihre jeweils eigenen Lebenswelten und Verbandsstrukturen aufrecht erhielten oder sogar neue ausbildeten. Eigenständige sozial-kulturelle Milieus stabilisierten sich um religiöse, politische, soziale oder kulturelle Fragen; gleichzeitig gab es aber auch vielfältige Überlappungen dieser unterschiedlichen ‚sozialen Kreise' etwa durch die gemeinsame Arbeit, durch gemeinsame Organisationen wie die Gewerkschaften oder Kirchen und durch das Zusammenwohnen in der gleichen Stadt oder dem gleichen Stadtteil. In allen hier angesprochenen Dimensionen bildeten sich zum Teil unterschiedliche und zum Teil gemeinsame Aktivitäten und Lebensformen heraus. Dadurch war das Ruhrgebiet von Anfang an durch ein spannungsreiches Kräftefeld von Vielfalt und Zusammenhalt, von sozialer Differenzierung und sozialer Integration geprägt.[2] Weder das einfache Bild eines harmonischen und konfliktfreien ‚Schmelztiegels' noch die Vorstellung einer dauerhaften Ausgrenzung und Segregation können dieses Kräftefeld angemessen erfassen.

Bezogen auf die polnische Einwanderung ins Ruhrgebiet betont Kleßmann (1992, S. 310), dass bei solchen Charakterisierungen übersehen werde, „dass der Pluralismus von Organisationen, Wertvorstellungen und Verhaltensweisen von deutscher Seite i.d.R. kaum wirklich akzeptiert, sondern bestenfalls als unvermeidliches Übel hingenommen wurde,

---

2   Zur Herausbildung polnischer Knappenvereine oder eigener Gewerkschaften, die sich dann aber doch mittelfristig mit den mehrheitlichen Organisationsformen arrangierten, vgl. Przigoda & Goch, 2010; Kleßmann, 1978.

soweit man ihn nicht gar zu verhindern suchte. Dennoch ist die Geschichte der Polen an der Ruhr, die in den Bereich der Binnenwanderungen gehört und doch sozial- und kulturgeschichtlich deutliche Züge eines echten Einwanderungsprozesses trug, ein Beispiel für die Verbindung und Vereinbarkeit von sozialer Integration und Aufrechterhaltung national-kultureller Identität." Das Ruhrgebiet kann in diesem Sinne als ein gelungenes Beispiel von ‚Zusammenhalt in Vielfalt' bzw. von ‚Vielfalt im Zusammenhalt' angesehen werden. Es zeichnet sich durch ein vergleichsweise konfliktarmes Zusammenleben von Menschen aus inzwischen fast 200 Ländern aus, wobei die unterschiedlichsten Formen und Grade differenter Lebensweisen praktiziert werden.

Der Ausspruch ‚Fremd ist der Fremde nur in der Fremde' von Karl Valentin verdeutlicht, dass es von den Zuwandernden und von den bereits an einem bestimmten Ort lebenden Menschen selbst abhängt, wie das Zusammenleben zwischen ihnen gestaltet und erfahren wird. Wenn Migrantinnen und Migranten als Außenseiter abgestempelt werden, erfahren sie und die ‚Einheimischen' den Migrationsprozess aller Voraussicht nach als Herausforderung, Irritation oder gar Störung. Werden Zugewanderte hingegen als ökonomische, soziale und kulturelle Bereicherung und als Erweiterung von Potenzialen wahrgenommen, so wird Fremdheit eher als Andersartigkeit und Lernchance gesehen.

1.3 Strukturkrise und Abwanderung im Schmelztiegel

Seit den 1960er Jahren hat in weniger als einer Generation die Montanindustrie im Ruhrgebiet ihre Funktion als Leitindustrie abgegeben, das Ruhrgebiet befindet sich auf dem Weg zu einer modernen Wissens- und Dienstleistungswirtschaft. Es gibt wohl keine Metropolregion auf der Welt, in der sich ein so drastischer Strukturwandel in vergleichsweise so kurzer Zeit und ohne dramatische soziale Verwerfungen vollzogen hat. Damit sollen keineswegs die wirtschaftlichen und arbeitskulturellen Herausforderungen und Krisen für Unternehmen und Beschäftigte schöngeredet werden. Es darf aber als ein gemeinsames Verdienst von Politik, Unternehmen, Gewerkschaften und Beschäftigten gewertet werden, dass das Ruhrgebiet diesen Strukturwandel insgesamt ohne wilde Streiks, völlig pauperisierte Arbeitslose oder brennende Straßen und Autos bewerkstelligt hat.

Hierbei spielten umfangreiche Frühpensionierungen und Rückwanderungen von Arbeitsmigranten in die ehemaligen Anwerbeländer eine bisher nur ungenügend aufgearbeitete Rolle. Die Gewerkschaften, vor allem die ehemalige Industriegewerkschaft Bergbau und Energie, betonen zu Recht, dass nicht zuletzt aufgrund ihrer Arbeit kein Beschäftigter ‚ins Bergfreie' entlassen worden sei. Es war aber nicht nur die Politik von Sozialplänen, Umschulungen, Altersteilzeit und Frühverrentungen, die den sozialen Konfliktstoff minderte und die Arbeitslosenzahlen nicht in der gleichen Weise in die Höhe trieb, wie dies aus anderen europäischen Montanregionen bekannt ist. Die Strukturkrise des Ruhrgebiets wurde auch dadurch ‚gemeistert', dass sehr viele Migrantinnen und Migranten aufgrund fehlender Beschäftigungsperspektiven und/oder von für sie attraktiven Rückkehrbeihilfen in ihre Herkunftsländer zurückwanderten. Auch hier zeigt sich, dass Migrationsprozesse – zumindest für einen erheblichen Teil der Betroffenen – immer in mehrere Richtungen weisen und als komplexe mehrdirektionale Wanderungen zu untersuchen sind.

Die Strukturkrise von Kohle und Stahl im Ruhrgebiet traf die zugewanderten ‚Gastarbeiter' und deren Kinder als Menschen ‚mit Migrationsgeschichte' überdurchschnittlich stark. Die aus den Anwerbeländern im Rahmen der Gastarbeiterprogramme Zugewanderten – die ja allesamt nach den Kriterien der aufnehmenden Bundesrepublik Deutschland ausgewählt worden waren! – wiesen im Vergleich zur restlichen Bevölkerung des Ruhrgebiets eine geringere Schulbildung und weniger berufliche Kenntnisse und Ausbildungen auf. Die ‚Gastarbeiter' konzentrierten sich in den Branchen, die seit den 1970er Jahren am stärksten von Beschäftigungsabbau betroffen waren. Die berufliche Mobilität dieser Migrantengruppen war sehr stark auf industriell-manuelle Tätigkeiten beschränkt – diese aber verloren im Zuge des Übergangs zu wissensbasierter und Dienstleistungs-Wirtschaft an Gewicht. Ein Fünftel bis ein Viertel der im Bergbau in den 1970er Jahren Arbeitenden waren Ausländer, vor allem aus der Türkei (Tenfelde, 2006, S. 19). Die vergleichsweise geringe Bildung und die Konzentration in Arbeitstätigkeiten und Branchen mit besonderen Struktur- und Schrumpfungsproblemen erklärt die überdurchschnittlichen Arbeitslosenraten vieler Migrantengruppen. Migration ist nicht die Ursache für Arbeitslosigkeit, sondern Element einer spezifischen Risikokonstellation.

Angesichts dieser Dramatik und Konzentration von Risiken in bestimmten Bevölkerungsgruppen ist es umso erstaunlicher, dass es im Ruhrgebiet in den vergangenen dreißig Jahren nicht zu überdurchschnittlichen oder bemerkenswerten kollektiven oder individuellen sozialen Konflikten gekommen ist. Hiermit soll keineswegs die durchaus Besorgnis erregende Konzentration von spezifischen Problemlagen und Problemgruppen für Bildung, Familie und Arbeitsmarkt geleugnet werden. Ein erheblicher Teil der als ‚Gastarbeiter' Angeworbenen holte die Familie nach. Ähnlich wie die Familien anderer sozialer Unterschichtengruppen sind diese oft durch viele Kinder, Bildungsarmut und schlechte Gesundheit charakterisiert (Strohmeier & Terpoorten, 2006). In den letzten Jahrzehnten hat eine ‚Unterschichtung' der Gesellschaft in Deutschland durch Zuwanderer mit überwiegend niedriger Qualifikation stattgefunden, wobei das geringe Bildungsniveau häufig – trotz hoher Bildungsaspirationen – an die nächste Generation ‚sozial vererbt' wird (Strohmeier, 2006, S. 12; vgl. zu diesem ‚Fahrstuhleffekt' allgemein Beck, 1986). Dies gilt für das Ruhrgebiet in besonderem Maße.

Dabei ist aber die Tatsache zu betonen, dass das soziale Merkmal ‚Migrationsgeschichte' nicht die Ursache für gesellschaftliche Problemlagen ist, sondern in erster Linie ein Indikator für die Kombination und Konzentration bestimmter sozialrelevanter individueller Merkmale. Menschen mit Migrationsgeschichte sind nicht überdurchschnittlich häufig von Arbeitslosigkeit betroffen, weil sie fauler oder dümmer als Menschen ohne Migrationsgeschichte sind oder weil ihre Glaubensvorstellungen oder ihr Ehrenkodex anders sind. Sie sind eine besondere Risikogruppe, weil sie in Elternhäusern mit vergleichsweise niedrigem Bildungsstand aufwuchsen, häufig erst spät oder gar nicht in den Kindergarten geschickt wurden, in der Schule ihre herkunftsspezifischen (z.B. Sprach-) Defizite nicht systematisch kompensiert wurden, die herausragende Bedeutung einer guten beruflichen Ausbildung (auch jenseits einer akademischen Karriere) nicht hinreichend familiär verankert war und sie vornehmlich in Stadtteilen aufwuchsen, in denen nur wenige der Mitbewohner (auch derjenigen ohne Migrationsgeschichte) ihnen andere Orientierungen und Arbeitsmarktstrategien vorgelebt hätten.

Tauscht man aber diese ‚Defizitbrille' gegen eine ‚Stärkenbrille' aus, so zeigt sich etwa, dass die Bildungsaspirationen in Familien mit Migrationsgeschichte sehr stark entwickelt sind. Viele Studien zeigen, dass Migranten im Durchschnitt höhere Erwartungen an die Bildungskarriere ihrer Kinder haben als diejenigen, die nicht gewandert sind. Diese hohen Erwartungen können aber nicht immer umgesetzt werden, was stark durch Bedingungen bestimmt ist, die durch Politik beeinflusst werden können.[3] Gegen eine vornehmlich auf Defizite ausgerichtete Sichtweise spricht auch die Tatsache, dass die Segregation, also die räumliche Konzentration von Bevölkerungsgruppen mit spezifischen sozialen Risiken und Problemlagen, in Deutschland und auch im Ruhrgebiet im Vergleich zu den meisten anderen großen Einwanderungsländern insgesamt weniger stark ausgeprägt ist:

> „Dominierend ist in dem von uns festgestellten Bild ein relativ geringes Ausmaß residentieller Konzentration. Zwar leben ausländische Staatsangehörige stärker als andere Bewohner Deutschlands in größeren Städten, etwa die Hälfte der ausländischen Bevölkerung aber wohnt in Städten mit weniger als 100 000 Einwohnern. Es fehlen stark dominierende Zentren der Zuwanderung, vielmehr verteilen sich die Einwanderer über viele Städte. In keiner deutschen Stadt stellt eine einzelne Nationalität (außer der deutschen) mehr als zehn Prozent der Bevölkerung. [...] Auch in den Vierteln der Städte verteilen sich die MigrantInnen in der Regel so weit, dass von „ethnic neighbourhoods" im nordamerikanischen Sinne in Deutschland nicht die Rede sein kann; Ghettos und ethnische Enklaven im Sinne international wissenschaftlich üblicher Kriterien gibt es hier nicht. Typischer sind Migrantenviertel mit einer gemischten Bevölkerung" (Schönwälder & Söhn, 2007, S. 26f.).

Die durchaus sicht- und nachweisbare Anhäufung bestimmter Migrantengruppen in Städten und Stadtteilen sollte insgesamt stärker als Ausdruck und Chance für multikulturelles Zusammenleben gesehen werden. Dies wird in Zukunft zu einem immer bedeutsameren Standortfaktor: Sozio-kulturelle Vielfalt zieht kreative und hochqualifizierte Menschen an.

2. Kreativitäts- und Wachstumspotentiale von Pendelmigration

Mehrdirektionale Migration war nicht nur – wie an der Geschichte des Ruhrgebiets gezeigt – in der Vergangenheit eine wichtige Quelle für Wissenserwerb und Wachstumsdynamik und für die Krisenbewältigung des Ruhrgebiets. Die gegenwärtige soziale und

---

3 „Neuere Studien haben gezeigt, dass Migranten bei gleichem sozioökonomischen Status und gleichen schulischen Leistungen des Kindes im Vergleich zu Einheimischen häufig anspruchsvollere Bildungswege wählen, was sich auf ihre höheren Bildungsaspirationen zurückführen lässt. Ihre hohen Bildungsaspirationen sind also durchaus vorteilhaft für Migranten, jedoch kann dadurch die Summe der anderen Nachteile nicht ausgeglichen werden" (Becker, 2010, S. 23; vgl. auch Schuchart & Maaz, 2007).

kulturelle Vielfalt der Region als Ergebnis der skizzierten Wanderungsbewegungen kann vor allem für die Zukunft als ein enormes Potenzial verstanden werden. Hochqualifizierte und kreative Menschen wollen, so zeigen verschiedene Studien, in einem Umfeld von Vielfalt, Toleranz und sehr guter Infrastruktur leben. Die Diversität des Ruhrgebiets nach den Herkunftsländern seiner Bewohner hat sich in den letzten Jahrzehnten erheblich erweitert. Dies kann als ein Anzeichen für die erfolgreiche Überwindung der Periode gewertet werden, die durch wenig ausgebildete ‚Gastarbeiter' aus den Anwerbeländern dominiert war.

2.1 Kreativität und Vielfalt als Potential

Betrachtet man die Zusammensetzung von Migrantinnen und Migranten nach Herkunftsländern, so zeigen sich für Deutschland, Nordrhein-Westfalen und das Ruhrgebiet (wie übrigens für fast alle Länder der Welt, vgl. Fenzel, 2010) einerseits ein zunehmender Anteil von Menschen mit Migrationsgeschichte an der Wohnbevölkerung und andererseits eine Zunahme der Anzahl der Herkunftsländer dieses Bevölkerungsteils. Die kulturelle und Herkunfts-Vielfalt nimmt also in doppelter Weise zu: als relativer Anteil an der Gesamtbevölkerung und in der internen Zusammensetzung der Migrierenden und Zugewanderten. Für das Ruhrgebiet lässt sich diese Ausdifferenzierung der Zusammensetzung der Wohnbevölkerung nach Herkunftsländern gut zeigen. Der Anteil der Zuwanderer, die aus anderen als den sechs klassischen Anwerbeländern – Griechenland, Italien, (ehemaliges) Jugoslawien, Portugal, Spanien und Türkei – im Ruhrgebiet ansässig waren, betrug 1976 nur 19%. Im Jahre 2009 waren es bereits 35% (vgl. auch RVR, 2009, S. 19f.).

Im Ruhrgebiet war besonders die Zuwanderung aus Polen von großer Bedeutung, was wiederum auf die komplexen sozialen Netzwerke verweist, die über viele Generationen zwischen diesen Regionen gewachsen sind. Gerade für Migrationsprozesse mit Polen zeigen sich vielfältige mehrdirektionale und transnationale Wanderungen. „In vielen Fällen handelt es sich um typische Pendelmigration, Quasi-Diaspora-Existenz in Deutschland, oder gar nur Saisonarbeit, bei der sich ‚Deutsche' aus Oberschlesien, nicht selten ohne jegliche Sprachkenntnisse, allenfalls durch geringere bürokratische Probleme von ‚normalen' Polen abheben. [... Im Falle einer analysierten Migrantenbiographie, L.P.] könnte man von zirkulärer oder Pendelmigration sprechen. [...] So fahren – dem Vorbild des Vaters und Rollenmustern in der Gemeinde folgend – seine Kinder regelmäßig zum Jobben nach Deutschland. Anders als ihr Vater scheinen sie in Deutschland eine realistische Perspektive zu sehen, die über Saisonarbeit hinausgeht" (Palenga, 2005, S. 247).

Die im Ruhrgebiet über mehr als eineinhalb Jahrhunderte gelebte Vielfalt durch Migrationsprozesse weist weiterhin eine beachtliche Dynamik auf. Auch wenn das Erbe der montanindustriellen ‚Gastarbeiter'-Wanderungen noch immer gewichtig ist (Seifert, 2010), so zeigt sich doch auch seit den 1980er Jahren eine Ausdifferenzierung der Herkunftsländer und Zuwanderer. Gleichzeitig ist festzustellen, dass Nordrhein-Westfalen und das Ruhrgebiet diese (wachsende) Vielfalt als weltoffene und relativ tolerante Region leben. Nimmt man den Anteil von Ausländern an der Gesamtbevölkerung, den Anteil von rechtsextremen Parteien bei Bundestagswahlen, die Zustimmung zu fremdenfeindlichen Äußerungen und den Anteil künstlerischer Berufe, so zeigt sich Nordrhein-Westfalen als das nach den drei Stadtstaaten Berlin, Hamburg und Bremen toleranteste Bundesland in Deutschland (Berlin-Institut, 2007, S. 16; vgl. auch agiplan, 2010). Die über viele Generationen im Ruhrgebiet gewachsene Vielfalt von Kulturen und deren vergleichsweise konfliktarmes und tolerantes Zusammenleben können eine erhebliche Chance für nachhaltige Standortentwicklungen in der Zukunft sein.

Schon jetzt versuchen in Nordrhein-Westfalen im Vergleich zu anderen Bundesländern wesentlich mehr Menschen mit Migrationsgeschichte eine Existenzgründung. Im Ruhrgebiet liegt die Selbstständigenquote allerdings hinter anderen Städten wie Nürnberg oder Berlin weit zurück. Innerhalb von NRW weist die Rheinschiene eine über dem NRW-Durchschnitt liegende Gründungsaktivität von Menschen mit Migrationsgeschichte auf, während das Ruhrgebiet hier nur unterdurchschnittliche Werte aufweist. Die bereits erwähnte montanindustrielle ‚Gastarbeiter'-Tradition zeigt sich im Ruhrgebiet auch noch bei dem Unternehmensgründungsverhalten. Während z.B. mehr als die Hälfte der an der Ruhr ansässigen Briten selbstständig sind und die Quote der Existenzgründungen bei polnischen Migrantinnen und Migranten weit überdurchschnittlich ist, liegen die Gründungsquoten etwa bei Italienern oder Türken zwar über denen der Deutschen, allerdings unter dem Durchschnitt aller Ausländer (Leicht, 2010). Wie Studien zeigen, kann durch institutionelle Faktoren das Gründungspotential von Menschen mit Zuwanderungsgeschichte erheblich erweitert werden (MGFFI-NRW, 2009). Die Förderung von Unternehmensgründungen kann dabei nicht nur regionale wirtschaftliche Dynamik unterstützen. Unternehmer mit Migrationshintergrund und ‚ethnisches Unternehmertum' bergen auch zusätzliche Chancen in einer sich globalisierenden Welt.

2.2 Transnationale Migration und ‚ethnisches Unternehmertum'

Internationale Migrationsprozesse wurden lange Zeit fast ausschließlich als unidirektionale und einmalige Ortswechsel von einem Herkunfts- in ein Ankunftsland verstanden. Ein Teil grenzüberschreitender Wanderungen ist aber eher als vorläufige, kurzfristige oder vorübergehende Ortsveränderungen gedacht. Migration erfolgt immer häufiger als zirkuläre oder als Pendelmigration. Bei transnationaler Migration besteht im Hinblick auf alltagsweltliche Sozialzusammenhänge und Lebensstrategien ein relatives Gleichgewicht zwischen der Herkunfts- und der Ankunftsregion (Pries, 2008). Viele unternehmerische Aktivitäten von Menschen mit Migrationshintergrund basieren auf deren besonderen Kenntnissen und Fähigkeiten im Hinblick auf kulturelle, soziale, politische und ökonomische Wertorientierungen und Präferenzen ihrer ‚Landsleute'. Die Gründungs- und Erfolgsgeschichte des deutsch-türkischen Tourismusunternehmens Öger Tours ist ein gutes Beispiel für den Zusammenhang von solchen Transnationalisierungsprozessen, ethnischem Unternehmertum sowie einer genuin transnationalen Karriere.

Der Gründer von *Öger Tours*, Vural Öger, wurde 1942 in eine Offiziersfamilie geboren und lebte zunächst in Ankara, später in Istanbul. Mit 18 Jahren kam er für einen

Sprachkurs und ein anschließendes Ingenieurstudium, das er 1968 erfolgreich beendete, an die TU Berlin. Schon während des Studiums entdeckte er eine Marktlücke bei Fernflugangeboten für türkische Arbeitsmigranten. Diese waren häufig flugunerfahren, misstrauisch gegenüber den für sie nicht verständlichen und teuren regulären Linienflügen, die zudem als Direktflüge nur zwischen einigen deutschen Großstädten und sehr wenigen türkischen Großstädten ohne weiterführende Bus- oder Bahnlogistik verkehrten. Als Vural Öger ab 1969 Heimflüge für türkische „Gastarbeiter" anbot, gründete sein Erfolg letztendlich auch darauf, dass er die Ängste und Befürchtungen seiner türkischen Kunden in Bezug auf das Fliegen ernst nahm und selbst jedes Wochenende mit in die Türkei flog. Seine Kunden konnten sich auf die Sicherheit und den Service der Flüge verlassen und in ihrer eigenen Muttersprache an Bord den Reisedienstinhaber kontaktieren. In den 1970er Jahren baute Vural Öger dann weitere Reisebüros in vielen Städten mit einer hohen Konzentration türkischer Arbeitsmigranten auf und gründete 1982 die Öger Tours GmbH in Hamburg. Als viertgrößtes Tourismusunternehmen auf dem deutschen Markt wird Öger Tours gegenwärtig häufig als ein Unternehmen zitiert, welches sich ausgehend von einer Nischenposition (Flugreisen für türkische Arbeitsmigranten) erfolgreich auf dem Tourismusmarkt allgemein (Anbieter preiswerter Urlaube für nicht vorrangig ethnisch definierte Klientelgruppen) platzieren konnte.

Vor dem Hintergrund seines unternehmerischen Erfolges gründete Vural Öger 1998 die Deutsch-Türkische Stiftung mit dem Ziel, die Verständigung zwischen den beiden Ländern zu fördern. Nachdem er 2002 in die Zuwanderungskommission der Bundesregierung berufen wurde, war er seit 2004 als Europaabgeordneter für die SPD im Europaparlament vertreten. Vural Öger versteht sich selbst als ein transnationaler Europäer und betont die Gemeinsamkeiten der europäischen Geschichte. Schon seit seiner Studienzeit in Deutschland begegnete er immer wieder Migranten aus der Türkei, die für ihren Aufenthalt in Deutschland nur einige Jahre vorgesehen hatten. Ähnlich wie bei ihm selbst wurde hieraus ein immer längerer Aufenthalt, allerdings ohne einen völligen Bruch der sozialen, kulturellen, emotionalen, wirtschaftlichen und politischen Bezüge zur Türkei. Sein Vater erwartete von Vural Öger, dass er in die Türkei zurückkehren würde, um dort an der Entwicklung des Landes mitzuarbeiten. Vural Öger begann seine Unternehmerkarriere auf der Basis komplexen kulturellen Wissens über die türkische und die deutsche Gesellschaft. Sein zunächst auf eine ethnisch geprägte Marktnische ausgerichtetes Unternehmen hat sich im Weiteren aus dieser Nische herausentwickelt. Gleichzeitig hat Vural Öger selbst seine transnationale Identität offensichtlich gefestigt; er versteht sich als ‚Deutscher mit großem türkischem Herzen'.

Das Beispiel zeigt, dass die Bedeutung des ethnischen Unternehmertums für die Inkorporation von Migranten, für die gesellschaftliche Integration und auch für wirtschaftliche Entwicklung in den Herkunfts- und Ankunftsländern von Migranten kaum überschätzt werden kann. Vieles deutet darauf hin, dass eine ‚Inkorporation durch Verschiedenheit' im Rahmen des ethnischen Unternehmertums einen möglichen Pfad der sozio-ökonomischen Eingliederung in die deutsche Gesellschaft darstellt. Es werden aber auch Risiken und Gefahren von transnationalen ethnisch eingefärbten Wirtschaftsaktivitäten und des ethnischen Unternehmertums sichtbar. Diese reichen von prekären Arbeits- und Beschäftigungsbedingungen auf der individuellen Ebene bis hin zu kriminellen Formen von transnationalem Unternehmertum, welches sich in der einen oder anderen Weise ethnischer Selbst- und Fremdzuschreibungen bedient.

Trotz der durchaus bestehenden Gefahren können transnationale Migration und ethnisches Unternehmertum gerade für das Ruhrgebiet eine wichtige Chance bedeuten. Die Türkei erlebte in den letzten Jahren ein dynamisches Wirtschaftswachstum in industriellen und Dienstleistungssektoren. Transnationales Unternehmertum kann von solchen Entwicklungsdynamiken häufig schneller profitieren als solche Unternehmen, die mit den jeweiligen Landesbedingungen nur wenig vertraut sind. Auf diese Weise können die Herkunfts- und die Ankunftsregionen von Migranten eine positive Entwicklung nehmen. Dies gilt nicht nur für die Tourismusbranche, sondern z.B. auch für Automobilzuliefer- und Bekleidungsunternehmen, die in der Türkei fertigen und sich in Deutschland auf türkischstämmige Zuwanderer und in der Türkei auf Rückkehrmigranten stützen können. Nicht wenige Hochqualifizierte und Akademiker mit türkischer Migrationsgeschichte haben inzwischen durch ‚Rückkehr' in das oder Pendeln zu dem Land ihrer Eltern oder Großeltern an diesen Wachstumsprozessen teilgenommen (Hanewinkel, 2012). Ähnliches gilt schon heute und wird zukünftig noch bedeutsamer für viele mittel- und osteuropäische Länder. Pendelmigration ist aber nicht nur für die aktive Erwerbsbevölkerung von wachsender Bedeutung, sie betrifft immer mehr auch ältere Menschen mit und ohne Migrationsgeschichte.

2.3 Pendelmigration älterer Menschen als Chance

Auch in der Bevölkerung mit Migrationshintergrund nimmt der Anteil älterer Menschen zu. Das Statistische Bundesamt konstatiert, dass die Geburtenhäufigkeit bei ausländischen Frauen seit 1991 um 17% zurückgegangen ist und geht davon aus, dass sich dieser Trend fortsetzen und langfristig zu einer Angleichung der Geburtenraten von Migrantinnen und deutschen Frauen auf niedrigerem Niveau führen wird (Statistisches Bundesamt, 2006, S. 30). In Kombination mit einer gleichzeitig steigenden Lebenserwartung ist also davon auszugehen, dass auch die Bevölkerung mit Migrationsgeschichte zeitversetzt einem ähnlichen demographischen Wandel unterliegen wird wie die deutsche Mehrheitsbevölkerung ohne Migrationshintergrund. Lange Zeit wurde dieser Aspekt der Alterung der Migranten kaum zur Kenntnis genommen. Zeman (2005, S. 23) geht sogar von einer überdurchschnittlichen Zunahme Älterer mit Migrationsgeschichte aus: „Die Zahl der älteren Ausländer (60 Jahre und älter) ist allein zwischen 1995 und 2003 von 427 789 auf 757 928 Personen, bzw. um ca. 77% angewachsen, während gleichzeitig die Gesamtzahl der ausländischen Bevölkerung leicht zurückging. Im gleichen Zeitraum vergrößerte sich die Zahl der 40- bis 60-Jährigen von 1 748 793 auf 1 932 750 Personen" (ebd.). Besonders hoch ist der Anteil der Alten in der Gruppe der Migranten, die Staatsangehörige ehemaliger Anwerbestaaten sind (ebd.). Bei diesen handelt es sich vor allem um Arbeitsmigranten und deren nachgezogene Familienangehörige. Wie bereits gezeigt, ist diese Gruppe im Ruhrgebiet besonders stark vertreten.

Trotz des auch in der migrantischen Bevölkerung stattfindenden demographischen Wandels waren ältere Migranten lange Zeit kein Thema in Wissenschaft und Politik. Häufig wird immer noch angenommen, es gebe vor allem eine ‚junge' Migrantenbevölkerung. Hinzukommt die lange von der Mehrheitsgesellschaft und den Migranten selbst geteilte „Illusion der Rückkehr" (Dietzel-Papakyriakou, 1993, S. 10). „[D]as Alter der Arbeitsmigranten, d.h. die Anwesenheit von Migrantenpopulationen, die nicht mehr ihre Funktion als Arbeitskräfte erfüllen, war migrationspolitisch nicht vorgesehen" (ebd.). Offenbar wird vielfach immer noch selbstverständlich davon ausgegangen, dass ältere Migranten im Bedarfsfall von ihren Familienangehörigen gepflegt werden: „Weit verbreitet ist die Vorstellung, alte Migranten seien bereits genügend versorgt. Bei den Migranten seien die Alten in der Familie noch aufgehoben. Tatsächlich existiert bei den meisten Migranten das Ideal von familiärer Pflege und entsprechenden Pflichten (der Töchter und Schwiegertöchter). Im Bild vieler Deutscher (auch von Akteuren im Altenhilfesystem) haben die Migranten sich damit etwas bewahrt, das bei den Deutschen abhanden gekommen sei. [...] Hinter dieser Vorstellung steht der Mythos einer harmonischen ‚Gastarbeiter-Großfamilie'. Tatsächlich leben aber (genau wie bei den Deutschen) immer mehr alte Migranten in Ein-Personen-Haushalten, können und wollen die Kinder nicht alle Aufgaben der Pflege übernehmen" (Kaewnetara & Uske, 2001, S. 19).

Seit einiger Zeit hat nun ein Umdenkungsprozess begonnen: In Berlin-Kreuzberg wurde im Dezember 2006 das erste türkische Altenpflegeheim in Deutschland eröffnet, um den spezifischen Bedürfnissen älterer pflegebedürftiger Migranten gerecht zu werden. Das Multikulturelle Seniorenzentrum „Haus am Sandberg" des Deutschen Roten Kreuzes in Duisburg setzt auf interkulturelle Organisationsentwicklung, beschäftigt Mitarbeiterinnen und Mitarbeiter aus der Türkei, Russland, Italien, Polen und anderen Ländern und hält für die Bewohner Gebetsräume für Christen und Muslime, eine internationale Bibliothek und weitere multikulturelle Angebote bereit. Im Jahr 2006 schlossen sich verschiedene Verbände und Organisationen aus dem Bereich der Altenhilfe und Migrationsarbeit zu einem Forum für eine kultursensible Altenhilfe zusammen, um die Diskussion über die interkulturelle Öffnung der Altenhilfe voranzutreiben. Aus diesem Bündnis heraus entstand auch ein „Memorandum für eine kultursensible Altenhilfe", in dem der Aspekt, „dass eine pflegebedürftige Person entsprechend ihrer individuellen Werte, kulturellen und religiösen Prägungen und Bedürfnisse leben kann", betont und die Verankerung der interkulturellen Öffnung der Altenhilfe als Querschnittaufgabe der Aus-, Fort- und Weiterbildung im Pflegebereich gefordert wird (Forum für eine kultursensible Altenhilfe, 2009, S. 5f.).

Im Zuge des demographischen Wandels werden nicht nur Ältere generell, sondern auch ältere Migranten vermehrt als Wirtschaftsfaktor entdeckt (Bauer, von Loeffelholz & Schmidt, 2004; Zentrum für Türkeistudien, 2006). Bauer et al. (2004, S. 114f.) stellen dazu fest: „Bereits heute sind nahezu zwei Prozent der Gesamtbevölkerung Deutschlands Ausländer im Alter von über 50 Jahren. Bis zum Jahr 2015 wird sich dieser Anteil voraussichtlich auf vier Prozent erhöhen. Damit stellen ältere Migrantinnen und Migranten einen Wirtschaftsfaktor dar, dem [...] eine stärkere Beachtung geschenkt werden muss." Aufgrund zu großer Unsicherheitsfaktoren für die Berechnung der genauen Auswirkungen dieses Wirtschaftsfaktors – wie etwa Entwicklungen am Arbeitsmarkt, Strukturwandel und Produktivitätssteigerungen; aber auch migrationsspezifische Faktoren wie die Entwicklung der Rückkehrmigration bzw. verstärkte Pendelmigration – wagen sie keine Prognose über die zukünftige Entwicklung (ebd., S. 109ff.). Trotz der unsicheren Datenlage erscheint es ihnen aber als „[...] sinnvoll, angesichts des stark anwachsenden Anteils älterer Migranten an der Gesamtbevölkerung bereits jetzt die politischen Weichen für eine bessere Ausschöpfung des Wirtschaftspotentials älterer Migranten zu stellen" (ebd., S. 116).

Die bisherigen Betrachtungen gingen von weitgehend dauerhaft und stabil in einem Land – hier konkret Deutschland bzw. dem Ruhrgebiet – lebenden älteren Menschen aus. Tatsächlich gibt es aber durchaus einen nicht zu unterschätzenden Anteil von Arbeitsmigranten, die als Ruheständler ein grenzüberschreitendes Leben zwischen Orten in verschiedenen Ländern führen. Eine solche grenzüberscheitende Lebensstrategie beinhaltet im Extremfall ein häufiges Pendeln zwischen Ländern und oft auch zwischen Teilen der eigenen Familie, die in Deutschland und anderen, die im Herkunftsland dauerhaft leben. Transnationale Lebenspraxis von Ruheständlern kann aber auch beinhalten, in einem sehr intensiven dauerhaften Kommunikationskontakt zu Familienmitgliedern entweder in Deutschland oder im Herkunftsland (je nach eigenem relativ festen Wohnort) zu stehen. Transnationale Lebenspraxis kann sich auch dadurch äußern, dass beachtliche Ressourcen über die Grenzen hinweg regelmäßig einseitig verschickt oder ausgetauscht werden. Hierzu können Geldzahlungen genauso gehören wie die Übernahme von bestimmten Aufgaben und Arbeiten (etwa: Haus einhüten; Garten- oder Feldbestellungen). Schließlich kann eine solche transnationale Lebenspraxis auch die Betreuung von Familienmitgliedern, die aus einem anderen Land ‚geschickt' wurden oder aber eine zeitweilige Wohnsitzänderung wegen Behandlung von Krankheiten beinhalten.

Ein erster Anhaltspunkt für solche transnationalen Lebensweisen sind die grenzüberschreitenden Ressourcenflüsse älterer Menschen, die durchaus von beachtlicher und wahrscheinlich steigender Bedeutung sind. So zeigen die Berichte der Deutschen Rentenversicherung, dass die an Ausländer in das Ausland gezahlten Renten von 855 000 (1992) auf 1,4 Mio. (2005) angestiegen sind. Mit fast der gleichen Rate stiegen auch die Rentenauszahlungen an Ausländer in Deutschland. Dies spiegelt die Tatsache wider, dass in zunehmendem Umfang auch Menschen mit Migrationshintergrund ins Rentenalter eintreten. Gleichzeitig stieg die Anzahl von Rentenzahlungen an Deutsche ins Ausland von 115 000 (1992) auf 170 000 (2005) ganz erheblich an, nämlich um etwa die Hälfte. Schon diese Zahlen verdeutlichen, dass das Thema Alter und Ruhestand und vor allem die damit verbundenen Ressourcenflüsse aus Rentenzahlungen und für Gesundheitsdienstleistungen immer stärker in einem globalen Zusammenhang betrachtet werden müssen. Betrachtet man für ausgewählte ehemalige Anwerbestaaten – Griechenland, Italien, Spanien und die Türkei – die Anzahl der insgesamt ins Ausland ausgezahlten Renten, so zeigt sich die im Jahre 2006 (zum 31. Dezember) immer noch überragende Bedeutung der frühen Anwerbeländer Italien und Spanien. Von insgesamt etwa 1,3 Mio. ins Ausland ausgezahlten Renten wurden nur etwas mehr als 43 000 in die Türkei gesandt (Deutsche Rentenversicherung, 2007, S. 15).

Die Zunahme grenzüberschreitender Rentenzahlungen verweist zwar darauf, dass auch Alter und Ruhestand zukünftig immer mehr in einem internationalen Kontext betrachtet werden müssen – sie allein sind jedoch noch kein Beleg für die Zunahme transnationaler Lebenspraxen. Allerdings besteht offenbar bei vielen älteren Migranten der Wunsch, sich nicht zwischen Deutschland und ihrem Herkunftsland entscheiden zu müssen, sondern zwischen beiden zu pendeln und die Vorteile beider Länder zu nutzen. Die Leiterin des oben bereits erwähnten türkischen Altenpflegeheims sagt über die Bewohner: „Bis sie nicht mehr können, pendeln die zwischen Deutschland und der Türkei. In meinen Augen ist diese Flexibilität auch eine Ressource, die viele gleichaltrige Deutsche wahrscheinlich nicht haben."[4] Transnationale Migration älterer Migranten ist offenbar ein recht verbreitetes Phänomen, es liegen hierzu aber bisher keine repräsentativen Studien vor. Insbesondere wäre zu erforschen, wie die soziale Absicherung für ältere Transmigranten verbessert und die Altenhilfe für ältere Migranten mit grenzüberschreitenden Lebensentwürfen nutzbar gemacht werden kann. Weiterhin wäre es interessant, auch transnationale Migration älterer Menschen aus anderen Herkunftsländern als der Türkei zu untersuchen. Darüber hinaus wären auch quantitative Studien wünschenswert, die sich mit den volkswirtschaftlichen Folgen für die Herkunfts- und Ankunftsländer beschäftigen. Für das Ruhrgebiet könnten so eine reine ‚Defizitperspektive' überwunden und neue Wachstumsstrategien entwickelt werden.

3. Vielfalt als Vorteil

Das Ruhrgebiet ist ein Produkt grenzüberschreitender Wanderungsprozesse von Menschen, Ideen und Wissen. Ohne diese Migration hätte es die Wachstumsdynamik dieser Region nicht gegeben. Sie hat zu einem kreativen Spannungsfeld unterschiedlicher Kulturen, Sprachen und Traditionen geführt. Diese reale Vielfalt geht mit einer Fülle globaler Verflechtungen einher, die von den transnationalen alltagsweltlichen Sozialbeziehungen der Menschen mit Migrationshintergrund bis zu den grenzüberschreitenden Wertschöpfungsketten von Unternehmen reichen. Das Ausmaß dieser globalen Verflechtungen ist für kaum ein anderes Land ähnlich hoch wie für Deutschland. Wie kaum ein anderes Land hat Deutschland von der Globalisierung der letzten drei Jahrzehnte profitiert, durch Exporte und durch Sicherung von Beschäftigung. Weder die USA noch Frankreich oder China sind so stark von diesen globalen Wirtschafts- und Sozialbeziehungen abhängig wie Deutschland. Für das Ruhrgebiet sind grenzüberschreitende Austauschbeziehungen von Anbeginn existentiell gewesen. Das Ruhrgebiet steht aber auch exemplarisch für die Herausforderung, von der Dominanz der industriellen Produktion auf die Dienstleistungs- und Wissensökonomie als Leitbranchen umzuschalten.

Mit dem Übergang von der Industrie- zur Wissensgesellschaft ist ein grundlegender Paradigmenwechsel verbunden, der bisher nur unzureichend reflektiert wurde: Ging es im

---

4 http://www.ard.de/themenwoche2008/soziale sicherheit/-/id=742960/nid=742960/did=750166/13ulzhv/index.html [25.1.2011].

industriellen Kapitalismus vordringlich um das richtige Management von technisch-stofflichen Fertigungsprozessen, so wird die Zukunft vom angemessenen Management der Mobilität von Menschen und Wissen bestimmt. In agrarischen Gesellschaften bestimmte die Organisation von Bewässerung, Bodenbearbeitung und Erbfolgeregelung weitgehend die Entwicklungsmöglichkeiten. In der Industriegesellschaft wuchs der gesellschaftliche Reichtum in erster Linie mit der Fähigkeit, materielle Produktionsprozesse auf der Grundlage technischen Wissens und beruflichen Könnens systematisch zu organisieren (Standardisierung, Arbeitsteilung, Massenproduktion etc.).

In der Wissensgesellschaft hängt der Reichtum von Regionen in erster Linie von ihrer Attraktivität für kreative und innovative Menschen ab und von der Fähigkeit, die kreativen Netzwerke von Menschen und Wissen angemessen zu organisieren. Während der ‚Wohlstand der Nationen' im Zeitalter des industriellen Kapitalismus weitgehend von der optimalen Organisation örtlich gebundener Produktionsressourcen (technische Anlagen und Arbeitskräfte) bestimmt war, kommt es in der Wissens- und Dienstleistungsgesellschaft in zunehmendem Maße auf die Schaffung nachhaltiger und attraktiver Lebens- und Arbeitsbedingungen für mobile hochqualifizierte Menschen an.

Das Ruhrgebiet hat in dieser Hinsicht Entfaltungsmöglichkeiten, die bisher nur ansatzweise überhaupt in den Blick genommen wurden. Hierzu zählen zuvorderst die gewachsene Arbeits- und Lebenskultur eines ‚Zusammenhalts in Vielfalt' sowie die damit verbundenen realen grenzüberschreitenden Sozialbeziehungen. Die hier lebenden Menschen aus etwa 180 verschiedenen Ländern sind gleichzeitig eine enorme Chance, an der Wirtschafts- und (Aus-)Bildungsentwicklung der entsprechenden Herkunftsregionen teilzuhaben. Das Ruhrgebiet zeichnet sich aber auch durch viele hier ansässige grenzüberschreitend tätige Unternehmen und durch Möglichkeiten der Stärkung migrantischen Unternehmertums aus. Die Chancen der bestehenden und der potentiellen globalen Verflechtungsbeziehungen sind bisher nur wenig ausgeleuchtet worden. Die in das und aus dem Ruhrgebiet verlaufenden Wanderungsbewegungen sind schon heute ein Teil der neuen transnationalen Wissenskultur des 21. Jahrhunderts.

Literatur

Agiplan. (2010). *Kreative Klasse in Deutschland 2010. Technologie, Talente und Toleranz stärken Wettbewerbsfähigkeit – eine Chance für offene Städte und Kreise*. Verfügbar unter: http://www.agiplan-gmbh.de/images/stories/_pdf/presse/100817_Kreative_Oekonomie.pdf [06.09.2012].

Bauer, T. K., von Loeffelholz, H. D. & Schmidt, C. M. (2004). *Wirtschaftsfaktor ältere Migrantinnen und Migranten in Deutschland – Stand und Perspektiven*. Expertise im Auftrag des Zentrums für Altersfragen für den 5. Altenbericht der Bundesregierung. Essen: Rheinisch-Westfälisches Institut für Wirtschaftsforschung.

Beck, U. (1986). *Risikogesellschaft. Auf dem Weg in eine andere Moderne*. Frankfurt a.M.: Suhrkamp.

Becker, B. (2010). *Bildungsaspirationen von Migranten. Determinanten und Umsetzung in Bildungsergebnisse* (Working Papers Nr. 137). Mannheim: Mannheimer Zentrum für Europäische Sozialforschung.

Berlin-Institut für Bevölkerung und Entwicklung (Hrsg.). (2007). *Talente, Technologie und Toleranz – wo Deutschland Zukunft hat.* Verfügbar unter: http://www.berlin-institut.org/fileadmin/user_upload/Studien/TTT_Webversion.pdf [06.09.2012].

Deutsche Rentenversicherung (Hrsg.). (2007). *Rentenbestand am 31.12.2006 (Statistik-Band 162 der Deutschen Rentenversicherung).* Verfügbar unter: http://forschung.deutsche-rentenversicherung.de/FdzPortalWeb/getRessource.do?key=sy-band_162.pdf [06.09.2012].

Dietzel-Papakyriakou, M. (1993). Altern in der Migration. Die Arbeitsmigranten vor dem Dilemma: zurückkehren oder bleiben. Stuttgart: Enke.

Fenzel, B. (2010). Die Vernetzung der Vielfalt. *Max Planck Forschung*, 2, 82–89.

Forum für eine kultursensible Altenhilfe (2009). *Memorandum für eine kultursensible Altenhilfe. Ein Beitrag zur Interkulturellen Öffnung am Beispiel der Altenpflege.* Verfügbar unter: http://www.kultursensible-altenhilfe.de/download/materialien_kultursensibel/memorandum 2002.pdf [06.09.2012].

Hanewinkel, V. (2012). *Aus der Heimat in die Heimat? Die Abwanderung hochqualifizierter türkeistämmiger deutscher Staatsangehöriger in die Türkei.* Verfügbar unter: http://www.migazin.de/2012/05/08/die-abwanderung-hochqualifizierter-turkeistammiger-deutscher-staatsangehoriger-in-die-turkei/ [06.09.2012].

Kaewnetara E. & Uske, H. (2001). Migration und Alter. *DISS-Journal*, 8, 19–21.

Kleßmann, C. (1992). Einwanderungsprobleme im Auswanderungsland: das Beispiel der ‚Ruhrpolen'. In K. Bade (Hrsg.), *Deutsche im Ausland – Fremde in Deutschland. Migration in Geschichte und Gegenwart* (S. 303–310). München: C. H. Beck.

Kleßmann, C. (1978). *Polnische Bergarbeiter im Ruhrgebiet 1870-1945. Soziale Integration und nationale Subkultur einer Minderheit in der deutschen Industriegesellschaft.* Göttingen: Vandenhoeck & Ruprecht.

Köhne-Lindenlaub, R. (1982). Krupp, Alfred (Alfried). *Neue Deutsche Biographie*, 13, 130–135.

Kommunalverband Ruhrgebiet (Hrsg.). (2002). *Städte- und Kreisstatistik Ruhrgebiet.* Essen: KVR.

Leicht, R. (2010): *Selbständige mit Migrationshintergrund: Charakteristika und Determinanten eines ökonomischen Potentials.* Vortrag zum Internationalen Symposium der Global Young Faculty, Kulturwissenschaftliches Institut Essen [14.01.2011].

Matschoss, C. (1919). *Von der mechanischen Werkstätte bis zur deutschen Maschinenfabrik.* Berlin: Springer.

Ministerium für Generationen, Familie, Frauen und Integration des Landes Nordrhein-Westfalen (Hrsg.). (2009). *Selbständig integriert? Studie zum Gründungsverhalten von Frauen mit Zuwanderungsgeschichte in Nordrhein-Westfalen.* Verfügbar unter: https://services.nordrheinwestfalendirekt.de/broschuerenservice/download/70443/selbstae ndig_integriert_kurzf.pdf [06.09.2012].

Palenga-Möllenbeck, E. (2005). „Von Zuhause nach Zuhause". Transnationale Sozialräume zwischen Oberschlesien und dem Ruhrgebiet. In L. Pries (Hrsg.), *Zwischen den Welten und amtlichen Zuschreibungen. Neue Formen und Herausforderungen der Arbeitsmigration im 21. Jahrhundert* (S. 227–250). Essen: Klartext.

Pries, L. (2008). *Die Transnationalisierung der sozialen Welt*. Frankfurt a.M.: Suhrkamp.
Przigoda, S. & Goch, S. (2010). Bergfremd(e). Ausländer im Ruhrbergbau. In: K. Wisotzky & Wölk I. (Hrsg.), *Fremd(e) im Revier!? Zuwanderung und Fremdsein im Ruhrgebiet* (S. 222–257). Essen: Klartext.
Regionalverband Ruhr. (2009). *Hintergrund. Demographischer Wandel*. Verfügbar unter: http://www.metropoleruhr.de/fileadmin/user_upload/metropoleruhr.de/Daten___Fakten/Regionalanalysen/Bevoelkerung/Hintergrund/Hintergrund_Demographischer_Wandel.pdf [06.09.2012].
Rother, T. (2003). *Die Thyssens*. Frankfurt a.M.: Bastei Lübbe.
Rother, T. (2001). *Die Krupps*. Frankfurt a.M.: Bastei Lübbe.
Schönwälder, K., Söhn J. & Schmid, N. (2007). *Siedlungsstrukturen von Migrantengruppen in Deutschland: Schwerpunkte der Ansiedlung und innerstädtische Konzentrationen* (WZB Discussion Paper Nr. SP IV 2007-601). Berlin: Arbeitsstelle Interkulturelle Konflikte und gesellschaftliche Integration, Wissenschaftszentrum Berlin für Sozialforschung.
Schuchart, C. & Maaz, K. (2007). Bildungsverhalten in institutionellen Kontexten: Schulbesuch und elterliche Bildungsaspiration am Ende der Sekundarstufe I. *Kölner Zeitschrift für Soziologie und Sozialpsychologie*, 59, 640–666.
Seifert, W. (2010). Regionalspezifische Arbeitsmärkte für Personen mit Zuwanderungsgeschichte – das Ruhrgebiet und die Rheinschiene im Vergleich. Statistische Analysen und Studien, Band 67. Düsseldorf: Information und Technik Nordrhein-Westfalen (IT.NRW).
Statistisches Bundesamt (Hrsg.). (2006). *Bevölkerung Deutschlands bis 2050. 11. koordinierte Bevölkerungsvorausberechnung*. Wiesbaden: Statistisches Bundesamt.
Strohmeier, K. P. & Terpoorten T. (2006). Demografischer Wandel und die Herausforderungen für die Stadtpolitik. *Der Städtetag*, 4, 10–14.
Strohmeier, K. P. & Alic, S. (2006). *Segregation in den Städten*. Verfügbar unter: http://library.fes.de/pdf-files/asfo/04168.pdf [06.09.2012].
Tenfelde, K. (2006). Schmelztiegel Ruhrgebiet? Polnische und türkische Arbeiter im Bergbau. Integration und Assimilation in der montanindustriellen Erwerbsgesellschaft. *Mitteilungsblatt des Instituts für soziale Bewegungen*, 36, 7–28.
Zeman, P. (2005). *Ältere Migranten in Deutschland. Befunde zur soziodemographischen, sozioökonomischen und psychosozialen Lage sowie zielgruppenbezogene Fragen der Politik- und Praxisfeldentwicklung. Expertise im Auftrag des Bundesamtes für Flüchtlinge und Migration*. Verfügbar unter: http://www.bamf.de/SharedDocs/Anlagen/DE/-Publikationen/Expertisen/zeman-expertise.pdf?__blob=publicationFile [06.09.2012].
Zentrum für Türkeistudien (Hrsg.). (2006). *Erschließung der Seniorenwirtschaft für ältere Migrantinnen und Migranten. Expertise im Rahmen der Landesinitiative Seniorenwirtschaft*. Essen: Zentrum für Türkeistudien.

Sabine Hornberg & Wilfried Bos

Der internationale Schüleraustausch im Horizont der Internationalisierung von Erziehung und Bildung

Einleitung

Seit nunmehr gut 200 Jahren und insbesondere seit 1945 verfügen Nationalstaaten über nationale Bildungswesen und Schulen, die von allen Kindern weltweit zumindest für eine zeitlang besucht werden (Adick, 2000). Diese Verbreitung der modernen Schule ging einher mit der weltweiten Durchsetzung des Nationalstaatsprinzips als der legitimierten Organisationsform territorial verfasster politischer Systeme. Nationalstaaten basieren auf dem Mythos von der *imagined community* (Anderson, 1988), die die Rechte der freien und gleichberechtigten Bürgerinnen und Bürger schützt und den individuellen wie gesellschaftlichen Fortschritt gewährleistet. Zu den zentralen Aufgaben der modernen Schule gehören die Bildung von freien und loyalen Staatsbürgerinnen und -bürgern und ihre Förderung im Sinne des individuellen wie gesellschaftlichen Fortschritts. Der Beitrag der modernen Schule zum *nation building* manifestiert sich beispielsweise in dem Gebrauch der Nationalsprache als Unterrichtssprache (Gogolin, 1994) oder in der Dominanz nationaler Perspektiven im Geschichtsunterricht (Hansen, 1991). Im Zuge von voranschreitenden Prozessen der Europäisierung, Internationalisierung und Globalisierung sieht sich nun auch die moderne Schule zunehmend mit der Anforderung konfrontiert, den Schülerinnen und Schülern Kompetenzen zu vermitteln, die ihnen die Gestaltung ihrer individuellen Lebenswege und die Bearbeitung gesellschaftlicher Anforderungen nicht nur im Horizont des Nationalen, sondern auch in den vielfältigen internationalen Verflechtungen erlauben. Die hier heute Heranwachsenden müssen sich zunehmend – um es plakativ auf den Punkt zu bringen – nicht nur auf einem lokalen oder regionalen, sondern auch auf einem europäischen, internationalen oder globalen Arbeitsmarkt positionieren, gesellschaftliche Anforderungen und Entwicklungen nicht nur als Bürgerinnen und Bürger eines Nationalstaates, sondern auch der Europäischen Union gestalten können.

Das deutsche Schulsystem hat gegenüber solchen Anforderungen noch bis zu den 1990er Jahren ein weitgehendes Beharrungsvermögen gezeigt, wenngleich Europa als Gegenstand und Orientierungspunkt schon seit den 1970er Jahren punktuell und sporadisch aufgegriffen wurde. Es ist jedoch insbesondere seit dem neuen Jahrtausend ein qualitativ wie quantitativ deutlicher Wandel zu verzeichnen: Dieser manifestiert sich im Hochschulbereich bspw. im sog. Bologna-Prozess und der damit einhergehenden Einführung von konsekutiven Bachelor- und Masterstudiengängen, um die internationale Mobilität von Studierenden zu erhöhen. Er zeigt sich im hiesigen Schulsystem in der Einführung einer ersten Fremdsprache, in der Regel Englisch, bereits in der Grundschule, in der wachsenden Zahl von bilingualen Schulen und Schulzweigen. Unter den Angeboten zur Förderung von internationaler Mobilität findet sich auf allen Ebenen des Bildungswesens eines, mit dem nach dem Zweiten Weltkrieg ein Beitrag zur „Völkerverständigung" und zur Aufrechterhaltung des Weltfriedens geleistet werden sollte (Danckwortt, 1959) und das heute insbesondere auch als eine Form der Förderung der persönlichen und beruflichen Entwicklung der Heranwachsenden verstanden wird: der internationale Austausch. Das Auswärtige Amt der Bundesrepublik Deutschland bspw. konstatiert mit Blick auf internationale Jugendbegegnungen und den internationalen Schüleraustausch auf seiner Homepage (Auswärtiges Amt der Bundesrepublik Deutschland, 2013):

> Jugendbegegnungen und die Zusammenarbeit von Fachkräften fördern die interkulturelle und internationale Kompetenz von Jugendlichen.
> Austauschprogramme und Schulpartnerschaften fördern die grenzüberschreitende Mobilität junger Menschen, das Verständnis füreinander sowie Toleranz und Aufgeschlossenheit. In Begegnungen erwerben Schülerinnen und Schüler interkulturelle Erfahrungen, die für ihre persönliche und berufliche Entwicklung immer wichtiger werden.

Es gibt eine Vielfalt von staatlich geförderten Programmen im Bereich des internationalen Jugend- und Schüleraustauschs, aber auch einen prosperierenden Markt privater Anbieter. Davon zeugen bspw. die alljährlich über das ganze Land verstreut stattfindenden Messen, in deren Rahmen im Bereich des internationalen Austauschs etablierte Organisationen wie der *American Field Service* (AFS), der in Deutschland unter der Bezeichnung AFS Interkulturelle Begegnungen e.V. firmiert, oder *Education First* (EF), die Heranwachsenden ihre Unterstützung bei der Realisierung eines internationalen Austauschs anbieten. Dies kann im Grunde nicht überraschen, werden die Bereitschaft zur räumlichen Mobilität, ein kompetenter Umgang mit Menschen unterschiedlicher ethnisch-kultureller Herkünfte, Fremdsprachenkenntnisse und Auslandserfahrungen nicht zuletzt von Arbeitgebern hoch geschätzt. Staatlich geförderte Programme im Bereich der internationalen Begegnung und des internationalen Austauschs existieren seit Jahrzehnten schon und gewinnen im Kontext der voranschreitenden Europäisierung, Internationalisierung und Globalisierung an Bedeutung; Familien wenden zum Teil in erheblichem Umfang privat aufgebrachte monetäre Mittel auf, um Heranwachsenden die Teilhabe an Angeboten zur internationalen Begegnung und des internationalen Schüleraustauschs zu ermöglichen.

Der vorliegende Beitrag knüpft an die genannten Beobachtungen an, wirft Schlaglichter auf Formen des internationalen Austauschs und der internationalen Begegnung und will zu einer vertiefenden, empirisch gestützten Befassung mit dieser vernachlässigten Facette der Internationalisierung von Erziehung und Bildung in der Weltgesellschaft anregen. Dazu werden im Folgenden zunächst knapp in historischer Perspektive Erscheinungsformen des internationalen Schüleraustauschs und mit ihm verknüpfte Zielsetzungen skizziert und die hier im Weiteren behandelten Erscheinungsformen benannt. Mit Rekurs auf ausgewählte Programme zur Förderung des internationalen Schüleraustauschs und der internationalen Begegnung gehen wir sodann der Frage nach, welche Wirkungen damit auf Seiten der Teilnehmerinnen und Teilnehmer angestrebt werden und stellen diesen Erwartungen empirische Befunde gegenüber. Unser Beitrag schließt mit einem Ausblick auf

Forschungsdesiderata in diesem von der deutschsprachigen Erziehungswissenschaft und Bildungsforschung bisher nur wenig bearbeiteten Feld.

Grenzüberschreitender und internationaler Austausch

Krüger-Potratz (1996) hat in einem Beitrag unter dem Titel: „Zwischen Weltfrieden und Stammesversöhnung. Ein Kapitel aus der Geschichte des internationalen Schüleraustauschs" historisch gewachsene Varianten des internationalen Lehrer- und Schüleraustauschs skizziert, die hier knapp resümiert werden, da sie erste Eindrücke davon vermitteln, welche Intentionen staatlicherseits mit dem internationalen Schüleraustausch verknüpft wurden, wie diese in der Praxis realisiert werden sollten und in welchem Umfang unterschiedliche Bevölkerungsgruppen an solchen Initiativen beteiligt waren. Der Autorin (ebd.) zufolge gab es erste Ansätze des internationalen Schüleraustauschs bereits in den letzten Jahrzehnten des 19. Jahrhunderts, und zwar insbesondere in Gestalt von Schülerkorrespondenz, um die Fremdsprachenkenntnisse der Schülerinnen und Schüler zu fördern und den Unterricht zu beleben. An dieser Form des Austauschs waren zum damaligen Zeitpunkt max. ca. 10 Prozent der Schülerinnen und Schüler beteiligt, da Fremdsprachenunterricht nur an höheren Schulen erteilt wurde (ebd., S. 28f.). Während des I. Weltkriegs stagnierte diese Form des internationalen Schüleraustauschs, wurde jedoch nach seinem Ende von engagierten Pädagoginnen und Pädagogen wieder angestoßen und ein Korrespondentennetz entwickelt, dass neben Frankreich, England und Deutschland auch Länder wie die Tschechoslowakei, Polen, Italien, Österreich, die USA u.v.m. umfasste. In ihrem Beitrag unterscheidet Krüger-Potratz (ebd., S. 32–39) fünf Varianten des grenzüberschreitenden Schüleraustauschs: (1) Briefwechsel und Austausch in der Fremdsprache, (2) Internationale Korrespondenz in den „Muttersprachen des Vaterlandes", (3) Internationaler Schülerbriefwechsel in Esperanto[1], (4) Internationaler Schulbriefwechsel entlang der Klassenlinie und (5) Grenzüberschreitender Austausch zur Pflege der Beziehungen mit dem Eigenen. Variante 2, die insbesondere das Jugend-Rote-Kreuz vertrat, umfasste den kollektiven schriftlichen Austausch in der jeweiligen Muttersprache der Schülerinnen und Schüler und sollte allen Heranwachsenden die Teilnahme am internationalen Austausch ermöglichen, auch jenen, die in der Schule keine Fremdsprache lernten. Variante 4 wurde insbesondere von sowjetischen und kommunistischen Organisationen gefördert und zielte auf den internationalen Briefwechsel und Jugendaustausch zwischen „Klassenbrüdern" (ebd., S. 35). Variante 5 umfasste den von Deutschen insbesondere während des II. Weltkriegs gepflegten Austausch mit Grenz- und Auslandsdeutschen. Krüger-Potratz (ebd.) betrachtet diese Varianten des Austauschs über Grenzen hinweg im Hinblick auf die mit ihnen jeweils einhergehenden normativen Ansprüche und Definitionen des Eigenen und Fremden. Diese Aspekte sind auch gegenwärtig im Kontext des internationalen Austauschs relevant, werden jedoch, so unser Eindruck, primär mit Rekurs

---

1 Esperanto ist eine sog. Plansprache, eine künstlich geschaffene Sprache, die laut Krüger-Potratz insbesondere nach dem I. Weltkrieg unter Pädagoginnen und Pädagogen großen Anklang fand (ebd., S. 34).

auf Kompetenzen thematisiert, deren Erwerb im Kontext des internationalen Austauschs angestrebt wird.

Internationaler Austausch umfasst im weitesten Sinne die Kommunikation von Menschen über nationale Grenzen hinweg und bedarf nicht der physischen Begegnung von Menschen, sondern kann auch mittels schriftlichen oder mündlichen Austausches stattfinden. Heute, im sog. digitalen Zeitalter, eröffnen sich vielfältige und häufig kostengünstige Möglichkeiten der diachronen und synchronen Kommunikation und Zusammenarbeit über nationale Grenzen hinweg, bspw. in Form von E-Mails, im Rahmen von Video- oder Telefonkonferenzen oder in digitalen Netzwerken, um nur einige Beispiele zu nennen. Folgt man der einschlägigen Literatur, gibt es keine klar umrissene Definition von internationalem Schüleraustausch, de facto werden darunter jedoch „verschiedene Arten von internationalen Jugendbegegnungen, wie Individual- und Gruppenbegegnungen, Langzeit- oder Kurzzeitbegegnungen subsumiert" (Thomas & Perl, 2010, S. 289). An diese Beobachtung wird hier angeknüpft, allerdings im Folgenden auch eine Form des internationalen Schüleraustauschs näher betrachtet, die nicht zwangsläufig einen zeitlich befristeten Aufenthalt von Schülerinnen und Schülern in einem anderen Land impliziert, hier jedoch von Interesse ist, da sie eine Variante des internationalen Schüleraustauschs darstellt, die im Hinblick auf die damit angestrebten Wirkungen relevant ist und heute eine gewisse Verbreitung findet: internationale Schulpartnerschaften.

Außerschulischer und schulischer internationaler Austausch

Internationaler Austausch im engeren Sinne kann in zwei Hinsichten unterschieden werden: in außerschulischen und schulischen Austausch: Die häufigsten Formen des außerschulischen Austausches sind internationale Jugendbegegnungen und internationale Freiwilligendienste. Internationale Jugendbegegnungen sind bi-, tri- oder multilaterale Begegnungen von Jugendgruppen. Sie sind in der Regel ein- bis dreiwöchig angelegt und inhaltlich einem Thema zugeordnet, wie z.B. Jugendpartizipation, Kreativität, Europa oder interkulturelles Lernen. Freiwilligendienste sind demgegenüber längere Aufenthalte einzelner Jugendlicher oder junger Erwachsener im Ausland. Freiwillige arbeiten überwiegend in sozialen, ökologischen oder kulturellen Organisationen auf der Grundlage einer Vereinbarung zwischen einer inländischen Entsendeorganisation und einer ausländischen Aufnahmeorganisation; ein Freiwilligendienst kann – je nach Format – drei Wochen bis zu einem Jahr dauern. Weitere Formate, die in die Kategorie des außerschulischen Austausches fallen können sind: der Europäische Freiwilligendienst, Workcamps, Au-pair Aufenthalte, Praktika im Ausland, *Work and Travel Programme*, Internationale Ferienfreizeiten und Jugendreisen, Sprachkurse, internationale Sportturniere oder internationale Kinderbegegnungen (Becker, Brandes, Bunjes & Wüstendörfer, 2000; IKAB e.V. u.a., 2010; Küntzel, 2007; Scholten, 2003; Thomas, 2003).

Der schulische internationale Austausch manifestiert sich überwiegend in drei Erscheinungsformen: Unterschieden werden können internationale Schulprojekte und internationale Schülerbegegnungen einerseits und der individuelle Schüleraustausch andererseits. Internationale Schulprojekte sind Kooperationen zwischen Schulen in unterschiedlichen Staaten; in diesem Rahmen können auch Schülerbegegnungen stattfinden oder angebahnt werden, sie sind aber nicht zwangsläufig ein Bestandteil von internationalen Schulprojekten. Schülerbegegnungen umfassen in der Regel ca. ein- bis vierwöchige Begegnungen von Schülergruppen oder Schulklassen. Häufig finden zwei aufeinander folgende Begegnungen statt, sodass die Rolle der Schülerinnen und Schüler einmal die des Gastes (im Ausland) und einmal die des Gastgebers (im Inland) ist. Demgegenüber erstreckt sich der individuelle Schüleraustausch in der Regel auf drei- bis zwölfmonatige Aufenthalte einzelner Schülerinnen und Schüler in einer Gastfamilie und Gastschule im Ausland. Letztere sind anders als Erstere häufig privat, d.h. nicht staatlich organisiert und finanziert oder bezuschusst (Bachner, Zeutschel & Shannon, 1993; Huschner, 2005; Thomas & Perl, 2010).

Internationaler Schüleraustausch ist mit monetären Kosten verbunden. Um Anreize für eine Teilnahme zu schaffen, wurden für in irgendeiner Weise staatlich geförderte Austauschprogramme Rahmenbedingungen geschaffen, die unter anderem Kostenzuschüsse vorsehen. Staatlich geförderte Programme zur Förderung von internationalem Austausch können auf unterschiedlichen governmentalen Ebenen angesiedelt sein: Sie umfassen bspw. Programme und Angebote der Europäischen Union (EU), des Bundes und der Länder, von Gemeinden und Städten. Beispiele für solche Programme sind das von der EU initiierte und geförderte, im allgemeinbildenden Bildungsbereich angesiedelte Programm COMENIUS, auf Bundesebene das vom Bundesministerium für Wirtschaftliche Zusammenarbeit initiierte und geförderte ‚Entwicklungspolitische Schulaustauschprogramm' (ENSA) oder das auf Landesebene vom Kultusministerium Baden-Württemberg geförderte Programm ‚Schüleraustausch weltweit'. Die EU hat seit ihrem Bestehen auf den unterschiedlichen Ebenen des Bildungssystems Programme zur Förderung des internationalen Austauschs installiert. Aus diesem Spektrum ist das von ihr 1995 eingerichtete COMENIUS-Programm hier von besonderem Interesse, das auf den allgemeinbildenden Bildungsbereich von der Vorschule bis zum Ende der Sekundarstufe II ausgerichtet ist und an dem heute die 27 Mitgliedstaaten der EU, die Staaten des Europäischen Wirtschaftsraums Island, Lichtenstein, Norwegen und die Schweiz sowie die EU-Beitrittskandidaten Kroatien und die Türkei beteiligt sind. Es richtet sich an „Schülerinnen und Schüler, Lehrkräfte, örtliche Behörden, Einrichtungen und Organisationen der Schulverwaltung, nichtstaatliche Organisationen, Lehrerbildungseinrichtungen, Universitäten sowie sonstiges Bildungspersonal" (Pädagogischer Austauschdienst; Abruf vom 20.04.2013). Im Rahmen von COMENIUS werden multilaterale und bilaterale Schulpartnerschaften, Regio-Partnerschaften, Assistenzzeiten von Studierenden der Lehramtsfächer an Schulen im Ausland, Fortbildungskurse für Lehrkräfte im Ausland, vorbereitende Besuche und Kontaktseminare zur Anbahnung von COMENIUS-Partnerschaften sowie multilaterale COMENIUS-Projekte und Netzwerke gefördert. 2012 wurden im Rahmen von COMENIUS insgesamt 2.620 Zuschussvereinbarungen getroffen und 18.863.410 € bereitgestellt.

Mit internationalem Schüleraustausch angestrebte Ziele und Wirkungen

Der Erfolg von internationalem Schüleraustausch, d.h. die Realisierung der mit ihm angestrebten Ziele und Wirkungen, ist abhängig von Format- und Kontextfaktoren, oder anders ausgedrückt: die divergierenden Formen des internationalen Austauschs müssen möglichst passgenau konzipiert sein und umgesetzt werden. Als bedeutsame Faktoren in diesem Zusammenhang haben sich insbesondere zielgruppenspezifische Vor- und Nachbereitungsseminare, die Anwesenheit von bikulturellen Mediatoren und eine teilnehmerbezogene Programmgestaltung erwiesen (vgl. für Kurzzeitaustauschprogramme Chang & Ehret, 2003). Unter den mit internationalem Schüleraustausch angestrebten Zielen und Wirkungen auf Seiten der Teilnehmerinnen und Teilnehmer stellen die Förderung von interkultureller Kompetenz und Fremdsprachkompetenz zentrale Aspekte dar, die häufig genannt werden, sei es im Kontext der EU (Europäische Kommission, 2010; Feldmann-Wojtachnia, 2003; Generaldirektion Allgemeine und berufliche Bildung der EU, 2007), in der einschlägigen erziehungswissenschaftlichen Literatur (Haumersen & Liebe, 1990; Leiprecht, 2001; Lohmann, 2006; Reichel, 2003) oder auf den Websites regionaler und lokaler Behörden. Hierzulande findet der Begriff ‚Kompetenz' insbesondere seit der Teilnahme Deutschlands an internationalen Schulleistungsstudien wie IGLU und PISA breite Aufmerksamkeit und schlägt sich in vielfacher Hinsicht im Bildungssystem nieder (vgl. bspw. Bos, Tarelli, Bremerich-Vos & Schwippert, 2012). Klieme und Hartig (2007, S. 13) haben zu dem in diesem Zusammenhang adaptierten Kompetenzbegriff in einem für die hiesige erziehungswissenschaftliche Diskussion zentralen Beitrag ausgeführt:

> Im Bildungskontext verbindet sich „Kompetenzorientierung" zunächst ganz allgemein mit dem geschärften Blick auf die tatsächlich erreichten Lernergebnisse. Kompetenzorientierung bedeutet hier auch, Wissen und Können so zu vermitteln, dass keine „trägen" und isolierten Kenntnisse und Fähigkeiten entstehen, sondern anwendungsfähiges Wissen und ganzheitliches Können, das z.B. reflektive und selbstregulierende Prozesse einschließt.

Kompetenzen werden im Rahmen von internationalen Schulleistungsstudien empirisch erhoben. Dazu werden Kompetenzbereiche und Niveaustufen ermittelt, die beschreiben, welche Kompetenzen Schülerinnen und Schüler zu einem gegebenen Zeitpunkt nach Teilnahme an einem entsprechenden Unterricht erworben haben können bzw. erworben haben sollten. Schulleistungsstudien dienen dazu, Informationen für notwendige Verbesserungen im Schulsystem zu identifizieren. Während die Lese- oder die Fremdsprachkompetenz gut zum Zwecke der empirischen Prüfung operationalisiert werden können, erweist sich die Operationalisierung von sozialer und interkultureller Kompetenz als deutlich schwieriger, denn interkulturelle Kompetenz wird „mehrdimensional als Zusammenspiel von ‚kognitiven, affektiven und behavioralen'" Merkmalen verstanden (Köller, 2008, S. 168). Ob eine Schülerin oder ein Schüler nach einem internationalen Schüleraustausch zum Beispiel unkomplizierte Anweisungen in einer Fremdsprache besser versteht als vor dem Austausch, lässt sich leichter überprüfen als die Frage, ob und wenn ja, welche Umstände bewirkt haben, dass ein Heranwachsender nach einem Schüleraustausch soziale und interkulturelle Kompetenz erworben hat.

Empirische Befunde zum Kompetenzerwerb im Rahmen von internationalen Schulpartnerschaften

Empirische Befunde zur Wirkung von internationalem Schüleraustausch basieren häufig auf Teilnehmerbefragungen und narrativen Interviews; seltener finden sich dagegen teilnehmende Beobachtungen und Dokumentenanalysen, z.B. von Projektberichten. Im Falle von Befragungen und Interviews werden in der Regel die Wahrnehmungen der Befragten und nicht Kompetenzen mithilfe von Testverfahren erhoben. Insofern müssen Aussagen über Kompetenzerwerb und Kompetenzveränderungen, wie z.B. die Selbstauskunft: „durch den Austausch hat sich meine Fremdsprachkompetenz stark verbessert", nicht mit einer tatsächlichen Leistungssteigerung übereinstimmen. Die im Folgenden berichteten Befunde zum Kompetenzerwerb im Rahmen von internationalen Schulpartnerschaften basieren auf Wahrnehmungen und Einschätzungen von Lehrkräften.

Wie hier bereits angedeutet wurde, fällt dem 1995 von der EU eingerichteten COMENIUS-Programm im allgemeinbildenden Bildungsbereich und im Hinblick auf den internationalen Austausch im Schulbereich eine zentrale Position zu. 2003 haben Kehm, Kastner, Maiworm, Richter und Wenzel einen „Abschlussbericht zur Evaluation der Aktion COMENIUS des SOKRATES II-Programms in Deutschland" vorgelegt, der sich auf den Zeitraum von 1999-2002 bezieht. Die für den Bericht verwendeten Daten basieren auf Selbstauskünften von Lehrkräften aller Schulformen in Deutschland, die im fraglichen Zeitraum an Aktivitäten im Rahmen des COMENIUS-Programms beteiligt waren. Von ihnen waren n = 904 Lehrkräfte[2] an Schulen beschäftigt, die sich an internationalen Schulpartnerschaften beteiligten. Diese Lehrkräfte verteilten sich auf die Schulformen wie folgt: 23% von ihnen waren an Grundschulen tätig, 7% an Hauptschulen, jeweils 11% an Real- und Gesamtschulen, 28% an Gymnasien, 13% an Berufs- und Fachschulen und 7% an Sonderschulen. Im Bericht werden diese Angaben zwar nicht in Bezug zu der Zahl der Schulen einer Schulform insgesamt zum damaligen Zeitpunkt in Deutschland gesetzt. Für das Schuljahr 2008/09 kann jedoch festgehalten werden, und dies mag eine Orientierung geben, dass es bundesweit rund dreimal so viele Gymnasien gab wie Hauptschulen und rund sechsmal so viele Gymnasien wie Förderschulen. Dieser Trend war bereits zum Jahrtausendwechsel vorherrschend und mag zum Teil erklären, warum Lehrkräfte an Haupt- und Förderschulen im Vergleich zu Gymnasien in deutlich geringerem Umfang an internationalen Schulpartnerschaften beteiligt waren, erklärt jedoch nicht die deutlich stärkste Beteiligung von Lehrkräften an Gymnasien insgesamt.

In dem hier interessierenden Bericht gaben ferner n = 1.002 Lehrkräfte an, welche Wirkungen die Teilnahme an internationalen Schulprojekten im Rahmen des COMENIUS-Programms ihrer Ansicht nach auf ihre Schülerschaft hatte. Im Folgenden

---

2 Quelle: Datenarchiv Kehm, Kastner, Maiworm, Richter & Wenzel (2003), Frage 1.1: An welcher Art von Schule/Einrichtung sind Sie derzeit beschäftigt?

werden nur Befunde berichtet, die eine starke Zustimmung (Antwortoptionen: zutreffend, stark zutreffend) erhielten (Kehm, Kastner, Maiworm, Richter & Wenzel, 2003, S. 73). Insgesamt fast 90% der befragten Lehrkräfte stimmten der Aussage zu, seit dem internationalen Schüleraustausch zeigten ihre Schülerinnen und Schüler ein „Gestiegenes Interesse an anderen Ländern", dicht gefolgt von dem Item: „Zuwachs an Wissen über die Partnerländer". „Eine höhere Motivation für die Projektarbeit" bestätigten immerhin ca. 75% der Lehrkräfte ihrer Schülerschaft, gut 72% der Lehrkräfte konstatierten eine „allgemeine Motivationssteigerung" und ein ebenso großer Anteil „mehr Toleranz gegenüber anderen" bei ihren Schülerinnen und Schülern.

2007 hat die Gesellschaft für Empirische Studien gR gemeinsam mit dem Zentrum für Schul- und Bildungsforschung an der Martin-Luther-Universität in Halle-Wittenberg ferner Befunde einer von ihnen im Auftrag der Europäischen Kommission, DG Bildung und Kultur, durchgeführten Studie zu den „Auswirkungen von Comenius-Schulpartnerschaften auf die teilnehmenden Schulen" vorgelegt. Die Studie umfasst eine Analyse von bereits vorliegenden Berichten und Wirkungsstudien von COMENIUS 1-Schulpartnerschaften sowie Befunde auf der Basis von Daten, die im Rahmen einer Online-Befragung von mehr als 23.000 COMENIUS-Projektverantwortlichen an insgesamt 22.000 Schulen in den zum damaligen Zeitpunkt 27 Mitgliedstaaten der EU sowie Norwegen, Island, Liechtenstein und der Türkei (ebd., S. 7) erhoben wurden. Die COMENIUS-Projektverantwortlichen wurden zu COMENIUS 1-Schulpartnerschaften befragt, die einer der folgenden drei Varianten entsprachen (ebd., S. 1f.):

- COMENIUS-Schulprojekte: An dieser Form des internationalen Austauschs beteiligen sich Schülerinnen und Schüler aus mindestens drei Staaten. Das Ziel ist es, über gemeinsam festgelegte Themen und ihre Bearbeitung im Rahmen des Austausches über die Erstellung und Durchführung von Unterrichtseinheiten und dem damit verbundenen „Kennenlernen der kulturellen, gesellschaftlichen und wirtschaftlichen Vielfalt in Europa" nicht nur zu einer Erweiterung der Allgemeinbildung beizutragen, sondern auch die „Motivation und Fähigkeit der Schüler" zu befördern, „in Fremdsprachen zu kommunizieren und Fremdsprachen zu lernen (interkulturelle Kompetenz." (ebd., S. 1). Die internationale Zusammenarbeit in gemeinsamen Projekten soll ferner positive Wirkungen auf die Teamfähigkeit und die sozialen Kompetenzen von Schülerinnen und Schülern und ihren Lehrkräften (Schlüsselkompetenzen) haben. Die maximale Förderungsdauer beträgt drei Jahre.
- COMENIUS-Fremdsprachenprojekte sollen den Fremdsprachenerwerb in einer der Amtssprachen der EU, Irisch, Luxemburgisch, den Sprachen der Staaten, die der Europäischen Freihandelsassoziation (EFTA/European Free Trade Association) und dem Europäischen Wirtschaftsraum (EWR) angehören sowie den Sprachen der Beitrittskandidaten fördern. Fremdsprachenprojekte zu weniger verbreiteten Sprachen sind besonders erwünscht. An jedem Projekt sind bilateral nur jeweils zwei Institutionen in unterschiedlichen Staaten beteiligt. Angestrebt wird die Erarbeitung von gemeinsamen Produkten (ebd., S. 2). Die maximale Förderungsdauer überschreitet nur in Ausnahmefällen ein Jahr.

– COMENIUS-Schulentwicklungsprojekte gibt es seit 2001. Sie wurden mit Blick auf die erweiterte Autonomie der Einzelschule in vielen Staaten eingeführt und fokussieren im Unterschied zu Schulprojekten die Profilbildung und damit einhergehende Anforderungen an die Schule als Organisation und weniger die Kompetenzentwicklung der Schülerinnen und Schüler im Rahmen von Unterricht. Organisatorisch sind Schulentwicklungsprojekte im Rahmen von COMENIUS Schulprojekten gleichgestellt (mindestens Partner in drei Staaten usw.). Die maximale Förderungsdauer beträgt drei Jahre (ebd.).

Im Zuge der Online-Befragung wurden die für die COMENIUS-Schulprojekte Verantwortlichen in den o.g. Staaten u.a. danach befragt, welche substantiellen Wirkungen die Teilnahme an dem Schulprojekt auf ihre Schülerinnen und Schüler im Hinblick auf die Aspekte Interkulturelle Kompetenz und Fremdsprachkompetenz gehabt habe. Im Folgenden werden zunächst die Rückmeldungen für die insgesamt fünf Antwortoptionen zu dem Bereich Interkulturelle Kompetenz wiedergegeben: Mit 90% die höchste Zustimmung erhielt das Item[3]: substanzielle Steigerung des Interesses an anderen Ländern und Kulturen, gefolgt von 86% Zustimmung zu der Aussage: Verbesserung der Kenntnisse über Alltags- und Schulleben in den Partnerländern. 80% der Befragten stimmten ferner dem Item zu: Mehr Toleranz der Schülerinnen und Schüler gegenüber anderen Kulturen und Ausländern, 72% konstatierten ‚mehr Wissen der Schülerinnen und Schüler über ihre eigene kulturelle Herkunft', 69% attestierten ihren Schülerinnen und Schüler ‚eine Verbesserung des Wissens über die Europäische Union'. Mit Blick auf die Fremdsprachkompetenz zeigten sich die folgenden Befunde: Mit 76% die höchste Zustimmung erhielt das Item: Gesteigertes Interesse der Schülerinnen und Schüler an Fremdsprachen, gefolgt von 62% Zustimmung zu der Aussage: Verbesserung der Englischsprachkenntnisse. 54% der Befragten attestierten ihren Schülerinnen und Schülern ferner ‚den Aufbau längerfristiger Kontakte mit Schülerinnen und Schülern der Partnerschulen' und nur 23% ‚eine Verbesserung der Fremdsprachenkenntnisse in einer anderen Fremdsprache als Englisch'. Auch wenn diese Angaben nur die Einschätzungen der Befragten hinsichtlich der Wirkungen der Teilnahme an internationalen Schulprojekten im Rahmen von COMENIUS auf Seiten der Schülerinnen und Schüler wiedergeben, so weisen die Befunde darauf hin, dass sich diese Form des internationalen Austauschs positiv im Sinne der Förderung von interkultureller Kompetenz und Fremdsprachenkompetenz bei Schülerinnen und Schülern auswirkt. Allerdings mit einem deutlichen Abstrich: Die Förderung von Fremdsprachenkompetenz in einer anderen Fremdsprache als Englisch scheint nicht gut zu gelingen. Hier wäre zu fragen, ob dies auch auf Schülerinnen und Schüler zutrifft, die nicht an einem englischsprachigen Austausch teilgenommen haben bzw. ob Englisch als Austauschsprache in der Praxis insgesamt dominiert (ebd.).

---

3   Die im Folgenden berichteten Items sind im Bericht in englischer Sprache abgedruckt und wurden von uns ins Deutsche übersetzt.

Empirische Befunde zum Kompetenzerwerb im Rahmen von internationalen Schülerbegegnungen

Mit dem internationalen Schüleraustausch verknüpfen sich Erwartungen an kurz- und langfristige Effekte. So soll er einen Beitrag leisten zur Völkerverständigung und von Partnerschaften zwischen Schulen in verschiedenen Staaten, zur Förderung der Mobilität, Fremdsprachenkompetenz und interkulturellen Kompetenz von Heranwachsenden sowie zu ihrer Identitätsentwicklung (Thimmel & Abt, 2007). Empirische Studien, die sich mit den Wirkungen von internationalen Schülerbegegnungen befassen, sind national wie international rar, insbesondere solche, die hinsichtlich der lang- und kurzfristigen Wirkungen unterschiedlicher Formate differenzieren. An dieser Stelle setzt die unter der Leitung von Thomas (Thomas, Chang & Abt, 2007) durchgeführte Studie zu den ‚Langzeitwirkungen der Teilnahme an internationalen Schülerbegegnungen auf die Persönlichkeit' an. Die Autoren befragten ehemalige Teilnehmerinnen und Teilnehmer an internationalem Schüleraustausch, internationalen Workcamps, Jugendgruppenbegegnungen und kulturellen Jugendbegegnungen vom Format Kurzzeit-Gruppenaustausch (Dauer: vier Wochen) im Durchschnitt zehn Jahre nach ihrer Teilnahme entweder persönlich in Form von teilstrukturierten Interviews oder mit Hilfe eines standardisierten Fragebogens. Die Studie erbrachte die folgenden, hier interessierenden Ergebnisse für die ehemaligen Teilnehmerinnen und Teilnehmer des internationalen Schüleraustauschs, die überwiegend in den 9. und 10. Jahrgangsstufen an bayerischen Schulen stattfanden (die befragten Teilnehmerinnen und Teilnehmer des Schüleraustauschs waren zum Zeitpunkt ihrer Teilnahme jünger als die anderen Befragten) (Thomas & Perl, 2010, S. 296ff.):

Die Teilnehmerinnen und Teilnehmer des Schüleraustauschs „profitierten im Vergleich" zu den anderen Befragten stärker im Bereich des interkulturellen Lernens. Thomas und Perl (ebd.) führen dies darauf zurück, „dass die Bedingungen, die interkulturelles Lernen begünstigen, insbesondere beim Schüleraustausch zu finden sind" (ebd.), da die Schülerinnen und Schüler bei diesem Austauschformat eine Zeit im Gastland und im Kontakt mit Gleichgesinnten und Bewohnerinnen und Bewohnern des Gastlandes verbringen, zwei Aspekte, die von den Befragten als wichtig bewertet wurden und ihrem zentralen Motiv für ihre Teilnahme am Schüleraustausch: „Menschen aus anderen Kulturen kennen lernen" entsprachen. Und auch im Hinblick auf die Entwicklung von Fremdsprachkompetenz erwies sich der internationale Schüleraustausch als förderlicher als die anderen Formate. Die Autoren (ebd., S. 296) erklären dies damit, dass die Förderung von Fremdsprachkompetenz an Schulen curricular eingebettet ist und von den Schülerinnen und Schülern als ein zentrales Teilnahmemotiv genannt wurde, aber auch darauf zurückzuführen sei, dass sie „aufgrund ihres geringen Alters über wenig praktische Erfahrung mit Fremdsprachen" verfügen und ihre Unterbringung in Gastfamilien den Gebrauch der Fremdsprache im Alltag häufiger erfordere als im Falle der anderen Befragten. Die in den Gastfamilien verbrachte Zeit erwies sich als besonders wirksam im Hinblick auf langfristige Effekte: Die ehemals am internationalen Schüleraustausch Beteiligten entwickelten ferner „eine *intensivere positive Beziehung zum Gastland*" (Hervorh. im Original) als die anderen Befragten und pflegten zum Teil noch zum Zeitpunkt ihrer Befragung den Kontakt zu ihren Gastfamilien oder anderen, die sie in diesem Rahmen kennen gelernt hatten (ebd.). Demgegenüber berichteten alle Befragten von „einem Zuwachs an *Selbstsicherheit, Selbstbewusstsein und Selbstwirksamkeit*" (ebd.) (Hervorh. im Original). Zwei Drittel der Befragten gaben ferner an, der internationale Schüleraustausch sei für sie wichtig gewesen, rund die Hälfte erachtet ihn als bedeutsamer als andere Auslandsreisen, Begegnungen mit Ausländern in Deutschland oder andere Gruppenerlebnisse (ebd., S. 298). Und schließlich: Schüleraustauschprogramme scheinen die spätere Teilnahme an internationalen Begegnungen zu fördern: So hatte ca. die Hälfte der im Rahmen der Studie befragten Teilnehmerinnen und Teilnehmer an internationalen Workcamps, Jugendgruppenbegegnungen und kulturellen Jugendbegegnungen zuvor an Schüleraustauschprogrammen teilgenommen (ebd., S. 298).

Abschließende Bemerkungen und Forschungsperspektiven

Mit Blick auf die hier berichteten Befunde kann festgehalten werden: Der internationale Schüleraustausch und die internationale Begegnung von Schülerinnen und Schülern stellen geeignete Ansätze für die Förderung von interkulturellen Kompetenzen und von Fremdsprachkompetenz bei den beteiligten Schülerinnen und Schülern dar. Allerdings hat sich auch gezeigt, dass in Deutschland Gymnasien die Wahrnehmung solcher Angebote deutlich häufiger ermöglichen als andere Schulformen. Dies ist umso problematischer, da weitere Studien gezeigt haben, dass „Jugendliche ohne höhere Schulbildung in internationalen Jugendbegegnungen nicht zu finden sind, weder auf der Ebene der Interessensbekundung oder Anmeldung noch als Teilnehmer" (Thomas, 2010, S. 24). Vor dem Hintergrund des hier berichteten Befunds, dass rund die Hälfte der in der Studie von Thomas u.a. (Thomas & Perl, 2010, S. 298) befragten Teilnehmerinnen und Teilnehmer an internationalen Workcamps, Jugendgruppenbegegnungen und kulturellen Jugendbegegnungen zuvor an Schüleraustauschprogrammen teilgenommen hatten, kann dieses Ergebnis nur wenig überraschen und zeigt, dass eine stärkere Einbindung von nicht gymnasialen Schulformen in staatlich organisierte und geförderte Schüleraustauschprogramme dringlich geboten ist. Denn der Erwerb von interkultureller Kompetenz und von Fremdsprachkompetenz im Rahmen von internationalem grenzüberschreitendem Austausch darf heute nicht privilegierten Schichten vorbehalten sein, wie dies noch Ende des 19. Jahrhunderts der Fall war.

In einer von Prozessen der Internationalisierung, Europäisierung, Transnationalisierung und Globalisierung geprägten Welt bieten sich Heranwachsenden heute in ihrem privaten Bereich eine Fülle von Aktivitäten, die dem internationalen Austausch im weitesten Sinne entsprechen. Sie reisen ins Ausland, kommunizieren im Internet in Netzwerken, die weltweit zugänglich sind, lernen im Alltag Menschen aus anderen Ländern kennen und tauschen sich mit ihnen aus, um nur einige Beispiele zu nennen. Solche Aktivitäten unterscheiden sich jedoch von einem staatlich geförderten und schulisch eingebetteten internationalen Schüleraustausch, der professionell angeleitet und einer Inhalts- und Zielorientierung verpflichtet ist. Es gibt hierzulande und international Wissenschaftlerinnen und Wissenschaftler, die sich mit den Erscheinungsformen und Facetten des internationalen Kinder-, Jugend- und Schüleraustauschs und mit internationaler Begegnung beschäftigen, und zwar sowohl im Rahmen von theoriegeleiteten Ansätzen wie in konzeptioneller Hinsicht und im Zuge von empirischen Studien, wie hier an einigen Beispielen gezeigt werden konnte. Im Vergleich zu anderen erziehungswissenschaftlichen Themenfeldern und im Hinblick auf die vielfältigen und umfangreichen Programme und Ansätze, die in diesem weiten Feld in der Praxis zu finden sind, findet das Thema innerhalb der deutschsprachigen International und Interkulturell Vergleichenden Erziehungswissenschaft jedoch nur eine eher marginale Berücksichtigung. Hier zeigt sich mithin ein breites Arbeitsfeld insbesondere auch für junge Wissenschaftlerinnen und Wissenschaftler. Christel Adick ist die Nachwuchsförderung ein besonderes Anliegen und in diesem Zusammenhang ist sie stets offen für Inhalte und Ansätze, die nicht den ‚mainstream' reflektieren. Wir haben mit diesem Beitrag versucht, hier anzuknüpfen und ein Themenfeld aufgegriffen, mit dem nicht nur an Diskurse zur Interkulturellen Pädagogik, sondern auch zu internationalen Pädagogiken angeschlossen werden könnte, die Christel Adick als integralen und zentralen Bereich der International und Interkulturell Vergleichenden Erziehungswissenschaft versteht (Adick, 2008, S. 122–130).

Literatur

Adick, C. (2000). Globalisierung als Herausforderung für nationalstaatliche Pflichtschulsysteme. In A. Scheunpflug & K. Hirsch (Hrsg.), *Globalisierung als Herausforderung für die Pädagogik* (S. 156–168). Frankfurt a.M.: IKO-Verlag für Interkulturelle Kommunikation.

Dies. (2008). *Vergleichende Erziehungswissenschaft. Eine Einführung.* Stuttgart: Kohlhammer.

Anderson, B. (1988). *Die Erfindung der Nation. Zur Karriere eines erfolgreichen Konzepts.* Frankfurt a.M.: Campus.

Auswärtiges Amt der Bundesrepublik Deutschland (2013). *Internationaler Austausch im Schulbereich. Internationale Jugendpolitik.* Verfügbar unter: http://www.auswaertigesamt.de/DE/Aussenpolitik/KulturDialog/SchulenJugend/InternationalerSchulaustausch_node.html [15.04.2013].

Bachner, D. J., Zeutschel, U. & Shannon, D. (1993). Methodological Issues in Researching the Effects of U.S.-German Educational Youth Exchange: A Case Study. *International Journal of Intercultural Relations, 17*, 41–71.

Becker, R., Brandes, H., Bunjes, U. & Wüstendörfer, W. (2000). *Lern- und Bildungsprozesse im Europäischen Freiwilligendienst* (Bd. 1, Jugend für Europa – Deutsche Agentur für Jugend). Bonn: Deutsche Agentur JUGEND.

Bos, W., Tarelli, I., Bremerich-Vos, A. & Schwippert, K. (Hrsg.). (2012). *IGLU 2011. Lesekompetenzen von Grundschulkindern in Deutschland im internationalen Vergleich.* Münster: Waxmann.

Chang, C. & Ehret, A. (2003). Interkulturelles Lernen in Kurzzeitaustauschprogrammen: Welche Bedingungen tragen dazu bei? In Internationaler Jugendaustausch- und Besucherdienst der Bundesrepublik Deutschland (IJAB) e.V. (Hrsg.), *Forum Jugendarbeit International* (S. 154–168). Bonn.

Danckwortt, D. (1959). *Erfahrungen und Anregungen zur Betreuung ausländischer Studenten*. Hamburg: Psychologisches Institut der Universität Hamburg.

Europäische Kommission. (2010). *Mitteilung der Kommission an das Europäische Parlament, den Rat, den Europäischen Wirtschafts- und Sozialausschuss und den Rat der Regionen „Jugend in Bewegung". Eine Initiative zur Freisetzung des Potenzials junger Menschen, um in der Europäischen Union intelligentes, nachhaltiges und integratives Wachstum zu erzielen*. KOM (2010) 477 endgültig. (SEK (2010) 1047), Luxemburg: Amt für Veröffentlichungen der Europäischen Union.

Feldmann-Wojtachnia, E. (2003). Perspektivenwechsel und Differenzierung des Blicks: Anforderungen der EU-Erweiterungen an die interkulturellen Kompetenzen Jugendlicher. In Internationaler Jugendaustausch- und Besucherdienst der Bundesrepublik Deutschland (IJAB) e.V. (Hrsg.), *Forum Jugendarbeit International* (S. 195–208). Bonn.

Generaldirektion Allgemeine und berufliche Bildung der Europäischen Union. (2007). *Schlüsselkompetenzen für lebenslanges Lernen. Ein Europäischer Referenzrahmen*. Luxemburg: Amt für amtliche Veröffentlichungen der Europäischen Gemeinschaft.

Gesellschaft für Empirische Studien bR & Zentrum für Schul- und Bildungsforschung an der Martin-Luther-Universität in Halle-Wittenberg. (2007). *Auswirkungen auf Comenius-Schulpartnerschaften auf die teilnehmenden Schulen. Final Report. Studie im Auftrag der Europäischen Kommission, DG Bildung und Kultur*. Kassel.

Gogolin, I. (1994). *Der monolinguale Habitus der multilingualen Schule*. Münster: Waxmann.

Haumersen, P. & Liebe, F. (1990). *Eine schwierige Utopie. Der Prozeß interkulturellen Lernens in deutsch-französischen Begegnungen*. Berlin: Verlag für Wissenschaft und Bildung.

Hansen, G. (1991). *Die exekutierte Einheit. Vom Deutschen Reich zur Nation Europa*. Frankfurt a.M.: IKO-Verlag für Interkulturelle Kommunikation.

Hornberg, S. (2010). *Schule im Prozess der Internationalisierung von Bildung*. Münster: Waxmann.

Huschner, M. (2005). Sehen, verstehen, erleben ... Jugendaustauschprogramme, ihre Chancen und Herausforderungen. In Internationaler Jugendaustausch- und Besucherdienst der Bundesrepublik Deutschland (IJAB) e.V. (Hrsg.), *Forum Jugendarbeit International* (S. 132–142). Bonn.

IKAB e.V. u.a. (2010). *Unter der Lupe: Ergebnisse der wissenschaftlichen Begleitung von JUGEND IN AKTION. Bericht 2009*. Bonn.

Kehm, B., Kastner, H., Maiworm, F., Richter, S. & Wenzel, H. (2003). *Abschlussbericht zur Evaluation der Aktion COMENIUS des SOKRATES II-Programms in Deutschland*. Bonn.

Klieme, E. & Hartig, J. (2007). Kompetenzkonzepte in den Sozialwissenschaften und im erziehungswissenschaftlichen Diskurs. In M. Prenzel, I. Gogolin & H.-H. Krüger

(Hrsg.), Kompetenzdiagnostik. *Zeitschrift für Erziehungswissenschaft. Sonderheft 8*, 11–29.

Köller, O. (2008). Bildungsstandards – Verfahren und Kriterien bei der Entwicklung von Messinstrumenten. *Zeitschrift für Pädagogik, 54*, 163–173.

Krüger-Potratz, M. (1996). Zwischen Weltfrieden und Stammesversöhnung. Ein Kapitel aus der Geschichte des internationalen Schüleraustauschs. *Bildung und Erziehung 1* (49), 27–43.

Küntzel, B. (2007). Internationale Kinderbegegnungen in Deutschland – Status Quo und Perspektiven. In Internationaler Jugendaustausch- und Besucherdienst der Bundesrepublik Deutschland (IJAB) e.V. (Hrsg.), *Forum Jugendarbeit International* (S. 184–194). Bonn.

Leiprecht, R. (2001). *Internationale Schüler- und Jugendbegegnungen als Beitrag zur Förderung interkultureller Kompetenz.* Iks-Querformat 4, Münster: Westfälische Wilhelms-Universität.

Lohmann, J. (2006). *Interkulturelles Lernen durch Schüleraustausch.* Verfügbar unter: http://deposit.fernuni-hagen.de/871/2/Lohmann.Interkulturelles_Lernen_.pdf [31.01.2013].

Pädagogischer Austauschdienst (2013). *COMENIUS – das europäische Programm für die schulische Bildung.* Zugriff am 20.04.2013 http://www.kmk-pad.org/programme/comenius.html

Reichel, D. (2003). Interkulturelle Qualifizierung für den bi- und trinationalen Austausch. In Internationaler Jugendaustausch- und Besucherdienst der Bundesrepublik Deutschland (IJAB) e.V. (Hrsg.), *Forum Jugendarbeit International* (S. 141–153). Bonn.

Scholten, A. (2003). Einmal Ausland – kompetent für immer? Lernprozesse junger Freiwilliger in Europa. In Internationaler Jugendaustausch- und Besucherdienst der Bundesrepublik Deutschland (IJAB) e.V. (Hrsg.), *Forum Jugendarbeit International* (S. 118–129). Bonn.

Thimmel, A. & Abt, H. (2007). Ziele und Programmangebote zur internationalen Schülerbegegnung. In A. Thomas, H. Abt & C. Chang (Hrsg.), *Interkulturelle Jugendbegegnungen als Lern- und Entwicklungschance.* Bensberg: Thomas-Morus-Akademie.

Thomas, A. (2003). Interkulturelle Handlungskompetenz in der außerschulischen Jugendbildung: Was erwartet die Wirtschaft? In Internationaler Jugendaustausch- und Besucherdienst der Bundesrepublik Deutschland (IJAB) e.v. (Hrsg.), *Forum Jugendarbeit International* (S. 36–56). Bonn.

Thomas, A., Chang, C. & Abt H. (2007). *Erlebnisse, die verändern. Langzeitwirkungen der Teilnahme an internationalen Jugendbegegnungen.* Göttingen: Vandenhoeck & Ruprecht.

Thomas, A. (2010). Internationaler Jugendaustausch – ein Erfahrungs- und Handlungsfeld für Eliten? In IJAB – Fachstelle für Internationale Jugendarbeit der Bundesrepublik Deutschland e.V. (Hrsg.), *Forum Jugendarbeit International* (S. 18–27). Bonn.

Thomas, A. & Perl, D. (2010). Chancen, Grenzen und Konsequenzen interkulturellen Lernens im internationalen Schüleraustausch. In IJAB – Fachstelle für Internationale Jugendarbeit der Bundesrepublik Deutschland e.V. (Hrsg.), *Forum Jugendarbeit International* (S. 286–302). Bonn.

Renate Nestvogel

Fremdenfeindlichkeit, Rassismus und Diskriminierung in Deutschland aus der Sicht von Afrikanerinnen

Einleitung

Zahlreiche Studien der letzten Jahre belegen, dass Fremdenfeindlichkeit, Rassismus und Diskriminierung in Deutschland weit verbreitet sind.

Der Begriff der Fremdenfeindlichkeit bezieht sich dabei „auf bedrohlich wahrgenommene kulturelle Differenz und materielle Konkurrenz um knappe Ressourcen", Heitmeyer, 2006, S. 21). „Rassismus umfasst jene Einstellungen und Verhaltensweisen, die Abwertungen auf der Grundlage einer konstruierten ‚natürlichen' Höherwertigkeit der Eigengruppe vornehmen" (ebd., S. 22). Diskriminierung kann sich in Institutionen vollziehen (institutionelle Diskriminierung; vgl. hierzu Gomolla & Radtke, 2002), indem bestimmte Gruppen von Rechten, die der Mehrheit zugestanden werden, ausgeschlossen werden (z.B. durch Ausländerrecht und Zuwanderungsgesetze) oder Benachteiligungen auf dem Arbeitsmarkt, dem Wohnungsmarkt oder im Bildungssystem erfahren. Daneben gibt es individuelle Formen der Diskriminierung in den Interaktionen zwischen Individuen aus verschiedenen Gruppen der Bevölkerung. Afrikaner und Afrikanerinnen erleben beide Formen der Diskriminierung im Sinne der „Verweigerung von Gleichbehandlung Angehöriger bestimmter Gruppen" (Allport, 1954, zit. nach Asbrock, Wagner & Christ, 2006, S. 156).

Dieser Beitrag präsentiert einen Ausschnitt aus einem größeren Forschungsprojekt zum Thema „Afrikanerinnen in Deutschland – Lebenslagen, Erfahrungen und Erwartungen", das unter Leitung der Autorin an der Universität Duisburg-Essen mit Mitteln der Universität und überwiegend vom Ministerium für Wissenschaft und Forschung/NRW finanziell gefördert wurde. Im Rahmen dieses Projektes füllten im Jahre 2002 insgesamt 262 Afrikanerinnen einen Fragebogen mit 207 Fragen aus und 43 Frauen (z.T. zusätzlich) nahmen an Interviews teil. Die Befragung bildet in etwa die prozentuale Zusammensetzung der in NRW vertretenen Afrikanerinnen nach Herkunftsländern, Aufenthaltsstatus und Altersgruppen ab und umfasst 1,7% der im Jahre 2000 in NRW registrierten Afrikanerinnen. Zieht man die 29% der unter 18-Jährigen ab, die wir in unsere Befragung nicht einbezogen haben, erhöht sich der Prozentsatz auf 2,4%. Genauere Hinweise zum Gesamtprojekt finden sich in bereits veröffentlichten Teilstudien (s. Literaturverzeichnis).

Im ersten Teil der schriftlichen Befragung wurde bewusst vermieden, nach Diskriminierungserfahrungen zu fragen, um den Blick auf einzelne Lebensbereiche nicht tendenziös zu verengen. Aber trotz neutraler Fragestellungen wurde immer wieder von ausgeprägten Diskriminierungs- und Rassismuserfahrungen berichtet.[1] Die folgenden Ausführungen beziehen sich auf Fragen aus dem zweiten Teil des Fragebogens, die explizit das Thema Diskriminierung ansprechen. Ausgehend von allgemeinen Belastungen und dem Ausmaß erlebter Diskriminierung sowie den Lebensbereichen, in denen diese erfahren wird, werden Aussagen zu den Gefühlen präsentiert, die Afrikanerinnen bei Diskriminierung empfinden, zu ihren Erfahrungen mit Unterstützung bzw. Nicht-Unterstützung in Diskriminierungssituationen sowie zu den Bewältigungsstrategien, die sie im Umgang mit Diskriminierung anwenden. Abschließend werden die aus der Befragung gewonnenen Daten im Kontext einiger Forschungsergebnisse zum Thema Diskriminierung und Fremdenfeindlichkeit diskutiert.

1. Allgemeine Belastungen und Wahrnehmung von Diskriminierung

Auf die Frage, ob sie aufgrund ihrer Herkunft schlecht behandelt/ diskriminiert worden seien, antworteten 67% der befragten, in Deutschland lebenden Afrikanerinnen mit Ja, 30% mit Nein, und 3% machten keine Angaben.

Der zentrale Stellenwert, den Diskriminierungserfahrungen in ihrem Leben einnehmen, geht aus den Antworten zu der Frage hervor, welche belastenden Erfahrungen[2] sie in Deutschland gemacht und als wie schwerwiegend sie diese empfunden haben. Aus der Tab. 1 lässt sich insgesamt eine hohe Belastungswahrnehmung entnehmen, wobei die Diskriminierung aufgrund der Hautfarbe als die größte Belastung empfunden wird, noch vor den Schwierigkeiten mit einer Aufenthaltserlaubnis oder persönlichen Trennungsverlusten. Ebenfalls wird die Benachteiligung gegenüber Deutschen sowie die Belästigung in öffentlichen Verkehrsmitteln als sehr belastend empfunden.

Darüber hinaus erleben 68% der Befragten die häufigste Diskriminierung in der Öffentlichkeit[3], gefolgt von Behörden (45%). Jeweils ca. ein Viertel erlebt diese auch in der Nachbarschaft und am Arbeitsplatz, aber hierbei überwiegen die Stimmen, die eine Diskriminierung verneinen. Knapp zwei Drittel verneinen explizit die Diskriminierung bei Ärzten, und ‚nur' 8% fühlen sich von diesen schlecht behandelt (vgl. Tab. 2).

---

1   Z.B. in Kindergärten und Schulen (vgl. hierzu Nestvogel, 2005, 2007).
2   „Belastungssituationen sind solche, in denen die Handlungsfähigkeit einer Person bedroht ist bzw. deren Verlust antizipiert oder als bereits eingetreten erlebt wird" (Filipp & Klauer, 1988, S. 58).
3   Dass im öffentlichen Raum besonders viele Diskriminierungserfahrungen gemacht werden, bestätigen auch andere Untersuchungen zu Gruppen, die aufgrund ihres Äußeren (visibility) als ‚fremd' und ‚anders' wahrgenommen werden (vgl. Liebkind & Jasinskaja-Lahti, 2000).

	stark	mittel-mäßig	gering	trifft nicht zu
Einreise in die Bundesrepublik Deutschland	35%	27%	22%	16%
Konfrontation mit Behörden (z.B. Polizei, Ausländerbehörde)	44%	20%	13%	23%
Schwierigkeiten, einen langfristigen Aufenthalt in Deutschland zu bekommen	53%	10%	13%	24%
Verlust einer für mich wichtigen Bezugsperson, z.B. Wegzug oder Tod einer Freundin, eines Freundes oder eines Familienmitglieds	49%	6%	6%	39%
Schwierigkeiten, einen Ausbildungs- oder Arbeitsplatz/ Wohnung zu finden	43%	13%	11%	34%
Arbeitslosigkeit	36%	15%	12%	37%
Schwierige finanzielle Situation der Familie	44%	21%	11%	23%
Benachteiligung gegenüber Deutschen	48%	28%	8%	16%
Wegen meiner Hautfarbe in Geschäften und Behörden schlechter behandelt werden als einheimische Deutsche	55%	23%	10%	12%
Wegen meiner Herkunft in öffentlichen Verkehrsmitteln angemacht zu werden	45%	16%	15%	24%
Wegen meiner Herkunft in öffentlichen Verkehrsmitteln körperlich angegriffen zu werden	19%	9%	15%	57%
Wegen meiner Hautfarbe in Schule/Uni/Ausbildungs-, Arbeitsplatz schlechter behandelt zu werden	20%	13%	11%	56%

Tab. 1: Belastungssituationen im Allgemeinen

	mehr	weniger	keine
In der Nachbarschaft	27%	41%	31%
Am Arbeitsplatz	24%	29%	47%
In der Öffentlichkeit	68%	22%	11%
In Behörden	45%	34%	20%
Bei Ärzten	8%	30%	63%

Tab. 2: Bereiche, in denen die Befragten mehr, weniger oder keine Diskriminierung erfahren

2. Gefühle, die bei Diskriminierung hervorgerufen werden

84% der Frauen mit Diskriminierungserfahrungen (n=147) haben die Frage beantwortet, wie sie sich dabei gefühlt haben. Zusätzlich liegen 36 zum Teil ausführliche Stellungnahmen aus den Interviews vor. Die psychologische Stressforschung betont die große Bandbreite möglicher Stressreaktionen (*stress responses*), wie: anger, avoidance, denial, passivity, aggression, anxiety, hostility, helplessness, hopelessness, frustration, resentment, fear, paranoia, assertiveness (vgl. Clark, Anderson, Clark & Williams, 1999, S. 811ff.). Die Kategorisierung der Gefühle (manchmal werden auch schon Bewältigungsstrategien erwähnt) erfolgte so eng wie möglich an den von den Frauen genannten Begriffen. Anschließend wurden die Gefühle bzw. Aussagen, denen Gefühle zugeordnet werden können, in drei Gruppen unterteilt, je nachdem, ob es sich eher um nach innen (depressiv) oder nach außen gekehrte Gefühle handelt (aversiv) oder um solche, die eine gewisse Apathie (Teilnahmslosigkeit) erkennen lassen. Wie dicht Wut und Trauer beieinander liegen, geht daraus hervor, dass acht der Befragten diese Kombination genannt haben.[4]

Am häufigsten, mit 107 Nennungen (=53%), werden nach innen gerichtete Gefühle genannt, wie Trauer/Kummer (26), schlecht/unwohl gefühlt (17), Frustration/Enttäuschung (8), Schmerz/Verletzung (7), Ungerechtigkeit (6), Angst (5), Verlassenheit/Einsamkeit (5), Fluchtphantasien (5), Verzweiflung (4), Hoffnungslosigkeit/Melancholie/Depression/Entmutigung (4), Erniedrigung/Demütigung (4), traumatische Gefühle (3), Scham/Peinlichkeit (3), Schock/Entsetzen (2), Bedauern/Reue (2) sowie je einmal Minderwertigkeitskomplexe, Selbstmitleid.

Am zweithäufigsten, mit 70 Nennungen (=35%), wurden starke aversive Affekte wie Wut, Ärger, Zorn, Empörung, Aggression (32), Hass (10), Rache (7), Ekel/Abscheu (7) sowie Mitleid/Verachtung für den Aggressor (7) geäußert. Ebenfalls wurden dieser Kategorie sieben Aussagen zugeordnet, die Selbstbehauptung ausdrücken, d.h. eine Extravertiertheit bekunden, aber keine massiven Affekte.

Der dritten Kategorie, Apathie (Teilnahmslosigkeit), wurden 25 Nennungen (=12%) zugeordnet. Im Einzelnen handelt es sich um: Passivität (6), Gleichgültigkeit/Ignorieren (7), Sprachlosigkeit (4), Rationalisierung (4), Fremdheitsgefühle (3) und Selbstentfremdung (1).

2.1 Aussagen aus den Interviews

Die folgenden Beispiele stammen aus den Interviews und vermitteln einen genaueren Eindruck davon, wie komplex die Gefühlslage bei Diskriminierungserfahrungen ist. Hierin

---

4 Z.B.: „Ich war sauer und traurig, und ich fühlte eine Menge Abscheu gegenüber diesen Leuten." Werden in einer Aussage mehrere Begriffe genannt, werden sie mehreren Kategorien zugeordnet.

wird besonders deutlich, dass diese auch bei guten Sprachkenntnissen und Integration nicht abnehmen, sondern immer wieder auftreten können.
- Das Grundgefühl von Akzeptanz ist in diesem Land nicht vorhanden. Jeder wird diskriminiert, nicht nur ich. Ich habe die Armut dieses Landes empfunden, die Armseligkeit dieses Landes, ich habe die Armseligkeit dieser Menschen gesehen und überhaupt ihren engen Horizont. Sie sind überhaupt nicht in der Lage, sich ein bisschen zu entspannen, sich ein bisschen zu öffnen, neugierig auf den anderen, der hierhergekommen ist.
- Es war einmal im Bus, wo eine Behinderte einstieg und direkt an allen Leuten vorbei ging und meine Mutter aufgefordert hat, aufzustehen und ihren Platz nahm. Meine Mutter hat sich erhoben und gab ihren Platz auf. Sie hätte auch die Anderen fragen können, an denen sie vorbei ging. Da hatte ich mich sehr darüber geärgert. Ich habe mich schlecht gefühlt.
- Zum Beispiel, als ich hier eingezogen bin, haben zwei Nachbarn geschrien, ‚Afrika, geht nach Hause, was sucht ihr hier, ihr dreckigen Leute, ihr verschmutzt nur unser Land'. Erstens war ich traurig, habe ich mich nicht wohl, ängstlich gefühlt. Man fragt sich, warum bin ich überhaupt hierhergekommen, der Tag wo ich hierhergekommen bin, ist ein verdammter Tag, warum bin ich nicht zu Hause geblieben, oder warum bin ich nicht woanders hingegangen, und dann sagt man sich, es ist egal. East or West, Home is the best. Solange ich nicht in meinem Land bin, egal wo ich hingehe, das würde mir passieren. Ich versuche mein Problem selber zu bearbeiten und Ruhe in mir zu finden. Ich bin verärgert, aber ich habe mir gesagt, ich bin zu denen gekommen, sie sind nicht zu mir gekommen. Wären sie in meinem Land, würde ich es ihnen zeigen. Ich habe dann die Nachbarschaft verlassen. Wir sind dann umgezogen.
- Was mich eher angreift, wie schon gesagt, ist, wenn es im Freundschaftskreis passiert ist. Und ich glaube, so kam es auch, dass ich irgendwann mehr mit anderen MigrantInnen hing, weil irgendwie bei den Deutschen immer noch Sachen kamen, die mich geärgert haben. So eine Sache hat mich genervt, oder dass so ein guter Kumpel von mir auf einmal sagt, ‚Ich muss negern gehen, immer muss ich negern', damit meinte er arbeiten. Dann diskutiere ich mit ihm darüber, warum er nicht arbeiten sagen kann oder so. ‚Ah, du bist ja so empfindlich'. Ich so, ‚Wieso achtest Du dann nicht darauf, wenn ich empfindlich wäre', oder so. Solche Sachen, man kam immer auf solche Konflikte, die ich irgendwie übergehen wollte. Man hatte keine Lust mehr, und dann hat man sich Gleichgesinnte gesucht, die irgendwie den Background besser schnallen, damit diese Fauxpas nicht kommen.
- Schlecht behandelt noch nicht, aber wie ich damals erzählt habe, die Tatsache, dass ich eine Kinderkrippe suche und man sofort zu mir sagt, meine Tochter ist exotisch, ist schon Diskriminierung. Ich kann das nicht anders bezeichnen als Diskriminierung. Manchmal, wenn etwas mich stark bewegt, dann fehlen mir die Wörter. Das hat mir so weh getan. Ich habe keine Wörter gefunden, um zu antworten. Das war so brutal, ich konnte überhaupt nicht denken, dass eine Erzieherin so was sagen kann. Ich habe nichts gesagt. Ich war schockiert.

- Jetzt ist es aber so, dass ich meistens in meiner eigenen Welt bin. Wenn ich irgendwas erledige oder so, ich gucke gar nicht mehr, wer mich anguckt oder so. Ich bin in meinem eigenen Film, deswegen kriege ich das alles gar nicht so richtig mit.
- Ich habe Schmerzen in meinem Herz empfunden. Ich habe mir gesagt, meine Kinder kämpfen, um diese Sprache zu erlernen, ihre schulischen Leistungen zu verbessern, kommt ein Lehrer daher und entmutigt sie, demütigt sie, indem er ihnen sagt: ‚Ihr seid unfähig. Ihr könnt nichts hier im Leben erreichen als Straßen zu kehren'.
- Es ist schwer, Ihnen zu sagen, was ich in solchen Momenten fühle. Du hast jemandem nichts getan, er kennt dich nicht mal und er erlaubt sich, dich zu diskriminieren, weil du nur eine andere Hautfarbe hast als er. Ich frage mich manchmal, ob es sich um Menschen handelt. Sie müssen eigentlich nicht normal sein. Sie sind eine Gefahr. Es ist überall dasselbe, ob es sich um Menschen im Arbeiter- oder Intellektuellenmilieu handelt. Manchmal frage ich mich, ob ein ganzes Volk krank ist.
- Ich habe sehr viele schlechte Erfahrung gemacht. Ich wurde oft diskriminiert. Ich spreche zwar nicht gut Deutsch, aber meine Kinder übersetzen für mich. Eine Tages war ich in einen Bus eingestiegen, und da hat eine Frau zu mir gesagt: ‚Guck' mal, die Schwarze dort. In ihrer Heimat schlafen sie auf Bäumen, und was macht sie hier bei uns?' Und ein anderes Mal war es so, dass ich mit einer Freundin nach Bochum gefahren bin, und ich saß einer Frau gegenüber, die hat uns dann auch beschimpft. Ich habe erst nicht verstanden, warum sich meine Freundin mit ihr gestritten hat. Und dann hat meine Freundin mich aufgeklärt und hat gesagt, dass wir als Affen beschimpft worden sind, und überhaupt, was hätten wir in Deutschland zu suchen. Ich war wütend und traurig und habe manchmal auch geweint.
- Wie ich bereits gesagt habe, bin ich eine Katholikin. Am Anfang bin ich zur Kirche gegangen. Da ich kein Deutsch verstand, konnte ich kaum dem Gottesdienst folgen. Am Ende des Gottesdienstes, wenn wir rausgegangen sind, hat keiner mich begrüßt. Das tat weh. Leute können uns gegenüber außerhalb der Kirche misstrauisch sein, aber nicht in der Kirche. Das hat mich belastet, ich habe mir viele Frage gestellt, weil wir schwarz sind. Normalerweise sollte es nicht so innerhalb der Kirche sein. Ich vergleiche es mit der Situation in der christlichen Gemeinde bei uns in Afrika. Und vor allem, weil wir durch unsere Hautfarbe auffallen. Es ist einfach zu sehen, dass ich neu bin. Mir guten Morgen zu sagen, ist das wenigste. Bei uns in Afrika, wenn man ein neues Gesicht bemerkt, empfangen die Leute die neue Person. Sie kommen der Person näher, um sie zu begrüßen, und die Person stellt sich vor. Also ich habe festgestellt, dass es wirklich Rassismus gibt. Was kann man empfinden? Es ist oft Enttäuschung, aber nicht alle Deutschen sind so. Es ist vor allem enttäuschend, wenn der Täter über 50 ist. Die Leute werden uns nie erlauben, uns hier zu integrieren.
- Ja, einmal in der Öffentlichkeit. Einmal, ich wollte Pommes kaufen, und die Frau war nur am reden und reden, und ich musste meinen Zug kriegen. Dann habe ich sie gefragt, ob sie mich bedienen könnte, weil ich meinen Zug kriegen wollte. Dann hat sie mich angemacht und der Herr, der hinter mir stand, hat einfach gesagt, ‚du Affe, geh in deinen Wald zurück'. Da bin ich ausgerastet, habe ihn auch als Schwein be-

zeichnet. Aber das war das einzige Mal. Ich war wütend, ich habe einfach gedacht, dass die Leute kalt sind. Die sind wirklich kalt.
- Es hängt von der Art der Diskriminierung ab. Wenn es um diese leise, subtile Diskriminierung [geht], wo man dich weder verbal noch körperlich angreift, aber diese Blicke, wo du fühlst, da spielt Diskriminierung oder Rassismus jetzt eine Rolle, kann man nichts tun. Man kann nur böser gucken oder was auch immer. Man fühlt die Ohnmacht, weil man nicht reagieren kann. Man fühlt, diese Person hat was gegen dich, nur weil du eine andere Hautfarbe hast oder aus einem anderen Kontinent stammst. Bei verbalen Diskriminierungen, denke ich, das ist besser für mich. Wenn jemand mich verbal diskriminiert, weil ich weiß, dass ich mich wehren kann. Ich bin auch sehr schlagfertig, ich kann das auch sehr schnell zurückgeben. Und da fühle ich mich erleichtert, nicht erleichtert jetzt, weil es positiv ist. Ich fühle mich besser, wenn jemand mich verbal diskriminiert, dann weiß ich, dass ich zurückgeben kann.

2.2 Diskussion

Die meisten Aussagen der befragten Afrikanerinnen dürften als Rassismus, Fremdenfeindlichkeit oder Diskriminierung deutlich erkennbar sein, so dass sie hier nicht weiter kommentiert werden sollen. Dass der Begriff „negern"/Neger mit seinen Konnotationen von Sklavenarbeit, kolonialer Ausbeutung und Unterdrückung sowie von ‚rassischer Minderwertigkeit' von Afrikanerinnen als verletzend empfunden wird, leuchtet inzwischen ebenfalls vielen weißen Deutschen ein. Schwieriger könnte es sein, die Empfindung von Diskriminierung bei dem Begriff „exotisch" zu verstehen. Denn Exotik enthält romantisierende Konnotationen des sog. Fremden, die mit Faszination und Neugier verbunden sind. Es bedarf einer vertieften Reflexion, um dahinter das Verletzende zu erkennen: nämlich die Unterstellung von Andersartigkeit, Fremdsein, auch Wildheit, Ungezügeltheit, der ‚Natur' näher als der ‚Kultur' und damit eben nicht zugehörig zu dem als ‚Eigenes' Definierten. Aus Hautfarbe und Aussehen werden hierbei Eigenschaften abgeleitet, die Ungleichheit implizieren, wie die schwarze Deutsche Noah Sow schreibt: „Wir sagen ‚exotische Schönheit' und meinen damit: ‚Diese Person ist nicht von hier, und wenn doch, darf ich bestimmen, dass sie nicht genauso zur Gruppe der Deutschen gehört wie ich'. Mit gut gemeinten angeblich positiven Zuschreibungen zieht sich der Rassismus also nur ein neues Sakko an. Deswegen sind alle derartigen Sprüche unangemessen. Und sie sind eine Form von Dominanz und Ausdruck von Macht" (Sow, 2008, S. 82). In Bezug auf einen Kindern zugewiesenen Exotenstatus schreibt Sow: „Erfahrungen, die ein Kind damit macht, dass es immer wieder falsch eingeschätzt und mit dummen Fragen belästigt wird, sind ernst zu nehmen und können schwere seelische Wunden hinterlassen, die denen von Übergriffen gleichen" (ebd., S. 223).

Die Erfahrung der afrikanischen Katholikin und deren Deutung kann einerseits auf Kulturunterschiede zurückgeführt werden, denn unter Deutschen, die sich nicht persönlich kennen, gibt es selten die Kultur des Aufeinander Zugehens oder Grüßens. Andererseits kann es sich bei dem Vermeidungsverhalten der Deutschen sehr wohl um Abwehr und

Vorurteile gegenüber sog. Fremden handeln. Diese These wird gestärkt durch die Ergebnisse einer Studie in elf europäischen Ländern, der zufolge „Katholiken und Protestanten mehr Vorurteile gegenüber ethnischen Minderheiten haben als Nicht-Religiöse, und dass ihre Vorurteile umso stärker sind, je häufiger sie in die Kirche gehen" (vgl. Küpper & Zick, 2006, S. 180).

3. Unterstützung/Nicht-Unterstützung in Situationen von Diskriminierung

Die Frage, ob sie im Falle einer Diskriminierung von anderen Personen Unterstützung erhalten hätten oder nicht, beantworteten 190 Frauen (=72,5%), d.h. mehr als diejenigen, die vorher geschrieben haben, sie seien aufgrund ihrer Herkunft schlecht behandelt oder diskriminiert worden. Nur ein gutes Drittel ist unterstützt worden, knapp zwei Drittel haben keine Unterstützung erhalten.[5] Auf die Frage, wie sie sich bei Unterstützung bzw. bei einem Ausbleiben derselben gefühlt haben, gingen 163 der Befragten (=62%) ein.

3.1 Gefühle der Befragten bei Unterstützung

Verständlicherweise spricht aus den Aussagen der meisten unterstützten Frauen eine große „Erleichterung", sie haben sich „besser", „gut", „sicher" gefühlt, und es werden weitere ähnlich positive Gefühle formuliert, die verdeutlichen, wie stark die psychisch stabilisierende Wirkung von menschlicher Unterstützung ist.

Beispiele:
- Ich habe mich glücklich gefühlt zu wissen, dass es jemand hier in Deutschland gibt, der nicht möchte oder will, dass andere diskriminiert werden wegen ihrer Hautfarbe oder Herkunft.
- Das ließ wissen, dass nicht alle Deutschen die gleiche Einstellung besonders zu Schwarzen haben.
- Ich freue mich darüber, dass es solche Menschen gibt, aber meistens gucken sie weg. Wir brauchen hier mehr Menschen mit Zivilcourage.
- Nicht alle sind Nazis, es gibt auch einige Gute.
- Dass ich nicht allein bin, und dass mir Gott immer Menschen auf meinen Weg schickt, die mir helfen.
- Ich fühlte mich wohler in meinem Körper.
- Trost, als ob man mir eine kleine Atemluft geben würde.
- Die Weißen behandeln Afrikaner wie Tiere, einige haben eine entwickelte Mentalität.

---

5 „Klink & Wagner (1999) fanden in Feldexperimenten eindeutige Hinweise darauf, dass ausländisch aussehende Menschen nach einer Bitte um kleine Hilfeleistungen von der deutschen Bevölkerung weniger unterstützt werden als deutsch aussehende Menschen" (Asbrock, Wagner & Christ, 2006, S. 156).

- Ich war von der Solidarität berührt, als meine Tochter in der Schule angegriffen war.
- Dass alle Deutsche keine Rassisten sind. Ich war auch schwanger, vielleicht deswegen hat man mich unterstützt.
- Es gibt auch gute Leute um mich herum. Sie existieren noch.
- Ich fühlte mich geschätzt und nicht allein.
- Stolz und Hoffnung.
- Ein Busfahrer hat mir geholfen, ich war glücklich und habe mir gewünscht, dass alle Deutschen so wären.
- Eine Oma hat mir geholfen, das hat mich getröstet.
- Ich habe mich wieder wie ein Mensch gefühlt.
- Ich hatte dann plötzlich mehr Macht.

Aber nicht alle Äußerungen sind uneingeschränkt positiv. Es gab auch Aussagen wie „Frustration", „Es war eine Selbstverständlichkeit" oder: „Meistens wurde mir von anderen Afrikanern geholfen, ich war dann oft peinlich berührt."

3.2 Gefühle der Befragten bei Nicht-Unterstützung

Antworten auf die Frage, was eine Person dabei empfunden hat, wenn sie während einer Diskriminierung nicht durch andere Personen unterstützt wurde, waren z.T. ähnlich wie auf die Empfindungen bei einer Diskriminierung. Allerdings ergibt sich durch die Erfahrung, dass Personen bei Diskriminierung anwesend waren, aber nicht intervenierten, eine z.T. andere Gewichtung: Es überwiegen eindeutig Gefühle von Verlassenheit/Einsamkeit (8), Ablehnung (5) und Ausgrenzung (4). 17 Frauen äußern sich eher unspezifisch, dass sie sich in der Situation sehr schlecht gefühlt hätten. Danach folgen Wut/Zorn (8), Hass (3) sowie Trauer (8), Hilflosigkeit/Resignation (8) und Hoffnungslosigkeit. Je zweimal wird Angst, Enttäuschung, Schmerz/verletzt sein, Selbstmitleid, Erniedrigung/Demütigung sowie krank werden genannt, und je einmal Schock/Entsetzen, Sprachlosigkeit, Fremdheitsgefühl, Selbstentfremdung sowie Unruhe/Nervosität.

Beispiele:
- Ich fühle mich schlecht und traurig, wenn ich denke, dass Europäer sich bei uns wohl fühlen.
- Im Stich gelassen. Ich fühlte, dass ich nicht bei mir bin.
- Ich fühlte mich wie ein verlorenes Kind.
- In diesem Fall fühlt man den Himmel auf den Kopf fallen.
- Ich war als Kind immer traurig darüber, dass mir keiner geholfen hat.
- In meine Heimat zurückkehren und dort zu sterben.
- Schlecht, manchmal schaue ich mich in meinem Zimmer um und weine, es hilft manchmal. Aber wir wissen, es ist das Leben.
- Einsam und wie im Regen stehen gelassen.
- Mir ging es schlecht, und ich wollte nach Hause, und ich wollte nicht mehr rausgehen.

- Wenn man in so einer Situation ist, dann hat man nur Angst. Mehr ist im Kopf nicht da. Da wünscht man sich, dass die Anderen dich schützen. Da guckst du ja die Leute an, und manche gucken dich auch an, aber tun nichts. (Interview)

Weiterhin wird deutlich, wie stark Situationen unterlassener Hilfeleistung das Bild von Deutschland und den Deutschen formen und auch Hass und Verachtung auslösen.

Beispiele:
- Das zeigt, dass alle uns nicht wollen.
- Traurig, es gehört zu dieser Gesellschaft.
- Hilflosigkeit! Ich hasse die Deutschen. Sie sind für mich alle gleich.
- Schlecht gefühlt. Polizei und Anwälte sind auch Rassisten in der Beurteilung der Schwarzen.
- Sie sind alle gleich. Ich habe sie verachtet.
- Es gibt viele Feige.
- Viele haben Angst, sich auf meine Seite zu stellen, andere freuen sich über die Diskriminierung.
- Menschen haben Angst und denken nur an sich.
- Deutsche sind Schafe.

Nur sehr wenigen gelingt es, aus diskriminierenden Situationen relativ unbeteiligt (Abwehr?) oder gar mit einer inneren Souveränität hervorzugehen:
- Mir war es egal, weil ich mich selber gewehrt habe.
- Ich hatte es auch nicht erwartet, dass mir geholfen wird.
- Die Deutschen sind sowieso gleich. Gott sei Dank, dass ich mich selbst verteidigen kann.
- Ich weiß, dass solche Dinge früh oder später wieder gut werden. Ich nehme es einfach.

4. Umgang mit Diskriminierung (Bewältigungsstrategien)

Die Fragen „Wie gehen Sie mit Diskriminierung um? Wie reagieren Sie auf Diskriminierung?" haben mit 213 Antworten (=81% der Befragten) aus den Fragebögen und 42 aus den Interviews eine sehr starke Antwortbereitschaft ausgelöst. Den Antworten lassen sich sehr verschiedene Reaktionen entnehmen, die hier als Bewältigungsstrategien bezeichnet werden sollen.[6]

Auf der Suche nach einer geeigneten Kategorisierung wurden Teile des Modells von Filipp und Klauer (1988) gewählt[7], in dem vier grundlegende Formen der Bewältigung

---

6 Bewältigung wird verstanden als „summarisches Konzept für alle Verhaltensweisen, die im Umfeld von raumzeitlich umgrenzten Belastungssituationen die je individuelle Auseinandersetzung mit diesen Situationen markieren" (Filipp & Klauer, 1988, S. 58).
7 Dies erfolgte in Anlehnung an Niedrig (2003, S. 409), die Reaktionen/Verhaltensweisen von afrikanischen Flüchtlingsjugendlichen auf deren Fremdbestimmung in Deutschland nach diesem Modell kategorisiert hat.

von belastenden Situationen unterschieden werden, die aus den beiden Dimensionen Kontrollebene (aktional/innerpsychisch bzw. aktiv/passiv) sowie Aufmerksamkeitsorientierung (ereigniszentrierte/-distanzierte bzw. aufmerksamkeitszuwendende und -abwendende Strategien) gewonnen werden.

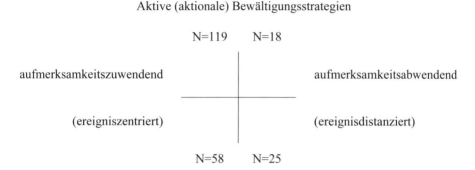

Die Verteilung der Aussagen[8] auf die vier Kategorien lässt erkennen, dass aktive Strategien vorherrschen und des Weiteren, dass Diskriminierungserfahrungen ein hohes Maß an Aufmerksamkeit absorbieren.

4.1 Aktive aufmerksamkeitsabwendende (aktionale ereignisdistanzierte) Strategien

Auf diese Kategorie entfielen die wenigsten Nennungen (n=18). Hierunter wurden v.a. Aussagen subsumiert, die ein Ignorieren der diskriminierenden Personen bzw. der Situation beinhalten, manchmal mit erklärenden Zusätzen:
- Ich ignoriere sie. Es muss sich um Menschen handeln, die mit ihrem Leben unzufrieden sind.
- Ich ignoriere sie nach dem Motto ‚sie wissen nicht, was sie tun'.
- Ich stecke es sehr gut weg, weil ich stolz auf meine Hautfarbe bin und [woher ich] komme, wofür ich mich nicht schäme.

---

8   Manche Personen nennen zwei Strategien, daher ist die Anzahl der Strategien höher als die Zahl der Personen, die die Frage beantwortet haben. 14 Aussagen konnten nicht zugeordnet werden, weil die Strategien nicht benannt wurden: „unterschiedlich", „kommt auf die Situation an", „kann mein Verhalten nicht beschreiben", „ich reagiere schlecht", „weiß nicht", „schwierig, mit fremden Leuten darüber zu reden".

Viermal wurde dem Ignorieren ein „manchmal" hinzugefügt, was auf weitere, nicht explizierte Strategien hinweist, und ebenso wird einige Male die andere Strategie genannt:
- Ich lasse es meine Freude nicht beeinflussen. Ich ignoriere es manchmal, manchmal kämpfe ich für mich.
- Entweder ich ignoriere die Person, oder ich wehre mich, [indem ich] einen sensiblen Punkt bei ihr berühre.
- Da ich die Sprache nicht beherrsche und weil ich eher ruhig bin, ignoriere ich diese Personen. Zuhause explodiere ich aber dann meistens.

In einigen Fällen wird ein Lernprozess im Strategiewechsel beschrieben:
- Mittlerweile weiß ich, dass viele Leute bei den Ausländern nur einen Sündenbock für ihre Probleme suchen. In meinem Heimatland gibt es auch Diskriminierung, dies macht alles etwas einfacher.
- Ich habe gelernt, nicht darauf zu reagieren. Normale Leute diskriminieren nicht.
- Ich achte nicht mehr darauf. Die Deutschen, die so was machen, sind nur blöd, das ist wegen ihrer Unwissenheit.

4.2 Passive aufmerksamkeitsabwendende (innerpsychische ereignisdistanzierte) Strategien

Dieser Kategorie (N=25) wurden Strategien zugeordnet, die Vermeidung, Rückzug, Unwissenheit, Gleichgültigkeit, Hilflosigkeit, Verdrängung beinhalten.

- Ich gehe nicht viel raus.
- Ich reagiere nicht, ich bleibe ruhig.
- Ich ziehe mich zurück und sage nichts.
- Ich sage lieber nichts, denn ich allein werde diese Leute nicht ändern.
- Möge Gott intervenieren.
- Oft mit Gleichgültigkeit.
- Ich bin immer passiv.
- Ich tue nicht viel. Ich verstehe die Sprache nicht.
- Es ist mir egal.
- Ich verdränge es, nur wenn mein Kind mich darauf anspricht, merke ich es.

Bei einigen Aussagen bleibt m.E. unklar, ob es sich um Strategien handelt, die die Aufmerksamkeit abwenden (können) oder eher Abwehrmechanismen aktivieren, die den Konflikt nach innen verlagern, evtl. mit psychosomatischen Reaktionen.

4.3 Aufmerksamkeitszuwendende passive (innerpsychische ereigniszentrierte) Bewältigungsstrategien

Bei den unter dieser Kategorie aufgenommenen Aussagen (N=58) wurde davon ausgegangen, dass die Person sich stark mit der Diskriminierung beschäftigt, sich aber aus verschiedenen Gründen nicht aktiv dagegen zur Wehr setzt. Hierzu gehören die Verarbeitung von Gefühlen, die eher *lähmend* wirken und *Hilflosigkeit* hervorrufen, *Vermeidungsverhalten* sowie *Schweigen und Ruhe bewahren*:

- Sehr traurig, und ich fühle mich krank.
- Angst und Scham.
- Enttäuschung.
- Es ist ein unmenschliches Verhalten, man soll es nicht praktizieren, ich hasse es.
- Bei der Ausländerbehörde hatte ich Angst, mich zu wehren.
- Wut, Unruhe, Traurigkeit.
- Ich habe Angst, mich zu wehren, weil ich allein in Deutschland bin.
- Ich schaue weg.
- Man kann nichts tun.
- Ich muss akzeptieren, dass es Leute gibt, die andere wegen ihrer Hautfarbe nicht akzeptieren.
- Unterschiedlich, gegenüber einer Gruppe resigniere ich.
- Diskriminierung ist breit, man kann nichts dagegen tun.
- In den meisten Fällen hilflos.
- Keine Reaktion, ich kenne die Gesetze und die Sprache nicht.
- Szene vermeiden.
- Ich gehe nicht oft aus.
- Ich lasse den Gegner agieren wie er will.
- Schweigen, aber ich verstehe die Leute, die Deutsch können, dass sie darauf reagieren.
- Gar nicht, ich bin ein sehr ruhiger Mensch.
- Einem Blöden antwortet man mit Schweigen.
- Ich reagiere nicht, weil ich kein Deutsch kann.
- Ich versuche, cool zu bleiben.
- Ich ziehe mich zurück, ich block ab.
- In dem Moment bin ich schüchtern, ich verliere mein Wort.

Andere Strategien, die dieser Kategorie zugeordnet wurden, sind *Delegation der Konfliktregelung an andere Instanzen*:

- Deutschland als große Macht sollte Migranten Rechte einräumen und achten, wie in den U.S.A., England, Frankreich.
- Ich bete zu Gott, ihre Herzen zu besänftigen. Mein Kind war krank, und sie wollten mich abschieben nach Kanada.
- Vor Gott sind alle Menschen gleich, das beruhigt mich.

- Solche Leute müssen gestraft werden.
- Ich kann es nicht ändern, das ist Aufgabe der Regierung.

Sowie Mitleid bzw. Verachtung für den Aggressor:

- Ich nenne das Dummheit und Neid, weil wir gut aussehen und sie nicht. Wir sind mit einer Hautfarbe vollständig geboren und sie nicht.
- Sie tun mir leid um ihre Blödheit.
- Verachtung für die Täter.

Wie stark Passivität erzwungen und mit einer krank machenden Internalisierung von Konflikten verbunden sein kann, veranschaulicht folgende Aussage:

- Im ersten Jahr habe ich nichts gesagt und wäre beinahe vor Frustration geplatzt. Danach habe ich gelernt, streng zu reden, ohne Aggression oder Schimpfen. Meistens zieht sich die Person zurück oder hält den Mund.

4.4 Aktive aufmerksamkeitszuwendende (aktionale ereigniszentrierte) Bewältigungsstrategien

Dieser Kategorie wurden die meisten Aussagen (N=119) zugeordnet. Eine Durchsicht der Antworten legt es nahe, diesen Bewältigungstypus auf einem Kontinuum von eher kognitiven (affektiv neutralen wie schwach affektiven) bis hin zu eher und stark affektiven Strategien zu ordnen.

Kognitive Strategien kommen z.B. in Aussagen zum Ausdruck, die Sachlichkeit, Nachdenklichkeit, Selbstreflexivität, ein um Verständnis und Aufklärung bemühtes, konfliktminderndes, dialogorientiertes, die eigenen Gefühle disziplinierendes oder dem Diskriminierenden diese verständlich machendes, den eigenen Standpunkt vertretendes Verhalten oder ein gefühlsmäßiges Unbeteiligt-Sein beinhalten.

Beispiele:

- Ich versuche, den Leuten zu erklären, dass sie nichts daran machen können, dass ihnen die Hautfarbe fehlt.
- Ich lasse die Person dies wissen. Manchmal rede ich direkt mit der Person, oder ich schüttele nur meinen Kopf, oder ich frage einfach die Person, warum er oder sie das tut, weil ich eine Ausländerin bin, oder manchmal ich ignoriere einfach die Person. Aber meistens ich lasse die Person sofort dies wissen.
- Ich stehe drüber.
- Ich versuche, mit einigen zu reden.
- Behörden warnen.
- Mit Ausländerberatungsservice sprechen.
- Es hängt von meiner Laune ab, meist sage ich der Person meine Meinung, manchmal lache ich nur darüber.

- Belehre die Person.
- Ich frage mich immer, ob es mit dieser Hautfarbe zu tun hat oder einfach nur so passiert, besonders wenn keine ausländerfeindlichen Gesten oder Aussagen benutzt werden.
- Ich rede nicht, nur bei dem Fall ‚Schwarze gehe zurück mit Deiner Tochter' habe ich dem Kind gesagt, dass es unhöflich ist.
- Dialog ist die Waffe der Verteidigung.
- Man muss in der Gesellschaft seine Persönlichkeit einsetzen.
- Die Person ruhig zur Vernunft bringen.
- An der Seite des Diskriminierten sein, versuchen, die Situation zu beruhigen, wenn es nicht geht, die Polizei anrufen.
- Keine Komplexe haben. Reagieren und die Person auf Deutsch zurechtweisen.
- Wie kann [ich] damit fertig werden. Ich diskutiere mit anderen darüber.
- Ich versuche, den Leuten zu erklären, dass sie mich gerade verletzt haben, und wenn sie es nicht verstehen, dann sage ich, dass es mir leid tut, du bist kein Mensch mehr für mich.
- Ich spreche darüber, und das beruhigt mich.
- Ich wehre mich verbal, trotz meiner schlechten Deutschkenntnisse.
- Ich denke, es ist nötig, in solchen Situationen zu argumentieren.
- Ich äußere mich immer bei Diskussionen.
- Wenn mich jemand Negerin nennt, dann rede ich mit ihm. Ich gehe davon aus, dass die Person ignorant ist.
- Diskussion in der Familie und mit Freunden.
- Ich rede darüber und distanziere mich von einigen Leuten.
- Es ist hart, damit fertig zu werden. Ich versuche zu verstehen, aber es ist nicht einfach.
- Ich werde nächstes Mal positiv reagieren, Ausländerbeauftragte konsultieren.
- Ich reagiere, ich antworte mit Gleichgültigkeit.
- Ich tue nichts. Ich verlasse direkt den Ort.
- Verschieden, manchmal rege ich mich darüber auf, aber wenn es mir nicht wichtig erscheint, dann übergehe ich das einfach.
- Ich sage dem Täter direkt ins Gesicht, dass ich es nicht in Ordnung finde.
- Manchmal bin ich überfordert und reagiere nicht. Aber [wenn] ich reagiere, dann mit Würde. Ich sage den Tätern, dass sie ignorant sind, und das ist der Grund ihres Verhaltens.
- Ich verhalte mich ruhig und gehe nicht auf die Provokation ein, ich vermeide jeden Streit.
- Mit Stolz und Verstand.
- Ich versuche, freundlich zu bleiben und Leute aufzuklären, dass alle gleich sind und nur die Hautfarbe unterscheidet.
- Ich lerne mehr, meine Grenzen wahrzunehmen, rechtzeitig Grenzen zu setzen. Ich helfe anderen, die diskriminiert werden.
- Manchmal bin ich verbal offensiv, es kommt immer auf die andere Person an, wie ich mich verhalte.

- Ich kläre die auf.
- Ich ärgere mich nicht. Ich versuche, meine Gefühle zu kontrollieren.
- Es hängt von meiner Laune ab. Ich sage der Person meine Meinung.
- Ich versuche, die Leute zu belehren oder verteidige mich verbal.
- Ich versuche, die Menschen zu Selbstreflexion zu veranlassen.
- Ich zeige den Leuten, dass wir alle das gleiche Blut, die gleiche Haut haben, auch wenn wir uns durch die Haut- und Haarfarbe unterscheiden.
- Wir haben das gleiche soziale, gesundheitliche, erzieherische Niveau wie Deutsche.

Die Souveränität im Umgang mit Ab- und Entwertungen, die aus vielen dieser Aussagen spricht, ist nicht jeder Frau gegeben, geschweige denn gewollt und wird von einer Mehrheit angesichts der erfahrenen Erniedrigung als nicht angemessen zur Bewältigung der eigenen Verletzung empfunden. Die *(eher) affektiven Bewältigungsstrategien* sind daher auch nur in Ausnahmefällen freundlich oder harmlos („Ich reagiere mit einem einfachen Lächeln"). Manche sind affektiv nicht näher bestimmbar, z.B., wenn neun Frauen nur sagen, dass sie sich wehren.

Manche spezifizieren, dass sie sich *verbal* wehren:
- Manchmal wehre ich mich dagegen. Ich leide sehr darunter. Anfangs konnte ich mich verbal nicht so schnell wehren (Sprachschwierigkeiten), das war sehr frustrierend.
- Ich wehre mich verbal dagegen, ich lasse mich nicht unterkriegen. Ich kämpfe für meine Rechte.
- Manchmal wehre ich mich dagegen, besonders in der Schule, wo Lehrer sich meinen Kindern gegenüber nicht gerecht verhalten.
- Ich habe mich gewehrt. Ich war wütend und habe zwei Tage nicht gearbeitet.
- Ich greife Leute verbal an.
- Ich schimpfe zurück. Ich gehe davon aus, dass es um eine ignorante Person geht und weise sie zurück. Sie sollen mich in Ruhe lassen.
- Aus Angst, ausgewiesen zu werden, habe ich am Anfang nichts gesagt. Mittlerweile schimpfe ich zurück.

Manche ergreifen Vergeltungsstrategien:
- Wenn man mich diskriminiert, dann mache ich ihn fertig, ich habe keine Zeit, ihn zu belehren.
- Wut, wenn Diskriminierung die einzige Sprache ist, die diese Personen sprechen, dann spreche ich eben diese Sprache.
- Ich sage der Person, dass sie null ist und eher sich bilden muss.
- Ich diskriminiere sie zurück.
- Beleidige die Person auf die gleiche Weise.
- Auge für Auge, Zahn für Zahn.
- Ich verhalte mich genauso wie die.

Schließlich gibt es noch Aussagen, die es nahelegen, dass *extreme Reaktionen* und auch *körperliche Gewalt* nicht ausgeschlossen, bzw. explizit mit einbezogen werden:

- Ich fühle mich nicht wohl, ich habe auch geschimpft. Die Polizei hat mir eine Strafe gegeben.
- Manchmal ein wenig rebelliert, sogar bereit, mein Leben zu riskieren.
- Ich werde aggressiv.
- Ich reagiere sehr schlecht.
- Ich werde sauer, und es verursacht Probleme mit Deutschen.
- Ich kann brutal werden, aber man muss immer Ruhe bewahren.
- Gleich danach werde ich sehr rebellisch und böse.
- Manchmal ich ignoriere es, manchmal ich schimpfe, manchmal möchte ich sie schlagen.
- Auch gewalttätig.
- Ich lasse mich nicht unterkriegen. Ich wehre mich verbal oder körperlich.
- Ich mache es öffentlich, ich werde aggressiv.
- Ich beschimpfe sie, und wenn jemand zu mir kommt, dann bin [ich] bereit zu kämpfen und ihn zu schlagen.

4.5 Aussagen aus den Interviews zu den verschiedenen Bewältigungsstrategien:

- Auf Diskriminierung reagiere ich auf vielerlei Arten. Erstens ich frage mich, warum er das fragt. Wenn ich denke, der Mensch hat keine Ahnung von anderen Ländern oder hat keine Erdkunde gehabt, dann versuche ich, ihm beizubringen. Wenn ich aber denke, der ist bösartig, tue ich, als ob nichts passiert ist, einfach ignorieren.
- Manchmal schimpfe ich viel. Ich reagiere so stark. Wenn das mich überrascht, dann habe ich nichts mehr zu sagen. Hinterher ärgere ich mich, ich frage mich, warum ich nicht so geantwortet habe.
- Ich denke, ich versuche, schon ganz korrekt zu sein, und wenn einer nicht korrekt zu mir ist, dann versuche ich einfach wegzugehen. Manchmal sage ich auch, bist du rassistisch?
- Ich lerne mehr, meine Grenzen wahrzunehmen, rechtzeitig Stopp zu sagen. Ich höre auf, Beleidigungen zu verdrängen. Ich spreche Sachen offen an und traue meinen Wahrnehmungen. Ich unterstütze andere, die verbal, subtil oder tätlich angegriffen werden, auch wenn es nur peinlich ist aufzufallen.
- Ich lasse mich nicht mehr so diskriminieren. Das ist so ein Rache Ding. Wie ihr mir, so ich euch. Aber ich muss sagen, davon bin ich auch lockerer jetzt geworden. Ich habe nur mit Schwarzen gegangen, mich über Deutsche und Diskriminierung aufgeregt. Und das habe ich jetzt nicht mehr. Man grenzt sich selbst ein, wenn man das so macht, und das bringt auch nichts. Und es gibt ja auch unterschiedliche Menschen. Also, man kann das nicht alles so in einen Sack werfen. Für mich ist manchmal problematisch, wenn ich mich mit Leuten gut verstehe und die bringen auf einmal was Schlimmes raus, das trifft mich eher, als wenn irgendwo in der Öffentlichkeit Leute was Gemeines sagen. Dann gucke ich die Leute einfach nur so an oder so. Es gibt Leute, die noch

beschränkt sind, dass sie sich nicht in Andere hineinversetzen wollen und sogar nicht die Höflichkeit haben, sich zu entschuldigen, auch wenn die das nicht verstehen. Ich sehe die Leute als Problemfall an. Früher war das so, die Leute haben was gesagt, und dann fühlte ich mich als Problem. Heute ist das nicht mehr der Fall. Nee, also, das ist ja, jetzt hat sich es verändert, weil ich weiß, wer ich bin und meine guten und schlechten Qualitäten und das greift mich wirklich nicht mehr in meiner eigenen Person an. Das ist eher so ein Äußerliches, dass ich mir dann denke, ‚Mein Gott, sind die noch wirklich so auf dem Stand'? Eher so, von außen betrachtet.

– Es hängt von der Situation ab, und ab und zu auch von meiner eigenen Laune. Am Anfang hatte ich gar nicht reagiert, weil ich kein Deutsch sprach und den Sinn nicht verstanden hatte. Als ich auch keine Papiere hatte, hatte ich auch nicht reagiert, um nicht aufzufallen, mit der Angst, die Behörden können mich zurückschicken. Jetzt schimpfe ich zurück. Manchmal ignoriere ich die Person. Danach bin ich traurig, und das macht mich krank. Einmal saß ich in der Straßenbahn einem Ehepaar gegenüber. Plötzlich sagte der Mann zu seiner Frau: ‚Ich habe Lust, diese Negerin zu ohrfeigen'. Seine Frau fragte ihn: ‚Was hat sie dir getan'? Er antwortete: ‚Sie gehört zu denjenigen, die hier herkommen und von unserer Sozialhilfe profitieren'.

– Ich reagiere gar nicht drauf. Ich bin traurig und weine. Ich habe keine andere Wahl. Ich sage überhaupt nichts.

– Ja, wie gesagt, wo ich jetzt mittlerweile in einem Antidiskriminierungsinformationsbüro arbeite, kann ich damit sehr sachlich, fachlich umgehen, ganz professionell, aber teilweise empfinde ich auch tiefe Gefühle und Mitbetroffenheit mit dem Klienten, weil sie teilweise auch Sachen sind, die ich auch erlebt habe oder immer noch jeden Tag erlebe. Das heißt, sachlich, aber manchmal auch emotional, und ich fühle manchmal auch die Hoffnungslosigkeit.

– Ich reagiere gar nicht drauf. Ich ignoriere sie einfach. Ich sage mir, in dem Moment, wo ich auf ihr blödes Verhalten reagiere, gebe ich ihnen das Gefühl, wichtig zu sein. Ich berücksichtige sie gar nicht. Ich weiß, dass es nicht so weiter gehen wird. Ein Tag wird kommen, wo ich sofort reagieren werde, und das wird wirklich furchtbar sein.

– Es ist sehr unterschiedlich. Derjenige, der mich angreift, wird es bereuen. Ich bin kein aggressiver Mensch, ich möchte nur in Ruhe gelassen werden.

– Meinem Nachbarn habe ich zum Beispiel gezeigt, wer ich bin. Wenn du einmal was gemacht hast, das mir nicht gefallen hat, dann zeige ich dir, dass ich mich gut durchsetzen kann, dass ich weiß, was mir zusteht, was sind meine Pflichten, meine Rechte hier in diesem Haus. Ich habe keine Angst. Ich agiere, ich reagiere immer. Auf Beschimpfungen reagiere ich mit Beschimpfungen zurück, aber wenn ich sehe, dass du sehr doof bist, dann gucke ich nur weg. Dann sage ich nur, es tut mir leid, dass du die Schule nicht besucht hast. Ich zeige dir, dass ich nicht für deine Dummheit verantwortlich bin und gucke dich nur noch an, wenn du dich entschuldigst.

– Manchmal kommt es vor, dass ich nichts sage, oft staune ich. Wenn ich guter Laune bin oder fast, gucke ich nur, ich sage nichts. Manchmal reagiere ich wirklich sehr schlecht. Ich sage alles, was ich will, ich spreche Französisch, Englisch. Was ich nicht auf Deutsch sagen kann, sage ich auf Englisch, damit sie es verstehen. Sie verstehen

alle Englisch. Oft explodiere ich und mache alles „kaputt". Wenn ich im Geschäft bin, blockiere ich alles. Ich sage, sie sollen die Polizei anrufen. Da ich für die eine Diebin bin, werde ich nichts aufmachen. Erst die Polizei wird die Taschen aufmachen. Sie werden einen Dolmetscher rufen müssen, um ins Französisch zu übersetzen. Ich möchte nichts mehr wissen. Danach entschuldigen sie sich, und sagen, ich soll gehen und alles das ... ich explodiere.
- Wissen Sie, wir sind daran gewöhnt. Seitdem ich in Deutschland bin, habe ich es immer schwer gehabt. Heute bin ich stark.
- Das macht mich wütend. Ich weiß nicht, wie kann man ... Ich ziehe mich mehr zurück, das ist meine Reaktion.
- Bei leisen (subtilen) Diskriminierungen reagiere ich total unwohl. Ich gucke zurück, ich würde gern was sagen, kann nichts sagen, weil ich keinen Grund [habe], was zu sagen, also offiziell jetzt. Und bei verbalen Diskriminierungen gebe ich zurück. Deshalb sage ich immer, dass die deutsche Sprache eine Waffe für mich ist. Das ist nicht nur ein Kommunikationsmittel für mich. Ich schieße zurück. Wenn jemand mich verbal diskriminiert, dann kriegt er die Rechnung, und da kenne ich kein Pardon. Und ich denke, das ist, was man tun soll.
- Wie gehe ich mit Diskriminierung um? Hm ... Wenn jemand mich ärgert oder irgendetwas so, dann sage ich ganz laut und konkret meine Meinung dazu. Danach ärgere ich mich ein bisschen. Nur wenn ich meine Meinung nicht sage, dann ärgere ich mich nachher sehr.
- Manchmal spreche ich mit dem Täter und sage ihm, was er tut, ist nicht richtig, wir sind gleich, unabhängig von der Hautfarbe und der Herkunft.
- Ich schaue mir Leute an, die irgendetwas Diskriminierendes sagen, und wenn es für mich dumme Leute sind, dann sage ich, dass das Gehirn, das sie besitzen, es nicht anders zulässt. Aber ich reagiere nicht darauf. Ich reagiere nach Situation. Man guckt sich denjenigen an, ob es sich lohnt, mit dem auseinander zu setzen oder nicht. Meistens sind es für mich minderbemittelte Deutsche, die einfach sich bei mir auslassen wollen. Ich wäre noch traurig, wenn es Leute [wären], von denen ich was halte, wo ich reagieren würde, dann muss ich mir überlegen, was ich dagegen mache.
- Oft wenn ich Ärger habe, dann ärgere ich auch die Leute. Wenn ich in der Bahn sitze und jemand sieht, dass ich komme und der steht auf und geht zu einem anderen Stuhl, dann gehe ich auch darüber, nur um zu ärgern. Das macht mir auch Spaß. Ansonsten macht es mir gar nichts aus, weil ich weiß, dass Leute so sind.

4.6 Zusammenfassung

Zusammenfassend lässt sich feststellen, dass die Befragten ein großes Spektrum an Bewältigungsstrategien anwenden, die persönlichkeits- und situationsspezifisch wie auch erfahrungsbedingt variieren können. Unabhängig davon, dass die kategoriale Zuordnung möglicherweise einige Schwächen aufweist, fällt die starke Aufmerksamkeitszuwendung/Ereigniszentrierung auf. Ein Blick auf die Inhalte zeigt dabei, welchen unerträglichen Erfahrungen viele Afrikanerinnen in Deutschland ausgesetzt sind, wie viel Energie in deren Be- und Verarbeitung einfließt, und welche extrem verzweifelten Gefühle sowie Bewältigungsstrategien, bis hin zur Inkaufnahme von psychischen wie physischen Schädigungen, dadurch z.T. ausgelöst werden. Manche Aussagen können als Indiz gewertet werden, dass die Betroffenen sich nicht ‚unterkriegen' lassen, sich zur Wehr setzen und den widrigen Umständen eine hohe Resilienz (Widerstandskraft) entgegensetzen. Auf theoriefundierte Analysen der Auswirkungen von Diskriminierung muss im Rahmen dieses Beitrags verzichtet werden. Vielmehr sollen die hier dargestellten Befunde abschließend in den Kontext einiger Forschungsergebnisse zu Fremdenfeindlichkeit und Rassismus gestellt werden.

5. Diskussion

Die Aussagen der Afrikanerinnen, aus denen im Rahmen dieses Beitrags nur ein kleiner, aber facettenreicher Ausschnitt ausgewählt werden konnte, präsentieren ein erschreckendes Bild der Gesellschaft in Deutschland. Der Mehrheit der „weißen" Bevölkerung bleibt diese Realität mangels Perspektivenwechsel, d.h., der Fähigkeit und Bereitschaft, diese Gesellschaft von einem anderen als ihrem gewohnten Standpunkt und Standort aus zu betrachten, normalerweise verborgen. Laut Aussagen der Afrikanerinnen besitzen nur sehr wenige weiße Deutsche die Sensibilität, Diskriminierungen nachzuempfinden, und die folgende Aussage ist eine Ausnahme unter den vielen Äußerungen zu diesem Thema:
– Sie sind genauso schockiert, und sie schämen sich, dass ihr Volk uns das Leben so schwer macht.

Überwiegend äußerten sich die Befragten wie folgt:
– Ich habe damit Erfahrungen gemacht, die mir leider nicht so angenehm sind. Ich finde die Art und Weise, wie Menschen über die Leidensthemen anderer Menschen hier sprechen, sehr traurig. Es ist einfach eine grundlegende Unsensibilität da für die negativen Erfahrungen der Anderen.
– Die Deutschen reagieren so: ‚Mein Gott, das gibt so was bei uns nicht'. Die Ausländer, alle, aber alle, wissen, dass es in Deutschland zu viel Rassismus gibt.

Neben Unsensibilität und Leugnung aufseiten weißer Deutscher berichten Afrikanerinnen oft davon, dass ihnen Übersensibilität vorgeworfen wird. Tatsächlich handelt es sich bei den Aussagen der befragten Afrikanerinnen um die Schilderung von Erfahrungen, die von Forschungsergebnissen zu Fremdenfeindlichkeit und Rassismus in Deutschland bestätigt werden.

Nach der von Heitmeyer herausgegebenen zehnjährigen Langzeitstudie zur „Gruppenbezogenen Menschenfeindlichkeit" (GMF)[9] (2002–2012) verharrt Fremdenfeindlichkeit in

---

9 Diese liegt nach Heitmeyer dann vor, wenn „Personen aufgrund ihrer gewählten oder zugewiesenen Gruppenzugehörigkeit als ungleichwertig markiert und feindseligen Mentalitäten, der Abwertung und Ausgrenzung ausgesetzt" sind (Heitmeyer, 2006, S. 21).

Deutschland auf einem hohen Niveau, desgleichen das rechtspopulistische Potential. Als gemeinsamer Kern aller zur „gruppenbezogenen Menschenfeindlichkeit" gehörenden Elemente[10] wird die Überzeugung der Ungleichwertigkeit angenommen, die Afrikanerinnen, wie unsere Studie zeigt, aufgrund ihrer Visibilität besonders zu spüren bekommen.

Auch im internationalen Vergleich sind die Ergebnisse für Deutschland peinlich bis erschreckend. So wurde im Eurobarometer 57.0 (Europäische Kommission, 2003) zu „Diskriminierung in Europa" u.a. die Frage gestellt, inwieweit es nach Meinung der Befragten ‚gerecht' oder ‚ungerecht' wäre, Menschen zu diskriminieren.[11] Auf einer kombinierten Einzelskala zur Ablehnung von Diskriminierung mit dem Maximalwert 100 wird für die (damals) 15 EU-Länder ein Durchschnitt von 82 ermittelt. Spanien liegt mit 89 an der Spitze der Antidiskriminierungsskala, gefolgt von Luxemburg (88), Großbritannien und Dänemark (jeweils 87), während Deutschland das extreme Schlusslicht bildet, und zwar mit 71 für Ost- und 68 (!) für Westdeutschland (hinter Österreich mit immerhin noch 78).[12]

Die gesellschaftlichen Gründe für das hohe Niveau an gruppenbezogener Menschenfeindlichkeit sieht Heitmeyer in der „ökonomistischen Durchdringung sozialer Verhältnisse" (2012, S. 27), in der Entmachtung demokratisch legitimierter Institutionen („Demokratieentleerung"), im Verlust des gesellschaftlichen Zusammenhalts („Rette sich wer kann") (ebd., S. 20), „in fehlenden politischen und öffentlichen Debatten über das Verhältnis von Kapitalismus und Demokratie" (ebd.), in einer „rohen Bürgerlichkeit [...], die sich bei der Beurteilung sozialer Gruppen an den Maßstäben der kapitalistischen Nützlichkeit, der Verwertbarkeit und Effizienz orientiert und somit die Gleichwertigkeit von Menschen sowie ihre psychische wie physische Integrität antastbar macht und dabei zugleich einen Klassenkampf von oben inszeniert" (ebd., S. 34f.).

In erster Linie ist eine Politik gefordert, die die zu sozialer Desintegration führenden und Fremdenfeindlichkeit verstärkenden prekären Beschäftigungsverhältnisse und Beschäftigungsunsicherheiten abbaut (vgl. hierzu Mansel, Christ & Heitmeyer, 2012). Die Zivilgesellschaft hat sich für einen stärkeren sozialen Zusammenhalt einzusetzen, demokratische Prozesse einzufordern und sich mit Rechtsextremismus/-populismus nicht am Rande der Gesellschaft, sondern in ihrer eigenen Mitte auseinander zu setzen (vgl. hierzu Klein & Heitmeyer, 2012). Das Bildungssystem hat, seinen demokratischen Aufgaben

---

10 Vgl. hierzu Heitmeyer, 2012, S. 17.
11 Die Definition von Diskriminierung lautete, „andere (und zwar benachteiligende oder schlechtere) Behandlung von Menschen auf Grund der Rasse oder der ethnischen Herkunft, der Religion oder der Weltanschauung, einer Behinderung, des Alters oder der sexuellen Ausrichtung". Die Frage bezog sich auf die vier Bereiche Arbeitsplatz, Bildung, Wohnungssuche und Dienstleistungen.
12 Im Eurobarometer Spezial 296 zu Diskriminierung in der EU 2008 wird diese Frage leider nicht mehr gestellt. Hier haben Fragen nach der Wahrnehmung von Diskriminierung ergeben, dass Diskriminierung als (geringfügig) weniger verbreitet gilt als vor fünf Jahren – außer bei der ethnischen Herkunft (Europäische Kommission, 2008, S. 9): Zudem betrifft Diskriminierung Befragte, die außerhalb Europas geboren wurden, mehr als doppelt so häufig wie in Europa Geborene (ebd., S. 14). Auch bei diesem Eurobarometer (2008, S. 33f.) bildet Deutschland das Schlusslicht.

gemäß, alle Kinder auf der Basis von Menschenrechten, Kinderrechten und Grundgesetz zu fördern, Diskriminierungen konsequent aufzudecken, ethnische, kulturelle und religiöse Vielfalt als Normalität im Rahmen eines globalisierten Systems zu begreifen und das entsprechende, auch historische Wissen hierzu zu vermitteln sowie Einstellungen und Verhaltensweisen dahingehend zu reflektieren, dass Ursachen wie auch Funktionen von Vorurteilen und Rassismus erkannt werden.

An konkreten Vorschlägen zum Abbau von Fremdenfeindlichkeit, Rassismus und Diskriminierung, die im Rahmen einer Interkulturellen Pädagogik inkl. ihrer Teilbereiche des Globalen Lernens, einer antirassistischen Erziehung oder einer Friedenspädagogik entwickelt wurden, mangelt es nicht. Eine Erziehungswissenschaft, die sich ihrer gesellschaftlichen Voraussetzungen und Bedingungen bewusst ist, kann wählen, welche Tendenzen sie fördern will und welche Konzepte hierzu in die Praxis umgesetzt werden sollen. Darüber hinaus lassen sich viele wertvolle Hinweise den Aussagen der Betroffenen entnehmen, denen mit unserem Forschungsprojekt mehr Gehör verschafft werden sollte. Ein solcher Perspektivenwechsel ist notwendig, wenn „Bildung und Gesellschaft in der Weltgesellschaft" ihr euro-/ethnozentrisches Bias verlieren soll.

Literatur

Asbrock, F., Wagner, U. & Christ, O. (2006). Diskriminierung. Folgen der Feindseligkeit. In W. Heitmeyer (Hrsg.), *Deutsche Zustände. – Folge 4* (S. 146–175). Frankfurt a.M.: Suhrkamp.

Clark, R., Anderson, N., Clark, V.R. & Williams, D.R. (1999). Racism as a Stressor for African Americans. *American Psychologist, 54* (10), 805–816.

Europäische Kommission, Generaldirektion Beschäftigung und Soziales (2003). *Eurobarometer 57.0: Diskriminierung in Europa.*

Europäische Kommission, Generaldirektion Beschäftigung und Soziales (2008). *Eurobarometer Spezial 296: Diskriminierung in Europa.*

Filipp, S.-H. & Klauer, T. (1988). Ein dreidimensionales Modell zur Klassifikation von Formen der Krankheitsbewältigung. In H. Kächele & W. Steffens (Hrsg.), *Bewältigung und Abwehr* (S. 51–68). Berlin u.a.: Springer.

Gomolla, M. & Radtke, F.-O. (2002). *Institutionelle Diskriminierung*. Opladen: Leske & Budrich.

Heitmeyer, W. (Hrsg.). (2006). *Deutsche Zustände. – Folge 4*. Frankfurt a.M.: Suhrkamp.

Heitmeyer, W. (Hrsg.). (2012). *Deutsche Zustände. – Folge 10*. Frankfurt a.M.: Suhrkamp.

Klein, A. & Heitmeyer, W. (2012). Demokratie auf dem rechten Weg? Entwicklungen rechtspopulistischer Orientierungen und politischen Verhaltens in den letzten zehn Jahren. In W. Heitmeyer (Hrsg.), *Deutsche Zustände. – Folge 10* (S. 87–104). Frankfurt a.M.: Suhrkamp.

Küpper, B. & Zick, A. (2006). Riskanter Glaube. Religiosität und Abwertung. In W. Heitmeyer (Hrsg.), *Deutsche Zustände. – Folge 4* (S. 179–188). Frankfurt a.M..: Suhrkamp.

Liebkind, C. & Jasinskaja-Lahti, I. (2000). The Influence of Experiences of Discrimination on Psychological Stress. A Comparison of Seven Immigrant Groups. *Journal of Community and Applied Social Psychology*, *10* (1), 1–16.

Mansel, J., Christ, O. & Heitmeyer, W. (2012). Der Effekt von Prekarisierung auf fremdenfeindliche Einstellungen. In W. Heitmeyer (Hrsg.), *Deutsche Zustände. – Folge 10* (S. 105–128). Frankfurt a.M.: Suhrkamp.

Nestvogel, R. & Apedjinou, D. (2003). Afrikanerinnen in Deutschland – Lebenslagen, Erfahrungen und Erwartungen. *Netzwerk Frauenforschung NRW: Journal*, *15*, 27–36.

Nestvogel, R. (2005). Kindergärten aus der Sicht von Afrikanerinnen. *Interkulturell und Global* (1,2), 179–198.

Nestvogel, R. (2006). Sozialisation(stheorien) in interkultureller Perspektive am Beispiel eines Forschungsprojekts zu Afrikanerinnen in Deutschland. In H. Bilden & B. Dausien (Hrsg.), *Sozialisation und Geschlecht* (S. 257–274). Opladen: Budrich.

Nestvogel, R. (2006). Bildungs- und Berufserfahrungen von afrikanischen Migrantinnen in Deutschland – Ergebnisse aus einer quantitativ-qualitativen Untersuchung. In A. Schlüter (Hrsg.), *Bildungs- und Karrierewege von Frauen* (S. 145–167). Opladen: Budrich.

Nestvogel, R. (2007). Schulen in Deutschland aus der Sicht von Afrikanerinnen. *Pädagogik*, *59* (2), 34–38.

Niedrig, H. (2003). Dimensionen der Fremdbestimmung im Flüchtlingsraum. In U. Neumann, H. Niedrig, J. Schroeder & L.H. Seukwa (Hrsg.), *Lernen am Rande der Gesellschaft. Bildungsinstitutionen im Spiegel von Flüchtlingsbiografien* (S. 397–410). Münster: Waxmann.

Sow, N. (2008). *Deutschland Schwarz Weiß. Der alltägliche Rassismus*. München: Bertelsmann.

Sena Yawo Akakpo-Numado

Die Ausbildung der Lehrkräfte in Togo

Einleitung

Die Stellung und die Rolle des Lehrers im Schulbildungsprozess haben sich im Laufe der Zeit vor allem mit der Entwicklung der psychopädagogischen Lerntheorien und der Unterrichtsmethoden so gewandelt (Lebrun, 2007, S. 77ff.), dass mit dem Beruf des Lehrers im modernen Lernprozess große Anforderungen verbunden sind. Neben den Fachkenntnissen braucht der Lehrer berufliche Kenntnisse und Fähigkeiten, die sich vor allem auf Psychologie, allgemeine Pädagogik, Didaktik und Methodik beziehen.

Die Frage der pädagogisch-beruflichen Ausbildung der Lehrkraft ist so zu einem zentralen Punkt in den Debatten über die Schulbildung im Allgemeinen und über deren Qualität im Besonderen geworden; denn die Effizienz und die Qualität der Schulbildung sind wichtige Komponenten für den Umgang mit den weltweiten Bildungsherausforderungen bzw. für das Erreichen der EFA-Ziele. In dem EFA-Bericht 2010 der UNESCO über die afrikanischen Länder südlich der Sahara heißt es ausdrücklich, dass eine Bildung von schlechter Qualität die Zukunft von Millionen Jugendlichen gefährdet, von denen viele ihr ganzes Leben lang Analphabeten bleiben können (UNESCO, 2010, S. 8). Der Bericht stellt fest, dass die Unterschiede, die von den international-vergleichenden Schulleistungsstudien in Bezug auf die afrikanischen Länder hervorgehoben werden (CONFEMEN, 2010), vor allem an den allgemeinen Schulbildungsumständen in den jeweiligen Ländern (Benutzung der fremden Unterrichtssprache zu Hause, Anzahl der Schüler pro Lehrer und Klasse, Verfügbarkeit der Lehr- und Lernbücher usw.) liegen, zu denen auch die Ausbildung der Lehrkräfte gehört. Der Mangel an ausgebildeten Lehrern ist also ein großes Problem, das die Verwirklichung der EFA-Ziele in Afrika verhindert. In Madagaskar, Mozambik, Sierra Leone und Togo z.B. kommen auf einen ausgebildeten Lehrer durchschnittlich 80 Schüler (UNESCO, 2010, S. 9). Um die universelle Grundschulbildung erreichen zu können, sollen die afrikanischen Länder bis 2015 ca. 2,4 Mio. zusätzliche Lehrer rekrutieren und ausbilden, damit das große Defizit gedeckt und die pensionierten Lehrkräfte ersetzt werden können (ebd., S. 10).

Eine Analyse der Lehrerausbildungspolitik und -praxis in den afrikanischen Ländern ist also von großer Bedeutung und soll helfen, die Schwierigkeiten in der Ausbildung der Lehrkräfte hervorzuheben, damit passende Lösungen gefunden werden können. In dieser Hinsicht befasst sich der vorliegende Beitrag mit der Ausbildung der Lehrkräfte in Togo und knüpft an die Arbeiten von Adick über die Bildungsentwicklung und -probleme in Afrika im Allgemeinen und in Togo im Besonderen an (u.a. Adick, 1979; 1981; 1984; 1992). Der Aufsatz stellt zunächst eine Zusammenfassung der UNESCO-Empfehlungen zur Ausbildung von Lehrkräften und die Ergebnisse von Untersuchungen zum Einfluss der Lehrerausbildung auf die Leistung der Lernenden dar, die alle die Lehrerausbildung als einen wichtigen Faktor für die Schulqualität festlegen. Im Anschluss daran wird die Ausbildung von Lehrkräften für die Vor-, Primar- und Sekundarschulen beschrieben und die Lehrersituation in Bezug auf die pädagogisch-berufliche Ausbildung analysiert. Ziel des Aufsatzes ist, die Schwierigkeiten und Widersprüche sowie die heutigen Herausforderungen in der Ausbildungspolitik und -praxis der Lehrkräfte in Togo hervorzuheben.

Die Analyse erfolgt auf der Basis einer Dokumentenrecherche über die Bildungspolitik und -pläne in Togo seit der Unabhängigkeit im Jahre 1960, auf der Grundlage von Bildungsstatistiken und Berichten der Ausbildungsinstitutionen für Lehrkräfte. Weitere Informationen werden durch Leitfadeninterviews mit dem stellvertretenden Leiter der Ausbildungsabteilung (*Direction des Formations*) des Ministeriums für Primar- und Sekundarschulbildung, mit dem Leiter der Ausbildungsschule für Grundschullehrer in Lomé, mit der Leiterin der Ausbildungsschule für Erzieherinnen in Kpalimé und mit dem Leiter der Ausbildungsschule für Sekundarschullehrer in Atakpamé sowie mit dem Leiter der Abteilung für die Ausbildung der Sekundarschullehrer im Institut für Erziehungswissenschaft der Universität Lomé ergänzt. Die gesammelten Daten wurden einer Inhaltsanalyse unterzogen (Mayring, 2010), die sich an unterschiedlichen Aspekten orientiert: die erforderten akademischen und beruflichen Profile der Lehrkräfte je nach dem Bildungsniveau, die geschichtliche Entwicklung der Ausbildungsinstitutionen, die Ausbildungspläne und -inhalte, die Statistiken, die Probleme der Ausbildung der Lehrkräfte und die Perspektiven (Fortin, 2006; Nda, 2006).

1. Die Lehreraus- und -fortbildung als Voraussetzung für die Bildungsqualität

Es wird heutzutage in den Entwicklungsländern immer mehr über die Qualität der Schulbildung diskutiert, und es ist unumstritten, dass die Qualität des Lernprozesses von vielen Faktoren abhängt. Eine zentrale Bedeutung kommt dabei auch den Kompetenzen der Lehrkraft zu. In den Empfehlungen der *International Labor Organization* und der UNESCO im Jahre 1966 zu den Arbeitsbedingungen von Lehrkräften wird im Kap. 3 Art. 4 festgelegt, dass die Entwicklung der Schulbildung von der Qualifikation und den Kompetenzen der Lehrkraft sowie von den menschlichen, pädagogischen und beruflichen Eigenschaften des einzelnen Lehrers stark abhängt (OIT & UNESCO, 2008, S. 22). In der Tat ist der Lehrer derjenige Akteur im Bildungsprozess, der die Methoden und Techniken an die Lehr- und Lernumstände anpasst und umsetzt, die Inhalte strukturiert, die Schwierigkeiten der Lernenden entdeckt, die Leistungen der Schüler beurteilt usw. Um diese Rolle optimal ausführen zu können, braucht der Lehrer eine geeignete akademische und schulpraktische Ausbildung. Die Empfehlungen der *International Labour Organization* und der UNESCO beschreiben im 5. Kap. die Vorbereitung auf den Beruf des Lehrers, indem die allgemeinen Bedingungen der Rekrutierung sowie die Ausbildungsrichtlinien

der Lehrkraft definiert werden (ebd., 2008, S. 24ff.). Nach diesen Richtlinien sollte jedes Lehrerausbildungsprogramm die folgenden vier Aspekte abdecken:
- allgemeine Bildung,
- Grundwissen zur Philosophie, Psychologie und Soziologie der Bildung sowie zu Bildungstheorien und -geschichte, zur vergleichenden Erziehungswissenschaft, zur experimentalen Pädagogik, zur Bildungsverwaltung und zu den Bildungsmethoden der unterschiedlichen Fächer;
- Studium des besonderen Fachbereichs, in dem die Lehrperson tätig sein wird,
- schulpraktische Anteile unter der Leitung von qualifizierten und erfahrenen Lehrern (vgl. ebd.).

Nach der Ausbildung sollte den Lehrern die Teilnahme an Fortbildungen und geeignete Lebens- und Arbeitsbedingungen gewährleistet werden, damit sie ihre Rolle effizienter ausüben können.

Die Empfehlungen der UNESCO haben zu unterschiedlichen Praxen der Lehrerausbildung geführt, die je nach Entwicklungs- und Einkommensniveau des Landes mehr oder weniger Ressourcen erfordern. Vor allem in den Entwicklungsländern wird ein wichtiger Anteil der Bildungsausgaben der Lehrerausbildung gewidmet. Aber die Suche nach einer Schulbildung von einer immer besseren Qualität mit immer weniger Ressourcen veranlasst Studien, die Rentabilität der Investitionen in der Lehrerausbildung (Mingat & Suchaut, 2000) und die Effizienz der unterschiedlichen Modelle der Lehrerausbildung zu untersuchen (Schwille, Dembele & Schubert, 2007).

In einer wirtschaftlich-vergleichenden Analyse der Grundschullehrerausbildung in Bezug auf die Leistungen der Schüler in den afrikanischen Ländern kommen Mingat & Suchaut (2000) zu dem Ergebnis, dass eine höhere allgemeine Bildung von Lehrkräften nahezu keinen Einfluss auf die Leistungen der Lernenden hat. Dies gilt auch für die pädagogisch-berufliche Basisausbildung. Einen größeren Einfluss hat hingegen eine pädagogische Fortbildung der Lehrkraft auf die Leistung der Schüler (ebd., S. 113–121). Da die Lehrer häufig gemäß ihrem Abschluss im Bereich der allgemeinen Bildung entlohnt werden, verursachen die „überqualifizierten" Grundschullehrer nach dieser Untersuchung nur hohe Kosten für die Schulsysteme, ohne jedoch die Lernleistungen der Schüler dadurch positiv zu beeinflussen.

Was die Ausbildung der Lehrkräfte anbelangt, erwähnen Schwille et al. (2007) in ihrer Analyse von unterschiedlichen Modellen der Lehrerausbildung die Ergebnisse einer Studie von Feiman-Nemser (2001), die zu dem Schluss kommt, dass der Klassenraum der beste Ort sei, um Lehren zu lernen. Denn die pädagogisch-berufliche Basisausbildung der Lehrer in den Ausbildungsschulen ist oft sehr theoretisch und verbindet nicht die Theorie mit der Praxis (Schwille et al., 2007, S. 29f.). Die Analyse stellt die heftigen Kontroversen zur beruflichen Basisausbildung in pädagogischen Institutionen dar, die im letzten Jahrzehnt in vielen Industrieländern, vor allem in Großbritannien und in den USA, stattgefunden haben (ebd., S. 35). Diese Debatten schlagen eine Ausbildung der Lehrkräfte vor, die sich wesentlich auf die Praxis in den Schulen stützt. Zur Begründung und Veranschaulichung dieses Standpunkts ziehen die Autoren die Ergebnisse einer vergleichenden Studie

(PASEC: *Programme d'analyse des systèmes éducatifs des états et gouvernements membres de la CONFEMEN*) in afrikanischen frankophonen Ländern heran, nach denen die pädagogische Basisausbildung der Lehrer fast keinen Einfluss auf die Leistung der Lernenden hat (ebd., S. 36–39).

Die Ergebnisse dieser Untersuchungen rufen viele grundsätzliche Fragen zur Konzeption und Dauer der Lehrerausbildung hervor: Die Lehrer sollen pädagogisch und beruflich ausgebildet werden, aber wie (formell in einer Ausbildungsschule vor dem Eintritt in den Beruf oder in der Form eines dualen Bildungssystems während der Ausübung des Berufes)? Und wie lange? Auf diese Fragen reagiert jedes Land je nach Bedarf an ausgebildeten Lehrkräften, nach Entwicklungsniveau und den verfügbaren Ressourcen zur Finanzierung des Bildungssystems.

In den meisten afrikanischen Ländern werden die beiden Modelle gebraucht, um dem großen Mangel an Lehrern entgegenzutreten. Im Folgenden werden die Lehrerausbildungspolitik und -praxis in Togo dargestellt.

2. Die Lehrerausbildung in Togo

2.1 Die Vorschriften zur Ausbildung von Lehrkräften in Togo

Die Bildungspolitik in Togo erkennt in der Bildungsreform von 1975 die Unentbehrlichkeit einer guten Aus- und Fortbildung der Lehrkräfte für alle Bildungsniveaus für die Qualität der Schulbildung und für den Erfolg der Reform an. Diese Reform, die der erste Versuch ist, die vererbte Kolonialschule zu entkolonisieren und die Schule an die einheimischen sozio-kulturellen Realitäten anzupassen, legt die Eigenschaften und beruflichen Kompetenzen der Lehrkräfte fest:

> „Pour que l'École nouvelle puisse porter les fruits attendus, il faut que le maître [donc l'enseignant] soit un individu sain, équilibré, discipliné, possédant une bonne maîtrise des méthodes et techniques pédagogiques modernes et de solides connaissances scientifiques soutneues par une conception dialectique du monde. Epris de liberté et de justice, il doit connaître ses droits et ses devoirs et être animé de conscience professionnelle" (MEN, 1975, S. 33).

Zu diesem Zweck sollen alle Lehramtskandidaten vor dem Eintritt in den Beruf eine beruflich-pädagogische Ausbildung nach ihrem akademischen Fachstudium haben; diese berufliche Ausbildung soll in speziellen pädagogischen Institutionen (*écoles normales ou instituts de formation pédagogique*) stattfinden. Die Kandidaten für das Lehramt werden durch eine nationale Aufnahmeprüfung ausgewählt und je nach der zu unterrichtenden Schulstufe in dem entsprechenden pädagogischen Institut ausgebildet.

Nach der ersten pädagogischen Ausbildung (*formation initiale*) sollen die Lehrer während ihrer beruflichen Tätigkeit noch regelmäßig an pädagogischen Fortbildungen (*formation continue*) teilnehmen. Zur Motivierung der Lehrkraft ist eine besondere Karrierelaufbahn mit sozialen Vorteilen vorgesehen, um den Lehrern die besten Arbeits- und Lebensbedingungen zu gewährleisten: kostenlose Wohnung, Arbeitsmaterialien (Bücher, Hefte, pädagogische Zeitschriften usw.), gesundheitliche Versorgung usw. (MEN, 1975, S. 35).

Diese Vorschriften der Bildungsreform werden in den nachfolgenden Plänen zur Entwicklung des Bildungssystems und zur Verbesserung der Bildungsqualität in Togo wiederholt – in den Empfehlungen des Berichtes der nationalen Bildungskonferenz von 1992 (MENRS, METFP & MBESSN, 1992), in der Bildungspolitik von 1998 (MENR & METFPA, 1998) und der nationalen Strategie zur Durchführung der EFA-Ziele von 1998 (MEPS, 2005) sowie in dem von der Regierung im Jahre 2009 entwickelten Bildungsplan 2010–2020. Die Demokratisierungs- und Qualitätsherausforderungen der Schulbildung werden immer mit der Ausbildung von ausreichenden Lehrkräften sowie mit der Gewährleistung von besseren Arbeits- und Lebensbedingungen verbunden.

Im laufenden Bildungsplan 2010–2020, der in seinen Prioritäten einen besonderen Akzent auf den Zugang von Kindern und Jugendlichen zu allen Bildungsinstitutionen und -stufen sowie auf die Effizienz und Qualität der Schulbildung setzt, wird die Verstärkung der Ausbildung der Lehrkräfte in den Durchführungsstrategien genannt: Rekrutierung und Ausbildung von 380 Lehrkräften pro Jahr für die Kindergärten, 1 800 für die Grundschulen, 1 300 für die Sek. I. Damit soll bis 2020 die Anzahl der Schüler pro Lehrer und Klasse auf 40 reduziert werden, so dass eine bessere Qualität der Bildung erreicht werden kann. Für die Sek. II und die beruflichen Schulen sowie für die Hochschulbildung heißt es, dass die pädagogische Betreuung durch die Ausbildung von neuen Lehrkräften je nach Bedarf verbessert werden soll (République Togolaise, 2009, S. 45ff.).

Die wiederholte Notwendigkeit der Rekrutierung und Ausbildung von Lehrkräften in den Bildungsplänen beweist das permanente Defizit an ausgebildeten Lehrern im togoischen Bildungssystem seit der Unabhängigkeit. Angesichts des hohen Bevölkerungswachstums (2,84% im Jahr) und der jungen Einführung der Schulbildung in Togo (vgl. Adick, 1981; Lange, 1998) haben die unterschiedlichen Regierungen den Bildungsbedarf der Kinder und Jugendlichen weder quantitativ noch qualitativ befriedigen können. Im Jahre 2010 haben 12,2% der Kinder über sechs Jahre nie eine Grundschule besucht (MEPSA, 2010), und 28,2% der Jugendlichen zwischen 15 und 24 Jahren sind Analphabeten (www.uis.unesco.org). Die Wiederholungsquote liegt in der Primarstufe bei 24%, in der Sek. I bei 24% und in der Sek. II bei 30,6% (MEPSA, 2010). Darüber hinaus ist festzustellen, dass es in den existierenden Schulen an qualifizierten Lehrkräften fehlt, so dass die Eltern in vielen Dörfern freiwillige Lehrkräfte anstellen sollen (République Togolaise, 2009).

2.2 Die Lehrerausbildungsinstitutionen und -praxis in Togo

Zur Ausbildung der Lehrkräfte in Togo gibt es für jedes Bildungsniveau eine besondere Institution.
- Die Betreuerinnen der Kindergärten wurden früher in einem besonderen Ausbildungszentrum, *École normale des institutrices de jardins d'enfants*, ausgebildet. Die Schule

existierte seit 1964 in Kpalimé als eine Ausbildungsinstitution von Erzieherinnen für die evangelische Mission in Togo. Sie wurde im Jahre 1976 von der Regierung übernommen und bildete bis 1999 Kindergärtnerinnen für viele afrikanische Länder (Benin, Côte d'Ivoire, Gabun, Kongo, Zentralafrika, Tschad, Ghana, Niger usw.) aus. Die Kandidatinnen sollten die Mittelreife absolviert haben. Die Ausbildung dauerte drei Jahre und gliederte sich in drei Teile: 1) theoretische Schulung in Psychologie und Pädagogik und Vertiefung der allgemeinen Bildung; 2) Praktikum in Kindergärten; 3) Herstellung von pädagogischen Materialien und Spielzeug. Die Schule wurde im Jahr 1999 geschlossen.

Seit 2009 werden die Erzieherinnen zusammen mit den Grundschullehrern in den *Écoles normales d'instituteurs* ausgebildet; nur einige spezifische Seminare und das Praktikum in den Schulen unterscheiden die beiden Ausbildungslehrgänge. Die Lehramtskandidaten werden mit dem Bakkalaureat in diese Schulen aufgenommen und in zwei Jahren ausgebildet: ein Jahr theoretisch-praktische Ausbildung und ein Jahr Praktikum. Neben den Seminaren über die unterschiedlichen Lernaktivitäten in den Kindergärten und in den Grundschulen sollen die auszubildenden Lehrer Kenntnisse in Psychologie, in allgemeiner Pädagogik, in den Lehrmethoden und bezüglich des Bildungssystems in Togo erwerben. Zu der Ausbildung gehören noch drei Praktika in den Schulen: ein einwöchiges Praktikum zu Beginn der Ausbildung und zwei einwöchige Praktika während der Ausbildung. Die Absolventen sollen dann noch ein Jahr Praktikum in einer Schule unter der Leitung von einem erfahrenen Lehrer absolvieren (MEPSA, 2011a, 2011b).

– Die Ausbildung von Grundschullehrern erfolgte bis 1968 in Togoville in einer katholischen Ausbildungsschule. Ab diesem Jahr übernahm die Regierung die Ausbildung und gründete zwei Ausbildungsschulen: eine in Atakpamé und eine in Kara. 1984 wurde die Schule von Atakpamé nach Notsè verlegt. 1999 wurde die Ausbildungsschule von Notsè wegen finanzieller Schwierigkeiten geschlossen. Nach der Schließung hat die Regierung mit der finanziellen Unterstützung von der Weltbank Hilfslehrer (*enseignants auxiliaires*) rekrutiert und ohne jegliche beruflich-pädagogische Ausbildung in die Schulen geschickt. Die Ausbildung der Grundschullehrer wurde erst ab 2009 im Ausbildungszentrum (*Direction des Formations*) von Lomé und in der Schule von Notsè wieder aufgenommen. Im Jahre 2011 wurde ein drittes Ausbildungszentrum in Dapaong eröffnet. In den drei Ausbildungsschulen befinden sich insgesamt 1 347 auszubildende Grundschullehrer und Kindergartenbetreuer. In den kommenden Jahren sollen zwei weitere Ausbildungsschulen für Grundschullehrer eröffnet werden.

Für die Grundschullehrer, die keine pädagogisch-berufliche Ausbildung haben, aber schon im Dienst sind, wurde ab 2009 eine ‚nachholende Ausbildung' (*Formation initiale de rattrapage*) im Ausbildungszentrum von Lomé (*Direction des Formations*) organisiert. Insgesamt wurden 11 600 Lehrer in zwei Jahren ausgebildet. Sie erhielten in den Ferien fünf Wochen Seminare zu theoretischem Wissen in Psychologie und Pädagogik, und das ganze Schuljahr über wurden sie in ihren Schulen vom Schulleiter, Fachberater und Schulinspektor betreut. Seit dem Jahr 2012 werden auch 5 000 frei-

willige Lehrer, die von den lokalen Gemeinschaften in den Schulen angestellt wurden, nach dem gleichen Muster ausgebildet. Diese Nachholausbildungen wurden durch den französischen Entwicklungsdienst (*Agence Française de Développement*) und die UNICEF finanziert.
- Die Lehrer der Sekundarstufe[1] I werden in der *École normale supérieure* ausgebildet. Die Kandidaten werden mit dem Bakkalaureat durch eine nationale Auswahlprüfung aufgenommen und in drei Jahren zu Lehrern der Sek. I ausgebildet, die in der Lage sein sollten, zwei Fächer zu unterrichten: ein Hauptfach und ein Nebenfach. Die Fächerkombinationen sind die folgenden:

Hauptfach	Nebenfach
Französisch	Geographie und Geschichte
Englisch	Französisch
Geographie und Geschichte	Französisch
Mathematik	Physik und Chemie
Physik und Chemie	Mathematik
Biologie	Physik und Chemie

Tab. 1: Fächerkombinationen für Lehrer in der Sekundarstufe I

In den drei Ausbildungsjahren vertiefen sie je nach Fachrichtung die zu unterrichtenden Haupt- und Nebenfächer. Dazu erhalten die Lehramtskandidaten vier Stunden pro Woche Seminare in Psychologie, Pädagogik und Didaktik. Im dritten Ausbildungsjahr machen sie ein sechsmonatiges Praktikum in einer Sekundarschule, schreiben dazu einen Bericht, den sie vor einer Jury darstellen. Die Absolventen werden sofort nach der Ausbildung in die Regierungsschulen geschickt.

Die Ausbildungsschule der Sekundarschullehrer wurde in Atakpamé im Jahre 1968 eröffnet und im Jahre 2005 wegen finanzieller Schwierigkeiten geschlossen. Erst im Jahre 2010 wurde sie wieder eröffnet. Die Absolventen erhielten bis zur Schließung der Schule ein Diplom, *Certificat de Fin d'Etudes Normales Supérieures* (CFENS); seit der Hochschulreform in Togo ab dem Jahr 2009 erhalten die aktuellen Auszubildenden eine *Licence Professionnelle d'Enseignement*.

Um dem dringenden Bedarf in den Schulen entgegenzukommen, wurden Sonderausbildungen organisiert: eine zweijährige Ausbildung für Kandidaten, die die vier ersten Semester in ihrem Hauptfach an einer Universität absolviert haben, und eine einjährige Ausbildung für Kandidaten, die eine *Licence* (sechs Semester) in ihrem Hauptfach absolviert

---

1 Die Sekundarstufe in Togo hat insgesamt sieben Klassen, die in zwei Unterstufen geteilt werden. Die vier ersten Klassen bilden die erste Unterstufe (Sek. I) und führen zum *Brevet d'Etudes du Premier Cycle* (mittlere Reife), und die drei letzten Klassen bilden die Unterstufe 2 (Sek. II); sie führen zum *Baccalauréat* (Abitur).

haben. Am Ende dieses Jahres (2012) besuchen 139 auszubildende Lehrer das Zentrum und werden nach erfolgreichem Abschluss direkt in den öffentlichen Schulen angestellt.

In diesem Schuljahr 2011–2012 befinden sich insgesamt 398 Lehrerkandidaten in der Ausbildungsschule in Atakpamé.

– Die Lehrer der Sek. II (Gymnasiallehrer) werden am Institut für Erziehungswissenschaft (*Institut National des Sciences de l'Éducation*) der Universität Lomé ausgebildet. Das Institut wurde im September 1972 eröffnet und soll Schulinspektoren, Fachberater und Schulleiter für die Grund- und Sekundarschulen sowie die Lehrkräfte für die Sek. II ausbilden. Was die Lehrerausbildung anbelangt, bot sie interessierten Studenten aus unterschiedlichen Fachrichtungen, die die zwei ersten Studienjahre (*Diplôme d'Etudes Universitaires Générales* II) erfolgreich absolviert haben und ihre Fächer weiter studieren eine parallele zweijährige pädagogische Ausbildung. Im ersten Ausbildungsjahr hatten die Studierenden zwei Seminare zu belegen: ein Seminar zum Bildungssystem in Togo und ein Seminar zu Unterrichtsmethoden und zur Evaluation. Das zweite Ausbildungsjahr umfasste ein Seminar zur Fachdidaktik und dann ein dreimonatiges Praktikum in einem Gymnasium. Die Absolventen bekamen am Ende ein pädagogisches Zertifikat, das sie zusammen mit der *Licence* oder dem Magister in ihrem Hauptfach (Mathematik, Physik, Biologie, Englisch, Deutsch, Französisch, Philosophie, Geographie und Geschichte) geltend machen konnten.

Mit der Einführung der Hochschulreform im Jahre 2009 wurde die Ausbildung neu gestaltet. Das Institut nimmt interessierte Studenten auf, die die vier ersten Semester in ihren jeweiligen Hauptfächern erfolgreich absolviert haben. In zwei weiteren Semestern werden sie in entsprechenden Unterrichtsinhalten im Sekundarschulcurriculum, in allgemeiner Pädagogik, in der Analyse der Bildungssysteme in Afrika und in Togo, in Psychologie, in Fachdidaktik, in den Unterrichtsmethoden und in der Evaluation unterwiesen. Parallel dazu machen sie ein Praktikum in einer Sekundarschule und erhalten am Ende einen Abschluss, *Licence professionnelle d'enseignement au premier cycle du secondaire*. Mit diesem Abschluss können sie in der Sek. I unterrichten; sie können aber auch weiter studieren und in vier Semestern einen Master (*Master professionnel d'enseignement au second cycle du secondaire*) erwerben, mit dem sie in der Sek. II unterrichten können. Die Ausbildung umfasst pädagogisch-berufliche und allgemeintheoretische erziehungswissenschaftliche Seminare sowie ein sechsmonatiges Praktikum und das Verfassen und die Verteidigung einer Masterarbeit.

Die Ausbildung der Sekundarschullehrer im Institut für Erziehungswissenschaft der Universität Lomé ist bis heute freiwillig geblieben, denn die Regierung fordert kein pädagogisches Zertifikat bei der Rekrutierung der Gymnasiallehrer, sondern nur den Abschluss des Fachstudiums (*Licence* oder *Maîtrise*), so dass die Veranstaltungen lediglich von wenigen Studenten besucht werden. Im akademischen Jahr 2011–2012 besuchen 25 Studenten den *Licence*-Studiengang, während die Master-Ausbildung von keinem einzigen Studenten besucht wird.

Was die Fortbildung der Lehrer anbelangt, ist anzumerken, dass sie nur für Grundschullehrer systematisch bis in die 1980er Jahre existiert hat. Sie wurde von einer speziell dafür gegründeten Institution, *Direction de la Formation Permanente et de l'Orientation Professionnelle* (ab 2009 *Direction des Formations*), betrieben. Zu den Fortbildungsseminaren, die ab und zu organisiert wurden, hat man auch pädagogische Zeitschriften veröffentlicht und jedem Grundschullehrer zugeschickt. Die Zeitschrift wird aber bereits seit längerem nicht mehr gedruckt. Die Sekundarschullehrer haben keine systematische Fortbildung. Nur durch die Kooperation mit internationalen Institutionen (UNESCO, Frankophonie) oder mit Industrieländern wie Frankreich, Amerika und Deutschland konnten gelegentlich Fortbildungsseminare organisiert werden, wodurch jedes Land vor allem seine Sprache im Bildungssystem fördert. Die Frankophonie und Frankreich unterstützen die Fortbildung von Französischlehrern; Amerika fördert die Fortbildung von Englischlehrern durch seine Botschaft in Lomé und Deutschland unternimmt die pädagogisch-berufliche Fortbildung von Deutschlehrern und gelegentlich auch von Musiklehrern durch das Goethe Institut. Die restlichen Sekundarschullehrer (Mathematik-, Physik-, Chemie-, Biologie-, Philosophielehrer usw.) haben keine Fortbildungsgelegenheiten.

3. Die Lehrersituation in Togo: Probleme und Herausforderungen

Die Schließung der Lehrerausbildungsschulen und somit die Unterbrechung der Ausbildung von Lehrern in Togo zwischen 1999 und 2009 führte zu einem großen Mangel an ausgebildeten Lehrern. In dieser Dekade wurden viele tausend Lehrkräfte ohne jegliche pädagogische Ausbildung rekrutiert, von denen gelegentlich sehr wenige an pädagogischen Fortbildungsseminaren teilnehmen konnten. Die Situation im Schuljahr 2009–2010 ist die folgende (MEPSA, 2010):
– von den insgesamt 1 646 Erzieherinnen der Kindergärten haben 789 (48%) keine pädagogisch-berufliche Ausbildung;
– 23% der Grundschullehrer, also 7 388 von insgesamt 31 712 Lehrern haben keine pädagogische Ausbildung;
– in der Sek. I haben nur 28% der Lehrer eine pädagogische Ausbildung (2 606 von 9 185);
– in der Sek. II ist die Aufteilung nach der beruflichen Ausbildung nicht verfügbar, da diese für die Rekrutierung nicht von Bedeutung ist.

Außerdem hat der Mangel an Lehrern in den Schulen zur Entstehung von vielen Typen von Lehrern in den Schulen geführt: Da die Regierung nicht mehr in der Lage war, Lehrer für die Schulen zu rekrutieren, mussten die Eltern und die lokalen Gemeinschaften Lehrer einstellen und bezahlen. So gibt es in den Schulen neben den verbeamteten Lehrern, viele Hilfs- und freiwillige Lehrer (*enseignants auxiliaires et volontaires*), die keine pädagogisch-berufliche Ausbildung haben. Diese Hilfs- und freiwilligen Lehrer bilden 43,2% der Lehrkräfte in den Grundschulen, 36% in der Sek. I und 40,6% in der Sek. II für das Schuljahr 2009–2010 (MEPSA, 2010).

Diese Situation von Lehrkräften in Togo stellt die Regierung vor eine große Herausforderung, die im aktuellen Bildungsplan 2010–2020 niedergeschrieben ist und die darin besteht, in den kommenden zehn Jahren die nicht ausgebildeten Lehrer auszubilden und neue Lehrer zu rekrutieren, um den großen Bedarf zu decken.

Der Bedarf an ausgebildeten Lehrkräften für die öffentlichen Grundschulen im aktuellen Stand des Bildungssystems beträgt 1 800; in den Sekundarschulen liegt er bei 1 961 Lehrern für die Stufe I und 854 für die Stufe II (République Togolaise, 2009). Diese Zahlen liegen deutlich unter der jährlich steigenden Nachfrage nach Bildung der sehr jungen und stark wachsenden Bevölkerung.

Vergleicht man die Zahlen der auszubildenden Lehrkräfte mit dem aktuellen Bedarf, dann merkt man, dass der Mangel an Lehrern in den öffentlichen Schulen noch lange bestehen wird: für die Kindergärten und Grundschulen, 1 347 auszubildende Lehrer für insgesamt 2 180 freie Stellen; für die Sek. I 398 auszubildende Lehrer für 1961 freie Stellen und für die Sek. II keine Lehrerstudenten für 854 freie Stellen. Darüber hinaus muss man nach den Aussagen der Leiter der Ausbildungsschulen feststellen, dass die jungen Leute kein Interesse für den Beruf des Lehrers zeigen, weil dieser nicht attraktiv ist. So bewerben sich wenige Studenten um die Ausbildungsplätze, und es sind auch nicht die besten Studenten, die an den Rekrutierungsprüfungen teilnehmen. Auch die auszubildenden Lehrer, so die Leiter der Ausbildungsschulen, wollen später den Beruf nur provisorisch ausüben, bis sie einen besser bezahlten Beruf finden. Diese Meinungen der Leiter der Ausbildungsschulen muss aber noch bei den Lehramtsstudierenden selber erforscht und wissenschaftlich belegt werden.

Darüber hinaus hebt die Analyse der Bildungsinhalte hervor, dass die modernen Informations- und Kommunikationstechnologien in der Ausbildung von Lehrkräften in Togo nicht behandelt werden, obwohl die Bildungspolitik die Einführung dieser Technologien bzw. der Informatik in die Sekundarschulen ausdrücklich erwähnt (ebd., 2009, S. 67). Diese Situation stellt das Bildungssystem angesichts des heutigen globalen Bildungskontextes und der Lernbedürfnisse der Jugendlichen vor neue Herausforderungen.

Fazit und Ausblick

Um der Bildungsnachfrage der immer wachsenden Bevölkerung nachzukommen und die Qualität der Schulbildung in Togo zu sichern, hat sich die Bildungspolitik klare Richtlinien zur Rekrutierung und Ausbildung der Lehrkräfte für die Vor-, Primar- und Sekundarschulen gegeben und entsprechende Ausbildungsinstitutionen gegründet. Aber wegen finanzieller Schwierigkeiten, die aus der Unterbrechung der internationalen Kooperation mit Togo entstanden sind, konnten die Richtlinien nicht immer durchgesetzt werden, und die Lehrerausbildungsinstitutionen wurden zwischen 1999 und 2009 geschlossen, mit Ausnahme des Instituts für Erziehungswissenschaft der Universität Lomé, das freiwillige Studenten für den Beruf des Lehrers in der Sek. II ausbildet. Es entstand konsequenterweise ein großer Mangel an Lehrkräften. Die provisorischen Lösungen der Regierung, der lokalen Gemeinschaften und der Eltern verursachten neue Typen von Lehrkräften, die keine beruflich-pädagogische Ausbildung haben. Auch die Fortbildungspläne für Lehrkräfte werden nicht verwirklicht.

Mit der Wiederaufnahme der internationalen Kooperation mit Togo wurden die geschlossenen Ausbildungsinstitutionen wieder geöffnet und neue Institutionen gegründet. Für die Sek. II aber bleibt die beruflich-pädagogische Ausbildung freiwillig und findet am Institut für Erziehungswissenschaft der Universität Lomé statt. Die im laufenden Bildungsplan getroffenen Maßnahmen zur Ausbildung der Lehrkräfte betreffen also die Sek. II nicht.

Außerdem muss man feststellen, dass die in den *Écoles normales* ausgebildeten Lehrkräfte ausschließlich in den öffentlichen Schulen Dienst leisten, denn die auszubildenden Kandidaten werden nur nach Bedarf in den öffentlichen Schulen rekrutiert und nach der Ausbildung direkt in diese Schulen geschickt. Den privaten Grundschulen und Sekundarschulen der Stufe I stehen keine ausgebildeten Lehrkräfte zur Verfügung. Nur die privaten Sekundarschulen der Stufe II können die wenigen Studenten, die freiwillig am Institut für Erziehungswissenschaft an der Universität Lomé ihre Ausbildung absolviert haben, anstellen. So arbeiten an den Privatschulen, die über die Hälfte der Lernenden in den Primar- und Sekundarschulbereichen betreuen (MEPSA, 2010), fast ausschließlich Lehrkräfte, die über keine beruflich-pädagogische Basisausbildung verfügen; trotzdem erzielen die Privatschulen bessere Ergebnisse bei den nationalen Prüfungen (Grundschulabschluss, Mittlere Reife und Sekundarschulabschluss) (ebd.). Diese Situation veranschaulicht die Meinungen von Mingat & Suchaut (2000) und Schwille et al. (2007), wonach die pädagogische Basisausbildung der Lehrkräfte nur einen geringen Einfluss auf die Leistung der Schüler hat. Aber hier sollen noch weitere Faktoren berücksichtigt werden, die die Schülerleistung beeinflussen: Die Schülerzahl pro Klasse in den öffentlichen Schulen ist immer sehr hoch (40 bis über 100 Schüler pro Klasse) (MEPSA, 2010); dazu kommt noch, dass der Unterricht in diesen Schulen wegen wiederholter Streike der Lehrkräfte häufig ausfällt und die Lehr- und Lernbücher oft fehlen. Der sozioökonomische Hintergrund der Schülerschaft, der auch ein wichtiger Faktor ist, fällt nicht so ins Gewicht, denn die privaten Schulen sind zahlreicher als die öffentlichen und werden von Kindern aus fast allen sozioökonomischen Milieus besucht, weil sie die Schüler besser betreuen (kleine Klassen, längere Unterrichtszeit, Verfügbarkeit der Lehr- und Lernbücher) und infolgedessen auch bessere Ergebnisse haben (vgl. Kpodjrato, 2010).

Die analysierten laufenden Ausbildungsaktionen reichen also nicht aus, den Bedarf des Bildungssystems an qualifizierten Lehrkräften zu decken. Demzufolge ist es wichtig, dass die Regierung die Ausbildung und vor allem die Fortbildung und die pädagogische Betreuung der Lehrkräfte intensiviert, den Zugang zu den Ausbildungsinstitutionen für alle Lehramtskandidaten zulässt und den Lehrkräftebedarf der Privatschulen auch in ihren Ausbildungsplänen berücksichtigt, damit das ganze Bildungssystem über pädagogisch ausgebildete Lehrkräfte verfügt. Darüber hinaus sollen die allgemeinen Bildungsumstände in den öffentlichen Schulen verbessert werden (u.a. die Verfügbarkeit der Unterrichtsmaterialien, die Reduzierung der Größe der Klassen, die Motivierung der Lehrkraft), damit die Schulbildung eine bessere Qualität erlangt.

Literatur

Adick, C. (1979). Togo: Kolonialschulwesen und Probleme nachkolonialer Reformbestrebungen im Bildungswesen. In C. Adick, H.-M. Grosse-Oetringhaus & R. Nestvogel, *Bildungsprobleme Afrikas zwischen Kolonialismus und Emanzipation* (S. 76–91). Berlin: Sperber.

Adick, C. (1981). Bildung und Kolonialismus in Togo. Eine Studie zu den Entstehungszusammenhängen eines europäisch geprägten Bildungswesens in Afrika am Beispiel Togos. Weinheim/Basel: Beltz.

Adick, C. (1984). Verschulung in Togo. Zur Geschichte des togoischen Bildungswesens. *Entwicklungspolitische Korrespondenz* (EPK) 15, H. 4, 12–22.

Adick, C. (1992). Zur Krise des Bildungswesens in Afrika. In R. Hoffmeier, R. Tetzlaff & R. Wegemund (Hrsg.), *Afrika. Überleben in einer ökologisch gefährdeten Umwelt* (S. 281–292). Münster u.a.: Lit Verlag.

CONFEMEN (Conférence des Ministres de l'Éducation des pays ayant le français en partage) (2010). *Synthèse des résultats PASEC VII, VIII & IX*. Dakar. Verfügbar unter: http//www.confemen.org [01.06.2012].

Feiman-Nemser, S. (2001). From Preparation to practice: designing a continuum to strenghen and sustain teaching. *Teachers College Record*, 103, 1013–1055.

Fortin, M.-F. (2006). *Fondements et étapes du processus de recherche*. Montréal: Les Editions de la Chenelière.

Kpodjrato, M. K. (2010). *Les facteurs explicatifs de la préférence des écoles privées par les parents à Tabligbo*. Mémoire de Maîtrise en Sciences de l'Éducation. Lomé: Université de Lomé, Institut National des Sciences de l'Éducation.

Lange, M.-F. (1998). *L'école au Togo. Processus de scolarisation et institution de l'école en Afrique*. Paris: Edition Karthala.

Lebrun, M. (2007). *Théories et méthodes pédagogiques pour enseigner et apprendre. Quelle place pour les TIC dans l'éducation?* Bruxelles: De Boeck Université.

Mayring, P. (2010). Qualitative Inhaltsanalyse. Grundlagen und Techniken. (11., aktualisierte und überarbeitete Auflage). Weinheim/Basel: Beltz.

MEN (Ministère de l'Éducation Nationale) (1975). *La Réforme de l'enseignement au Togo, forme condensée*. Lomé.

MENR & METFPA (Ministère de l'Éducation Nationale et de la Recherche, Ministère de l'Enseignement Technique et de la Formation Professionnelle) (1998). *Politique nationale du secteur de l'éducation et de la formation*. Lomé.

MENRS, METFP & MBESSN (Ministère de l'Éducation Nationale et de la Recherche Scientifique, Ministère de l'Enseignement Technique et de la Formation Professionnelle, Ministère du Bien-Etre Social et de la Solidarité Nationale) (1992). *Etats généraux de l'éducation, de la formation et de la recherche scientifique et technologique, rapport final*. Lomé.

MEPS (Ministère des Enseignements Primaire et Secondaire) (2005). *Plan d'action national de l'éducation pour tous (2005–2015)*. Lomé.

MEPSA (Ministère des Enseignements Primaire, Secondaire et de l'Alphabétisation) (2011a). *Guide du formateur d'ENI*. Lomé.

MEPSA (Ministère des Enseignements Primaire, Secondaire et de l'Alphabétisation) (2011b). *Curriculum de formation des élèves-instituteurs des ENI*. Lomé.
MEPSA (Ministère des Enseignements Primaire, Secondaire et de l'Alphabétisation) (2010). *Annuaire des statistiques scolaires 2009–2010*. Lomé.
Mingat, A. & Suchaut, B. (2000). Les systèmes éducatifs africains. Une analyse économique comparative. Bruxelles: De Boeck Université.
Nda, P. (2006). Méthodologie de la recherche, de la problématique à la discussion des résultats: comment réaliser un mémoire, une thèse d'un bout à l'autre. Abidjan: EDUCI.
OIT & UNESCO (2008). Recommandation OIT/UNESCO concernant la condition du personnel enseignant (1966) et recommandation de l'UNESCO concernant le personnel enseignant de l'enseignement supérieur (1997) avec le guide de l'utilisateur. Paris: UNESCO. Verfügbar unter: http://www.unesco.org/education/hed/publications/fr/index.html [29.12.2011].
République Togolaise (2009). Plan sectoriel de l'éducation 2010–2020. Nouvelle politique pour maximiser la contribution de l'éducation au développement économique et social du pays. Lomé.
Schwille, J., Dembele, M. & Schubert, J. (2007). *Former les enseignants: politiques et pratiques*. Paris: UNESCO, Institut International de Planification de l'Éducation. Verfügbar unter: http://www.unesco.org/iiep [29.12.2011].
UNESCO (2010). Rapport mondial de suivi sur l'Éducation pour tous 2010. Aperçu régional: Afrique subsaharienne. Verfügbar unter: http://www.efareport.unesco.org [22.04.2012].

Ina Gankam Tambo & Manfred Liebel

Arbeit, Bildung und *Agency* von Kindern: Die Afrikanische Bewegung arbeitender Kinder und Jugendlicher (AMWCY)

Einleitung

Vorbemerkung: Die Autoren haben dieses Thema gewählt, weil Afrika zum einen in den historisch- und kulturvergleichenden erziehungswissenschaftlichen Arbeiten von Christel Adick einen Schwerpunkt bildet (vgl. z.B. Adick, 1992, 1981; Adick, Große-Oetringhaus & Nestvogel, 1979), zum anderen sie einen Band zum Thema „Straßenkinder und Kinderarbeit" (Adick, 1997) herausgegeben hat, der für Generationen von Studierenden zum prägenden Quellentext wurde und in dem die Komplexität dieser Thematik diskutiert wird. Arbeit von Kindern – vor allem der Kinder in den Ländern des Südens – wurde nicht als pauschal zu verbieten betrachtet. Vielmehr wurde die Notwendigkeit dieser Arbeit für das Überleben dieser Kinder in der Diskussion mit in Betracht gezogen und bessere Arbeitsbedingungen für arbeitende Kinder und Jugendliche gefordert.

Arbeitende Kinder und Jugendliche stellen sich in ihrem Arbeitsalltag verschiedenen Herausforderungen und Problemen. Sie müssen sich bspw. damit auseinandersetzen, gesellschaftlich diskriminiert zu werden, als arbeitende Kinder keine rechtliche Anerkennung und keinen Schutz zu genießen, wirtschaftlich ausgebeutet zu werden und oftmals unter gesundheitsgefährdenden Arbeitsbedingungen arbeiten zu müssen.

Nach Schätzungen der Internationalen Arbeitsorganisation (ILO) sind in Afrika südlich der Sahara 84,1 Mio. Kinder zwischen fünf und 17 Jahren in wirtschaftliche Aktivitäten involviert (ILO, 2010). Angesichts des ökonomisch verkürzten Arbeitsbegriffs der ILO ist jedoch anzunehmen, dass die Zahl arbeitender Kinder in dieser Weltregion noch wesentlich höher ist. Seit etwa zwei Jahrzehnten meldet sich eine wachsende Zahl dieser Kinder in eigenen Organisationen (z.B. *Movimiento Latinoamericano de Niños y Adolescentes Trabajadores, MOLACNATs* in Lateinamerika, *Bal Mazdoor Sangh* in Delhi/Asien) zu Wort. Sie begnügen sich nicht länger damit, nur Objekt von Maßnahmen „gegen die Kinderarbeit" zu sein, sondern beanspruchen, vor allem unter würdigen Bedingungen arbeiten zu können und mit ihren Initiativen ernst genommen zu werden. Mit dem folgenden Beitrag versuchen wir, einen Einblick in dieses relativ neue soziale Phänomen zu geben und zu dessen Verständnis beizutragen.[1] Insbesondere richten wir den Blick auf

---

1 Die ersten Bewegungen arbeitender Kinder entstanden Ende der 1970er Jahre in Lateinamerika, gefolgt in den 1990er Jahren in Afrika, Indien und in einigen weiteren asiatischen Ländern (vgl.

die Vorstellungen von Arbeit und Bildung, die im Rahmen der Afrikanischen Bewegung arbeitender Kinder und Jugendlicher *(African Movement of Working Children and Youth, AMWCY/Mouvement Africain des Enfants et Jeunes Travailleurs, MAEJT)* entstanden sind, und die damit verbundenen Initiativen und Erfahrungen. Unsere Darstellung basiert auf verschiedenen Fallstudien, dokumentarischem Material und auf Selbstzeugnissen der an der Bewegung beteiligten Kinder und Jugendlichen sowie auf eigenen Erfahrungen und Beobachtungen, die wir bei Treffen und Begegnungen mit den Kindern und Jugendlichen machen konnten.

Zunächst geben wir einen kurzen Überblick auf die wichtigsten Elemente und Argumente der Bewegung. Diesem folgt eine Erläuterung über deren Verständnis von Arbeit und Bildung, die zugleich als Rechte von den Kindern eingefordert werden, und zeigen, auf welche Weise die Bewegung für Verbesserungen des Alltagslebens arbeitender Kinder kämpft. Schließlich fragen wir nach dem, was die Bewegung erreicht hat und diskutieren das Ausmaß und die Grenzen von *Agency*[2] der in der Bewegung organisierten arbeitenden Kinder und Jugendlichen.

1. Die Grundsätze der Bewegung verstehen

Die Afrikanische Bewegung arbeitender Kinder und Jugendlicher entstand in den 1990er Jahren, zunächst in einigen westafrikanischen Ländern (z.B. in Senegal und Benin) und später in anderen Teilen Afrikas (z.B. Nigeria, Mauretanien und Kamerun), i.d.R. mit Unterstützung von Kinderrechtsgruppen und humanitären Organisationen wie der *Save the Children Alliance* (vgl. Swift, 1999; Liebel, 1999; Terenzio, 1999; Coly & Terenzio, 2007; Enda Tiers Monde, 2001). Die meisten Kinder und Jugendlichen leben und arbeiten unter Bedingungen, die ihre Menschenrechte verletzen. Ähnlich wie bei Erwachsenen ist es auch für die Bewegung schwierig, Kinder zu erreichen, die unter besonders prekären Bedingungen arbeiten müssen. Die Möglichkeit, sich in eigenen Organisationen zu engagieren, hängt vor allem davon ab, ob den Kindern genügend freie Zeit und Mittel für Mobilität zur Verfügung stehen und ob sie sich der Kontrolle ihrer Arbeitgeber entziehen können, um an Treffen und anderen Aktivitäten teilnehmen zu können (vgl. Liebel, 2001, S. 235ff.).[3] Mit ihren Organisationen versuchen die in der Afrikanischen Bewegung orga-

---

Liebel, 1994, 1997; Liebel, Overwien & Recknagel, 1998, 1999; Swift, 1999). Seit einem ersten interkontinentalen Treffen, das im Dezember 1996 in Kundapur (Indien) stattfand, stehen die Bewegungen der drei Kontinente im Austausch miteinander.

2   Der in der neueren Kindheitsforschung im Zentrum stehende englische Ausdruck *Agency* bezeichnet sowohl die Handlungsfähigkeiten als auch die Handlungsmöglichkeiten. Wir behalten ihn bei, da er sich schlecht ins Deutsche übersetzen lässt und inzwischen auch in deutschsprachigen Veröffentlichungen häufig verwendet wird (zur erziehungswissenschaftlichen Diskussion vgl. Eßer, 2009).

3   In Veröffentlichungen der niederländischen Forschungsgruppe IREWOC (International Research on Working Children) (z.B. Nimbona, 2005; Nimbona & Lieten, 2007; Lieten, 2009) wird daraus der Schluss gezogen, dass die Organisationen arbeitender Kinder und Jugendlicher lediglich eine Gruppe arbeitender Kinder aus „privilegierten" Arbeitssektoren repräsentieren. Dabei wird nicht

nisierten Kinder und Jugendlichen jedenfalls, diese Schranke zu überwinden und z.B. Kinder zu erreichen, die relativ isoliert sind und deren Leben und Arbeit besonders restriktiven Bedingungen unterliegen, z.B. solche, die in fremden Haushalten arbeiten, in abgelegenen Regionen leben oder kürzlich erst emigriert sind und noch wenig soziale Kontakte haben (AMWCY, 2009b).

Eine weitere Herausforderung der Bewegung besteht darin, die gleichberechtigte Partizipation von Kindern unterschiedlichen Alters und Geschlechts innerhalb der Organisation zu gewährleisten. Die in der Bewegung Aktiven sind überwiegend zwischen elf und 18 Jahre alt. Einige, die älter sind, tendieren gelegentlich dazu, die Bewegung auf nationalen und internationalen Treffen repräsentieren zu wollen. Dies wird inzwischen als ein Problem empfunden. Um es zu lösen, wurde einvernehmlich beschlossen, dass ausschließlich Kinder und Jugendliche unter 18 Jahren zu Delegierten gewählt werden können. Auf einem Treffen des afrikanischen Koordinationskomitees im Jahr 2009 wurde das Ziel festgelegt, dass in jeder örtlichen Gruppe *(association)* mindestens 70% aller Mitglieder Kinder (d.h. Kinder unter 14 Jahren) und mindestens die Hälfte aller Mitglieder Mädchen sein sollen (AMWCY, 2009a). In allen Ortsgruppen werden Aktivitäten (z.B. einkommensgenerierende Aktivitäten oder Sensibilisierungskampagnen) unternommen, bei denen jüngere Jungen und Mädchen eine aktive und zugleich verantwortungsvolle Rolle einnehmen können. Auf dem 8. Afrikanischen Kontinentaltreffen in Cotonou (Benin) im Jahr 2009 stand im Zentrum der Diskussion, wie auch auf den nationalen Koordinationsebenen eine weitgehende Partizipation der Jüngeren zu erreichen sei (AMWCY, 2010).

Die Forderungen und Aktionen der arbeitenden Kinder und Jugendlichen, die in der Afrikanischen Bewegung organisiert sind, beziehen sich ausdrücklich auf den Kinderrechtediskurs und hierbei insbesondere auf die UN-Kinderrechtskonvention (1989) und die Afrikanische Charta der Rechte und der Wohlfahrt des Kindes (1990).[4] Damit betonen die Kinder und Jugendlichen, dass sie Träger von Rechten sind, die sie anwenden und einfordern können, wobei sie mit besonderem Nachdruck auf ihren Partizipationsrechten bestehen. Darüber hinaus konkretisieren sie in verschiedenen Deklarationen ihr spezifisches Kinderrechteverständnis, das auf ihre jeweiligen Lebensumstände bezogen ist. Hierdurch zeigen sie, dass sie sich als soziale Subjekte verstehen, die dazu berechtigt sind, diese Rechte selbst zu interpretieren und zu spezifizieren. Sie lehnen damit zugleich ein Bild vom Kind als lediglich passivem Empfänger von Wohltaten Erwachsener ab. Seit ihrer Gründung fordert und formuliert die Bewegung auch Rechte, die noch nicht inter-

---

genügend bedacht, dass es sich bei der Gründung und Zusammensetzung solcher Gruppen um einen Prozess handelt, der unter Beachtung der konkreten Lebensbedingungen der Kinder zu analysieren ist. Demzufolge können diese Studien leicht missbraucht werden, um die Repräsentativität solcher Kinderorganisationen zu negieren.

4   Die Afrikanische Charta über die Rechte und Wohlfahrt des Kindes beinhaltet neben den Rechten des Kindes auch einige Pflichten. Sie wurde 2009 von 45 afrikanischen Staaten ratifiziert und wird in dessen Umsetzung vom afrikanischen Komitee für die Rechte und das Wohlergehen des Kindes überwacht.

national kodifiziert sind wie bspw. dem Recht, in seinem Dorf bleiben zu können (Enda Tiers Monde, 2001).[5]

Weit entfernt vom Gedanken, sie seien Opfer sozialer Umstände und passive Objekte des Handelns Erwachsener, verstehen sich die organisierten arbeitenden Kinder und Jugendlichen als aktive und kompetente Teilhabende in ihrer sozialen Umgebung. Sie fühlen sich dazu im Stande, ihre Umwelt zu analysieren und wenden Strategien an, durch die sie hoffen, einen Beitrag nicht nur zu ihrer eigenen Lebenssituation, sondern auch langfristig zur Verbesserung sozialer Beziehungen im Gemeinwesen und der Gesellschaft, in der sie leben, zu leisten. Diese Selbstwahrnehmung als soziale Subjekte impliziert ein spezifisches Verständnis von ökonomischer Partizipation (Liebel, 2001, S. 33ff.). Im Gegensatz zum dominierenden westlichen Kindheitsbild betrachten die Kinder ihre Arbeit als einen wesentlichen Bestandteil des sozialen Lebens und fordern dafür Anerkennung.

Das Gründungsdokument der Afrikanischen Bewegung, die „12 Rechte", wurde auf dem ersten Afrikanischen Kontinentaltreffen in Bouaké (Elfenbeinküste) im Jahr 1994 verabschiedet (vgl. Enda Tiers Monde, 2001; Liebel, 1999) und fordert u.a. „das Recht auf leichte und begrenzte Arbeit". Dieses Recht wird folgendermaßen erläutert: „Wenn wir eine Arbeit aufnehmen, so verhandeln wir zunächst über die Art von Arbeit, die unserem Alter angemessen erscheint. Aber diese Vereinbarung wird nie respektiert. Es gibt keine festen Arbeitszeiten, wir fangen früh an und hören spät auf. Wir fordern, dass uns keine Arbeitszeiten auferlegt werden, die man seinen eigenen Kindern nicht zumuten würde" (Enda Tiers Monde, 2001, S. 101). Dieses Recht steht in engem Zusammenhang mit einem anderen Recht, dem „Recht auf sichere Arbeitsbedingungen", welches meint, „dass man arbeiten kann, ohne dabei von den Autoritäten und anderen Leuten generell schlecht behandelt zu werden" (ebd.). Andere Rechte, die in dem Dokument genannt werden und die relevant sind im Zusammenhang mit dem Recht zu arbeiten, lauten: „das Recht, respektiert zu werden", „das Recht, sich im Krankheitsfall ausruhen zu können", „das Recht auf Gesundheitsversorgung", „das Recht, ein Handwerk zu lernen", „das Recht, zu spielen" und „das Recht, Lesen und Schreiben zu lernen". Nach dem Selbstverständnis der Afrikanischen Bewegung gehören diese Rechte zusammen und sind aufeinander bezogen.

Enthalten ist das dargestellte Gründungsdokument der Abschlussdeklaration des 6. Afrikanischen Kontinentaltreffens, welcher 2003 in Thiès (Senegal) stattgefunden hat: „Seit neun Jahren sind wir nun dabei, uns zu organisieren, um unsere Rechte auf Bildung, Berufsausbildung, Gesundheitsversorgung, Respekt, Würde, Sicherheit, Organisation, ein gerechtes Justizwesen, die Rückkehr in unsere Dörfer, Freizeit zum Erholen und Vergnügen sowie leichte und begrenzte Arbeit zu schaffen und umzusetzen" (Archiv von ProNATs e.V., Deutschland). Drei Jahre später, auf dem 7. Afrikanischen Kontinentaltreffen in Ouagadougou (Burkina Faso), wurde der Bezug zwischen den geforderten Rechten mit den folgenden Worten unterstrichen: „Wo immer wir organisiert sind, machen unsere Rechte Fortschritte, wie etwa das Recht, Lesen und Schreiben zu lernen, im Krankheitsfall uns auszukurieren, weniger zu arbeiten und weniger schwere Tätigkeiten

---

5   Zum Konzept „ungeschriebener Rechte" und Rechte als *work in progress* vgl. Ennew, 2002; Liebel, 2009; Saadi, 2012.

auszuüben. [...] Die Weiterentwicklung unserer einkommensschaffenden Aktivitäten (*Income Generating Activities, IGAs*) ermöglicht uns, gegen die uns aufgezwungene Armut zu kämpfen und unsere Rechte zu fördern. Wir haben erste Erfolge im Kampf gegen Ausbeutung, Gewalt, Migration von Kindern erreicht; wir bilden uns nun dahingehend aus, diese unaufschiebbaren Aktivitäten weiter zu entwickeln, so dass afrikanische Kinder nicht mehr zu Opfern werden" (ProNATs, 2012).

2. Die Arbeit der Kinder verstehen

Generell ist das Konzept von Arbeit der Afrikanischen Bewegung zum einen weiter und zum anderen enger als das konventionelle Verständnis ökonomischer Tätigkeiten von Kindern. Weiter ist es in dem Sinne, als dass es „reproduktive" und andere unbezahlte Tätigkeiten einschließt, die im statistischen Erhebungssystem der Vereinten Nationen (*System National Accounting*) unberücksichtigt bleiben (vgl. Levison, 2007). Hierzu zählen z.B. die meist unbezahlte Arbeit in eigenen und fremden Haushalten oder die Arbeit in der landwirtschaftlichen Subsistenzwirtschaft. Dagegen ist das Konzept enger gefasst als die Aktivitäten, die in der 1999 beschlossenen Konvention 182 der ILO als „schlimmste Formen von Kinderarbeit" definiert werden; dazu werden jegliche Formen der Sklaverei und Praktiken ähnlich der Sklaverei, Kinderprostitution und Kinderpornographie und gesetzeswidrige Tätigkeiten wie der Drogenhandel durch Kinder gerechnet. Die Afrikanische Bewegung bezweifelt nicht, dass intensive und sofortige Maßnahmen gegen diese Praktiken notwendig sind, doch sie lehnt es ab, sie als Formen von „Kinderarbeit" zu behandeln (vgl. Hanson & Vandaele, 2003; Hanson, 2008). Aus ihrer Sicht sollten diese Praktiken vielmehr rechtlich und praktisch als Verbrechen gegen Kinder gelten und ggf. strafrechtlich verfolgt werden.

Während in diesem Punkt die Afrikanische Bewegung mit den Kinderbewegungen in Lateinamerika und Asien übereinstimmt, lassen sich in den jeweiligen Kontinenten unterschiedliche Akzente in der Bewertung der wirtschaftlichen Aktivitäten von Kindern bemerken (vgl. Liebel, 2001; Nieuwenhuys, 2009). Die Bewegungen in Lateinamerika kritisieren zwar jegliche Form von Ausbeutung und Gewalt in den Arbeitsverhältnissen, bewerten die Arbeit von Kindern aber grundsätzlich positiv, sehen sich durch sie gestärkt und verstehen sie als mögliche Voraussetzung für Autonomie und Unabhängigkeit eines jeden sozialen Akteurs. Hingegen sehen die meisten Bewegungen in Afrika und Asien die Arbeit der Kinder vor allem als eine Art Notbehelf aufgrund einer ökonomischen Notlage, in der sich Kinder ebenso wie Erwachsene befinden. Entsprechend betonen die afrikanischen und asiatischen Kinderbewegungen die Notwendigkeit, besonders gegen „gefährliche Arbeit" und, speziell in Afrika, gegen den Kinderhandel vorzugehen. Diese Betrachtungsweise bedeutet allerdings nicht, dass die Arbeit von Kindern abgelehnt oder gar verurteilt wird. In den Stellungnahmen aller Bewegungen werden immer wieder Armut, soziale Ungleichheit, Ungerechtigkeit oder neoliberale Reformen angeprangert und als Gründe für die unzumutbaren Arbeitsverhältnisse angeführt (vgl. Nnaji, 2010).

Trotz der erwähnten Unterschiede sind sich die Bewegungen der verschiedenen Kontinente in der Forderung einig, dass der Arbeit der Kinder Respekt und Anerkennung zuteilwird. Sie weisen darauf hin, dass eine Arbeit, die dazu dient, ihr Leben zu finanzieren und ihre Familien zu unterstützen, sie nicht weniger „Kind sein lässt" als im Falle von Kindern, die nicht arbeiten und in wohlhabenderen Gesellschaften der Welt leben. Sie fordern in ihren Deklarationen immer wieder, ihre Arbeit in gleicher Weise legal anzuerkennen, wie sie für Erwachsene ein grundlegendes Menschenrecht darstellt. Deshalb fordern sie ausdrücklich ein *„Recht zu arbeiten"* (vgl. Liebel, 2001; Hanson & Vandaele, 2003; Nnaji, 2005). In einer Erklärung, die 1998 auf einem interkontinentalen Treffen in Dakar (Senegal) beschlossen wurde, wird dies mit den folgenden Worten ausgedrückt: „Wir wollen, dass alle Kinder dieser Erde eines Tages das Recht haben zu entscheiden, ob sie arbeiten wollen oder nicht" (zit. n. Liebel, Overwien & Recknagel, 1998, S. 375).

Die Bewegungen sind sich im Klaren darüber, dass Kinder in ihrer Arbeit ausgebeutet werden bzw. werden können. Es wäre überraschend, wenn dies nicht der Fall wäre, da die meisten der arbeitenden Kinder diese Bedingungen in ihrem Alltag antreffen. Doch im Gegensatz zu den Maßnahmen gegen Kinderarbeit, welche das Verbot oder die Erlaubnis, bestimmte Arbeiten auszuüben, an das Alter knüpfen, verwerfen die Bewegungen arbeitender Kinder und Jugendlicher die unterschwellige Idee, dass Ausbeutung auf der dem Kind innewohnenden Verletzlichkeit beruht (vgl. Nieuwenhuys, 2009), und dass demzufolge Ausbeutung mit der Setzung von spezifischen Altersgrenzen ein Ende hätte (vgl. Bourdillon, White & Myers, 2009, für eine kritische Auseinandersetzung von Mindestalter-Standards für die Arbeit von Kindern). Dies wird auch in der Erklärung von Dakar (1998) betont: „Die Arbeit muss den Fähigkeiten und dem Entwicklungsstand eines einzelnen Kindes entsprechen und nicht einer festgelegten Altersgrenze" (zit. n. Liebel, Overwien & Recknagel, 1998, S. 375).

Während die Bewegungen immer wieder unterstreichen, gegen Ausbeutung zu kämpfen und dies auch in der Praxis umsetzen, teilen sie auch eine gemeinsame Sicht darauf, wie diese Herausforderung *nicht* angegangen werden soll. Aufgrund von Erfahrungen, die viele Kinder in den vergangenen Jahrzehnten mit der ILO-Agenda zur Abschaffung von Kinderarbeit gemacht haben, ist die Skepsis gegenüber dem „Schutz", der durch das Verbot und den Boykott von Kinderarbeit sowie verpflichtende Bildungsmaßnahmen erreicht werden soll, gewachsen. Ihrer Meinung nach, welche inzwischen von zahlreichen Forschungsergebnissen untermauert wird (vgl. Boyden, Ling & Myers, 1998; Hungerland, Liebel, Milne & Wihstutz, 2007; Bourdillon, Levinson, Myers & White, 2010), gehen diese nicht nur vielfach an den Lebensumständen arbeitender Kinder vorbei, sondern fügen ihnen zusätzlich schweren Schaden zu. Indem sie die Kinder von grundsätzlichen Arbeitsregulierungen ausschließen, zwingen sie sie in einen rechtlosen Untergrund und liefern sie noch schlimmeren Arbeitsbedingungen und Ausbeutungsformen aus. Die Bewegungen arbeitender Kinder sehen die Ausbeutung von Kindern als ein Ergebnis bestimmter Arbeitsbedingungen, die auf dem Mangel angemessener Vergütung, langen Arbeitszeiten und unzureichender Sicherheit an den Arbeitsplätzen beruht (zum Konzept der Ausbeutung von Kindern vgl. Liebel, 2001, S. 209ff.).

Die Bewegungen fordern deshalb, die Arbeitsverhältnisse der Kinder rechtlich zu regulieren und ihnen auch Rechte *in* der Arbeit zuzugestehen. Dieser Ansatz gegen Ausbeutung ist nicht neu, sondern entspricht dem, was im nationalen und internationalen Arbeitsrecht seit langem für Erwachsene für notwendig erachtet wird (vgl. Hanson & Vandaele, 2003; Hanson, 2008). Die Hartnäckigkeit und Regelmäßigkeit, mit der die AMWCY in ihren Deklarationen und Texten sowohl das Recht zu arbeiten als auch Rechte in der Arbeit einfordert, zeigt, wie zentral und bedeutsam diese Konzepte für sie sind.

In ihren Erklärungen wird das Recht zu arbeiten nicht auf irgendeine Arbeit bezogen, sondern es wird immer wieder betont, dass es sich um eine „Arbeit in Würde" handeln soll, eine „leichte" oder „nicht zu schwere Arbeit", eine Arbeit, die den „Fähigkeiten angemessen" ist (vgl. Liebel, Nnaji & Wihstutz, 2008). Dies könnte auf den ersten Blick so verstanden werden, dass die Kinder für sich nur ein eingeschränktes Recht auf „kinderspezifische" Arbeit beanspruchen. Aus dem Zusammenhang geht jedoch hervor, dass nicht das Lebensalter zum Kriterium der Angemessenheit gemacht wird, sondern die Wahrung der menschlichen Würde. Im Verständnis der Kinderbewegungen zielt das Recht zu arbeiten darauf ab, eine „möglichst gute" Arbeit zu erlangen und jeder Art von Ausbeutung und Entwürdigung in der Arbeit aktiv zu begegnen. Es enthält somit einen sog. utopischen Überschuss, der über die in der kapitalistischen Gesellschaft dominierende Form der Lohnarbeit hinausweist. Überdies beanspruchen die Kinder, selbst entscheiden zu können, ob die zu erlangende Arbeit den von ihnen selbst bestimmten Kriterien entspricht.

3. Menschenwürde zwischen universellen Rechten und kulturellen Besonderheiten

Wenn arbeitende Kinder Würde für sich und ihre Arbeit beanspruchen, tun sie dies in einer Weise, die den Wunsch nach individueller Selbstbestimmung als Subjekte ebenso betont wie den Wunsch nach kooperativen und gemeinschaftlichen Bezügen. In den Bewegungen wird dabei ausdrücklich auf Rechte Bezug genommen, die sich zum einen auf die Kinder und Jugendlichen als Individuen beziehen, zum anderen sie als soziale Gruppe verstehen. Im ersten Fall wird das Recht auf einen respektvollen Umgang mit der eigenen Person betont, im zweiten das kollektive Recht, als soziale Gruppe (oder Organisation) arbeitender Kinder anerkannt zu werden und auf ihre Lebens- und Arbeitsverhältnisse Einfluss nehmen zu können. Des Weiteren werden Vorstellungen von einer kooperativen und solidarischen Art des Arbeitens und Wirtschaftens entwickelt, die mit der notwendigen Veränderung der Gesellschaftsstrukturen und Wirtschaftssysteme in Verbindung gebracht werden.

Von den Autoren wird angenommen, dass sich darin Einflüsse des in der europäischen Aufklärung entstandenen Konzepts individueller Menschenwürde mit eher gemeinschaftlich orientierten Würdekonzepten nicht-westlicher Kulturen verbinden. Die Einflüsse des Würdekonzepts der Aufklärung werden vornehmlich über die Rezeption und Verinnerlichung des Gedankens der Kinderrechte (als Menschenrechte) wirksam. Die Einflüsse anderer Konzepte von Menschenwürde (vgl. Ndaba, 1994; Ramokgopa, 2001) ergeben sich bei der Afrikanischen Kinder- und Jugendbewegung vermutlich aus ihrer Verwobenheit in vorkolonialen afrikanischen Kulturen und entsprechender Lebensauffassungen.

Kinder sollen, wie es auch in der Afrikanischen Charta der Rechte und der Wohlfahrt des Kindes zum Ausdruck kommt, im Geiste eines gemeinschaftlichen Denkens und der Kooperation mit anderen heranwachsen und schon frühzeitig lebenswichtige Aufgaben übernehmen. So wird von einem afrikanischen Kind bzw. Jugendlichen erwartet, mit den anderen gemeinsam für die Gemeinschaft zu arbeiten und teilen zu lernen. Jegliche Errungenschaften werden als gemeinsam erreichte Ziele gewertet. „Das gemeinsame Bewusstsein, das in der afrikanischen Kultur offensichtlich ist, bedeutet nicht, dass sich das afrikanische Subjekt in einer formlosen, unförmigen und rudimentären Kollektivität auflöst. Es bedeutet einfach, dass sich die afrikanische Subjektivität in einem Beziehungsgefüge entwickelt und gedeiht, das aus dem laufenden Kontakt mit anderen entsteht" (Ndaba, 1994, S. 14). Gegenüber *Independence* (Unabhängigkeit) wird *Interdependenz* im Sinne einer wechselseitigen Beziehung und Verlässlichkeit favorisiert (Ramokgopa, 2001).

Während Entscheidungsprozesse in „westlichen Gesellschaften" typischerweise nach dem Konzept der Mehrheitsentscheidungen bzw. Wahlen verlaufen, in der Hoffnung, dass die eigene Stimme Teil dieser Mehrheit ist, folgen einige afrikanische Kulturen dem Konzept des Konsens. Bekannt hierfür ist die Gesprächskultur des Palavers, welche in einigen Fällen als „afrikanische Kultur" verallgemeinert wird, an deren Tradition jedoch vorwiegend in ruralen Gebieten festgehalten wird (vgl. Latouche, 2001). Jeder, der an dem Entscheidungsfindungsprozess teilhaben möchte, hat dabei die Möglichkeit, sich thematisch einzubringen. Auf diese Weise wird versucht, eine kollektive Einigung im Konsens zu erlangen.

Die Vermutung der Autoren, dass das Subjekt- und Arbeitsverständnis arbeitender Kinder von diesen und ähnlichen Erfahrungen und Erinnerungen beeinflusst ist, ist bisher nicht durch empirische Untersuchungen belegt. Sie stützt sich vielmehr darauf, dass der überwiegende Teil der Kinder aus Migrantenfamilien stammt oder selbst vom Land emigriert ist und dass in den städtischen Armenvierteln, in denen sie aufwachsen, die ursprünglichen Traditionen bewahrt werden und die Formen der Überlebensökonomie ein Stück weit beeinflussen. In Afrika gehört es, wie in den „12 Rechten" sichtbar wird, zum Grundverständnis der AMWCY, die Beziehung zu den Dörfern ihrer Herkunft aufrecht und sich die Rückkehr offenzuhalten. Das von ihnen reklamierte „Recht, in unserem Dorf zu bleiben" wird mit den Worten erläutert: „Wir wollen in unseren Dörfern Aktivitäten entwickeln, die uns erlauben, für unsere eigene Zukunft verantwortlich zu sein" (Enda Tiers Monde, 2001, S. 101).

Das Subjekt- und Arbeitsverständnis der in der Bewegung Aktiven lässt sich allerdings nicht einfach als eine Wiederbelebung von Traditionen verstehen. Es resultiert auch aus Erfahrungen, die gänzlich neuer Art sind. Die Erwartung der afrikanischen Kinder, Aktivitäten zu entwickeln, um für sich selbst zu sorgen, ist zwar auf das Leben im Dorf bezogen, hätte aber ohne die neuen „städtischen" Erfahrungen und Lebensverhältnisse vermutlich so nicht formuliert werden können. Die von den Kinder- und Jugendbewegungen repräsentierten Denk- und Sichtweisen und ihre Handlungsformen sind kreative Antworten auf Lebensnöte und -erfahrungen, die für die Kinder weitgehend neu sind, zum einen weil sie ihr Leben neu beginnen, zum anderen weil die Gesellschaften, in denen sie aufwachsen, sich in einer sozialen und kulturellen Umbruchsituation befinden. Sie greifen zum Verständnis und zur Lösung ihrer Probleme einerseits auf kulturelle Traditionen ihrer Gemeinschaften und Völker, andererseits auf den sog. modernen internationalen Menschenrechtsdiskurs zurück, der sie über die Medien und über humanitäre bzw. pädagogische Hilfsprojekte erreicht hat. Aus diesen nicht selten widersprüchlichen „Vorbildern" mischen sie eigene Antworten. Ihre Organisationen übernehmen dabei Aufgaben, die ihnen in ihren Gesellschaften niemand abnimmt.

Die Verbindung beider Würdekonzepte lässt sich nicht zuletzt an zwei zentralen Elementen des Selbstverständnisses und der Praxis der Afrikanischen Bewegung erkennen, in denen ihre Vorstellungen von einer besseren Gesellschaft zum Ausdruck kommen: der hohe Stellenwert und die Förderung selbstorganisierter kooperativer Bildungsmodelle und der Entwicklung lebensrelevanter Fähigkeiten auf der einen Seite sowie die Förderung nicht-ausbeuterischer, kooperativer und selbstbestimmter Arten von Arbeit und Wirtschaft auf der anderen Seite.

4. Alternative Bildung

Gemäß dem Dokument der „12 Rechte" betont die Afrikanische Bewegung das Recht, Lesen und Schreiben zu lernen, und das Recht, ein Handwerk zu erlernen. Seit ihren Anfängen organisiert die Bewegung Alphabetisierungsworkshops und Trainingskurse zur Entwicklung von Arbeits- und Kommunikationskompetenzen, die notwendig sind, um eine stabilere soziale Position zu erlangen sowie ein besseres Einkommen zu erzielen.

Mit diesen Initiativen antwortet die Bewegung auf das Problem, dass entweder viele arbeitende Kinder nicht die Schule besuchen können oder ihre besonderen Lebensbedingungen und Erfahrungen in der Schule nicht ernst genommen werden bzw. die hier vermittelten Inhalte für ihr tägliches Leben und ihre Arbeit weitgehend nutzlos sind (vgl. Brock-Utne, 2000; Tomasevski, 2003; Kielland & Tovo, 2006).[6] In der Literatur wird mittlerweile diskutiert, dass es nicht nur darum geht, Lesen und Schreiben an sich zu lernen, sondern zugleich Kenntnisse und Fähigkeiten zu erwerben, die den Kindern und Jugendlichen Selbstvertrauen vermitteln und ihnen ermöglichen, sich aus eigener Kraft in

---

6 Unter Bezug auf die mit den Bewegungen arbeitender Kinder entstandene „alternative Schulkonzeption" vertritt Adick (2005, S. 228) die These, sie werde „in dem Moment obsolet, in dem die Kinder aufgrund gewandelter Lebensverhältnisse nicht mehr gezwungen sind, für ihren Lebensunterhalt zu arbeiten; d.h. die […] Formel ‚je mehr Kinderarbeit desto weniger Schule' bzw. andersherum formuliert ‚abnehmende Kinderarbeit führt zu steigender Beschulung' würde wieder greifen." Die Autoren sind dagegen der Auffassung, dass sich in den Bildungsinitiativen der Kinder- und Jugendbewegungen, welche Bildungsprozesse mit Arbeitserfahrungen vermitteln, Alternativen zur lebensfremden Institution Schule abzeichnet, egal ob die Kinder für ihren Lebensunterhalt arbeiten müssen oder nicht.

der Gesellschaft und im Arbeitsleben zu behaupten. Darüber wird auch der Zusammenhalt unter ihnen verstärkt.

Ein grundlegendes Prinzip der in der Bewegung praktizierten Bildung besteht darin, dass nicht mit vorab festgelegten Lehrplänen gearbeitet wird, sondern dass diese aus den Vorschlägen und den „Verhandlungen" mit der Lerngruppe hervorgehen. Sie antwortet damit auf die spezifische Situation der arbeitenden Kinder und die sich daraus ergebenden Erfordernisse. Dies wird dadurch gefördert, dass sich die zeitliche Organisation der Lernprozesse an den Arbeitszeiten orientiert und die Kurse in der Nähe der Arbeitsorte stattfinden. Die Arbeit wird nicht als Gegensatz oder Hinderungsgrund für das Lernen betrachtet, sondern als integraler Bestandteil des Lernprozesses selbst; das Lernen soll den Kindern dabei behilflich sein, ihre Vorstellungen und Fähigkeiten für das Arbeiten zu erweitern, die über die ihnen bisher zugängliche Art der Arbeit hinausgehen und von ihnen selbst und möglichst gemeinsam gestaltet werden. Alle Entscheidungen werden gemeinsam getroffen, die Lehrenden werden angehalten, zuzuhören und das sonst übliche hierarchische Verhältnis zwischen Lehrenden und Lernenden soll aufgebrochen werden (Éducation: Alternatives Africaines, 2003). Das Lernen ist erfahrungs- und handlungsorientiert und in die anderen Aktivitäten der Basisgruppen oder *association* eingebettet. Um dies zu veranschaulichen, soll im Folgenden auf die Rolle der Animateure (im Frz. *animateurs*, im Engl. auch *facilitators* genannt) eingegangen werden, die die Gruppen begleiten und meist auch die Kurse leiten.

Nach dem Zusammenschluss hilft der Animateur oder die Animateurin der Gruppe, zwei vorrangige Aktionen auszuwählen. Diese sind aus dem Prozess des *Participatory Action Research* hervorgegangen, in dem die Gruppe die Arbeit ihrer Mitglieder im Gesamtkontext ihres Lebens würdigt. Jedes Mitglied wird gefragt, ihre/seine eigenen Wünsche zu nennen, und im Anschluss an einen Vergleich und einer Diskussion mit der Gruppe wird versucht, im Konsens zu einer gemeinsamen Entscheidung über kommende Arbeitsthemen zu gelangen. „Insofern beruht der Ansatz nicht auf einer externen Hilfeleistung, sondern darauf, dass die Gruppe in eigenständiger Leistung versucht, geeignete Wege zu finden, um den weiteren Kontext ihrer Arbeit zu begreifen und darauf auf geeignete Weise zu reagieren" (Touré, 1998, S. 188).

Handelt es sich bei dem von der Gruppe behandelten Thema um das Recht, Lesen und Schreiben zu lernen, so ist es die Aufgabe des Animateurs oder der Animateurin, gemeinsam mit den jungen Leuten einen Plan zu entwickeln, wie dieses Recht in die Realität umgesetzt werden kann. Dabei ist es notwendig, gemeinsam Ziele zu definieren und zu recherchieren, welche Möglichkeiten zum Unterrichten im näheren Umfeld existieren oder ob es geeignetes Lehrpersonal gibt sowie mit den jungen Leuten gemeinsam die konkreten Arbeitsbedingungen zu klären. Mitunter müssen diese zunächst andere Bildungsmöglichkeiten in Anspruch nehmen, z.B. Kurse in Fußball, Nähen, Sticken, Haushaltskunde oder Hygiene.

Wenn eine Gruppe sich dazu entscheidet, den Schwerpunkt auf Aktionen zum Thema Gesundheit zu legen, so hilft der Animateur oder die Animateurin dabei, Ziele und Prioritäten festzulegen. Wenn sich die Gruppe dazu entschließt, sich der Verbesserung der Gesundheitsfürsorge zu widmen, so wird sie dabei unterstützt, einen Plan hierfür zu entwerfen. Der Animateur oder die Animateurin stellt dabei die Kontakte zu anderen Gruppen und Akteuren her und begleitet die jungen Leute in Krankenhäuser oder unterstützt sie in Gesprächen mit Ärzten und Ärztinnen, so dass bestimmte Ziele im Bereich Gesundheitsfürsorge konkretisiert werden können. Darüber hinaus kann es sein, dass er/sie die Gruppe dabei berät, einen Gesundheitsfonds zu schaffen, aus dem Kinder im Notfall unterstützt werden können.

Eine Evaluation von senegalesischen Lerngruppen selbständiger Arbeiter und Arbeiterinnen (d.h. solchen, die nicht von Arbeitgebern abhängig sind, sondern „auf eigene Rechnung" arbeiten) und Hausangestellten führte zu folgenden Ergebnissen (Touré, 1998). Die selbständigen Arbeiter und Arbeiterinnen aus Senegal bewerteten die folgenden Arbeitsbereiche als wichtig:
- Der Kauf von Schuhpolitur in großen Mengen, um Kosten zu reduzieren;
- Organisation eines Gesundheitssystems;
- Diskussion und Verhandlung mit Grundstücksbesitzern und lokalen Autoritäten, um die soziale Integration und Anerkennung junger Menschen zu verbessern;
- Identifizierung von arbeitenden Kindern durch Ausweise und Uniformen;
- Unterstützung für Nicht-Senegalesen, um offizielle Dokumente zu erhalten;
- Englisch- und Französischunterricht, um jungen Menschen dabei zu helfen, auf dem Markt oder in der Tourismusbranche arbeiten zu können;
- Fahrstunden;
- Finanzierung kleinerer Projekte.

Die Gruppe der Hausangestellten erachtete folgende Bereiche als relevant:
- Alphabetisierungskurse in Serere (oder anderen Muttersprachen) sowie in Französisch (oder anderen offiziellen Sprachen), vor allem mit Schwerpunkt auf praktischem Wissen mit Bezug zum Leben und zur Arbeit der Kinder und Jugendlichen;
- Strickkurse, Häkeln oder Stickerei, Kochen, Hauswirtschaftslehre, Ernährungsfahrplan für Kinder, Anweisungen und Sensibilisierung in Angelegenheiten, die die Hygiene und Umgebung betreffen;
- Gemeindeentwicklungsarbeit in Dörfern, aus denen die Mädchen stammen, die auch die Errichtung eines Gesundheitszentrums beinhaltet, Projekte zur Wasserreinigung, die Installation eines Abflusses, die Identifizierung von ökonomischen Projekten und partizipatorischen Forschungsprogrammen; solcherlei Projekte hatten das Ziel, der Notwendigkeit vorzubeugen, in die Städte zu emigrieren, um Arbeit zu finden; ebenso sollten sie den Hausangestellten ermöglichen, in die Dörfer zurückzukehren.

Weitere Aktivitäten der Ortsgruppen bestanden in öffentlichen Aktionen (*outings*), um die Aufmerksamkeit auf noch nicht zufrieden gestellte Belange und Rechte der Kinder zu richten. Ferner wurden Filmvorführungen, Kulturwochen, Expeditionen, Tanzveranstaltungen und Sportwettbewerbe genannt.

Wie auf früheren Kontinentaltreffen, haben die Delegierten auf dem 8. Afrikanischen Kontinentaltreffen im Jahr 2009 das bisher Erreichte und die Schwierigkeiten in Bildungs- und anderen Trainingsprogrammen evaluiert (AMWCY, 2010). Sie haben dabei „beobachtet, dass einige Innovationen in [den] Trainingsworkshops zum einen für [die] Organisation wichtig waren, zum anderen dazu beigetragen haben, die Fähigkeiten [der] Mitglieder für den Aufbau kleiner Betriebe zu fördern" (ebd., S. 6). Als Beispiele hierfür wurden genannt: „Zuhören können; einkommensschaffende Aktivitäten; Konservierung landwirtschaftlicher Ernteprodukte; Kleiderfärben und Tierzucht; Peer-Bildung (weiblich und männlich); Aufbau und Durchführung von Projekten; Kommunikation, Radio, Schreiben, Malen, Internet; Leitung und Begleitung von Grass-Root-Gruppen; themenbezogene Techniken in *Participatory Action Research*; Techniken für Interessenvertretung und Lobbying [...]" (ebd.). Die Delegierten sind zu dem Ergebnis gelangt, dass viele arbeitende Kinder „mit Fertigkeiten gestärkt worden sind, die ihnen helfen, sich und ihre Grass-Root-Gruppen besser zu organisieren und ihre Rolle als Akteure sozialen Wandels zu stärken und festigen. Hierzu konnten konkrete Ergebnisse festgestellt werden, indem eine Vielzahl von Kindern angesprochen und ihnen zugehört worden ist sowie manche Probleme mit dem *Participatory Action Research* gelöst worden sind, Ressourcen mobilisiert worden sind, um kleinere Projekte und Verhandlungen mit Autoritätspersonen durchzuführen, dank der Methoden, die von den Animateuren während der Sitzungen angewendet worden sind" (ebd.). Einige Animateure bestätigten, dass die Kinder in zunehmendem Maße lokale Ressourcen während ihrer Workshops in Anspruch nähmen (ebd.).

Als Probleme wurden genannt, „dass nicht alle Teilnehmer/innen die auf den Workshops erworbenen Fähigkeiten in den Grass-Root-Gruppen weitervermitteln und nur wenige Folgeveranstaltungen und Evaluationsaktivitäten nach unseren Trainings-Workshops stattfinden" (ebd.). Um bessere Ergebnisse zu erzielen, erwogen die Delegierten die folgenden Verbesserungsmaßnahmen: „die arbeitenden Kinder und Jugendlichen in der Anwendung von Evaluations- und Folgemaßnahmen ausbilden, so dass wir selber die Wirkung unserer Aktivitäten auf uns sowie auf andere Kinder und auf unsere Gemeinden messen können; unsere Mitglieder in der Identifizierung von Möglichkeiten und Bedürfnissen unserer Gemeinden schulen, so dass wir unserer Realität besser begegnen können; die Grass-Root-Gruppen und unsere Mitglieder im Vorfeld eines Trainings über ihre Themenvorschläge und Interessen konsultieren und diese mit in die Planungsüberlegungen einbeziehen" (ebd.).

5. Alternative Arbeit

Eine spezielle Art von Aktionen in den selbstorganisierten Kooperativen der Afrikanischen Bewegung sind in zunehmendem Maße die einkommensschaffenden Aktivitäten (IGAs). Hierdurch versucht die Bewegung, gangbare und „empowernde" Alternativen zu den gefährlichen und ausbeuterischen Arbeitsbedingungen ihrer Mitglieder und Nicht-Mitglieder zu schaffen. In den ländlichen Gegenden beschäftigen sich die Grass-Root-Gruppen z.B. mit Tierzucht oder es werden Mobilfunk- oder Computer- und Internetdienste gemeinschaftlich von Kindern und Jugendlichen angeboten.[7] Mit der Unterstüt-

---

7   In ähnlicher Weise unterhalten auch die Bewegungen in Lateinamerika und Indien kooperativ organisierte Arbeitsprojekte. Einige der Kinderbewegungen haben mit der Unterstützung Erwachsener eine Bank eröffnet, welche Mikrokredite an Kooperativen arbeitender Kinder auszahlt; ande-

zung durch Erwachsenenorganisationen im Bereich Fairer Handel haben einige dieser Kooperativen inzwischen einen Absatzmarkt für ihre Handwerksprodukte außerhalb Afrikas finden können (ProNATs & CIR, 2008; AMWCY, 2009b).

Die IGAs wurden kürzlich auf dem 8. Afrikanischen Kontinentaltreffen von den Delegierten evaluiert. Dabei haben letztere die im Folgenden aufgezählten Erfolge und Entwicklungen identifiziert: „Von 76,7% der arbeitenden Kinder und Jugendlichen werden die Bedürfnisse befriedigt, sobald sie sich der Afrikanischen Bewegung arbeitender Kinder und Jugendlicher (AMWCY) angeschlossen haben. Sie beteiligen sich individuell oder an Gruppenaktivitäten der AMWCY in den folgenden Bereichen:
– Verkauf von Kopftüchern mit aufgedrucktem AMWCY-Logo;
– Organisation von Entertainment und kulturellen Aktivitäten;
– Verleih von Stühlen, Geschirr und Besteck;
– Produktion und Verkauf von Raffia-Taschen;
– Verkauf traditioneller Kleidung;
– Produktion und Verkauf von Flüssigseife;
– Besticken und Verkauf von Bettwäsche;
– Produktion und Verkauf von Lederschuhen;
– Verkauf von Mobilfunkkarten.

Die Schaffung von Kreditmöglichkeiten oder das Erlernen der Herstellung traditioneller Kleidung dienen dazu, für die elementaren Bedürfnisse zu sorgen, unsere Trainings zu finanzieren, zum Familieneinkommen beizutragen oder die Schul- oder Ausbildungsgebühren zu bezahlen" (AMWCY, 2010, S. 4).

Als schwierigstes Unterfangen wird der Zugang zu Mikrokrediten, die in der näheren Umgebung von einigen spezialisierten Einrichtungen angeboten werden, genannt. Als mögliche „Perspektiven" werden angeführt, „Mikrokreditinstitutionen aufzusuchen und mit diesen gemeinsam zu untersuchen, welche Bedingungen notwendig sind, um von deren Angeboten, profitieren zu können […]; ferner, arbeitende Kinder und Jugendliche bei der Suche nach gangbaren Möglichkeiten, finanzielle Unterstützung zu erlangen, zu begleiten und zu unterstützen" (ebd.).

Mit diesen Interventionen auf der Mikroebene ist es der Bewegung offensichtlich aber nicht möglich, die Lebens- und Arbeitsbedingungen arbeitender Kinder und Jugendlicher vollständig zu verändern. Ebenso wenig ist es ihnen möglich, die strukturellen Bedingungen von Armut und Ungleichheit zu ändern, welche charakteristisch sind für das Leben vieler Kinder. Doch sind die IGAs eine fundamentale und oftmals die einzige Möglichkeit, die Kinder zu schützen und ihr Überleben unter annähernd würdigen Bedingungen zu sichern. Sie tragen in vielen Fällen dazu bei, das Leben der Kinder zu erleichtern und die Gefahren und Risiken, mit denen sie tagtäglich konfrontiert werden, zu verringern. Außerdem sind sie ein Mittel, um auf die Rechte der arbeitenden Kinder aufmerksam zu machen.

---

re organisieren Ausbildungen und Trainings für Organisationen und gehen dabei im Besonderen auf die Bedürfnisse der selbstorganisierten Kinderkooperativen ein (ProNATs & CIR, 2008).

Durch die kooperativen IGAs erlangen die arbeitenden Kinder die Möglichkeit, ihre Arbeitsbedingungen direkt zu beeinflussen und unter Bedingungen zu arbeiten, die nicht ausbeuterisch sind und ihnen zudem Freizeit und Bildung gewähren. Außerdem ermöglichen sie der Bewegung, auch diejenigen Kinder zu erreichen, die aufgrund ihrer einschränkenden Arbeitsbedingungen kaum dazu in der Lage wären, an den Aktivitäten der Bewegung teilzunehmen und von ihnen zu profitieren.

Bei der Suche nach direkten Lösungsmöglichkeiten für die täglichen Probleme arbeitender Kinder wird offenbar, dass es noch immer an weiterreichenden Überlegungen mangelt, wie die Lage der Kinder grundlegend verbessert werden könnte. Die bisherige, oft kleinteilige, Praxis könnte gewiss von den international geführten Debatten über Soziale und Solidarische Ökonomie lernen (vgl. z.B. Liebel, 2005; Santos, 2006). Allerdings können die Kinder nicht länger darauf warten, dass von den Regierungen oder anderen Organisationen von Erwachsenen Maßnahmen zu ihren Gunsten ergriffen werden. Aus verschiedenen Erklärungen geht hervor, dass die in der Bewegung organisierten Kinder und Jugendliche sich der Verantwortung der Staaten und anderer mächtigen und finanziell gut ausgestatteten Institutionen durchaus bewusst sind. In einer Stellungnahme vom Mai 2001, die sich an den „Kindergipfel" der Vereinten Nationen (*United Nations General Assembly Special Session, UNGASS*) richtet, erklärt die Afrikanische Bewegung (AMWCY, 2001, S. 9):

> „Wir entwickeln auch neue IGAs für unsere Organisationen und Mitglieder. Wir ermutigen zum Sparen und zur Kreditaufnahme. In Afrika können wir gegen Armut kämpfen, doch die dafür nötigen Mittel reichen oft nicht. Sie können nicht von den Armen selber kommen, die sich tagtäglich plagen und abrackern, ihre Grundbedürfnisse zu befriedigen. Jeder versucht, einen Vorteil zu erreichen und sich um sich selbst zu kümmern, die Armen werden dabei oft vergessen. Aber wir müssen die Wahrheit sagen. Die Armen werden nur aufgefordert, ihr Geld einzubringen. Wenn das Geld kommt, werden die Armen vergessen. Das Geld, das zu uns kommt, muss denen zugutekommen, für die es bestimmt ist. Dieses Geld muss genutzt werden, um Aktionen zu unternehmen […]. Die reichen Staaten müssen uns bei der Entwicklung helfen. Wenn sie dazu nicht bereit sind, hindern sie die in Armut lebenden Kinder und deren Familien daran, eigene ökonomische Aktivitäten aufzubauen. Der Verschuldung muss ein Ende gesetzt werden. Unsere Regierungen und Organisationen müssen mit dem Budget des Landes sowie den Unterstützungsleistungen reicher Länder in verantwortlicher Weise umgehen. Diese Gelder müssen für ihre eigentlichen Zwecke ausgegeben werden. Wir alle müssen gegen Korruption und Armut kämpfen."

6. Was wurde erreicht?

Um diese Frage zu beantworten, müssen drei Aktivitätsebenen der Bewegung unterschieden werden. Zum einen die eher lokale Ebene, auf der versucht wird, die Sensibilisierung und den Respekt für die Rechte der arbeitenden Kinder zu fördern sowie direkte

Verbesserungen ihrer Arbeits- und Lebensbedingungen zu erwirken. Zum anderen die nationalen und internationalen Kontexte, in denen versucht wird, Entscheidungen über politische Maßnahmen und die Arbeitsgesetzgebung zu beeinflussen, die auch für die Bekämpfung von Armut und sozialer Ungleichheit relevant sind. Letzteres ist eines der wesentlichen Langzeitziele der Bewegung, während ihre tagtäglichen Aktionen vorwiegend darauf gerichtet sind, pragmatische Veränderungen auf der lokalen Ebene zu erreichen. Auf den zuletzt genannten Bereich wird im Folgenden eingegangen.

Indem die arbeitenden Kinder und Jugendlichen regelmäßig mit Altersgleichen in einem Kontext gegenseitigen Respekts und Vertrauens miteinander umgehen und sich gegenseitig unterstützen, gelingt es ihnen, aus ihrer sozialen Isolation herauszutreten und gemeinsam über ihre Erfahrungen und Probleme zu reflektieren. Dies hat für zahlreiche Kinder ermutigende und stärkende Effekte, die die Kinder i.d.R. zu schätzen wissen. Die damit verbundenen Erfahrungen sind vor allem für solche Kinder bedeutsam, die keine direkte Unterstützung von ihrer Familie erfahren und in besonderem Maße auf Schutz vor einer feindseligen Öffentlichkeit und dem häufig damit einhergehenden Missbrauch angewiesen sind.

Diese Wirkungen stehen in einem engen Zusammenhang mit den pädagogischen und menschenrechtssensibilisierenden Aktivitäten. Die AMWCY betrachtet die „12 Rechte" als das Herz all ihrer Aktivitäten. Die Relevanz von Menschenrechtbildung für die arbeitenden Kinder besteht darin, dass das Wissen über diese Rechte ihr Selbstbewusstsein stärkt und sie motiviert, sich gegen ausbeuterische Arbeitgeber, Kunden, Polizei und Eltern zu wehren. Insbesondere bewegt die arbeitenden Kinder, wie sie ihrer weitverbreiteten Diskriminierung begegnen und Unterstützung für ihre Ansichten, Forderungen und Aktivitäten erlangen können.

Einige direkte und konkrete Vorteile für arbeitende Kinder lassen sich aus den o.g. non-formalen Bildungsprogrammen ableiten, wie z.B. den Alphabetisierungs- und Ausbildungstrainings, mit denen die Kinder ihr Recht auf Bildung gleichsam selbst in die Hand nehmen. Andere Beispiele sind die Gesundheitsfürsorge und gesundheitsbezogene Bildungsprogramme sowie die Beratung über reproduktive Rechte. Unter den gegebenen gesellschaftlichen und politischen Verhältnissen stehen den arbeitenden Kindern solche Angebote und Dienste häufig nicht zur Verfügung oder sie sind nicht auf ihre Bedürfnisse zugeschnitten. Die von den Ortsgruppen der Bewegung organisierten Kurse und Dienste kommen in vielen Fällen nicht nur den organisierten arbeitenden Kindern, sondern auch anderen Kindern und sogar Erwachsenen zugute, die in denselben Gemeinwesen leben. Mit ihnen wächst auch das soziale Ansehen der arbeitenden Kinder und ihrer Organisation in der Bevölkerung. Auf diese Weise haben die Bewegungen in manchen Fällen auch ihre Verhandlungsmacht gegenüber politischen Institutionen und anderen wichtigen politischen Akteuren erweitern können und Anerkennung gefunden (AMWCY, 2009b; AMWCY, 2010; Coly & Terenzio, 2007).

In einigen Ländern (z.B. Senegal) werden die Bewegungen ausdrücklich als Repräsentanten der arbeitenden Kinder und als Partner von Regierungen, lokalen Administrationen und anderen sozialen wichtigen Organisationen anerkannt. Aber generell verfügen sie nicht über ausreichend Macht, um direkt Einfluss auf wichtige Entscheidungen politischer und wirtschaftlicher Institutionen ausüben zu können. Es scheint, je stärker die Bewegungen arbeitender Kinder und Jugendlicher im Widerspruch zu geltenden gesetzlichen Regelungen, vor allem mit Blick auf das Verbot der Kinderarbeit stehen, umso geringer ist ihre Chance, mit ihren Forderungen und Vorschlägen Gehör zu finden. Ein Grund hierfür liegt auch darin, dass die politischen Autoritäten ungern ihr Entscheidungsmonopol in Frage stellen lassen. Auf internationaler Ebene gilt dies für die ILO, die trotz gelegentlich anderslautender Rhetorik die Organisationen arbeitender Kinder und Jugendlicher bis heute nicht offiziell als Partner anerkannt hat (Invernizzi & Milne, 2002; Liebel & Saadi, 2011). Die in Afrika gelegentlich auf lokaler Ebene zu beobachtenden Kooperationen beschränken sich auf Fragen des Kinderhandels im Kontext der sog. schlimmsten Formen von Kinderarbeit.

Um die *Agency* der Organisationen arbeitender Kinder und Jugendlicher zu verstehen, mag es hilfreich sein, genauer die spezifischen Beziehungen zwischen den Initiativen arbeitender Kinder und den sie unterstützenden Erwachsenenorganisationen zu betrachten. (vgl. Schibotto, 1999; Terenzio, 1999; Coly & Terenzio, 2007). Sich als eigenständige Bewegung von Kindern und Jugendlichen zu verstehen, heißt nicht notwendigerweise, dass Erwachsene darin keinerlei Rolle übernehmen. Wie bereits erwähnt, wurde die Gründung der Afrikanischen Bewegung von Kinderrechtsorganisationen Erwachsener begleitet. Dies gilt auch für die laufenden Aktivitäten, für deren Kontinuität die organisatorischen und finanziellen Ressourcen dieser Organisationen weiterhin wichtig sind. Dies ist nicht zuletzt deshalb der Fall, weil eine Bewegung, die von Kindern und Jugendlichen getragen wird, ständig darauf angewiesen ist, ausscheidende ältere durch jüngere Mitglieder zu ersetzen, sie mit den Aufgaben der Organisation vertraut zu machen und die Identifizierung mit ihren Zielen zu erneuern. Hinzu kommt das Problem, dass Kinder in den meisten Ländern der Welt weder formale Organisationen gründen können, noch das Recht haben, Verträge abzuschließen, um ihre Organisation logistisch aufrechtzuerhalten. Erwachsene haben dabei eine wichtige Rolle übernommen und werden höchstwahrscheinlich weiterhin diese im organisatorischen Alltag der Bewegungen arbeitender Kinder und Jugendlicher einnehmen (vgl. Myers, 2009).

Obwohl immer das Risiko besteht, Kinder zu dominieren oder zu manipulieren, wird die Rolle der Erwachsenen innerhalb der Bewegungen im Sinne solidarischer Unterstützung definiert. Von den Kindern werden sie im Englischen *facilitators* oder *collaborators*, im Französischen *animateurs* genannt und generell für ihre Erfahrungen, Ratschläge, Kritiken und Solidarität geschätzt (Coly, 1999, 2001). Sie nehmen in den Organisationen arbeitender Kinder und Jugendlicher weder Führungspositionen ein, noch treffen sie Entscheidungen für oder im Namen der Kinder. Gewiss stellt diese Situation einen Balanceakt für beide Seiten dar, aber die Einhaltung der hiermit verbundenen Rollenverteilung wird von den Kindern generell stark kontrolliert – und das sogar bei Erwachsenen, die über Jahrzehnte hinweg mit den Organisationen arbeitender Kinder und Jugendlicher ein kooperatives Verhältnis pflegen. Sofern sich Erwachsene an Entscheidungsprozessen beteiligen, folgen sie i.d.R. der Bitte der Kinder. „Wesentlich ist, dass Erwachsene Kinder dabei unterstützen, sich selbst authentisch zu repräsentieren und auch dann ihre Meinung zwanglos zu äußern, wenn sie von der der Erwachsenen abweicht. Die größeren Bewegungen und Organisationen zeigen beträchtliche Fortschritte, wie sie ihre erwachsenen Mitarbeiter veranlassen, einen respektvollen Umgang mit den jungen Mitgliedern zu pflegen" (Myers, 2009, S. 156). Die *raison d'être* der Bewegungen besteht darin, dass sie von den Kindern und Jugendlichen selbst geleitet werden und ihnen den notwendigen sozialen Raum bieten, um Einstellungen und Ideen, die aus ihren eigenen Lebens- und Arbeitsumständen resultieren, in spezifische Forderungen und Aktionsformen umzusetzen (Coly & Terenzio, 2007).

Während sich auf der Mikroebene diese Rollenverteilung gut und effektiv etabliert hat, steht sie auf der Makroebene vor bislang ungelösten Herausforderungen. Zum Beispiel ist es bislang noch unklar, in welcher Weise die von den Kindern beanspruchte Autonomie in allen sie betreffenden Angelegenheiten, sich mit der in Gesetzgebungsprozessen und auf der internationalen Ebene geforderten Professionalität verbinden lässt. Im besonderen Fall der arbeitenden Kinder kommt hinzu, dass auf der institutionellen Ebene die Überzeugung, dass Kinder nicht zu arbeiten haben und die „Kinderarbeit" abgeschafft werden muss, fest verankert ist und nur mühsam in Frage gestellt werden kann.

7. Fazit

Der vorliegende Beitrag hat zwei zentrale Aktivitätsbereiche der Afrikanischen Bewegung arbeitender Kinder und Jugendlicher dargestellt, die zum Ziel haben, arbeitende Kinder und Jugendliche als soziale Akteure durch alternative Arbeits- und Bildungsmodelle zu stärken und zu fördern.

Die alternative Bildung orientiert sich an der Lebenssituation und den eigenen Vorstellungen der Kinder und Jugendlichen. Die Unterrichtszeiten richten sich nach deren Arbeitszeiten und die Bildungsinhalte sind in die Erfahrungen und Handlungen der Assoziationen eingebettet. Das heißt, die Unterrichtsthemen und Lernformen werden von den Kindern und Jugendlichen selber bestimmt.

Die alternative Arbeit besteht vor allem aus den von der Bewegung organisierten einkommensgenerierenden Aktivitäten, die im solidarischen Miteinander durchgeführt werden. Sie sollen sowohl dazu beitragen, das Einkommen einzelner Kinder durch würdige Arbeitsmöglichkeiten zu sichern, als auch dazu dienen, Aktivitäten der Assoziationen (wie bspw. Sensibilisierungskampagnen) zu ermöglichen. Auch hier sind es die in der Bewegung organisierten Kinder und Jugendlichen selbst, die darüber entscheiden, welche Arbeiten unternommen werden und was mit dem damit erzielten Einkommen geschieht.

Ob und wie die o.g. Hindernisse überwunden werden können, ist nicht leicht zu beantworten. Gegenwärtig zeichnen sich zum einen hoffnungsvolle, zum anderen kritische Signale ab. Hoffnungsvoll ist, dass im Verlauf des vergangenen Jahrzehnts die Bewegungen arbeitender Kinder und Jugendlicher die Debatten über Kinderarbeit und die Rechte arbeitender Kinder zumindest ansatzweise in ihrem Sinne beeinflussen konnten. Viele ihrer Sichtweisen fanden in wissenschaftlichen Studien Anerkennung und Bestätigung, und partizipatorische Ansätze, die auf die Unterstützung und Stärkung eigener Organisationen der Kinder gerichtet sind, werden in der sozialen und pädagogischen Praxis häufiger aufgegriffen.

Auf der politischen Ebene sind hingegen die Widerstände gegen eine Beteiligung der Organisationen arbeitender Kinder eher größer geworden. Auf der *Global Child Labour*-Konferenz z.B., die im Mai 2010 in Den Haag von der ILO und der niederländischen Regierung veranstaltet wurde, wurden arbeitende Kinder erneut daran gehindert, an den Entscheidungsprozessen mitzuwirken (vgl. Liebel & Saadi, 2011).[8] Obwohl die UN-Kinderrechtskonvention allen Kindern und Jugendlichen das Recht zuspricht, gehört zu werden und ihre Ansichten vorrangig zu berücksichtigen, haben die Organisatoren dieser Konferenz von diesem Recht der Kinder keinerlei Notiz genommen.

Die Afrikanische Bewegung hat ein bis vor wenigen Jahren kaum vorstellbares, Organisationsniveau erreicht, welches die arbeitenden Kinder zu einem weithin sichtbaren und vielfach anerkannten kollektiven Akteur hat werden lassen. Ihr Handeln ist pragmatisch orientiert, sie setzt auf Kooperation mit Regierungen und internationalen Organisationen einschließlich der ILO, um kurzfristige Verbesserungen der Situation der arbeitenden Kinder und Jugendlicher zu erreichen. Die Kehrseite ist, wie sich vielleicht am deutlichsten an den IGAs zeigt, dass die Afrikanische Bewegung mit ihrem weitgehenden Verzicht, auf strukturelle Veränderungen in den dominierenden ökonomischen und politischen Systemen zu drängen, Gefahr läuft, von machtvollen Gruppen als „Lückenbüßer" instrumentalisiert zu werden.

Dennoch sollte der Einfluss, den die Bewegungen arbeitender Kinder und Jugendlicher auf das Leben arbeitender Kinder und darüber hinaus ausüben können, nicht unterschätzt werden. Sie lehnen es ab, sich in die Rolle passiver Objekte der Mildtätigkeit Erwachsener zu fügen. Hingegen übernehmen sie selber die Initiative und setzen nicht zuletzt in den Bereichen Arbeit und Bildung eigenständig Verbesserungen für sich selbst und das Leben anderer Kinder um. Dabei nehmen sie nicht nur die Rechte wahr, die ihnen in der UN-Kinderrechtskonvention und der Afrikanischen Charta der Rechte und der Wohlfahrt des Kindes zugesichert sind, sondern setzen auch darüber hinausgehende Akzente, indem sie Rechte einfordern, die auf ihren Erfahrungen beruhen und direkt auf eine Verbesserung ihrer Lebenssituation abzielen.

---

8 Vgl. hierzu die Videobotschaft an die Konferenz von Awa Niang, einem Mitglied der Afrikanischen Bewegung. Sie erläutert, wie sich ihre Situation als arbeitendes Kind durch die Mitwirkung in der Bewegung verbessert hat. Sie bezeugt, dass sie auf diese Weise Lesen und Schreiben sowie Französisch lernen konnte und dass es ihr dank der Bewegung möglich wurde, eine leichtere Arbeit mit weniger Arbeitsstunden und einem höheren Einkommen aufzunehmen und damit ihre Familie zu unterstützen. „Wir zusammen, mit ILO, den Regierungen und anderen Akteuren, sind gegen die schlimmsten Formen von Kinderarbeit […], weil wir uns gegen die Ausbeutung unserer Arbeit einsetzen. Aber ich bitte Sie, ausbeuterische Arbeit nicht mit der Arbeit gleichzusetzen, die für uns von Vorteil sein kann." Für Awa sind es in erster Linie die Kinder selber, die sich aufgrund ihrer gegenseitigen Solidarität schützen. Sie benötigen die Unterstützung Erwachsener, aber nie sollten Erwachsene alleine (ohne die Kinder) entscheiden. Demzufolge bedauerte sie zutiefst, dass die Bewegungen arbeitender Kinder nicht von den Organisatoren der Konferenz eingeladen worden waren (Enda Tiers Monde, 2010).

Literatur

Adick, C. (1981). *Bildung und Kolonialismus in Togo. Eine Studie zu den Entstehungszusammenhängen eines europäisch geprägten Bildungswesens in Afrika am Beispiel Togos 1850–1914*. Weinheim: Beltz.

Adick, C. (1992). *Die Universalisierung der modernen Schule. Eine theoretische Problemskizze zur Erklärung der weltweiten Verbreitung der modernen Schule in den letzten 200 Jahren mit Fallstudien aus Westafrika*. Paderborn: Schöningh.

Adick, C. (2005). Die Söhne des Tafelhauses – Wie aus arbeitenden Kindern und Jugendlichen Schüler wurden. In B. Overwien. (Hrsg.), *Von sozialen Subjekten. Kinder und Jugendliche in verschiedenen Welten. Für Manfred Liebel zum 65. Geburtstag* (S. 225–241). Frankfurt a.M.: IKO.

Adick, C. (Hrsg.). (1997). *Straßenkinder und Kinderarbeit. Sozialtheoretische, historische und kulturvergleichende Studien*. Frankfurt a.M.: IKO.

Adick, C., Große-Oetringhaus, H.-M. & Nestvogel, R. (Hrsg.). (1979), *Bildungsprobleme Afrikas zwischen Kolonialismus und Emanzipation*. Berlin: Sperber; ergänzte Neuauflage: Hamburg: Institut für Afrika-Kunde, 1982.

AMWCY (2001). *„A world fit for and by children". Our point of view as African Working Children*; Verfügbar unter: http://www.crin.org/docs/resources/publications/AWC.pdf [24.02.2012].

AMWCY (2009a). *Report of the Meeting of the African Commission 9th – 21st of March 2009 at the hotel l'Amité in Cotonou/Republic of Benin* (mimeo).

AMWCY (2009b). *WCY Face the Challenge. Annual News Bulletin of the African Movement of Working Children and Youth*, No. 9. Dakar: Enda Tiers Monde. Verfügbar unter: http://www.maejt.org/page%20anglais/English%20media%20room.htm [24.02.2012].

AMWCY (2010). *WCY Face the Challenge. Annual News Bulletin of the African Movement of Working Children and Youth*, No. 10. Dakar: Enda Tiers Monde. Verfügbar unter: http://www.maejt.org/page%20anglais/English%20media%20room.htm [24.02.2012].

Bourdillon, M., Levison, D., Myers, W., & White, B (2010). *Rights and Wrongs of Children's Work*. New Brunswick, NJ & London: Rutgers University Press.

Bourdillon, M., White, B. & Myers, W. (2009). Reassessing minimum-age standards for children's work. *International Journal of Sociology and Social Policy*, 29 (3), S. 106–117.

Boyden, J., Ling, B. & Myers, W. (Hrsg.). (1998). *What Works for Working Children*. Stockholm: Rädda Barnen/Save the Children.

Brock-Utne, B. (2000). *Whose Education for All? The Recolonization of the African Mind*. New York & London: Falmer Press.

Coly, H. & Terenzio, F. (2007). The Stakes of Children's Participation in Africa: The African Movement of Working Children and Youth. In B. Hungerland, M. Liebel, B. Milne & A. Wihstutz (Hrsg.), *Working to Be Someone: Child Focused Research and Practice with Working Children* (S. 179–185). London & Philadelphia: Jessica Kingsley.

Coly, H. (1999). Wie die Selbstorganisation arbeitender Kinder unterstützt werden kann. Ein Bericht aus dem Senegal. In M. Liebel, B. Overwien & A. Recknagel (Hrsg.), *Was Kinder könn(t)en. Handlungsperspektiven von und mit arbeitenden Kindern* (S. 249–256). Frankfurt a.M.: IKO.

Coly, H. (2001). An animator's experience. In Enda Tiers Monde (Eds.), *Voice of African Working Children* (S. 138–147). Dakar: Enda Jeunesse Action,.

Enda Tiers Monde (2010). *CALAO Express. Monthly Internet Edition, No.76.* Dakar: Enda Tiers Monde. Verfügbar unter: http://maejt.org/page%20anglais/indexanglais.htm [24.02.2012].

Enda Tiers Monde (2001). *Voice of African Children. Work, strength and organization of working children and youth.* Occasional Papers, n° 217. Dakar: Enda Tiers Monde.

Ennew, J. (2002). Outside childhood: Street children's rights. In B. Franklin (Ed.), *The New Handbook of Children's Rights* (S. 388–403). London & New York: Routledge.

Eßer, F. (2009). *Kinderwelten – Gegenwelten? Pädagogische Impulse aus der Neuen Kindheitsforschung.* Baltmannsweiler: Schneider Verlag Hohengehren.

Hanson, K. & Vandaele, A. (2003). Working Children and International Labour Law: A Critical Analysis. *International Journal of Children's Rights,* 11 (1), 73–146.

Hanson, K. (2008). Arbeitende Kinder und ihre Rechte. Ein Denkanstoß. In M. Liebel, I. Nnaji & A. Wihstutz (Hrsg.), *Arbeit. Menschenwürde. Internationale Beiträge zu den Rechten arbeitender Kinder* (S. 249–272). Frankfurt a.M.: IKO.

Hungerland, B., Liebel, M. & Milne, B. (2007). *Working to Be Someone: Child Focused Research and Practice with Working Children.* London: Jessica Kingsley.

ILO (2010). *Accelerating action against child labour: Global Report under the follow-up to the ILO Declaration on Fundamental Principles and Rights at Work.* Genf: International Labour Office.

Invernizzi, A. & Milne, B. (2002). Are Children Entitled to Contribute to International Policy Making? A Critical View of Children's Participation in the International Campaign for the Elimination of Child Labour. *International Journal of Children's Rights,* 10 (4), 403–431.

Kielland, A. & Tovo, M. (2006). *Children at Work: Child Labor Practices in Africa.* Boulder, CO & London: Lynne Rienner Publishers.

Latouche, S. (2001). *La déraison de la raison économique. Du délire d'efficacité au principe de précaution.* Paris: Albin Michel.

Levison, D. (2007). A Feminist Economist's Approach to Children's Work. In B. Hungerland, M. Liebel, B. Milne & A. Wihstutz (Eds.), *Working to Be Someone: Child Focused Research and Practice with Working Children* (S. 17–22). London & Philadelphia: Jessica Kingsley.

Liebel, M. (1994). *Wir sind die Gegenwart. Kinderarbeit und Kinderbewegungen in Lateinamerika.* Frankfurt a.M.: IKO.

Liebel, M. (1997). Kinderrechte und soziale Bewegungen arbeitender Kinder in Lateinamerika. In C. Adick (Hrsg.), *Straßenkinder und Kinderarbeit. Sozialtheoretische, historische und kulturvergleichende Studien* (S. 251–272). Frankfurt a.M.: IKO.

Liebel, M. (1999). Die arbeitenden Kinder und Jugendlichen Afrikas organisieren sich. Eine Dokumentation. In M. Liebel, B. Overwien & A. Recknagel (Hrsg.), *Was Kinder könn(t)en. Handlungsperspektiven von und mit arbeitenden Kindern* (S. 69–88). Frankfurt a.M.: IKO.

Liebel, M. (2001). *Kindheit und Arbeit. Wege zum besseren Verständnis arbeitender Kinder in verschiedenen Kulturen und Kontinenten.* Frankfurt a.M.: IKO.

Liebel, M. (2005). Kinder als Subjekte solidarischer Ökonomie. In Ders., *Kinder im Abseits. Kindheit und Jugend in fremden Kulturen* (S. 227–246). Weinheim & München: Juventa.

Liebel, M. (2009). *Kinderrechte – aus Kindersicht. Wie Kinder weltweit zu ihrem Recht kommen.* Berlin & Münster: LIT.
Liebel, M., Nnaji, I. & Wihstutz, A. (2008). Arbeitende Kinder und die Würde (in) der Arbeit. In M. Liebel, I. Nnaji & A. Wihstutz (Hrsg.), *Arbeit. Menschenwürde. Internationale Beiträge zu den Rechten arbeitender Kinder* (S. 391–428). Frankfurt a.M.: IKO.
Liebel, M. & Saadi, I. (2011). Kinderarbeit und ihre Ausrottung bleiben ein Mysterium. Anmerkungen zum neuen Child Labour Report der Internationalen Arbeitsorganisation. *Diskurs Kindheits- und Jugendforschung*, 6 (3), 333–337.
Liebel, M., Overwien, B. & Recknagel, A. (Hrsg). (1998). *Arbeitende Kinder stärken. Plädoyers für einen subjektorientierten Umgang mit Kinderarbeit.* Frankfurt a.M.: IKO.
Lieten, G. K. (2009). Child Labor Unions in Africa. In H. D. Hindman (Hrsg.), *The World of Child Labor: An Historical and Regional Survey* (S. 191–193). Armonk, NY & London: M. E. Sharpe.
Myers, W. E. (2009). Organization of Working Children. In H. D. Hindman (Hrsg.), *The World of Child Labor: An Historical and Regional Survey* (S. 153–157). Armonk, NY & London: M. E. Sharpe.
Ndaba, W. J. (1994): *Ubuntu in Comparison to Western Philosophies.* Pretoria: Ubuntu School of Philosophy.
Nieuwenhuys, O. (2009). From Child Labour to Working Children's Movements. In J. Qvortrup, W. A. Corsaro & M.-S. Honig (Eds.), *The Palgrave Handbook of Childhood Studies* (S. 289–300). Houndsmills, Basingstoke: Palgrave Macmillan.
Nimbona, G. & Lieten, K. (2007). *Child Labour Unions: AEJT Senegal.* Amsterdam: IREWOC.
Nimbona, G. (2005). Child Labour Organisations in Eastern Africa Still in the Making. In IREWOC (Eds.), *Studying Child Labour: Policy implications of child-centred research* (S. 27–29). Amsterdam: IREWOC.
Nnaji, I. (2005). *Ein Recht auf Arbeit für Kinder! Chance zu gesellschaftlicher Partizipation und Gleichberechtigung.* Marburg: Tectum.
Nnaji, I. (2010). Mit Kinderrechten gegen die Armut. Das Beispiel der Afrikanischen Bewegung arbeitender Kinder und Jugendlicher. In M. Liebel & R. Lutz (Hrsg.), *Sozialarbeit des Südens, Band 3: Kindheiten und Kinderrechte* (S. 345–362). Oldenburg: Paulo Freire Verlag.
ProNATs & CIR (2008). *„Wir sind nicht das Problem, sondern Teil der Lösung." Arbeitende Kinder zwischen Ausbeutung und Selbstbestimmung.* Berlin: ProNATs e.V. & Münster: Christliche Initiative Romero e.V.
ProNATs (2012). Abschlusserklärung des VII. Kontinentaltreffens der Afrikanischen Bewegung arbeitender Kinder und Jugendlicher in Ouagadougou, Burkina Faso, 10. bis 22. Juli 2006. Verfügbar unter: http://www.pronats.de/materialien/deklarationen/ouagadougou-2006/ [06.05.2012].
Ramokgopa, I. M. (2001). *Developmental stages of an African child and their psychological implication: A comparative study.* Verfügbar unter: http://etd.rau.ac.za/theses/available/etd-02282005-121554/restricted/DevelopmentalStagesofanAfricanChild.pdf [24.02.2012].
Saadi, I. (2012). Children's Rights as 'Work in Progress': The Conceptual and Practical Contributions of Working Children's Movements. In M. Liebel, *Children's Rights from Be-*

low: Cross-cultural perspectives (S. 143–161). With K. Hanson, I. Saadi & W. Wandenhole. Houndsmills, Basingstoke: Palgrave Macmillan.

Santos, B. d. S. (Hrsg.). (2006). *Another Production is Possible: Beyond the Capitalist Canon*. London: Verso.

Schibotto, G. (1999). Arbeitende Kinder und Jugendliche – die neuen Subjekte der Basisbewegungen. In M. Liebel, B. Overwien & A. Recknagel (Hrsg.), *Was Kinder könn(t)en. Handlungsperspektiven von und mit arbeitenden Kindern* (S. 29–38). Frankfurt a.M.: IKO.

Swift, Anthony (1999). *Working Children Get Organised*. London: International Save the Children Alliance.

Terenzio, F. (1999). Von der Aktion für die Kinder, über die Aktion mit den Kindern, hin zur Kinder-Gewerkschaft. In M. Liebel, B. Overwien & A. Recknagel (Hrsg.), *Was Kinder könn(t)en. Handlungsperspektiven von und mit arbeitenden Kindern* (S. 207–212). Frankfurt a.M.: IKO.

Touré, M. (1998). A case study of the work of ENDA in Senegal in supporting the Association of Child and Young Workers. In: D. Tolfree (Ed.): *Old Enough to Work, Old Enough to Have a Say: Different Approaches to Supporting Working Children* (S. 179–200). Stockholm: Rädda Barnen/Save the Children.

Verzeichnis der Autorinnen und Autoren

Sena Yawo Akakpo-Numado, Dr., Maître-Assistant am Institut National des Sciences de l'Education, Université de Lomé (Togo), Arbeitsbereich: Allgemeine Pädagogik und Lehrerausbildung. Arbeitsschwerpunkte: Schulentwicklung und Bildungsprobleme in Afrika südlich der Sahara.

Wilfried Bos, Dr., Professor für Bildungsforschung und Qualitätssicherung an der Universität Dortmund, Direktor des Instituts für Schulentwicklungsforschung. Arbeitsschwerpunkte: empirische Forschungsmethoden, Qualitätssicherung im Bildungswesen, internationale Bildungsforschung, Evaluation, pädagogische Chinaforschung.

Ina Gankam Tambo, M.A., Stipendiatin der Hans-Böckler-Stiftung und Doktorandin an der Ruhr-Universität Bochum. Arbeitsschwerpunkte: Kinderrechte, Kinderarbeit, insbesondere in Afrika, Kindheitsforschung.

Esther Hahm, M.A., wissenschaftliche Mitarbeiterin im Forschungsprojekt "Cross-border personnel mobility between Mexico and Germany – Changing patterns of organisational coordination" und Doktorandin an der Ruhr-Universität Bochum. Arbeitsschwerpunkte: Transnationale/europäische Bildungsräume, Internationalisierung von Erziehung und Bildung, Auswärtige Kultur- und Bildungspolitik.

Sabine Hornberg, Dr., Professorin für Schulpädagogik und Allgemeine Didaktik im Kontext von Heterogenität am Institut für Allgemeine Didaktik und Schulpädagogik der Technischen Universität Dortmund. Arbeitsschwerpunkte: Internationale Schulentwicklung, Transnationale Bildungsräume, Lehren und Lernen im Kontext von Heterogenität, empirische Bildungsforschung.

Marianne Krüger-Potratz, Dr., Professorin (i.R.) für Interkulturelle Pädagogik am Institut für Erziehungswissenschaft der Westfälischen Wilhelms-Universität Münster. Arbeitsschwerpunkte: Interkulturelle Pädagogik, insbesondere Geschichte des Umgangs mit sprachlicher, ethnischer und kultureller Heterogenität in Schule und Lehrerbildung.

Gregor Lang-Wojtasik, Dr., Professor für Erziehungswissenschaft, Pädagogische Hochschule Weingarten. Arbeitsschwerpunkte: Pädagogik der Differenz, Globales Lernen, Interkulturelle Pädagogik.

Volker Lenhart, Dr., Professor (i.R.) für Erziehungswissenschaft mit den Schwerpunkten Schulpädagogik, Historische und Vergleichende Erziehungswissenschaft, Institut für Bildungswissenschaft der Universität Heidelberg, Honorarprofessor an der Philosophischen Fakultät IV der Humboldt-Universität zu Berlin. Arbeitsschwerpunkte: Menschenrechtspädagogik, Friedenspädagogik in Konfliktgebieten, Geschichte der Vergleichenden Erziehungswissenschaft.

Manfred Liebel, Dr., Gastprofessor an der FU Berlin zur Leitung des European Master in Childhood Studies and Children's Rights (EMCR), Leiter des Instituts für internationale Studien zu Kindheit und Jugend an der Internationalen Akademie für innovative Pädagogik, Psychologie und Ökonomie (INA gGmbH) an der FU Berlin und Berater der Bewegungen arbeitender Kinder in Lateinamerika und Afrika. Arbeitsschwerpunkte: Kinderrechte, Kinderarbeit, soziale Bewegungen von Kindern und Jugendlichen, Postcolonial Studies.

Renate Nestvogel, Dr., Professorin für Sozialisationsforschung an der Universität Duisburg-Essen, Fakultät für Bildungswissenschaften, Institut für Pädagogik. Arbeitsschwerpunkte: Sozialisationsforschung, Geschlechterforschung, Interkulturelle Bildung, Vergleichende Erziehungswissenschaft und Globales Lernen.

Bernd Overwien, Dr., Professor für Didaktik der politischen Bildung an der Universität Kassel, Fachbereich Gesellschaftswissenschaften. In der Fachdidaktik und im erziehungs- und gesellschaftswissenschaftlichen Kernstudium tätig. Arbeitsschwerpunkte: Verbindung schulischer und außerschulischer Lernorte, Bildung für nachhaltige Entwicklung, Globales Lernen.

Ludger Pries, Dr., Professor für Soziologie/Organisation, Migration, Mitbestimmung, Fakultät für Sozialwissenschaft, Ruhr-Universität Bochum. Arbeitsschwerpunkte: Migrationssoziologie und Transnationalisierungsforschung, Arbeits- und Organisationssoziologie, Lebenslaufforschung, International vergleichende Sozialforschung mit quantitativen und qualitativen Methoden.

Claudia Richter, Dr., wissenschaftliche Mitarbeiterin am Lehrstuhl Vergleichende Erziehungswissenschaft an der Ruhr-Universität Bochum. Arbeitsschwerpunkte: International vergleichende Bildungsforschung, insbesondere zu Lateinamerika und Schulqualitätsforschung.

Carolin Rotter, Dr., Juniorprofessorin an der Fakultät für Erziehungswissenschaft, Psychologie und Bewegungswissenschaft an der Universität Hamburg, Arbeitsbereich Schulforschung/Schulpädagogik. Arbeitsschwerpunkte: Umgang mit Heterogenität, Schulentwicklung, Lehrer/innen mit Migrationshintergrund.

Gülsen Sevdiren, M.A., Doktorandin an der Ruhr-Universität Bochum. Arbeitsschwerpunkte: Migrationspädagogik, Interkulturelle Pädagogik/Interkulturelle Öffnung unter besonderer Berücksichtigung der Jungendverbände.

Sonja Steier, Dr., Privatdozentin am Institut für Erziehungswissenschaft an der Ruhr-Universität Bochum. Arbeitsschwerpunkte: Bildungspolitische und pädagogische Entwicklungen in Mittel- und Osteuropa im 20. Jh. bis zur Gegenwart mit den Schwerpunkten Polen und Russland, Polnische Wissenschafts- und Bildungsgeschichte, Ost-West-Vergleich und Internationalisierungsprozesse in Bildungssystemen.

Gita Steiner-Khamsi, Dr., Professorin für Vergleichende und Internationale Erziehungswissenschaft, Teachers College Columbia University, New York. Arbeitsschwerpunkte: Vergleichende Bildungsreformforschung (comparative policy studies), Globalisierung und Bildungsreform, Methoden des Vergleichs, Vergleichende Interkulturelle Pädagogik, Entwicklungszusammenarbeit.

Helmut Wehr, Dr., wissenschaftlicher Mitarbeiter am Institut für Erziehungswissenschaft der Pädagogischen Hochschule Heidelberg, Geschäftsführer des Weltbundes für die Erneuerung der Erziehung, Arbeitsschwerpunkte: Humanistische Pädagogik, Lehrer-Schüler-Interaktion, Gewalt in der Schule, Identität und Gesellschaft.

Anne Weiler, M.Ed., wissenschaftliche Mitarbeiterin im Forschungsprojekt "Cross-border personnel mobility between Mexico and Germany – Changing patterns of organisational coordination" und Doktorandin an der Ruhr-Universität Bochum. Arbeitsschwerpunkte: Deutsche Auswärtige Kultur- und Bildungspolitik, Internationalisierung von (Schul-) Bildung, Transnationale Bildungsräume.

Historisch-vergleichende Sozialisations- und Bildungsforschung
herausgegeben von Christel Adick

Band 9

Claudia Richter

Schulqualität in Lateinamerika am Beispiel von „Education for All (EFA)" in Honduras

Einblicke in Rituale und Zeremonien weltweit

2010, 326 Seiten, br., 29,90 €
ISBN 978-3-8309-2270-4
E-Book-Preis: 23,90 €

Die Autorin beschäftigt sich mit der Schulqualität in Honduras vor dem Hintergrund der gesellschaftlichen und bildungspolitischen Entwicklungen der vergangenen Jahre. Neben einer umfassenden theoretischen und empirischen Auseinandersetzung mit ‚Schulqualität' liefert das Buch grundlegende Einsichten über die historischen sowie aktuellen Entwicklungen im honduranischen Bildungswesen und über die Umsetzung der „EFA-Fast-Track Initiative" in Honduras.

Historisch-vergleichende Sozialisations- und Bildungsforschung
herausgegeben von Christel Adick

Band 10

Christine Rehklau

Die Hausangestelltenfrage in Südafrika zwischen Selbstorganisation und Intervention

2011, 282 Seiten, br., 29,90 €
ISBN 978-3-8309-2537-8
E-Book-Preis: 26,90 €

Südafrika ist heute eines der wenigen Länder der Welt mit weitreichenden gesetzlichen Regelungen zum Schutz von in privaten Haushalten tätigen Hausangestellten. Der Fokus dieser Forschungsarbeit liegt auf den Selbstorganisations- und Interventionsmaßnahmen zur Verbesserung der Arbeits- und Lebensbedingungen der in diesem Bereich arbeitenden Frauen. Die Autorin beschäftigt sich mit der Situation der Hausangestellten auch vor dem Hintergrund der historischen Entwicklung dieser Tätigkeit seit dem 19. Jahrhundert. Neben einer theoriebezogenen Auseinandersetzung wird der Gegenstand vor allem auch auf der Basis eigener quantitativer und qualitativer empirischer Feldforschungen vor Ort behandelt.

Historisch-vergleichende Sozialisations- und Bildungsforschung
herausgegeben von Christel Adick

Band 11

Christel Adick (Hrsg.)

Bildungsentwicklungen und Schulsysteme in Afrika, Asien, Lateinamerika und der Karibik

2013, 320 Seiten, br., 34,90 €
ISBN 978-3-8309-2785-3
E-Book-Preis: 30,99 €

Bildungsentwicklungen außerhalb der ‚westlichen' Welt sind Thema dieses Sammelbandes. Teil 1 enthält Regionalstudien zu Bildung in den Arabischen Staaten, der Karibik, Lateinamerika, den Ostasiatischen Staaten, der Pazifikregion, Subsahara-Afrika und Süd- und Westasien. In Teil 2 finden sich Länderstudien zum Bildungswesen einzelner Staaten dieser Regionen: Brasilien, China, Nigeria, Indien, Japan, Mexiko und Südafrika.

Der Band ist vor allem wegen seines informativen Charakters interessant und bietet somit für alle Interessierten einen fundierten Einstieg. [...] Der Band besitzt zweifellos großes Anregungspotenzial.

Karin Amos auf http://www.klinkhardt.de/ewr/978+383092785.html